国家社科基金后期资助项目（19FKSB023）

构建全球增长共赢链：机制、路径及中国经验

戴 翔 著

南開大學出版社
天 津

图书在版编目(CIP)数据

构建全球增长共赢链 ：机制、路径及中国经验 / 戴翔著. —天津 ：南开大学出版社，2021.6
ISBN 978-7-310-06108-2

Ⅰ. ①构… Ⅱ. ①戴… Ⅲ. ①经济全球化—研究
Ⅳ. ①F114.41

中国版本图书馆 CIP 数据核字(2021)第 065516 号

构建全球增长共赢链：机制、路径及中国经验
GOUJIAN QUANQIU ZENGZHANG GONGYINGLIAN：
JIZHI、LUJING JI ZHONGGUO JINGYAN

南开大学出版社出版发行
出版人：陈　敬
地址：天津市南开区卫津路 94 号　　邮政编码：300071
营销部电话：(022)23508339　营销部传真：(022)23508542
http://www.nkup.com.cn

天津市蓟县宏图印务有限公司印刷　全国各地新华书店经销
2021 年 6 月第 1 版　　2021 年 6 月第 1 次印刷
238×165 毫米　16 开本　18.75 印张　2 插页　320 千字
定价：90.00 元

如遇图书印装质量问题，请与本社营销部联系调换，电话：(022)23508339

国家社科基金后期资助项目出版说明

后期资助项目是国家社科基金设立的一类重要项目，旨在鼓励广大社科研究者潜心治学，支持基础研究多出优秀成果。它是经过严格评审，从接近完成的科研成果中遴选立项的。为扩大后期资助项目的影响，更好地推动学术发展，促进成果转化，全国哲学社会科学工作办公室按照“统一设计、统一标识、统一版式、形成系列”的总体要求，组织出版国家社科基金后期资助项目成果。

全国哲学社会科学工作办公室

目　录

第一章　导　论

中国改革开放 40 多年来取得的斐然成绩，不仅与其坚持对外开放的战略有关，也得益于前一轮经济全球化快速发展的良好外部环境。然而，2008 年全球金融危机发生以来，单边主义、霸凌主义、逆全球化思潮等不断有新的表现，尤其是 2017 年以来特朗普政府频频挥动贸易保护主义大棒，挑起了与中国等多国的贸易摩擦，表现出明显的逆全球化倾向，为经济全球化进程带来了前所未有的严峻挑战。世界经济何去何从？这一关乎人类前途命运的重大问题，剧烈而深刻地影响着中国进一步开放发展的道路选择。2016 年 9 月 3 日，习近平总书记在二十国集团工商峰会开幕式上指出："我们应该增进利益共赢的联动，推动构建和优化全球价值链，扩大各方参与，打造全球增长共赢链"[①]。在这一重要概念提出之后的其他许多重要国际会议和场合，习近平总书记又从不同层面进行了阐释。比如，2017 年 1 月 18 日在联合国日内瓦总部发表了题为《共同构建人类命运共同体》的主旨演讲、2017 年 5 月 14 日在北京出席"一带一路"国际合作高峰论坛开幕式时发表《携手推进"一带一路"建设》的主旨演讲、在 2017 年金砖国家领导人第九次会晤时发表的《深化金砖伙伴关系　开辟更加光明未来》的重要讲话、2017 年 11 月在越南岘港举行的亚太经合组织工商领导人峰会上发表的《抓住世界经济转型机遇　谋求亚太更大发展》的主旨演讲、在博鳌亚洲论坛 2018 年年会开幕式发表的《开放共创繁荣　创新引领未来》的主旨演讲、2018 年 7 月在南非约翰内斯堡举行的金砖国家工商论坛上发表的《顺应时代潮流　实现共同发展》的重要讲话、2018 年 11 月 5 日在首届中国国际进口博览会开幕式上发表的《共建创新包容的开放型世界经济》主旨演讲、2019 年 4 月 26 日在第二届"一带一路"国际合作高峰论坛开幕式上发表的《齐心开创共建"一带一路"美好未来》的主旨演讲、2019 年 5 月 15 日在亚洲文明对话大会开幕式上发表的《深化文

① 习近平. 中国发展新起点　全球增长新蓝图——在二十国集团工商峰会开幕式上的主旨演讲[N]. 人民日报，2016-09-04.

明交流互鉴　共建亚洲命运共同体》主旨演讲等，均从“全球增长共赢链”所涉及的开放、包容、普惠、平衡、共赢等不同层面和维度进行了一定论述。这些重要论述构成了我们理解“全球增长共赢链”的重要基础。应该说，习近平总书记首次提出并倡导构建的“全球增长共赢链”，是应经济全球化发展新阶段的现实需求而指出的一种新方向、提出的一种新模式，既是经济全球化发展实践的理论总结，也是经济全球化理论的创新性发展，拓展了马克思主义政治经济学的新境界，并已然成为其有机组成部分。

第一节　研究背景及意义

一、研究背景

2008年突如其来的全球金融危机，打破了全球经济过去几十年持续的繁荣发展和高速增长。危机爆发后，虽然主要国家联手采取了凯恩斯式的宏观经济刺激政策，但最终实践证明其收效甚微。距离危机爆发至今已有十余年，全球经济仍然在低迷泥沼中艰难前行，难返昔日高速增长通道的事实，就是明证。这种状况使得越来越多的有识之士认识到，本轮全球金融危机的爆发，本质上是全球经济增长长周期规律作用的结果，因此，实现新一轮繁荣发展的根本之道，将有赖于新一轮科技革命和产业革命（姚洋，2016）①。毋庸置疑，在此之前，全球经济都将处于一个深度调整期，即低增长、低通胀、高失业、高负债等现象以及不稳定、不确定等风险因素增加，将是全球各国尤其是危机冲击的重灾区国家所面临的主要问题，上述问题甚至具有长期化、常态化趋势。然而，在此背景下，一些发达国家为了摆脱经济社会困局，有意或者无意地认为，高举以邻为壑的贸易保护主义大旗，从经济全球化进程中急流勇退，是拯救经济社会困局的良药乃至制胜法宝。目前的“特朗普现象”就是典型表现。这也是当前“逆全球化”思潮兴起，从“暗流涌动”到“浊浪滔滔”发展演变的重要理论逻辑。当然，这种政策取向与以往历史经验也是一致的，即欧文（Irwin，2005）②的研究指出，在危机冲击及其后续影响期间，贸易保护主义就会抬头甚至发展猖獗，贸易保护主义措施会明显增多，因为这似乎已经成为应对经济

① 姚洋. 新发展理念引领发展迈上新台阶[N]. 人民日报，2016-08-03.

② Irwin, D.A. The Rise of U. S. Anti-dumping Activity in Historical Perspective. *The World Economy*, 2005(28): 651-668.

不景气而采取的“貌似理性”的必然选择（佟家栋、刘程，2016）①。

与部分发达国家错误地将国内社会经济发展困局归咎于经济全球化影响，进而高举贸易保护大旗实施“逆全球化”的行为不同，中国则表现出积极的开放姿态，成为新一轮经济全球化的忠实倡导者和拥护者。习近平总书记在许多国际、国内场合都明确表示，中国将实行更加积极主动的开放政策，努力推动贸易和投资自由化、便利化，并且强调：“中国开放的大门永远不会关上，只会越开越大”（习近平，2016）②。在博鳌亚洲论坛2018年年会开幕式上的主旨演讲中，习近平总书记进一步指出，中国将通过大幅度放宽市场准入、创造更有吸引力的投资环境、加强知识产权保护，以及主动扩大进口等重大举措扩大开放（习近平，2018）③。尤其是在当前以要素跨国流动和价值链分工为主要特征的经济全球化发展新阶段，经济主体和经济行为之间的关系呈现“混血”“交织”“转基因”发展演变趋势（金碚，2016）④，从而使得各经济体之间比历史上任何时期都更加具有“你中有我，我中有你，你我中有他，他中有你我的”的相互依赖、相互依存的共生格局。因此在这种新的发展格局下，试图走“关起门来”破解国内经济社会困局的老路，与以往的任何历史时期相比，相同的是不仅无益于摆脱任何危机和衰退，不同的是可能由此带来更为惨重的“俱损”结果。尤其是在当下世界经济复苏乏力之时，更应强调在进一步扩大开放中实现合作共赢和共同发展，为世界经济的复苏和新一轮繁荣发展提供强劲动力。面临经济全球化发展新时代表现出的新的本质特征和发展趋势，习近平总书记在杭州出席2016年二十国集团工商峰会开幕式时，发表了题为《中国发展新起点　全球增长新蓝图》的主旨演讲，首次提出“全球增长共赢链”的概念（习近平，2016）⑤，可以说为全球经济走上强劲、可持续、平衡、包容增长之路开具了一副“良药”。

二、研究意义

作为推动经济全球化朝着更加“开放、包容、普惠、平衡、共赢”方

① 佟家栋，刘程. 国际经济保护主义与经济全球化的调整期[J]. 南开学报（哲学社会科学版），2013（2）：131-138.

② 亚太经济往向处去，习近平在利马给出中国答案[N]. 人民日报，2016-11-20.

③ 习近平. 开放共创繁荣　创新引领未来[N]. 人民日报，2018-04-11.

④ 金碚. 论经济全球化3.0时代——兼论“一带一路”的互通观念[J]. 中国工业经济，2016（1）：5-20.

⑤ 习近平. 中国发展新起点　全球增长新蓝图——在二十国集团工商峰会开幕式上的主旨演讲[N]. 人民日报，2016-09-04.

向发展的重要理论指导，如何明晰构建“全球增长共赢链”的机制、路径及中国的对策选择，成为摆在理论和实践部门的重大战略性课题。经济全球化是社会生产力发展的客观要求和科技进步的必然结果，当代国际分工在此推动下发生了深刻变化，价值链的全球分解和要素跨境流动成为突出特征。这种变化促使经济全球化具有了“全球产出联动增长”特性，充分表现为：经济全球化利益内涵更加反映在产出增长层面、利益关系真正具有全球性意义、利益创造更具共生共存及变和特征、利益分配更加具有“包容、普惠、平衡、共赢”的内生需求。从这一意义来看，当前经济全球化走到十字路口乃至出现的逆全球化倾向，本质上是世界各国现行合作模式及其利益分配格局，包括全球经济治理体系，已难以适应当前经济全球化进一步发展的新需要。随着社会生产力和科技进步的不断演进，构建“全球增长共赢链”新型合作关系，成为经济全球化发展的新趋势。那么，什么是“全球增长共赢链”？其现实背景和理论基础是什么？有怎样的现实表现？是否已经具备一定的经验证据支撑？新一轮经济全球化发展为什么必须遵循“全球增长共赢链”的新型合作关系和发展道路？如何才能构建起“全球增长共赢链”？等等。在经济全球化走到十字路口和中国开放发展亟待转型的大背景下，对诸如上述问题的回答，还需要进行深入、系统的专门研究。

本书试图回答经济全球化发展新阶段和新形势下，构建“全球增长共赢链”的理论机制和实践路径问题，建立以分工演进为核心的经济全球化理论分析框架，明晰生产力和科技进步推动的分工深化，与经济全球化发展模式演变之间的内在关系，从理论上深入剖析“全球增长共赢链”的内在逻辑和机制。这一研究对于丰富、深化和拓展经济全球化理论、创新性阐明“全球增长共赢链”理论内容以及拓展开放型经济学理论等有一定学术价值。在经济全球化处于十字路口的关键阶段，以及在中国开放发展进入新阶段后，本书研究成果对推动经济全球化朝着更加“开放、包容、普惠、平衡、共赢”方向发展贡献思路和对策，以及新时代中国开放型经济持续发展的政策选择，同样具有一定的借鉴和指导意义。

第二节　相关研究述评

现有研究文献尚未发现针对“全球增长共赢链”的直接探索。考虑到“全球增长共赢链”问题与经济全球化红利或者说贸易利益问题密切相关，尤其是全球价值链（GVC）分工条件下互利共赢问题密切相关，因此，有关贸易利益分配问题的探讨，尤其是有关全球价值链下利益来源、利益分配格局及影响因素的代表性研究成果，能够为本书提供有益的启发。

一、产业间分工和贸易条件下关于贸易利益分配的研究

虽然贸易利益是自古典贸易理论开始经济学所一直探讨的基本问题之一，但是在以亚当·斯密的绝对优势论和大卫·李嘉图的比较优势论为代表的古典贸易理论中，以及以赫克歇尔和俄林的要素禀赋理论为代表的新古典贸易理论中，对于贸易的静态利益在参与国之间的分配问题，似乎都没有做过多的分析。其原因可能在于：一方面，受到时代的局限性，古典和新古典分工与贸易理论的任务主要是论证贸易的互利性原理，驳斥国际贸易是“零和博弈”的片面认识[①]，从而为自由贸易政策奠定理论基础；另一方面，古典贸易理论的分析有着“完全竞争市场”和“规模收益不变”等重要假定条件，在这些假定下，各国按照“比较优势”进行分工，生产贸易品并进行贸易，贸易利益便随之产生，并且，从长期来看，汇率机制能够自动调节贸易条件，从而使得贸易利益能够在参与国之间自动实现公平分配。正是由于上述原因，贸易利益分配问题在古典贸易理论中，似乎没有研究的必要[②]，地位也并不十分突出。而关于贸易的动态利益分配问题，虽然古典和新古典贸易理论早已意识到贸易的动态利益问题（主要是经济发展利益），比如，亚当·斯密的动态生产率理论和“剩余产品出口”模型、大卫·李嘉图提出的贸易的资本积累功能论、穆勒关于贸易的间接利益论等，以及受到古典经济学家上述观点的启发，后来的经济学家如伊尼斯提出的“大宗产品”出口带动增长理论、刘易斯提出的二元经济模型、

① 实际上，早在古典国际贸易理论诞生之前，重商主义者（Mercantilism）就对贸易利益问题有着最为朴素的认识，只不过将充当货币的贵金属视为财富唯一形态的“财富观”，并且仅将视线置于流通领域而没有深入生产领域，直接导致了将国际贸易仅仅视为一种“零和博弈”，即一国之所得必然是另外一国之所失。

② 虽然理论界有些学者认为后来古典经济学家穆勒的相互需求理论，可以看作是对贸易利益分配问题的分析，但这一观点仍然值得推敲和商榷。因为穆勒的相互需求理论实际上解释的是贸易交换比例（或曰贸易条件）的决定问题，虽然交换比例及其变动能够说明 1 单位出口商品所能换取的进口商品的数量及其变动情况，但这并非是衡量贸易利益的唯一指标，特别是考虑到需求因素时，更是如此。换句话说，贸易利益的概念及其测度不能只局限于 1 单位出口商品能够交换到多少进口商品，同时也要受到需求强烈程度（即效用）的影响。所以，从这一点来看，由需求因素及其变化而决定的贸易交换比例及其变动，并不能真正说明贸易利益分配及其变动问题，或者说贸易利益的分配在穆勒的相互需求理论中仍然满足“自动实现公平分配”的假定。马歇尔和埃奇沃思（Marshal & Edgeworth）的提供曲线（Offer Curve）理论同样如此。

罗伯特提出的“贸易是经济增长发动机”的命题等，但是对于贸易动态利益在贸易参与国之间可能的差异性，在此期间尚没有进行比较分析，似乎也没有引起人们足够的重视。

当然，对贸易利益分配问题在古典经济学理论中没有引起足够重视，并非意味着古典经济学家对此未进行过探讨。实际上，在很多古典经济学家看来，在国际分工和贸易格局中，发展中国家有获取更多贸易利益的发展趋势，这是因为土地等具有报酬递减的趋势从而使得其出口的初级产品价格有相对上升趋势，而发达国家的工业品具有规模报酬递增的趋势从而工业品价格有相对下降的趋势；至于贸易动态利益问题，大多数学者也是认为对发展中国家更为有利，因为中心国家（发达国家）的经济增长引起对外围国家（发展中国家）初级产品的需求扩大进而导致外围国家初级产品出口迅速增加，通过一系列动态转换过程，把出口部门的经济增长传递到国内其他各个经济部门，从而引发了外围国家经济的全面增长。然而，上述感性认识并没有得到经验支撑，相反，在20世纪50年代拉丁美洲经济学家普雷维什考察了1870—1930年英国对外贸易的比价发现，发展中国家出口的初级产品相对价格在下降（Prebisch，1962）[①]。而辛格（Singer，1950）的研究则进一步指出，发展中国家出口产品以初级产品为主，不仅导致了贸易条件的全面恶化，而且在贸易利益分割中处于不利地位，即便出现了贸易条件改善的情况，从长期来看，也不利于发展中国家的收入增长。这是因为初级出口产品价格上涨会促进更多初级产品的生产而“挫伤”推进工业化的积极性，所以发展中国家出口初级产品贸易条件即便改善在短期内看是“好事”，但长期而言则是“坏事”[②]。普雷维什和辛格关于发展中国家贸易条件恶化的论点后来被学界称为普雷维什—辛格命题（Prebisch-Singer Hypothesis）。自此，围绕普雷维什—辛格命题，以贸易条件为主要研究指标的反映贸易利益在发展中国家和发达国家之间分配不均的问题引起了广泛关注和热议，并且许多学者得出了与普雷维什相似的研究结论[③]。刘易斯（Lewis，1952）的研究也表明相对于发达国家的工业

---

① Prebisch, R.,“The Economic Development of Latin American and its Principal Problems”, *Economic Bulletin in Latin America*, 1962, Vol. 32. No. 6.

② Singer, H.W.,“The Distribution of Gains between Investing and Borrowing Countries”, *American Economic Reviews*, 1950, Vol.40, No.1.

③ 在早期的贸易条件研究中，大多是指初级产品价格与工业制成品价格之间的相对变化，由于在长期的历史分工格局中，发展中国家主要是专业化生产并出口初级产品，而发达国家主要是专业化生产和出口工业制成品，所以贸易条件的变动大致反映贸易利益在发展中国家和发达国家之间分割的变动趋势。

制成品，发展中国家的初级产品价格有不断下降的趋势[①]。

埃尔斯沃斯（Ellsworth，1956）从总体贸易数据的角度出发，即采用联合国公布的贸易数据，计算了世界贸易中初级产品出口价格指数相对于工业制成品出口价格指数的变化，其结果表明，发展中国家贸易条件的确存在恶化的趋势[②]；罗伊（Ray，1997）通过使用包括进出口商品价格指数、进出口商品单位价值等多指标，以衡量初级产品出口国相对于工业制成品出口国的贸易条件变化情况，结果同样表明存在恶化趋势[③]；格瑞丽和杨（Grilli & Yang，1988）[④]选取并计算了24个非石油类国际贸易商品的美元价格指数，涵盖的区间范围几乎为整个20世纪，即从1900年到1986年，其研究结果同样表明，发展中国家出口商品的价格指数有相对下降的趋势。

至于发展中国家的贸易条件为什么出现相对恶化的趋势，从而在贸易利益分割上所处位置越来越不利的原因，很多学者也进行了理论上的探讨，归纳起来，主要集中在两个方面：一是从商品因素的角度；二是从国家因素的角度。从商品因素的角度看，发展中国家贸易条件之所以恶化，主要是因为相对于具有更多技术含量的工业制成品而言，初级产品的收入需求弹性较低[⑤]，并且需求价格弹性也相对较低。在上述两种因素的共同作用下，随着收入水平的提高，对初级产品需求的增长要慢于对制成品需求的增长，使得初级产品的相对价格出现不断下降的趋势。此外，发展中国家出口的很多初级产品能够被人工“合成产品”所替代，对其需求会更少。最后，发展中国家出口的初级产品相对而言，市场准入壁垒更低，相对于技术含量更高的生产难度相对较大的制成品而言，初级产品较低的市场准入壁垒必然导致其利润空间被不断地“挤压”（Prebisch，1962；Singer，

① Lewis, W.A., “World Production, Prices and Trade, 1870-1960”, *Manchester School of Economic and Social Studies*, 1952, Vol.20, No.6.

② Ellsworth, P.T., “The Terms of Trade between Primary Producing and Industrial Countries”, *lnter America Economics Affairs*, 1956, Vol.26, No.10.

③ Ray, G.F., “The Real Price of Primarv Products, National Institute Economic Review”, *Joumal of InternationaL Economics*, 1997, Vol.81. No.3.

④ Grilli, E. and M.C.Yang, “Primary Commodity Prices, Manufactured Goods Prices and the Terms of Trade of Developing Countries:What the long-Run Shows”, *World Bank Economic Review*, 1988, Vol.21, No.2.

⑤ 这一点就是众所周知的恩格尔定律(Engels Law)。19世纪的德国统计学家恩格尔通过对收入和消费统计数据分析发现一个规律，即一个家庭的收入水平越低，用来购买食物的支出所占家庭总支出（或收入）的比重也就越大，而随着家庭收入水平的不断提高，这一比例会不断下降。推而广之，一个国家越穷，国民收入中用来购买食物的支出所占比重就越高，而随着国家越来越富裕，这个比例呈下降趋势。

1950）。从国家因素的角度看，首先，发展中国家和工业化国家之间的劳动市场存在着明显的差异，后者劳动力供给相对短缺以及拥有强大的工会组织，这使得收入水平较高的工业化国家存在成本—价格加成的价格提升机制（cost-plus marking-up system of prices）；相反，发展中国家的劳动力供给相对富裕甚至存在大量的劳动力剩余，从而使得其工资维持在一个较低的水准，其结果是发展中国家的产品价格相对于收入水平较高的工业化国家的产品价格而言，价格的上升速度和幅度都相对滞后。其次，由于工业化国家对本国市场的保护或者说初级产品生产部门的保护以限制来自国外的竞争，从而“缩小”了发展中国家出口的市场规模。最后，发展中国家的经济增长需要进口工业化国家的制成品，尤其是资本、设备等，以发展本国的工业部门和基础设施，如果许多发展中国家同时增加初级产品出口以为其制成品进口融资，其贸易条件必然进一步恶化[①]。其他有代表性并具有显著影响的研究和论点还包括阿明的依附理论、伊曼纽尔的不平等工资论以及巴格瓦蒂的贫困化增长理论等。

当然，对于普雷维什—辛格命题，很多学者也提出了批评意见，并且有些实证研究并没有支持上述命题。这种批评主要集中在四个方面：（1）普雷维什所使用的数据并不具有代表性，因而其结论无法表明世界贸易中初级出口产品整体上是否的确出现贸易条件恶化趋势；（2）在工业化国家进口的初级产品中，也包括一些主要在发达国家所生产的诸如小麦、牛肉、羊毛等；（3）普雷维什—辛格命题中计算的初级产品的进口价格是到岸价格，而工业制成品出口价格是离岸价格，得益于运输技术的进步和运输成本的下降，以到岸为基础的初级产品价格下降必然导致所谓的贸易条件恶化；（4）工业制成品的新品种不断诞生、现有制成品的质量档次不断提高，而这些因素在价格指数中都没有得到充分反映，而这些会导致工业制成品价格指数提高，在表象上就是初级产品出口国的贸易条件恶化。针对上述问题，其他学者采用不同的方法对发展中国家贸易条件问题做了进一步的研究，其中很多实证分析并没有支持发展中国家贸易条件的全面恶化论。例如，斯潘若思（Spraos，1980）[②]的研究指出，1876—1938 年间发展中国家贸易条件的确出现普雷维什所谓的贸易条件恶化，但将样本期扩展至 1970 年时，没有任何证据支持上述结论仍然成立。其他的研究如卡丁顿

① 辛格（Singer，1993）认为这种“合成谬误”效应在鼓励发展中国家的初级产品出口的国际融资机构的推动下，正在被不断放大、恶化。

② Spraos, J., “The Statistical Debate on the Net Barter Terms of Trade between Primary Commodities and Manufactures”, *Economic Journal*, 1980, Vol.90, No.3.

（Cuddington）、莫雷特（Moret）以及贝罗奇（Bairoch）等，也得出类似的结论。还有些研究如肯普（Kemp，1968）的研究表明，发展中国家贸易条件是否恶化，难以得出定论（Flanders，1964；Jabara，1980）①。由此可见，在以初级产品和工业制成品为主要国际分工格局下的发展中国家的贸易条件是否出现不断恶化的趋势，或者说发展中国家在贸易利益分割上处于越来越不利的地位，仍然存在一定的争议，但总体而言，争论的结果似乎更偏向于普雷维什—辛格命题。

二、产业内分工和贸易条件下关于贸易利益分配的研究

显然，普雷维什—辛格命题是基于发展中国家初级产品和工业化国家制成品这种产业间分工形态研究得出的，这种分工格局和贸易形态也符合传统的比较优势论。但自 20 世纪 60 年代以来，国际贸易发展的实践已经使得古典和新古典贸易理论的解释日显乏力，因为传统贸易理论主要解释发生于发展中国家和发达国家之间贸易格局和产业间贸易模式，但根据关税及贸易总协定（GATT）和世界贸易组织（WTO）的统计，自 20 世纪 60 年代以来，约有 2/3 甚至更多的贸易发生在劳动生产率和要素禀赋结构极为相似的发达国家之间，而发展中国家和发达国家以及发展中国家之间的贸易比重则不足 1/3，并且发达国家之间的贸易主要以制成品为主并发生在行业内部。换句话说，发达国家之间的贸易主要以产业内贸易为主。此外，传统贸易理论中的完全竞争市场结构的假定与实践中日益凸显的垄断竞争市场结构也极不相吻合。上述变化促使了 70 年代末以美国经济学家保罗·克鲁格曼为代表的一批经济学家，从更为贴近现实的假定出发，即从“规模经济”和“不完全竞争”的角度，提出了所谓“新贸易理论”，对贸易基础及贸易利益问题给予了一种新的诠释。新贸易理论认为，规模经济和不完全竞争可以成为国际贸易的独立起因，而此时的贸易静态利益主要表现在规模经济所带来的成本递减、竞争程度加深所带来的资源配置扭曲和价格扭曲的减轻，以及消费者所能选择的差异化产品种类的增加。至于动态利益，在新贸易理论中的地位也更为突出，因为在规模经济理论中，规模报酬递增本身就意味着规模的动态变化。此外，在规模经济理论中，也存在着所谓的动态规模经济问题，例如影响较大的阿罗（Arrow）的“干中学”理论、赖特（Wright）的“学习曲线”理论等，都是对动态规模经济较好的描述。将规模报酬递增因素归结于技术、知识所具有的外部性时，

① Kemp, “The Term of Trade”, *International Encyclopedia of Social Sciences*, 1968, Vol.12, No.6.

其实就是将技术模仿与扩散等现实因素考虑进来，而这些因素在新增长经济理论的分析框架中都有着特别重要的意义，已经被普遍认为是促进经济长期增长的关键因素。可以说，在研究贸易与增长的关系和贸易模式的动态演进等方面，新贸易理论取得了十分丰硕的研究成果，如格罗斯曼和赫尔普曼（Grossman & Helpman）的内生增长模型、罗默（Romer）的干中学经济增长模型、卢卡斯（Lucas）的创新经济增长模型等，都较好地阐释了国际贸易对经济增长的促进作用。相较于传统的国际分工和贸易理论而言，新贸易理论更加看重贸易的动态利益即经济发展利益。

在贸易利益的分配问题上，新贸易理论分析的前提是规模经济和不完全市场竞争结构，显然，不同产业由于规模经济效应并非完全一致，这意味着率先进入和抢占规模经济效应更明显的国家将在分工中处于有利的地位并获取更多的贸易利益，而垄断因素的存在意味着一国获取贸易利益大小的能力与本国企业的市场实力有关，这一点也与传统贸易理论关于贸易利益可以在参与国之间实现自动公平分配的假设截然不同。正是由于这一差异，新贸易理论积极主张国家干预以帮助本国企业获取更多的贸易利益，战略性贸易政策就是这一理论所演化出的一个必然主张。与此同时，关于动态贸易利益，由于不同产业表现出外部性特征有巨大差异以及动态规模经济效应也不尽相同，所以不同国家在参与国际分工时选取不同的产业意味着获取的动态利益将存在巨大差异。这可以看作新贸易理论对国际分工和贸易的动态利益及其分配问题的理解。就发展中国家和发达国家之间的分工而言，由于经济发展水平和阶段的差异，发达国家已率先进入规模经济特征更为明显的诸如技术密集型、知识密集型以及信息密集型等产业领域并形成了竞争优势，而发展中国家所专有化的某些产业虽然也具有一定的规模经济特征，但与发达国家相比尚存在较大差异，因此，无论是在静态利益的获取方面还是在动态利益的获取能力上，都处于明显的弱势地位。或者说，当国际分工从产业间为主导转变到产业内为主导时，贸易利益在发达国家和发展中国家没有实现公平分配的情况更为显著，发达国家攫取了更多的贸易利益。杨格（Young，1991）的研究指出[①]，发达国家专业化领域的产业具有显著的正外部性，而发展中国家专业化领域的产业则不然，这是由于任何一种产品的“干中学”效应只要在某一个国家“耗散”完毕，则另外一个国家再从事该种产品的生产将难以获取“干中学”的利益，而

① Young, A.M., “Learning by Doing and the Dynamic Effects of International Trade”, *The Quarterly Journal of Economics*, 1991, Vol.106, No.2.

发达国家在经济发展进程中具有"领先一步"的优势，"干中学"效应主要发生在发达国家。因此，在产业内分工条件下，发展中国家与发达国家之间进行贸易所遭受的动态利益损失可能会超过其获得的静态利益。斯特克（Stokey，1988）等人的研究也得出了相似的结论[①]，当然这些结论都是在没有考虑贸易品所带来的技术外溢情况下得出的。许多实证研究也支持了上述观点。辛格以1970年至1987年为样本期，对发展中国家出口的制成品相对于发达国家出口的制成品价格指数进行计算发现，发展中国家制成品出口价格指数出现稳步下降的态势，样本期内下降约20%，即每年平均下降约1%。卡普林斯基（Kaplinsky，2006）的研究[②]也支持了辛格的研究结论。卡普林斯基的研究指出，发展中国家制成品贸易条件恶化的根本原因在于工业化初期所生产的制成品大多是低技能密集型和劳动密集型产品，这些产品在全球市场上的竞争是异常激烈的，特别是这些相似度较高的产品大量出口使得市场竞争更为激烈，进一步推动了价格下降。但是，也有学者对上述结果提出了异议，阿斯科拉（Athukoral，1993）将以初级产品为主要投入品的制成品从制成品总额中扣除后，发现发展中国家制成品出口贸易条件并没有恶化[③]。但是这一研究结论又被辛格（Singer，1993）进一步的研究所推翻[④]。可见，即便发展中国家出口商品结构出现由单一的初级产品为主向制成品出口转变，但在利益分配中的地位并没有因此而改变，甚至进一步恶化。

三、价值链分工和贸易条件下关于贸易利益分配的研究

价值链分工和贸易条件下关于贸易利益分配的问题，现有研究主要包括三个方面。

第一，全球价值链下作为共赢基础的利益来源分析。现有代表性观点主要集中在三个方面，一是利益来源的原理，代表性观点认为，以产品增值环节为界限的全球价值链（Global Value Chain, GVC）分工，虽然专业化针对的是不同要素密集特征的环节和阶段，但本质上依然遵循比较优势的

① Stokey, N.L.,"Learning by Doing and the Introduction of New Goods", *Journal of Political Economy*, 1988, Vol.96, No.4.

② Kaplinsky, R.,"Revisiting the Revisited Terms of Trade:Will China Make a Difference?", *World Development*, 2006, Vol.34, No.6.

③ Athukorala, P.,"Manufactured Exports from Developing Countries and Their Terms of Trade:A Re-examination of Sarkar-Singer Results", *World Development*, 1993, Vol.21, No.10.

④ Singer, H. W.,"Manufacture-manufacture Terms of Trade Deterioration:A Response", *World Development*, 1993, Vol.21, No.10.

基本原理（桑百川、王伟，2017）①，具有相同和相似要素密集度特征的环节和阶段的分工，仍然可以在基于规模经济等新贸易理论框架内得到解释（黄建忠、赵玲，2017）②。二是具体的利益来源，代表性观点认为，GVC 分工条件下贸易利益的来源，与传统国际分工条件相比并无二致，除了来自交换的利益（Johnson，2014③；卢进勇等，2015④）；从专业化角度看，主要包括比较优势利得（鞠建东等，2014⑤；唐宜红等，2015⑥）和来自克鲁格曼等（Koopman et al.，2014）⑦指出的规模经济的利益。三是比较与传统分工利益来源的差异，较为一致的观点认为，GVC 是在传统国际分工基础上的进一步细化（向洪金、赖明勇，2013）⑧，有利于相似要素密集度特征增值环节的空间集聚，从而更有助于经济全球化利益的创造和利益总量水平的提升（华民，2018）⑨。与此同时，价值链分工也提升了国家间互利共赢的合作基础，加强了彼此之间的相互依赖程度。

第二，全球价值链下作为共赢表现的利益分配探讨。在以贸易为主要内容的经济全球化条件下，传统国际经济理论虽然论证了分工和贸易的互利性原理，但对利益分配问题一直语焉不详（张幼文，2017）⑩。对于上述问题，现有研究主要包括三个方面，一是价值链的利益链条分布，较为一致的观点认为，具有不同要素密集度特征的环节构成了不同的价值分布，通常而言，技术密集型环节对应的是高附加值环节，劳动密集型环节对应的是低附加值环节。二是价值链利益分配关系，多数观点认为，由于发达国家凭借资本和技术等方面的优势，成为全球价值链分工的主要受益者，

---

① 桑百川，王伟. 全球经济治理体系变革与碎片化风险防范[J]. 国际贸易，2017（12）：4-8.

② 黄建忠，赵玲. 全球化变局、全球治理与开放经济供给侧改革[J]. 南开学报（哲学社会科学版），2017（5）：50-57.

③Johnson, R.C. “Five Facts about Value-Added Exports and Implications for Macroeconomics and Trade Research”, *Journal of Economic Perspectives*, 2014, Vol.28, No.2.

④ 卢进勇，陈静，王光. 加快构建中国跨国公司主导的跨境产业链[J]. 国际贸易，2015（4）：4-10.

⑤ 鞠建东，余心玎. 全球价值链研究及国际贸易格局分析[J]. 经济学报，2014（2）：126-149.

⑥ 唐宜红，姚曦. 本地市场效应与中国出口贸易结构转变——基于模型结构突变的实证检验[J]. 世界经济研究，2015（7）：53-62.

⑦ R.Koopman, Z. Wang and S. J. Wei, “Tracing Value-Added and Double Counting in Gross Exports”, *American Economic Review*, 2014, Vol.104, No.2.

⑧ 向洪金，赖明勇. 全球视角下美国对华光伏产品“双反”案的经济效应研究[J]. 世界经济，2013（4）：111-137.

⑨ 华民. 新“里昂惕夫之谜”：贸易失衡的超边际分析——兼论中美贸易摩擦的理论根源与演变趋势[J]. 探索与争鸣，2018（6）：4-12.

⑩ 张幼文. 新时代中国国际地位新特点和世界共同发展新动力[J]. 世界经济研究，2017（12）：24-28.

而依托劳动等初级要素参与国际分工的广大发展中国家，则获利有限（余淼杰等，2017）[①]；但也有部分观点认为，价值链分工条件下部分发展中国家成为巨大的顺差国，是主要的获利者。三是关于利益分配关系的变化，有研究认为，传统“中心”和“外围”依赖关系，在 GVC 条件下变成了“高端”与“低端”关系、“控制”与“被控制”关系、“老板”与“打工者”关系（刘志彪等，2018）[②]。当前有关出口国国内增加值测算的许多实证研究表明，作为全球价值链主导者和控制者的发达国家，攫取了大部分的利益，而位于全球价值链中低端的大部分新型市场经济国家和发展中国家所获利益有限，甚至被边缘化（罗长远等，2014[③]）。

第三，全球价值链下影响共赢即利益分配的因素分析。现有研究主要从宏观、中观和微观三个层面进行探讨，一是宏观层面，现有研究认为，除了全球经济治理规则体系这一总体外部环境外（盛斌等，2018）[④]，具体到一个国家或地区而言，主要包括营商环境、基础设施、本土市场需求规模、加权关税率的政策选择和制度安排等经济政策。二是中观层面，现有研究主要肯定了要素禀赋结构、研发强度、产业组织结构、产业生命周期等决定的产业发展水平和层次（黄先海等，2018[⑤]；林毅夫，2018[⑥]）的影响。三是微观层面，代表性观点认为，主要取决于企业资源、企业规模、企业管理能力、企业文化、人力资本构成状况等国际竞争力。无论是宏观层面还是中观和微观层面的影响因素，都是影响和决定全球价值链治理体系和结构以及分工地位的关键所在，同样决定着全球价值链分工条件下各国之间的利益分配关系。需要指出的是，从微观层面看，由于跨国公司的国家界限日益模糊，企业利益和国家利益呈现一定程度上的分离，因此基于企业竞争力评估国家利益分配也会变得更加扑朔迷离。

此外，针对当前兴起的逆全球化问题，有的研究文献从全球价值链分工角度指出当今“你中有我，我中有你”相互依赖的基本格局（张宇燕，

① 余淼杰，崔晓敏. 经济全球化下中国贸易和投资促进的措施[J]. 国际经济评论，2017(3)：28-44.

② 刘志彪，吴福象. “一带一路”倡议下全球价值链的双重嵌入[J]. 中国社会科学，2018（8）：17-32.

③ 罗长远，张军. 附加值贸易：基于中国的实证分析[J]. 经济研究，2014（6）：4-17.

④ 盛斌，高疆. 中国与全球经济治理：从规则接受者到规则参与者[J]. 南开学报（哲学社会科学版），2018（5）：18-27.

⑤ 黄先海，余骁. “一带一路”建设如何提升中国全球价值链分工地位——基于 GTAP 模型的实证检验[J]. 社会科学战线，2018（7）：58-69.

⑥ 林毅夫. 中国“一带一路”倡议对世界的影响[J]. 探索与争鸣，2018（1）：30-33.

2016）①，认为“逆全球化”并非“解决问题”的理性和正确举措（佟家栋，2017）②，如何推进全球化向“开放、包容、普惠、平衡、共赢”的新型模式转型升级，如何通过完善全球经济治理，为经济全球化健康持续发展提供保障机制，如何完善各国自身制度以提升其内部治理水平等（王孝松等，2017）③，才是应对时代难题的根本道路和正确选择。

四、简要评论

上述分析表明，既有文献从各个角度不同程度地涉及“全球增长共赢链”问题，但显然尚未提升到“全球增长共赢链”理论的本质高度。一方面，“全球增长共赢链”与“全球价值链”毕竟不是同一概念，“共赢链”与传统的“互利共赢”或利益分配也不能简单等同。现有研究对传统贸易利益问题分析居多，而对“共赢”从“贸易利益”转向“全球增长”的分析有待深入，对“共赢”的“链”式特征缺乏明确阐释，对“共赢链”的形成机理等问题也缺乏进一步探索。另一方面，既有文献虽然指出了全球价值链分工体系下“你中有我，我中有你”的相互依赖格局，但对这一格局下利益创造的相互依赖性，以及利益分配关系可能对利益创造的影响进而形成的相互作用，仍然缺乏有说服力的理论分析和实践经验证据，对“全球增长共赢链”的实践路径等也缺乏必要的理论分析和严谨的实证分析。如果说全球价值链是一种分工形态的话，那么“全球增长共赢链”则不仅仅是一种分工形态，而是要比分工形态更为复杂、内容更为广泛、内涵更为深刻的一个概念。如前所述的一系列理论和实践问题，都是值得深入研究的大课题。然而，综合现有文献来看，对“全球增长共赢链”的研究还十分缺乏。由于对其中的一些基本理论问题还没有全面、系统的解读，更没有深刻分析其内涵丰富的国际经济思想及其对经济全球化理论的贡献，也缺乏有说服力的实证检验支撑，更没有从如何构建“全球增长共赢链”这一特定视角，探寻推动经济全球化朝着更加开放、包容、普惠、平衡、共赢方向发展的有效路径和对策建议。据此可见，本书存在着极其广阔的研究空间。

---

① 张宇燕. 全球治理的中国视角[J]. 世界经济与政治，2016（9）：4-9.

② 佟家栋. “一带一路”倡议的理论超越[J]. 经济研究，2017（12）：22-25.

③ 王孝松，吕越，赵春明. 贸易壁垒与全球价值链嵌入——以中国遭遇的反倾销为例[J]. 中国社会科学，2017（1）：108-124.

第三节 研究框架和内容

一、研究框架

本书将聚焦于经济全球化发展新阶段和新趋势下，构建“全球增长共赢链”的机制、路径及在此背景下中国开放发展对策选择问题。根据马克思主义政治经济学基本原理可知，经济全球化发展虽然主要受生产力和科技进步的推动，但以利益分配和全球经济治理规则体系等为表现的国际经济关系，也是重要影响因素。生产力发展不同阶段所推动的经济全球化，需要有与之相适应的国际经济关系。当前“逆全球化”兴起从本质上讲就是二者间作用不相匹配的典型表现，进而也为重塑国际经济新格局和调整利益分配关系提出了时代要求。本书将重点关注生产力发展和技术变革推动的分工演进新趋势，深入探究构建“全球增长共赢链”这一新型合作模式的内在需求和理论机制，并借鉴现有关于贸易利益测算方法，实证检验利益分配关系对经济增长和全球化“红利”实现的影响，以及对中国践行“全球增长共赢链”的实际绩效进行实证分析。在此基础上，进一步探讨构建“全球增长共赢链”的实现路径。本书研究的总体框架如图 1-1 所示。

二、研究内容

为推动经济全球化朝着更加“开放、包容、普惠、平衡、共赢”的方向发展，本书以问题为导向，根据拟回答的构建全球增长共赢链的理论创新、经验以及实现路径等基本问题，着重研究下述六个方面的内容。

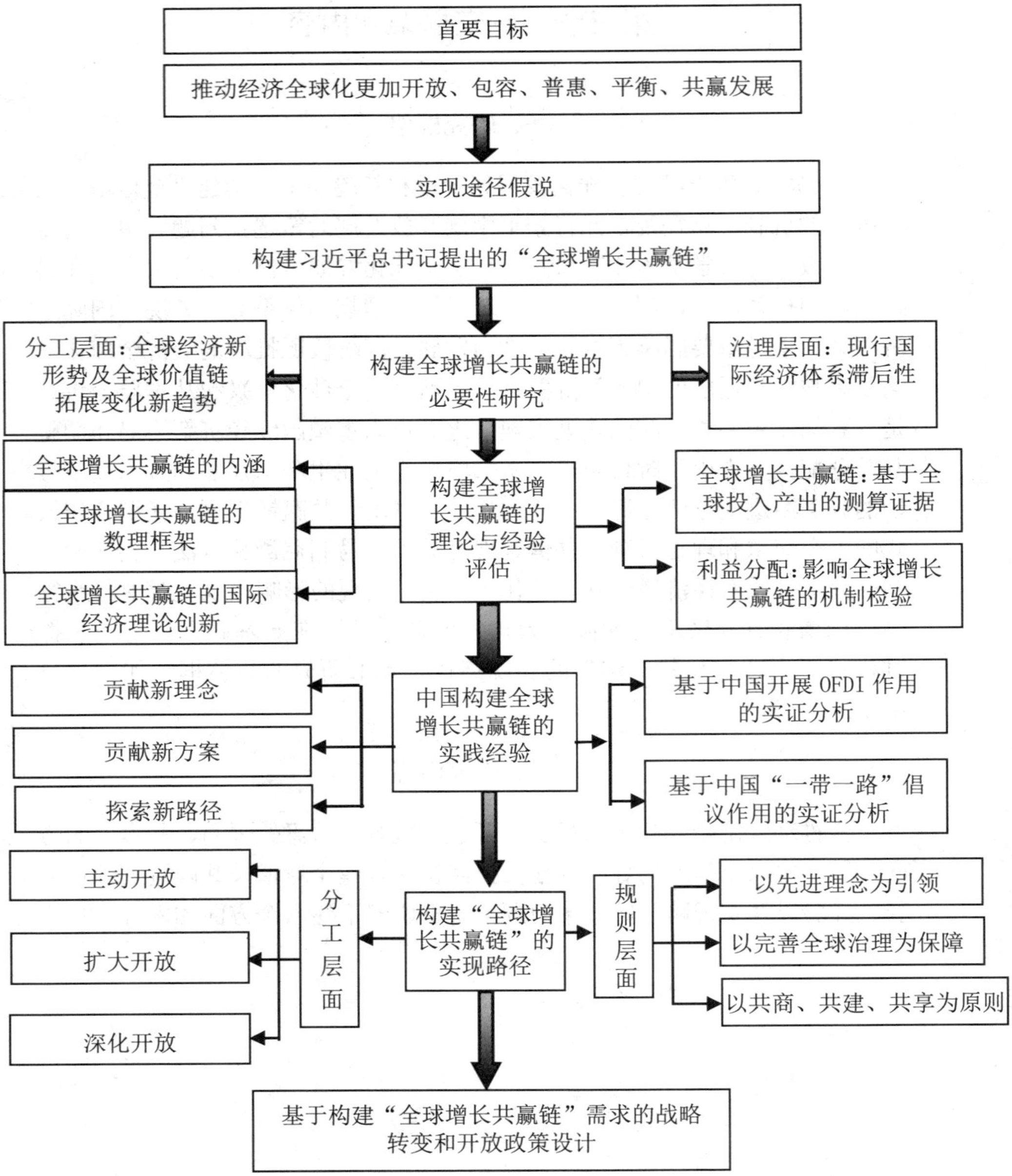

图 1-1　本书研究的总体框架图

第一，关于“全球增长共赢链”的若干基本理论问题，特别是本书对国际经济理论创新性发展的问题。深入研究经济运行过程，了解经济活动的特点，揭示和把握社会经济活动的规律，以便更好地指导经济发展实践，正是马克思主义政治经济学的主要任务之一。基于对经济全球化发展新形势的精准判断，以及对全球经济增长方式的新认知，习近平总书记提出的"全球增长共赢链"思想，拓展和创新性地发展了经济全球化理论。本书认为，"全球增长共赢链"突破了以往关于经济全球化红利创造和分配等方面的传统认知，揭示了全球价值链分工和要素跨国流动条件下经济全球化红利创造本质在于"全球产出联动增长"的深刻内涵，即利益内涵更加反映在产出增长层面、利益关系真正具有网络化的全球性意义、利益创造更具共生共存以及"变和"特征、利益分配更加具有"互利共赢"的内生需求。出现上述变化的根本原因，在于生产力发展和科技进步推动国际分工发生了深刻变化。因此，打造"全球增长共赢链"不仅是顺应新阶段经济全球化发展的需要，也是做大世界经济蛋糕的必然选择，更是有效化解以往全球化进程积累的各种问题和矛盾的有效举措。当然，面临着逆全球化思潮和贸易保护主义的严峻挑战，构建"全球增长共赢链"并非顺应自然演进就能实现的过程，仍然是任重而道远。经济全球化条件下"全球增长共赢链"开放发展理念的提出，是对国际经济学理论的重要创新，拓展了马克思主义政治经济学的新境界并已成为其有机组成部分。这一智慧结晶和理论成果，是开放型经济发展实践的理论总结和未来发展道路的理论指导，是马克思主义经济全球化理论的重要发展，不仅是对经济全球化理论的创新和贡献，而且结合中国实践，对中国特色社会主义政治经济学也具有重要贡献。

第二，全球增长共赢链的特征事实和经验证据。基于全球价值链分工的客观事实，从全球投入产出角度，本书提出了一个数理测算框架，以此明晰国与国之间表现产出相互依赖、相互影响的格局，即一国产出增长会通过价值链贸易而对世界其他国家和地区产出增长具有带动作用，反过来也一样，从而表现为"增长共赢"。基于全球投入产出模型的测算框架分析表明，从最终产出角度看，一国产出增加会通过全球价值链贸易而带动其他国家和地区产出增加，带动效应的大小则随着关联程度强弱不同而有异，但其关联特征的确在一定程度上表明，一国产出增长会部分决定外部产出的增长状况。这种关联特征的反向逻辑同样是成立的。换言之，如果一国能够将本国产出增长更好地外溢给其他国家和地区，那么反过来又能够带动本国经济的增长。因此，当利益分配失衡导致其他国家和地区受损时，最终也会反作用于自身，使得自身也在不同程度上遭受损失。为了进一步回答建立在全球价值链和全球投入产出的数理模型基础之上的理论逻辑推演是否符合实际状况，本书进一步利用 WIOD（World Input Ouput Database，世界投入产出数据库）提供的基础数据，以中国经济增长与全球经济增长相互拉动作用为例，从总体和分国别层面进行测算以提供基本的经验证据，即中国的经济增长是否通过全球价值链贸易而使得其他国家和地区实现了"共赢式"增长，以及世界各主要国家的经济增长是否通过全球价值链贸易而使得中国实现了"共赢式"增长。测算结果表明，上述效应确实存在，从而为"全球增长共赢链"理论逻辑提供了直接例证。

第三，实证检验"全球增长共赢链"对"共赢"的内生性需求，即利益分配状况是否成为影响"全球增长共赢链"得以实现的重要因素。本书认为，在"全球增长共赢链"的新型发展模式和合作机制下，经济全球化的红利创造不仅取决于比较优势，而且取决于红利分配关系和分配格局。公平合理的利益分配会创造更多的全球化红利，反之则会对经济全球化红利产生抑制和压缩效应。基于跨国面板数据模型的实证分析，一国贸易条件对全球平均贸易条件水平的偏离程度，无论是正向偏离（代表贸易条件的改善）还是负向偏离（代表贸易条件的恶化），均会对自身经济增长具有显著的负面影响，也就是说，偏离程度越高，对经济增长的负向作用越大。由于偏离度指数表征的正是贸易利益分配失衡的程度，因此偏离度越高也就意味着利益分配失衡的程度越严重，而这种失衡对经济增长会产生不利影响。更确切地说，失衡的程度越严重，对经济增长产生的不利影响就越为严重。在测算贸易条件时我们发现了两个基本特征，一是样本经济体的贸易条件指数方差相对较大，为 21.09，贸易条件指数的平均值为 103.41，其中最大值和最小值分别为 200.43 和 75.28，这说明贸易条件的偏离是较为显著的。二是当我们参照和借鉴世界银行的做法，将经济体在样本期间人均 GDP 均值超过 1 万美元的划为发达经济体，其余划为发展中经济体时，前者的贸易条件指数均值为 117.86，而后者的均值仅为 94.78，即发展中经济体的贸易条件指数均值水平要显著低于发达经济体的贸易条件指数。由此可以看出，贸易条件指数的偏离不仅显著而且在发达经济体和发展中经济体之间具有方向性差别。将这一事实特征与回归结果结合起来进一步说明，在当前新型国际分工体系下，利益分配朝着更加公平公正的方向发展，更加有利于实际获益的增加，同时也说明"互利共赢"的重要性，意味着在实现自身利益增长的同时，"关切他人利益"的重要性。这一研究结论也为"推动建立更加开放、包容、普惠、平衡、共赢发展的经济全球化"提供了经验证据。

第四，全球增长共赢链条件下经济全球化传统理论修正及经验证据。

经济学理论总是伴随着实践的发展而不断演进，经济全球化理论也不例外。当前以全球价值链和要素跨国流动为主要形态的国际分工，即全球增长共赢链的新型经济全球化分工和合作模式，对传统经济全球化理论形成了很大挑战，对贸易条件、贸易格局、贸易利益分配以及贸易与经济增长关系等诸多问题都产生了深远的影响，传统经济全球化理论亟待创新。我们以贸易促进经济增长的传统理论为例，对传统理论进行了修正并力图提供经验证据。在全球价值链分工条件下，由于全球增长具有了共振和联动的"共赢链"特征，并且共振和联动主要是通过贸易这一中间介质而产生作用的。这一中间介质与传统国际分工条件不同，因为在全球价值链分工条件下，贸易的性质发生了根本改变，即贸易品主要进入生产领域而非消费领域，其对经济增长的作用渠道和机制，与传统国际分工条件相比有了天壤之别。众所周知，传统宏观经济恒等式对贸易驱动经济增长的解释肯定了需求拉动的积极作用，其科学性主要建立在"净出口"与消费、投资等经济活动相互独立的基础之上。然而在当前以全球价值链为主导的国际分工形态下，如前所述，贸易性质发生了从产品价值实现的跨国流动到确保全球生产正常进行的外在流转这一根本性变化，使之由单纯的交换环节逐步渗透和融合到生产、消费等其他经济活动之中，进而成为各经济变量相互作用的重要中间介质。贸易对经济增长的驱动作用，也随之由传统的简单需求拉动，演变为通过全球生产网络中投入产出关联所诱发的乘数性循环动态机制。这一新机制突破了传统贸易模式借助净出口对经济增长表现的绝对量水平，更强调对经济增长的乘数性放大作用。基于全球投入产出模型的相关原理，从两个国家两种产业单传导模型入手，将之逐步拓展为两个国家多种产业以及多个国家多种产业的多传导模型，本书在理论层面充分阐释了在全球增长通过价值链而具有联动和共振特征时，或者说各国之间具有"增长共赢链"的特征时，价值链贸易驱动经济增长的新作用机制。本书基于上述理论逻辑提出了新的测算框架，并以中国经验数据为例，利用 WIOD 提供的最新基础数据，采用修正后和传统的两种方法，分别测算了样本期间内中国"净出口"对经济增长的理论作用值和传统统计值。结果表明，传统方法确实误判了"净出口"对经济增长的拉动率和贡献率，"净出口"在全球增长共赢链下对经济增长确实有了新意涵。

第五，中国践行"全球增长共赢链"的经验及现实绩效。全球价值链在推动世界经济繁荣发展的同时，因存在"机会不均等"而使更多的发展中国家被边缘化，进而产生利益分配严重失衡等问题，也面临可持续性难题。构建"全球增长共赢链"的国际分工基础还很脆弱，全球价值链亟待优化和重构。“互利共赢”一向是中国主张的开放战略，在经济全球化发展进入构建“全球增长共赢链”的新阶段后，习近平总书记又提出了“人类命运共同体”的理念，并本着“共商、共建、共享”的原则参与经济全球化，走在了构建“全球增长共赢链”的实践道路上。为此，本书从两个方面实证考察中国践行“全球增长共赢链”的实践绩效，即中国是否在推动全球价值链分工中朝着机会更加均等和地位更加平等的方向发展，从而夯实“全球增长共赢链”的分工基础。一方面，本书利用 2010—2017 年的中国对外直接投资（OFDI）数据以及在测度价值链关联和位置指数的基础上，在总样本以及区分“一带一路”和非“一带一路”分样本层面，采用空间计量模型的实证分析表明，中国开展对外直接投资不仅有助于与东道国产生直接的价值链关联效应，而且还会通过空间外溢效应产生与第三国价值链关联效应，或者说中国开展对外直接投资为参与价值链分工的机会均等带来了实际效应。另一方面，以当前在全球价值链分工中处于绝对主导和控制地位的美国作为参照，本书利用双重和三重差分法，实证分析“一带一路”倡议对提升“一带一路”沿线国家价值链分工地位的现实效应。计量检验结果表明，“一带一路”倡议对提升“一带一路”沿线国家价值链相对地位方面的确存在显著正向作用，并且这一效应在排除其他政策干扰等稳健性检验下依然存在且显著。综合来看，中国在推动全球价值链朝着机会更加均等和地位更加平等方向发展，或者说为优化和重塑全球价值链分工体系，从而为夯实构建“全球增长共赢链”的分工基础，已经取得了初步成效。

第六，探索构建“全球增长共赢链”的条件和路径。如何实现“全球增长共赢链”的构建，本书认为，先进的新理念引领是基本动力，走“开放、包容、普惠、平衡、共赢”之路是基本要求，完善全球经济治理是基本保障。基于此，本书着重从三个方面分析和探讨构建“全球增长共赢链”的条件和具体路径。首先，突破传统“经济人假设”，从非“经济人假设”的价值观和正确义利观出发，剖析“人类命运共同体”新理念对构建“全球增长共赢链”的引领作用及其机理。西方国家推崇的“华盛顿共识”理念，由于只考虑资本利益而对全球劳动者正当利益重视不够，过分强调发达国家的利益诉求而忽视发展中国家的正当权益，从而在世界经济发展进入到新阶段后，由于其“零和博弈的二元对立思维”“赢者通吃的丛林法则思维”“利己主义的以偏概全思维”等局限性，从而难以成为引领新时代构建开放型世界经济的理念。相比较而言，“人类命运共同体”更加强调“合和共生”“合作共赢”“共商、共建、共享”，因而可以从本质上解决传统理念所面临的局限性，成为引领构建“全球增长共赢链”的理念。其次，从提供制度保障的角度出发，探索分析完善全球经济治理体系的思路、方案及举措，即构建开放型国际经济新体系。通常而言，国际经济体系的形成或国际经济体系的结构和性质，是在经济全球化发展的特定历史时期由世界经济力量格局对比形成和决定的，因此，国际经济体系的结构和性质也必然随着经济全球化的演进和世界经济力量格局对比的变化而变动。当前，全球经济格局发生的巨大变化，是亟待构建开放型国际经济新体系的基本逻辑，尤其是经济全球化朝着“全球增长共赢链”的特征模式方向发展，也相应地要求全球经济规则和制度体系随之做出调整。这既是从国际层面看“生产关系适应生产力”而做出调整的必然趋势，也是为了能够更好地促进“全球增长共赢链”构建的必然要求。构建开放型国际经济新体系，在经济全球化发展新阶段需要有新的战略定位和目标，其具体的实现路径需要走“和平稳定”的开放发展之路、走“合作共赢”的开放发展之路、走“共建共享”的开放发展之路以及走“包容联动”的开放发展之路。最后，从打造开放型世界经济角度提出了实现构建“全球增长共赢链”的具体路径，即秉持“人类命运共同体”的先进理念，坚持以开放为导向、以创新为引领、以包容为核心、以互利共赢为目标、以多边主义为保障、以共商共建为原则，是打造开放型世界经济的必由之路，也是据此构建“全球增长共赢链”的切实有效的路径选择。唯有如此，才能在顺应历史发展的潮流中，推动世界经济朝着更加公平、公正、包容、普惠、共赢的可持续方向发展。

第四节　主要创新与需要进一步研究的问题

一、主要创新

本书的创新之处主要表现在以下两个方面：

一是学术思想上的创新。传统的国际经济理论对经济全球化互利共赢的分析，主要侧重于贸易层面的分析，但对利益分配问题语焉不详，基于分工演进视角，从“链”式特征入手将“共赢”深化到“增长”层面的解释不够充分，更缺乏统一分析框架的理论研究和相应的实证经验证据。国际分工变革对经济全球化传统理论形成巨大挑战，对相关问题产生巨大影响。鉴于此，本书尝试从分工演进角度探讨构建“全球增长共赢链”的理论机制和实现路径，是一个较为新颖的理论着眼点。并且，在理论上阐明了习近平总书记提出的“全球增长共赢链”本质内涵，及其对马克思主义政治经济学关于经济全球化理论的拓展和创新。

二是学术观点上的创新。本书认为，在以价值链全球分解和生产要素跨境流动为主要内容和特征的经济全球化条件下，各国产出增长之间通过全球生产网络，产生了相互依赖关系，形成了彼此拉动作用，进而具备了“产出联动增长”的“链”式特征。当世界各国产出增长具有联动和共振以及“链”式特征后，增长本身对公平公正的利益分配产生了内生需求，或者说“共赢”是确保产出增长的必要条件，从而使得利益关系也具有了交织性和“链”式特征。与此同时，“产出联动增长”的“链”式特征，尤其是生产要素跨境流动使得各国生产之间具有交织性后，传统分工条件下生产可能性曲线不变的假定被打破，要素流动包括技术跨境转移会形成新的生产函数，进而推动生产可能性曲线外移。但是要实现上述变化，必须要以公平公正的利益分配为前提，换言之，在“全球增长共赢链”条件下，增长利益的大小具有了“变和”特征，而增长利益大小的实现程度，从利益分配角度看则取决于是否实现了更加公平公正的分配，即真正的“共赢”。遗憾的是，当前“逆全球化”思潮的兴起和贸易保护主义的抬头，不仅阻碍着“全球增长共赢链”新型国际经济关系和经济全球化发展新模式的形成，而且还有可能破坏已有基础。况且，作为“全球增长共赢链”基础的全球价值链分工体系，由于存在机会不均等和地位不平等问题而具有明显的脆弱性。为此，优化和重塑全球价值链分工体系，以夯实构建“全球增长共赢链”基础，成为当务之急。对此，中国不仅贡献了先进的引领理念和治理方案，而且正在践行着“全球增长共赢链”的开放发展之路。总之，构建“全球增长共赢链”是新阶段经济全球化可持续发展的模式选择，为此，不仅需要有新理念加以引领，还要完善全球经济治理体系以提供制度保障，并且切实走上“开放、创新、包容、共赢、多边、共治”的新时代经济全球化发展之路。

二、需要进一步研究的问题

“全球增长共赢链”作为创新性的国际经济理论，以及作为拓展了的马克思主义政治经济学关于经济全球化理论新境界的新学说，其内容丰富、内涵深刻。本书虽然在上述六个方面做出尝试性研究，但由于这一创新性的“全球增长共赢链”国际经济思想和经济全球化理论，对传统国际经济理论在诸多方面提出了挑战，因而还存在很多有待进一步深化研究的理论和实证问题。概括起来，主要包括以下几个方面：

第一，在“全球增长共赢链”条件下，由于利益关系具有了全球性意义，也就是说，各国之间的利益关系呈现出复杂交织状态，此时，产出增长不仅会受到双边贸易的影响，而且会受到与第三国贸易的影响，等等。因此，如何突破“双边”的传统思维，如果对世界生产函数进行拓展，将这一复杂因素考虑进去，从而在理论研究层面进一步明细利益关系的网络性和复杂性，并在此基础上拓展出全球生产网络中真实贸易利得的测算体系和方法，是有待进一步深入研究的问题。

第二，在“全球增长共赢链”条件下，生产的关联性促使国与国之间相互依赖程度不断提高，甚至形成复杂的依赖网络系统，进而决定了由分工和专业化所能创造的经济全球化红利，同样具有了相互依赖特征，或者说具有了共生性特征。在此背景下，如何测度国与国之间利益共生的相互依存性，或者说世界各国之间利益共生的相互依存性？贸易利益分配的影响因素究竟是什么，如传统的如穆勒相互需求决定论还能够成立吗？对于此类问题需要在理论层面做进一步研究。

第三，在“全球增长共赢链”条件下，由于国与国之间在生产过程中具有了相互依赖特征，即一国在某个特定生产阶段所能创造的实际效益，包括产品价值及其最终实现能力，实际上取决于整个生产过程中不同生产环节和阶段的协调程度，以及中间产品之间的参数配比情况。因此，合作与竞争创造的利益更具有“变和”特征。那么，在此情形下世界转换曲线会因利益分配格局的改变而发生位移吗？或者说，在全球生产网络条件下，如何将利益分配关系作为成本因素纳入世界生产函数之中，从而明晰诸如贸易条件的改变如何影响世界总产出变化等，是一个有待在理论层面进一步深入研究的问题。

第四，在“全球增长共赢链”条件下，一方面，上述理论问题仍然需要采取有效的计量分析手段，对可能的理论推演进行必要的计量检验，提供有说服力的经验证据；另一方面，对于诸如“人类命运共同体”的先进理念，在构建“全球增长共赢链”方面的实际作用和实践绩效，也需要给予进一步的计量检验，比如能否以“人类命运共同体”理念被写入联合国决议为节点，采取双重差分和三重差分等模型和计量方法，对其现实效应进行评估，以及进一步厘清构建“全球增长共赢链”的有利因素和不利因素等。诸如此类的实证研究，对于进一步提出构建“全球增长共赢链”的有效对策，显然能够提供必要的经验证据和科学依据。

第二章 全球增长共赢链：经济全球化理论新发展

第二次世界大战之后，尤其是随着冷战的结束，越来越多的发展中国家加入美国等发达国家推动的经济全球化浪潮中，促使经济全球化进入到一个快速发展的阶段，并由此带来了全球经济长达几十年的繁荣增长，带来了人类物质财富的激增，带来了民众生活的普遍改善。今天，人类文明的发达程度达到了前所未有的高度，各国之间的相互依赖和彼此依存关系，也比以往任何历史时期都更加紧密和频繁。然而，这一“美好”的进程却被2008年突如其来的国际金融危机所打破。因为自2008年国际金融危机以来，单边主义、贸易保护主义、逆全球化思潮、霸凌主义等不断有新的表现，经济全球化进程遭遇严峻挑战。尤其是2017年以来，特朗普政府频频挥动贸易保护主义大棒，挑起了与中国等多国的贸易摩擦，表现出明显的逆全球化倾向。经济全球化走到了十字路口，固然与部分发达国家将许多“世界乱象”错误地归咎于经济全球化本身有关，但与此同时也说明了现行经济全球化增长模式出现了一些问题，遭遇可持续性难题。正是基于对经济全球化发展新形势的准确判断，以及对全球经济增长方式的新认知，2016年9月3日，习近平总书记在二十国集团工商峰会开幕式上指出：“我们应该增进利益共赢的联动，推动构建和优化全球价值链，扩大各方参与，打造全球增长共赢链。”[①]经济学理论总是伴随着实践的发展而发展。“全球增长共赢链”概念的提出，可谓是为经济全球化发展提出了新模式，指明了新方向，彰显的是东方大智慧，是在经济全球化新形势下对国际经济理论的创新性发展。

那么，究竟什么是“全球增长共赢链”？提出“全球增长共赢链”的

① 习近平.《中国发展新起点 全球增长新蓝图》——在二十国集团工商峰会开幕式上的主旨演讲[N].人民日报，2016-09-04.

现实背景和基础是什么？为什么要打造“全球增长共赢链”，或者说，新一轮经济全球化发展为什么要遵循“全球增长共赢链”的发展模式和道路？我们究竟如何认识全球增长共赢链下贸易与经济增长之间的关系，或者说贸易在促进经济增长中的真实作用是什么？对于上述问题的回答，不仅有助于我们进一步深化认识经济全球化发展进程可能带来的问题本质，以及当前经济全球化遭遇严峻挑战的原因，更为重要的是，还有助于我们能够“对症下药”，为经济全球化发展进程中遇到的“梗阻”问题开具良方，通过探寻应对“逆全球化”有效对策举措，更好地推动经济全球化健康持续发展。鉴于此，本章就关于“全球增长共赢链”的若干基本理论问题，做一初步探讨。

第一节　全球增长共赢链：理论内涵及特征

关于什么是“全球增长共赢链”，以习近平总书记的许多重要理论为基础，我们可以从比较分析其具体特征角度加以认识。在传统的假定生产要素不具备跨国流动性的国际分工条件下，传统国际经济理论对经济全球化的分析主要聚焦于贸易一体化的分析，即主要以产品跨境流动为纽带的经济全球化。因此，传统国际经济理论对经济全球化红利问题的分析，也主要集中在贸易理论层面的探讨上。总体而言，虽然传统国际贸易理论论证了开展分工和贸易具有“互利共赢”的可能，但对利益分配问题却一直语焉不详。与传统贸易利益问题分析相比，由于国际分工性质发生了深刻变化，“全球增长共赢链”具有以下几个方面的特征。

一、利益内涵转向产出增长

在以贸易一体化为主要内容的经济全球化条件下，或者说在以产品为界限的传统国际分工模式下，参与国际分工和贸易的利益来源主要包括交换利益和专业化利益。所谓交换利益主要是指当不同的国家拥有不同的要素禀赋，或者不同国家的国民之间具有不同的商品偏好时，通过商品交换所能实现的福利水平的改善；而所谓专业化利益主要是指国家之间通过分工分别专业化于自身效率更高的产品生产，从而获得的额外利益。但无论是哪一种利益，在传统国际经济理论分析中，都是在既定的生产可能性曲线下实现的。也就是说，对利益来源和分解的分析并不涉及经济增长本身，或者说从单个国家角度看并不涉及产出增长问题。当然，传统国际经济理论中也有关于贸易与经济增长之间关系的探讨，但这种分析多属于长期动态分析，与开展分工和贸易时当期的产出增长并非一回事，故而我们对此暂且不做分析。但是伴随产品价值链分解的不断深化，以及生产要素跨国流动性的不断增强，国际分工逐步发展为以“要素”为边界的新型分工模式，即所谓的全球价值链分工和要素跨国流动模式之后，国与国之间开展分工和贸易的利益来源与内涵，也发生了深刻变化，其中增长的利益成为主导性利益。

众所周知，在全球价值链分工和要素跨国流动条件下，无论是产品生产和过程的全球分解，还是生产要素的跨境流动，本质上都是跨国公司在全球范围内整合和利用资源，是生产过程的全球化，是构建全球生产网络的表现和结果（方勇等，2012）[①]。显然，在传统国际分工模式下，由于生产过程只能局限在一国国内，因此即便是基于比较优势而进行专业化分工，选择所谓更有效率的产品生产，生产资源的再配置也只不过是从一种产品向另一种产品转换而已，这种转换本身是不涉及帕累托改进的，因为不同产出数量下的产出组合都是最优的，即如传统分析所展示的产出组合只是沿着生产可能性曲线移动那样。与传统分工模式不同的是，一旦生产突破了只能在一国国内的局限从而可以在全球范围内整合和配置资源时，此时生产组织模式的变革就不仅仅是产品之间的转换问题了，更主要的是全球资源的重新组合和利用会产生帕累托改进效果，从而形成新的生产函数问题，具体表现为生产可能性曲线的外移即产出增长。因此，在这种新型国际分工模式下，国与国之间开展分工与合作的利益更多体现在增长层面，甚至可以说，此时贸易利益只不过是增长的利益通过“贸易”这一形式实现的分配结果而已。因为当生产具有了全球化特征后，生产从一开始就成了为全球市场而生产，因此以产品跨国流动为表现的所谓贸易，更多的功能将体现在从生产者向消费者的流通，而不是原有意义上的互通有无或发挥比较优势，传统的贸易利益因此将会大大弱化。

总之，当国际分工从传统的以最终产品为界限的模式，发展演变为以“要素”为边界的新型国际分工模式后，国与国之间开展分工和合作的生产模式发生了深刻变化，从而经济全球化红利的内涵和表现也发生了深刻变化，即来自生产可能性曲线不变假定条件下的交换和专业化的传统利益，将让位于产出增长利益。

① 方勇，戴翔，张二震．要素分工论[J]．江海学刊，2012（4）：88-96.

二、利益关系具有全球意义

在传统国际分工模式下，经典的国际经济理论大多基于两个国家两种产品的简单模型，探讨分工和贸易的利益来源及其分配问题。即便以两国两产品的简单模型为基础，可以进一步拓展至多国多产品情形，但是对分工和贸易问题的分析，本质上仍然停留在“双边”情形，所谓的“多边”贸易只不过是诸多“双边”贸易的简单汇总而已。换言之，一国与其他任何一个国家或地区之间开展的分工和贸易所形成的关系，与任何第三国之间开展分工和贸易形成的关系，都具有相互独立性。国与国之间并不存在生产上的交织，也不存在利益上的交织。如同国际贸易就是所有国家的对外贸易简单加总一样，所谓的分工和贸易包括由此决定的贸易利益问题，虽然在形式上表现出了全球化，但由于其网络性和交织性不够，在本质上还不具有真正的全球化意义。尤其在贸易利益层面上看，来自交换和专业化的利益，任意两国之间的利益大小及其分配关系，仅仅局限于开展分工和合作的两国之间，而较少程度涉及第三国，甚至可以说基本与第三国无关。但是，当国际分工演变为以全球价值链分工和要素跨国流动形态为主导时，分工和贸易包括贸易利益问题，便具有了真正的全球化意义，这是因为在新型国际分工形态下，国与国之间的分工与合作呈现出交合状。

在以全球价值链分工和要素跨国流动为主导形态的国际分工模式下，跨国公司在全球构建生产网络和生产体系，传统的贸易利益内涵随之转为产出增长的利益。毋庸置疑，此时由于每一个国家和地区都是生产网络中的一个节点，从事着特定产品生产环节和阶段的生产，甚至是以特定的优势要素参与某一产品生产环节和阶段的生产，即在生产过程中产生了竞争与合作关系。某些特定产品比如波音飞机的生产，仅此一件产品的生产就将全球 70 多个国家和地区网络其中，大家共同参与。即便大部分产品生产可能只是由部分国家和地区参与，而不会涉及全球各国共同参与的情形，看起来“全球性”还不够，但考虑到现实产品生产种类的复杂和多样性，全球各国毫无疑问地将会通过复杂的产品网络编织成一个网络体系，名副其实地成为“全球”生产网络中的一个节点和组成部分。既然此时的经济全球化红利主要表现为产出增长的利益，而生产过程又是由多国乃至全球各国共同参与的，那么任何两国之间的分工和合作状况，就绝不仅仅限于这两国之间，同样还会受到处于生产网络节点中其他国家和地区的影响。

正如西蒙·伊夫奈特研究所指出的[①]：中美经贸关系不仅涉及两国，还会涉及其他尤其是亚洲国家，如果中美两国互相排斥对方，全球创新生态系统一体化会崩溃。总之，分工演进使得国与国之间的分工和贸易关系在全球生产网络体系下越来越失去“独立性”，进而更具有整体意义和特征，那么由此所决定的关系也就具有真正的全球化意义了，即分工呈现的交合关系必然决定利益创造和分配关系上的交合状态。

三、利益创造强调共生共存

在传统国际分工条件下，由于产品生产的非跨国性，整个产品的生产过程全部在国内完成，因此，开放条件下的资源优化配置主要表现为生产资源在不同生产部门之间的转移。就产品生产本身而言，并不存在国与国之间的相互依赖性。基于传统国际经济理论分析可知，无论是在完全专业化的分工条件下，还是在国家大小非对称性导致的不完全专业化分工条件下，分工和贸易利益的来源无非包括来自交换的利益和专业化的利益。其中，利益大小或者说能够创造多少利益，主要取决于参与国际分工的国家或地区之间要素禀赋差异状况及其消费需求偏好的差异性等，取决于各国自身要素禀赋状况及其生产能力。由于来自交换的利益并不涉及生产或者说资源优化问题，我们可以将分析进一步聚焦于分工与专业化利益。由于国家或地区之间的生产并不存在交集空间，或者说生产过程仍然是在封闭条件下进行的，因此，专业化生产所带来的效率提升和利益创造，仍然局限于国内生产要素的跨部门流动和重新整合，并不受外部生产要素或生产状况的影响。可见，基于分工和专业化的利益创造，国与国之间是不存在相互依存性特征的。但是，当国际分工演变为全球价值链分工和要素跨国流动为主导的新型分工形态时，由于生产过程的全球化，利益创造则具有共生性特征。

如前所述，由于全球价值链分工和要素跨国流动的本质是跨国公司构建的全球生产网络体系，每个国家或地区只不过是这个生产网络所布局的价值链条当中的具体节点而已。显然，由于国与国之间的关联性已经突破了以往简单的商品交换关系，更多是通过生产过程而“链接”在一起的，因此，国与国之间的相互依赖和相互依存，比传统的国际分工条件下更为紧密。生产的关联性促使国与国之间相互依赖程度不断提高，甚至形成复杂的依赖网络系统，进而决定了由分工和专业化所能创造的经济全球化红

① 西蒙·伊夫奈特. 中国出口近期面临的贸易扭曲措施研究[J]. 国际贸易，2018（9）：17-23.

利，同样具有了相互依赖特征，或者说具有了共生性特征。传统国际分工条件下专业化分工创造利益的相对独立性，在全球价值链分工和要素跨国流动条件演变为相互依存性和共生性。换言之，当生产跨越国界从而表现出生产的非一体化时（刘志彪、吴福象，2006）[①]，最终产品生产的效率及其完成情况，会受到网络节点上每一个国家和地区的影响，也可以说，全球生产网络节点上每一个国家和地区，参与专业化分工以后所能创造的效益和红利，不仅仅取决于自身的情况，比如内部要素资源的优化配置，还取决于与外部生产要素之间的优化配置状况；不仅取决于自身在特定生产环节上的生产状况，还取决于生产网络上其他节点的国家和地区的生产状况。总之，生产过程的国际分割，生产要素的全球优化配置，必然导致经济全球化红利创造越来越具有共生共存的依赖性特征。

四、利益大小更具“变和”特征

在传统国际分工条件下，正是因为分工与专业的利益创造具有相互独立性，即一国参与国际分工后通过专业化生产所能实现的利益增加，主要取决于一国国内生产资源的重新配置状况，而不受到外部国家的影响，因此，由此所决定的利益大小通常是既定的。当每个国家在既定的生产要素禀赋结构约束下及其由此所决定的专业化分工条件下，通过资源优化配置所能增加的新的生产利益大小既定时，世界整体福利水平的大小也就是既定的了。这种情形实际上无论是在完全专业化分工条件下，还是在不完全专业化分工条件下，传统国际经济理论在解释利益分配时均已经给出较为完整的阐释，即在既定的假定条件下各国参与国际分工所能创造的利益总量是一定的，国与国在利益分配上只不过表现为在既定大小的“蛋糕”中切取不同的份额而已。也就是说，参与国际分工和贸易所能增加的世界福利总量及其利益分配问题，具有“常和”博弈的特征。但是在以全球价值链分工和要素跨国流动为特征的经济全球化条件下，由于利益创造在国家之间具有相互依赖和相互依存的共生性特征，换言之，每一个国家所能贡献的经济全球化红利份额大小，会受到全球生产网络中其他国家和地区的影响，因而其利益增量大小并非一成不变的。那么从世界范围内看，由于同样的逻辑对于每一个国家都是成立的，经济全球化红利总量也不再是既定的，而会随着分工和合作的方式、紧密程度以及其他影响因素的变化而

---

① 刘志彪，吴福象. 贸易一体化与生产非一体化——基于经济全球化两个重要假说的实证研究[J]. 中国社会科学，2006（2）：80-92.

变化。

在全球价值链分工和要素跨国流动体系下，由于国与国之间在生产过程中具有了相互依赖特征，即一国在某个特定生产阶段所能创造的实际效益，包括产品价值及其最终实现能力，实际上将取决于整个生产过程中不同生产环节和阶段的协调程度，以及中间产品之间的参数配比情况。正如埃莉萨等（Elisa et al.，2010①）认为，中间产品的外在流转速度是否正常、上游环节的交货时间是否及时等，都会影响专业化在下游生产环节和阶段的国家所能实现的生产效率。同样，上游产品的技术复杂度水平以及质量层次等参数，与下游生产环节和阶段的技术参数和品质参数在多大程度上能够实现匹配，同样决定了不同生产环节和阶段的中间产品价值实现程度。当然，不同生产环节和阶段之间存在着衔接、协调以及参数匹配等问题，从而影响价值创造及其实现问题，生产要素的跨境流动及其不同国家和地区之间优势要素的重新整合和利用，也存在着同样的问题，会影响要素的边际生产力。关于生产要素的数量组合及其对边际产出的影响，在传统经济学理论中已有较为详尽的分析；基于同样的逻辑，生产要素的质量匹配在很大程度上也影响生产要素边际作用的发挥，从而影响总产出水平。总之，以产出增长为表现的经济全球化红利创造，在全球价值链分工和要素跨国流动体系下将具有"变和"特征，世界总福利水平的提升程度，将取决于影响各国之间资源优化配置和生产协调等因素。

五、利益分配注重互利共赢

如前所述，虽然传统国际经济理论论证了开展分工和贸易能够使各国受益的可能，但就贸易利益如何在国与国之间进行分配的问题，仍然存在着较大争议。应该说，传统国际经济理论只是论证了开展分工和贸易的互利性原理，但无法揭示利益如何分配才能在国与国之间实现真正的互利共赢（方勇等，2012②），因为在传统国际分工条件下，并不存在一个有效的市场机制和规则体制，确保分工参与国都能成为经济全球化的受益者。而事实情况却表明，利益分配不公导致部分国家在经济全球化中成为受损者，这是一种常态。实际上，市场经济作用机制本身就有"优胜劣汰""胜者为王""赢者通吃"的"丛林法则"特性，如果缺乏必要的政策制度和协调规

① Elisa G., R. Lanz and P. Roberta, 2010, "Timeliness and Contract Enforce-ability in Intermediate Goods Trade", World Bank Policy Research Working Paper, No.5482.

② 方勇，戴翔，张二震. 论开放视角的包容性增长[J]. 南京大学学报（哲学·人文科学·社会科学版），2012（1）：24-31.

则，那么在国际分工中处于弱势地位的国家和地区，不仅难以成为全球经济的真正受益者，反而会成为受损者。对此，传统国际经济理论中倒是有很多阐释，代表性的理论如中心—外围理论、发展中国家贸易条件恶化论、不平等交换理论以及贫困化增长理论等，无不说明了经济全球化的红利分配不仅不能够在所有国家之间实现有效共享，还有可能使得一部分国家成为另一部分国家的剥削对象。经济全球化红利在国与国之间的分配情况如此，在一个国家内部的不同利益集团之间的分配情况同样如此。对此，要素禀赋理论中的价格均等化定理已经给出了证明。

与传统分工条件下的利益分配情形不同，全球价值链分工和要素跨国流动条件下的利益分配更加强调真正的互利共赢，而不是仅仅停留在具有互利共赢的可能性层面上。从当前经济全球化发展所面临的问题和挑战看，经济全球化之所以走到了目前的十字路口，本质上无非就是利益分配失衡所致，是国与国之间的利益之争引发了逆全球化思潮的兴起。就上述意义而言，当前的逆全球化其实反映的正是马克思主义政治经济学中所揭示的一条普遍规律，即传统的利益分配方式和分配格局形成的生产关系，已经不适应经济全球化发展的新需要了，甚至可以说已经成为经济全球化推动生产力发展的制约因素。为适应经济全球化发展新形势，全球化红利分配方式和关系必须随着实践的发展而不断改变和完善。众所周知，经济全球化发展是科技进步和生产力发展的必然要求和客观规律，而在当前以全球价值链分工和要素跨国流动为主要内容和特征的经济全球化发展，生产力推动的产业组织模式和生产形式均发生了深刻变革，突出表现为前文指出的世界各国同处全球生产网络和价值链条之上。以共同生产的方式将各国“链”在一起，必然要求在利益分配上更加注重互利共赢，因为继续遵循“优胜劣汰”的“丛林法则”，必然会带来生产网络的破坏，带来价值链条的断裂，进而对生产力是一种破坏。

综上可见，“全球增长共赢链”主要是指在以全球价值链分工和要素跨国流动为主要特征的经济全球化新形势下，开放型世界经济体现出的一种新的合作模式和增长方式，突出特征表现在：经济全球化红利的内涵突破传统贸易利益，不断向“产出增长”层面深化，并且使得产出增长这一红利创造和表现更具有“全球性”的意义，各国之间通过全球生产网络和价值链条而“链”在一起，使得各国在创造和分享经济全球化红利过程中，更加具有相互依赖的共生性和共存性特征，并且在这种共生共存的依赖性特征约束下，经济全球化红利分配是否能够实现真正的互利共赢，在很大程度上决定着经济全球化红利的“蛋糕”能做多大。

第二节 全球增长共赢链：分工演进的理论逻辑

历史地看，经济全球化发展大致经历了三个阶段（习近平，2016）①。以时间节点进行划分，从真正的经济全球化开始直到第一次世界大战结束，可以看作经济全球化发展的第一阶段，即殖民扩张和世界市场形成阶段。这一时期的经济全球化所具有的突出特征就是西方国家靠巧取豪夺、强权占领、殖民扩张，使得“世界各地区各民族都被卷入资本主义世界体系之中”。从第二次世界大战结束后形成的世界两大阵营到对立局面的结束，可以看作经济全球化发展的第二阶段，即两个平行市场的发展阶段，这一时期经济全球化的突出特征就是世界经济形成了社会主义和资本主义两大阵营。随着冷战的结束，社会主义和资本主义两大阵营对立的局面不复存在，两个平行的市场逐步融为世界统一的大市场，各国之间相互依赖的程度不断加深，经济全球化进入到快速发展演变的第三阶段。毫无疑问，在经济全球化发展的第一阶段，即以殖民扩张和战争手段推行的经济全球化，显然没有表现出“全球增长共赢链”的发展模式。两个平行市场的第二阶段，由于世界市场并不是完整意义上的统一市场，同样谈不上“全球增长共赢链”的发展模式。之所以如此，根本原因在于生产力的发展，尚不足以通过市场的力量将世界各国“链”在一起。经济全球化发展进入到第三阶段后，一方面，科技进步和生产力的快速发展推动了经济全球化进程；另一方面，经济全球化发展又为世界经济提供了强劲动力，反过来促进了科技进步和生产力的巨大发展，从而使得全球生产格局和产业组织模式发生了巨变，各国在融入全球化大生产中“链”在了一起，逐步奠定了“全球增长共赢链”的客观条件和基础。

一、国际生产分割技术快速发展

分工理论表明，技术进步是推动分工演进的重要因素。在技术不发达的条件下，劳动工具的分化和生产过程的分解程度不高，工场手工业还是“一个以人为器官的生产机构”，而到了机器大工业时代，技术的高度发展，使得劳动工具不断分化，生产过程不断分解，形成了以机器为器官的生产机构（谢富胜、李安，2009）②。关于这一点，马克思和恩格斯曾有过较

---

① 习近平．在省部级主要领导干部学习贯彻党的十八届五中全会精神专题研讨班上的讲话[M]．人民出版社，2016：21.

② 谢富胜，李安．技术创新背后的技术[J]．学海，2009（6）：64-68.

为深刻的阐述[①]："一旦工场手工业的生产扩展到这样一种行业，即以前作为主要行业或辅助行业和其他行业联系在一起、并由同一生产者经营的行业，分离和互相独立的现象就会发生。一旦工场手工业的生产扩展到某种商品的一个特殊的生产阶段，该商品的各个生产阶段就变成各种独立的行业……为了使得工场手工业内部的分工更为完善，同一个生产部门，根据其原料的不同，根据同一种原料可能具有的不同形式，而分成不同的有时是崭新的工场手工业。"总之，伴随技术进步，从一组完整的生产活动中分离出去的基本生产操作数量就会越来越多。从历史演进的逻辑看，技术进步推动的分工发展大体经历了五种形态。第一种形态就是人类历史早期的农业、手工业和商业的分工，这也是马克思所指的一般劳动分工；第二种形态就是以完整的最终产品进行专业化的分工，比如斯密所讲到的制造业；第三种形态是以零部件生产为专业化的分工，比如汽车的不同生产部件；第四种形态是生产工艺的专业化分工，即专业化于产品或零部件的一个工艺过程，如铸造和电镀等；第五种形态是服务提供流程的专业化，比如知识流程外包等。[②] 受到技术进步等因素的影响，上述各种形态尤其是前两种形态的演进，在相当长的时间内十分缓慢，但进入工业社会后得到了突飞猛进的发展，尤其是后三种形态的分工演进为当代全球价值链分工和要素跨国流动奠定了基础。

不同国家和地区融入全球生产分工体系，通过不同的生产环节和阶段而"链"在一起，一个重要的前提就是生产环节和过程，包括服务提供流程，首先要在生产技术属性上能够实现分割，并且具有空间上的可分离性。生产分割技术推动的零部件专业化、生产工艺专业化以及服务提供流程的专业化，首先实现了产品和服务价值链的分解。当这种分解一旦跨越国界后，就形成了所谓全球价值链。产品价值链的不断分解体现的正是产品生产分割技术的不断进步和创新，从而使得产品生产过程越来越专业化，分工越来越细化，在上述三个专业分工形态上同时实现横向维度的不断分解和纵向维度的不断深化，即在横向维度上看会有越来越多的行业向零部件专业化、工艺流程专业化和服务提供流程专业化方向发展，在纵向维度上则表现为零部件、工业流程和服务提供流程的分解越来越细。上述变化从全球范围内看就是全球价值链分工的深度演进，全球生产分工体系由此逐

① 中共中央马克思恩格斯列宁斯大林著作编译局．马克思恩格斯全集：第23卷[M]．人民出版社，1972：391.

② 盛洪．分工与交易——一个一般理论及其对中国非专业化问题的应用分析[M]．上海三联书店、上海人民出版社，1994.

步构建，奠定了全球增长共赢链的“生产”基础。

二、信息和通信等技术日新月异

从技术属性上看，虽然生产分割技术的发展使产品价值链能够得以分解，使得更为细致的专业化分工成为可能，但技术上的可分离性还只是必要条件，并不能成为充分条件。因为分工是否能够演进，除了取决于专业化所能带来的效率提升以外，还会因为交易频率的增加而提高交易费用和交易成本，包括建立客户关系等方面的沉没成本。只有当专业化分工因为效率提升带来的收益，高于交易频率增加等带来的成本增加幅度时，分工才会进一步发展，专业化水平才能进一步提高；否则，即便生产在技术属性上实现了可分离性，但专业化分工也不会进一步发展。影响交易成本和交易费用的因素很多，既有制度的因素也有非制度因素，其中在非制度因素中，包括意识形态、伦理道德、文化习俗以及自然环境和地理条件等。从空间上看，自然环境和地理条件通常是影响交易费用的关键因素。对此，空间经济学中的产业集聚理论已经做出过较为丰富的探讨，即产业在特定地理空间上的集聚和接近，可以大大降低交易费用。国际贸易的发展史和理论研究同样也证实了这一点，即加工贸易的发展更倾向于在沿海地区以利用便利的海运条件，从而节约交易成本。空间距离的加大，不仅会在运输等方面影响交易成本，而且搜寻客户信息、建立和维护客户关系、每次进行交易时需要付出的谈判等成本，都会大大提高。

分工演进不仅仅是一个越来越专业化的过程，从空间上看，也是一个在地理疆界逐渐延伸和扩展的过程，逐步从企业内部扩展到国内某一地区，再扩展到全国进而冲破国界发展成为全球分工。在此过程中，与此相伴随的就是市场范围的不断扩大和统一，从区域市场发展到全国市场再到国际市场。20 世纪 80 年代以来，分工和市场范围不断冲破国界所表现出的经济全球化快速发展，其中一个非常重要的因素就是信息和通信等技术的快速发展。这方面的技术进步大大缓解了因为空间距离扩大所带来的交易成本上升问题，从而能够让跨国公司利用全球资源成本降低和远距离多时空经营交易变得更加便捷可行。尤其是美国的计算机技术、信息技术革命以及后来发展起来的互联网技术，大大缩短了人与人之间的交流和市场交易的时空距离，并因此出现了所谓“地球村”的概念（蔡拓，2000①）。目前发展起来的所谓跨境电子商务，甚至在全球范围内能够实现个性化定制和

① 蔡拓. 全球主义与国家主义[J]. 中国社会科学，2000（3）：20-21.

分散采购，无疑就是得益于技术进步带来的交易费用的快速下降，包括运输成本的大幅度下降。事实上，与生产技术上的可分离性相比，能够促使交易费用和交易成本下降的技术进步，在促进全球分工演进中发挥着至关重要的作用，因为生产环节的可分离性在技术上相对容易，在一个企业内部或者在一个有效的地理区域内部早已存在，但要想突破国界在时间更长、空间更大的范围内组织生产，则主要取决于后一方面的技术进步。

三、贸易和投资自由化高歌猛进

时空距离是影响跨国交易的一种自然障碍，而贸易和投资壁垒则是影响跨国交易的人为障碍。因此，如果说信息和通信等技术的快速发展，是在非制度层面上解决交易费用问题，从而推动全球分工演进的话，那么贸易和投资自由化的快速发展，则是在制度层面上解决了全球分工的交易费用问题。在国际分工从传统的以产品为界限的分工模式，转变为以产品价值增值环节为界限的分工模式后，贸易壁垒对分工的影响作用会更大。这是因为产品生产环节在全球布局和拓展以后，最终产品生产的完成，会涉及中间产品的多次跨境流动。显然，任何贸易壁垒包括关税和非关税壁垒，如果说在一次跨境流动中还不足以产生实质性影响的话，那么在反复多次的跨境流动中，会产生循环累积的效应，放大贸易壁垒的作用，进而给最终产品生产完成带来较高的交易费用和交易成本。关于这一方面，已有的实证研究揭示了关税和非关税壁垒，在全球价值链条件下所能产生的放大效应（倪红福等，2018[①]；段玉婉等，2018[②]）。因此，以贸易和投资自由化为表现的关税和非关税壁垒的降低，对于国际分工的发展，尤其是深入到产品生产环节和要素层面的分工，具有极为关键的作用。第二次世界大战以后特别是20世纪70年代末期以后，经济全球化的快速推进与美国等发达国家主导的贸易和投资自由化制度在全球推行是分不开的。

第二次世界大战以后，美国等发达国家主导建立的国际组织如世界银行、国际货币基金组织以及世界贸易组织（其前身是关税与贸易总协定），在构建全球经贸规则和全球经济治理体系等方面发挥了巨大作用。尤其是世界贸易组织，作为推进贸易和投资自由的主要国际组织，在降低关税和非关税壁垒方面，起到了极其关键的作用。世界贸易组织成立的宗旨是通

① 倪红福，龚六堂，陈湘杰. 全球价值链中的关税成本效应分析——兼论中美贸易摩擦的价格效应和福利效应[J]. 数量经济技术经济研究，2018（8）：74-90.

② 段玉婉，刘丹阳，倪红福. 全球价值链视角下的关税有效保护率——兼评美国加征关税的影响[J]. 中国工业经济，2018（7）：62-79.

过逐步调降各成员的关税与非关税贸易障碍，消除各成员在国际贸易上的歧视待遇，促进货物和服务贸易的不断扩大，从而提高生活水平，保证充分就业和大幅度、稳步提高实际收入和有效需求。以关税壁垒为例，有关统计数据表明，世界贸易组织成员的总体平均关税水平目前仅为 6%，其中发展中国家约为 10%，发达国家约为 3%。目前，世界贸易组织共有 164 个成员，成员贸易总额占全球贸易总额的比重高达 98%，世界贸易组织因此也被称作“经济联合国”。除了贸易以外，与贸易有关的投资措施也是世界贸易组织管辖的一项多边贸易协议，其目的就是要便利国际投资和促进投资自由化。总之，贸易和投资自由化制度的全球推行，大幅度降低了关税和非关税壁垒，降低了产品和产品生产环节跨境流动的交易成本，从而为全球生产网络的构建提供了必要的制度保障。第三轮经济全球化的繁荣发展，无疑是与世界贸易组织推动下的贸易和投资自由化分不开的。

四、生产要素跨国流动日益增强

产品生产环节和阶段的全球分解，只不过是比较优势从最终产品生产进一步向中间产品生产的细化，在本质上并没有改变一国比较优势，或者说并没有改变一国要素禀赋结构。因此，全球价值链的发展虽然已经具有了全球生产的基本特征，但是如果没有涉及生产要素的跨境流动，那么也就不存在所谓的资源跨国整合和重新利用问题，也就不存在前文所述的由于生产要素的全球流动而形成新的生产函数，进而推动生产可能性曲线外移即产出增长问题了。只有当产品价值增值环节不断向各国拓展，并在此过程中伴随生产要素的跨境流动，真正意义上的全球生产网络才能形成，作为全球增长共赢的产出增长基础才得以构筑。从这一意义上说，投资自由化的快速发展，在推动生产要素的跨国流动方面具有不可替代的作用。投资自由化看起来似乎是货币资金在国家之间的流动，但究其本质，则是以货币资金为纽带的一揽子生产要素的跨境流动（张幼文，2017）①，当然，这里的生产要素可以理解为广义上的生产要素。因为从构建全球生产网络的角度看，从生产过程需要多种要素组合投入的角度看，仅有货币资金的跨境流动是远远不够的。伴随全球对外直接投资的发展，通常还有技术的跨境流动、管理的跨境流动、营销的跨境流动以及人员的跨境流动等，正是这种包括广义层面的生产要素跨境流动不断增强，改变着要素流

① 张幼文. 要素流动条件下国际分工演进新趋势：兼评《要素分工与国际贸易理论新发展》[J]. 世界经济研究，2017（9）：132-134.

入国的生产函数。因此，以投资自由化为纽带，实际上也带动了其他诸多生产要素跨境流动。

在投资自由化的带动下，除了一些不具备流动性的生产要素比如土地和优惠政策等，以及一些流动性相对较弱的生产要素如低技能劳动力，其他具有较强流动性的生产要素，跨境流动的频率和规模都在不断增强。以资本跨境流动为例，20 世纪 90 年代末，全球对外直接投资就已突破万亿大关，达到 1.07 万亿美元；21 世纪更是以惊人的速度增长，2007 年突破 2 万亿美元大关，高达 2.26 万亿美元。2008 年和 2009 年受到全球金融危机冲击，全球对外直接投资规模虽有所下降，但伴随全球经济的复苏，对外直接投资已呈现恢复性增长。比如，2015 年全球对外直接投资已经从 2009 年的 1.1 万亿美元恢复到 1.76 万亿美元。即便不考虑跨国公司开展对外直接投资时自身带动的生产技术跨境流动，仅从以技术转让为表现的技术跨境流动角度看，同样表现出强劲的增长态势。联合国贸发会议统计数据库的数据表明，2017 年全球技术转让的市场金额为 4526 亿美元。如果考虑到跨国公司对外直接投资所自带的技术跨境流动，那么实际规模要远远超出上述统计数据显示的水平。毋庸置疑，生产要素跨境流动的逐步增强，对于资源在全球范围内的优化配置，从而构建起真正意义上的全球生产网络，或者说为全球增长共赢奠定了坚实的要素基础。

五、新的生产力因素在不断涌现

科技进步和生产力发展是推动经济全球化的根本力量，也是国际分工演进的根本推动力量。这是已经被历史实践所证明的。18 世纪中叶，人类历史上的第一次工业革命，推动生产方式从手工业走向了机器大工业，在此背景下，国际分工和国际贸易得到了迅猛发展。进入 19 世纪下半叶，第二次工业革命实现了生产力新的跃升，除了商品贸易外，跨国公司开始在全球范围内组织生产和销售，尽管大部分跨国公司的生产和销售活动，主要还只是“复制”母公司的业务，还没有真正构建全球生产网络（储玉坤，1997）①，但企业冲破国界走向世界市场这一行为本身，无疑在推动商品流动等方面起到了重要作用，各国之间的经济交往也因此更加频繁。第二次世界大战以后，以信息技术为主要内容的第三次工业革命蓬勃发展，不仅扩大和加速了商品的跨境流动，而且也促进了资本、技术、人员和信息等生产要素在世界范围内的加速流动。这正是当前以全球价值链分工和要

① 储玉坤. 跨国公司与国际贸易关系进入新阶段[J]. 世界经济，1997（11）：38-41.

素跨国流动为主要内容和特征的经济全球化快速发展的生产力基础所在。当然，技术进步和生产力发展在推动经济全球化发展的同时，反过来也会受到经济全球化的影响，即国际分工的深化、比较优势的发挥以及国际经济交流合作程度日益提高，又会创造出新的生产力，从而在二者间形成相互促进的良性循环机制。总之，生产力因素在推动国际分工演进中具有决定性作用。

当前，伴随科学技术进步的突飞猛进，一些新的生产力要素正在涌现和形成。比如，互联网核心技术的迅猛发展，已经使得其在经济领域中得以广泛运用并不断开拓网络经济新空间，促使生产和消费的国家界限愈发模糊，全球生产网络和消费网络将更加具有交织性和复杂化。目前正在如火如荼发展的机器人和智能制造，将会给制造业发展带来一场新的变革，极大提升制造业生产能力和扩张制造业版图。特别是制造业发展插上了互联网技术的翅膀之后，使得大数据、云计算、工业互联网、物联网等不断渗透到制造业领域并推动其智能化发展，制造生产能力将会出现一个革命性的变革和提升。这些变化为世界各国尤其是发展中国家工业生产模式的转向升级和发展方式的转变，提供了新的生产力基础因素，为世界各国之间在产业领域的分工和合作，提供新的发展空间。而高速运输技术的进步则无疑为不断扩张的制造业生产能力全球拓展和合作提供了便利。目前，由航空运输、高速铁路运输、海运以及在不久的将来可能突破和实现的真空高速列车，将会进一步缩短世界各国之间的时空距离。这些突破性的技术进步叠加生产技术变革后，必将为世界各国之间实现联动增长和利益深度融合，带来新的国际分工机遇，夯实了“全球增长共赢链”的生产力基础。

第三节　全球增长共赢链：新阶段经济全球化需求的现实逻辑

从科技进步和生产力发展推动的经济全球化角度来看，基于前文的分析可知“全球增长共赢链”已经具备了一定的客观条件和基础，但从当前国际经济关系的实践特征看，距离形成真正的“全球增长共赢链”还相差甚远。在新的生产力因素和新的国际分工条件下，如果不能尽快形成“全球增长共赢链”这一新的合作模式和增长方式，不仅不能顺应经济全球化发展新形势和新需要，也在很大程度上制约着新一轮经济全球化红利的创造，甚至成为经济全球化健康持续发展的重要制约因素。因此，在新的国际分工条件下和经济全球化新形势下，打造“全球增长共赢链”成为当务之急。

一、新国际分工条件下市场经济的内生需求

当工业化插上了市场经济的翅膀之后，向全球范围内的扩张就成为一种必然趋势和结果，这也是经济全球化的理论逻辑所在（金碚，2014）[①]。从这一意义上看，经济全球化实质上是市场经济的全球化。而在传统国际分工条件下，国与国之间的合作和竞争，更多体现在竞争层面上，市场经济中优胜劣汰、适者生存的“丛林法则”，并不具有“共赢”的内生性需求。或者说，发达国家在全球范围内推动的市场经济，其主要目的就是通过他国的门户开放，并凭借自身在资本和技术等方面的显著竞争优势，充分利用市场经济自有的这种“自身利益最大化”天性和特征，从世界市场中尽可能地攫取更多的利益。如前所述，在传统国际分工条件下利益的来源主要包括交换的利益和专业化的利益，尽可能地使交换的利益向自身倾斜，尽可能地以有利于自身贸易条件而将他国专业化创造的利益占为己有，不仅是国家追求自身社会福利最大化的目标使然，同时也是跨国公司追求利润最大化的市场使然。因为在传统国际分工条件下，利益创造是既定的且不具备相互依存性，以此凭借自身的竞争优势甚至不平等交换的方式，攫取经济全球化红利，这成为“理性经济人”的必然选择，也是在传统国际分工条件下的市场经济逻辑使然。

然而，当国际分工发展演变到全球价值链分工和要素跨国流动阶段后，虽然市场经济的“自由竞争”和“追求自身利益最大化”的基本原则并未改变，但是分工形态和合作方式的变化，促使市场经济的主体尤其是作为微观主体的跨国公司，在行为选择方面开始进行了巨大的调整和变化。由于跨国公司与东道国本土企业处于同一产品生产的价值链条上，甚至是不同国家的生产要素共同生产价值链链条上的某一特定环节和阶段，因此，任何一个企业“自身利益最大化”能否得以实现，在很大程度上依赖于其他企业的利益实现情况。这就是前文所指出的相互依存的共生性特征。生产网络中出现“短板”必然会波及整条产品价值链，从而影响最终产品的价值实现以及企业获益情况。因此，从生产角度看，如果全球网络中的企业之间由于实力不均而进行过度压榨和剥削，必然会影响实力相对较弱企

① 金碚. 工业的使命和价值——中国产业转型升级的理论逻辑[J]. 中国工业经济，2014（9）：51-64.

业的发展能力，从而成为价值链条当中的“短板”。因此，为了避免因上述问题的出现而影响自身利益最大化的实现，实力较强的跨国公司会在一定程度上兼顾“共赢”。从实践角度看，发达国家跨国公司在构建全球生产网络时，对东道国本土企业进行一定的技术指导、员工培训等方式产生的主动“外溢”效应，以提升配套企业的发展能力，这就是明证。由此可见，在全球价值链分工和要素跨国流动这一新型国际分工形态下，“追求利益最大化”的市场逻辑会产生对“增长共赢”的内生需求。

二、新形势下经济全球化可持续的必由之路

经济全球化是一把“双刃剑”，在促进世界经济繁荣发展的同时，也会带来一些挑战和负面影响（门洪华，2017）[①]。当积累的问题和矛盾达到一定程度乃至激化时，就会影响到经济全球化发展进程。比如，早期以侵略和殖民扩张方式推进的经济全球化，“占地为王”的争霸赛虽然有助于资本的原始积累，但毕竟是不可持续的。一方面，加剧了宗主国和殖民地之间的矛盾；另一方面，国家间为争夺殖民地也会展开激烈的竞争乃至产生深刻的矛盾。正因如此，最终导致第一阶段的经济全球化在两次世界大战之后终结。第二次世界大战后以美国等发达国家为首推动的经济全球化，虽然转向采取自由贸易这一看似更加文明的扩张方式，但自由市场经济由于存在内在缺陷从而在推动经济全球化发展过程中，也积累了一些突出的问题和矛盾。比如，由于发达国家和发展中国家分工地位不同，在全球产业链和价值链中的主导力和控制力不同，获取经济全球化红利的能力也不同。不对等的分工格局和地位致使发展中国家获益相对较少，并且面临着攀升价值链的巨大困难。再比如，以全球价值链分工和要素跨国流动为主要内容的经济全球化快速发展，对一些国家的产业结构变化带来了深刻影响，甚至导致产业结构失衡，加剧了国家内部贫富差距问题，等等。总体来看，与经济全球化相伴随并逐步积累的诸如发展失衡、治理困境和公平赤字等问题和矛盾，已经成为进一步发展的重要制约因素。如果处理不好，不排除经济全球化有“开倒车”的可能。当前兴起的“逆全球化”思潮就是征兆。

应该说，当前经济全球化发展进程中所积累起来的矛盾和问题，正是因为世界经济增长还缺乏包容性，还未能构建起“全球增长共赢链”的新型发展模式。第二次世界大战之后尤其是两个平行世界市场不复存在以后，

① 门洪华. 应对全球治理危机与变革的中国方略[J]. 中国社会科学，2017（10）：36-46.

经济全球化的发展模式主要是在自由市场经济理念下构建和推动的。这一时期经济全球化发展模式的突出特征就是“夺市为强”。在全球价值链分工和要素跨国流动条件下，“夺市为强”的发展模式会带来两个方面的严重后果：从外部看，会加剧发达经济体和发展中经济体之间的失衡程度，从而不断挤压经济全球化可持续发展的空间；从内部看，会加快发达国家部分产业和产品生产环节的国际梯度专业，从而导致内部产业结构失衡、产业空洞化等问题，进而导致国内利益分配失衡和矛盾的激化，反全球化的呼声就会不断高涨。全球经济治理理念和治理措施未能与时俱进，国内治理手段和治理能力的缺失，就会导致前文提及的矛盾和问题不断积累和放大（戴翔等，2018）①。因此，要从根本上解决上述问题，就必须摒弃传统的“夺市为强”的简单发展模式，转向构建“全球增长共赢链”的新型发展模式。唯有如此，才能推动经济全球化朝着更加健康和可持续方向发展。这也是新形势下经济全球化可持续发展的唯一选择和必由之路。

三、进一步做大世界经济“蛋糕”的有效途径

世界贸易组织成立的宗旨就是要“提高生活水平，保证充分就业和大幅度、稳步提高实际收入和有效需求”。毋庸置疑，世界贸易组织框架下贸易和投资自由化制度的全球推行，促进了经济全球化的大发展，使得世界财富有了大幅度增加，民众生活得到了很大改善（薛荣久，2004）②。但是，这只是从总体层面观察的结果，或者说经济全球化发展使得世界总福利水平有所提高，而提高的部分就是经济全球化红利“蛋糕”。但与此同时我们也必须看到，尽管经济全球化整体上有利于世界总财富增加和社会福利水平提高，但是由于缺乏包容性的增长模式，世界经济的“蛋糕”还没有能够实现在不同国家之间公平公正的分配，还没有能够普遍惠及世界各国人民。其中当然由利益分配失衡问题所致，但与此同时也是因为在“蛋糕”大小既定的条件下，不同国家和不同利益集团，都与试图从中切取更大一块的根本动机和欲望有关。试想，即便在其他条件不变的情况下，如果经济全球化能够带来更多的增长利益，那么不同国家和不同利益集团与阶层，所能获得的财富增加量也会因此而上升，经济全球化红利就会在更大范围内惠及更多国家和民众。从上述意义上说，经济全球化进程中所出现的各种问题和矛盾，实际上还是需要通过发展的方式来解决，而不是在

① 戴翔，张二震，王原雪. 习近平开放发展思想研究[J]. 中共中央党校学报，2018（2）：12-22.

② 薛荣久. 世界贸易组织确立与发展的基础（要略）[J]. 国际贸易问题，2004（1）：18-21.

遇到问题时就退回到“一个一个孤立的小湖泊、小河流、小孤岛”（任理轩，2018①）。继续做大经济全球化的红利“蛋糕”，对于问题的解决无疑具有决定性的意义和作用。

虽然在传统国际分工条件下，分工和贸易利益的大小是既定的，但理论分析所指出的这种理想状态主要是建立在没有壁垒的基础之上。但现实情况是，壁垒或高或低总是存在着。而壁垒的存在无疑会影响到各国比较优势的发挥，影响到基于比较优势的利益创造。因此，即便在传统国际分工条件下经济全球化红利仍有进一步做大的空间，但是，如果传统国际分工条件下经济全球化红利“蛋糕”进一步做大，必须依托于贸易和投资自由化的进一步推进，提升各国专业化分工水平，那么在全球价值链分工和要素跨国流动条件下，做大“蛋糕”不仅可以通过上述传统渠道和方式得以实现，更为重要的是，还可以通过改变和完善国际经济关系的方式实现。即通过打造“全球增长共赢链”的新型发展模式，进一步完善利益分配格局，即便保持其他条件不变，对创造经济全球化红利也是有益的。这是因为在全球生产网络中，由于各国产出增长具有相互依赖和相互依存的特征，全球生产和消费更加具有交织和胶着性，“以邻为壑”的传统做法看似有助于自身获取更多利益，但在伤及他人进而反噬自己中，最终出现“一损俱损”的结果和局面。对于其中的理论逻辑和作用机制，前文已经有过较为详细的阐释，此处不再赘述。总之，在全球价值链分工和要素跨国流动及其进一步深度演进的背景下，打造“全球增长共赢链”有助于进一步做大世界经济红利的“蛋糕”。

四、增进全球各国利益共赢联动的新型合作

习近平总书记在二十国集团工商峰会开幕式上指出：“在经济全球化时代，各国发展环环相扣，一荣俱荣，一损俱损。没有哪一个国家可以独善其身，协调合作是必然选择。我们要在世界经济共振中实现联动发展。”②一语道破了当前经济全球化发展的本质特征。在以往的经济全球化发展进程中，由于交通运输技术还不够发达、通信技术还不够先进、基础设施的互联互通还不够完善、国家之间的分工程度还不够发达等，经济的联动性比较弱。即便通过贸易关系使得一国经济增长能够产生一定的外溢性，但是这种外溢性主要局限在经济增长较快的国家由于增加了对其他国家产品

---

① 任理轩. 逆全球化违背时代潮流[N]. 人民日报，2018-10-17.

② 习近平. 中国发展新起点　全球增长新蓝图——在二十国集团工商峰会开幕式上的主旨演讲[N]. 人民日报，2016-09-04.

和劳务的需求，因此能够在一定程度上对其他国家和地区的经济增长产生带动作用。比如，传统经济理论中著名的“对外贸易是经济增长发动机”的理论学说，强调的就是中心国家的经济增长传递到其他国家的情形，即中心国家经济的迅速增长引起了对发展中国家初级产品的大量需求，从而引发了发展中国家的经济增长。这种外溢性显然更加强调影响的单向作用，而不是双向作用，更没有所谓的联动特征。即便发展中国家经济增长反过来对中心国家经济增长也有一定的反向带动作用，但这种简单的双向互动，与当前新形势下经济全球化的联动和共振仍然有着本质区别。何况，传统分析主要着眼于长期动态关系，而在当前全球价值链分工和要素跨国流动条件下，经济全球化的联动和共振不仅存在于长期，从短期生产开始就具有了这一本质特征。

在全球价值链分工和要素跨国流动时代，世界经济是一个大型经济体，而各国和地区都是这个有机组成的一分子，各国和地区的经济增长与发展具有明显的共振和联动特征。在这样一个相互交织的系统性世界经济中，可以说，任何一个国家和地区的经济发展都难以独善其身。现有的许多研究已经充分揭示了这种共振和联动的关系。有关理论模型研究指出，全球价值链分工确实能够给各国带来巨大的收益，但与此同时也使各国受到外部冲击的风险增大，即危机更容易通过全球价值链在世界各国间传导和扩散（代谦、何祚宇，2015）①。从价值链分工角度看世界各国之间已经具有了联动特征，不难想象，进一步从全球价值链分工和要素跨国流动角度看时，各国之间的联动发展关系将更为密切。从实践现象看，2008 年发端于美国的次贷危机迅速波及全球，进而引发国际金融危机的现象；2011 年发生的日本大地震，由于国内大量工厂和企业因此停工，导致了正常的中间投入品进口链条发生了突然断裂，进而导致中国企业最终品出口下降的“殃及池鱼”现象等，无不在一定程度上说明全球经济具有了共振联动的发展特征。在世界经济大融合和各国共振联动发展的新时代，协调合作、互利共赢才是发展的根本之道。世界各国只有注重利益共赢联动，才能实现增长联动；只有打造“全球增长共赢链”，才能更好地实现利益共赢联动。

五、推动构建和优化全球价值链的模式选择

虽然当前的经济全球化发展已经进入了以全球价值链为主要特征和

① 代谦，何祚宇. 国际分工的代价：垂直专业化的再分解与国际风险传导[J]. 经济研究，2015（5）：20-34.

内容的新阶段，而全球价值链也是“全球增长共赢链”的重要客观基础，但是由于受到多种因素的影响，目前的全球价值链实际上还极为脆弱。这种脆弱性既包括前文指出的，即可能会因为价值链节点上部分国家和地区能力的弱化而影响整条价值链的正常运营，也包括可能因为贸易和投资保护主义的抬头而被人为地割断和撕裂。一个不容否认的事实是，在当前全球价值链分工格局中，发达国家占据着全球价值链的高技术和高附加值环节与阶段，对全球价值链具有绝对的控制能力和主导能力；而发展中国家主要处于全球价值链的劳动密集型等环节和低附加值生产阶段，在分工地位和利益分配方面呈现出巨大的差距。这种不对称和严重的不对等性，对全球价值链的发展会带来一些负面影响。而贸易和投资保护主义的干预措施，无疑会成为全球价值链发展的重要制约因素，甚至会导致全球价值链的收缩。2008 年爆发的全球金融危机及其后续阴霾，也在一定程度上说明了全球价值链的脆弱性，以及在受到外部冲击时可能发生的收缩。据世界贸易组织和联合国贸发会议（UNCTAD）的统计数据显示，在危机冲击之下，不仅全球贸易于 2009 年出现了“大崩溃”现象，以及自此进入到中低速乃至负增长通道，而且全球对外直接投资也出现了大幅度的下滑，突出表现为 2009 年下降 40%、2014 年下降 16%、2016 年下降 7%、2017 年下降 23%。如果说贸易和投资是全球价值链的重要表征的话，那么 2008 年全球金融危机冲击后上述两方面数据的变化，反映的就是全球价值链在一定程度上确实出现了收缩。

因此，为了促进国际分工的顺利演进，必须推动构建和优化全球价值链，而打造“全球增长共赢链”对于构建和优化价值链，无疑具有十分重要的意义。如果把全球价值链看作一种生产力因素，“全球增长共赢链”看作一种国际生产关系的话，那么全球价值链就是“全球增长共赢链”的客观基础，而“全球增长共赢链”则反过来会影响全球价值链的发展。如同生产力进步会推动经济全球化发展，经济全球化发展也会反过来促进生产力进步。据此不难理解，如果经济全球化发展进程受阻，其逆向作用便会阻碍生产力的发展。基于同样的逻辑，如果“全球增长共赢链”不能得到真正有效的构建，对原本就具有脆弱性的全球价值链也会带来不利影响。我们必须看到的是，全球价值链虽然在过去几十年里实现了较为快速的发展，但是由于在这一发展进程中，并没有完全建立起来与之相匹配的“全球增长共赢链”，比如在北美和欧洲等发达国家主导的全球价值链分工体系中，只有少数具备条件的发展中国家如中国，抓住了经济全球化的发展机遇，快速而全面地融入全球价值链分工体系，但是如巴西和俄罗斯等新兴市场经济体，则在全球价值链分工体系中倒退为能源和初级产品的生产国，其他大部分发展中国家甚至被边缘化。从本质上看，这正是尚未构建起"全球增长共赢链"的表现和结果。国际分工要进一步演进，经济全球化要持续健康发展，就必须推动构建和优化全球价值链，改变当前全球价值链分工不合理的局面及其脆弱性，这就需要打造起"全球增长共赢链"的新型合作模式。

第四节　全球增长共赢链：马克思国际经济理论新发展

马克思曾明确地把国际经济关系列入政治经济学的研究框架之中，并曾对国际经济理论做了较为系统的阐释和论证。根据马克思主义政治经济学的思想，技术进步和生产力发展必然带来分工的深化和交换的扩大，而分工的深化又会促进生产效率的提高，进而推进国民经济的发展，并深刻地影响世界经济。而全球增长共赢链，实际上就是技术进步和生产力发展推动的国际分工演变，进而带来了国际经济关系的变革和要求。从这一角度看，全球增长共赢链是马克思国际经济理论的当代发展。

一、马克思国际经济理论的基本论述

资本主义商品经济的巨大发展，使得国际经济贸易具有举足轻重的社会经济意义。它使世界上各个国家都在不同程度上加入国际性的生产和流通体系中来。马克思非常重视对国际分工和国际贸易的研究，他说："世界贸易和世界市场在十六世纪揭开了资本的近代生活史"，而"创造世界市场的趋势已经直接包含在资本的概念本身中"。[①]资本主义的发展，以其无限的扩张力把商品经济关系推向全世界，它打破了一切民族和国家的界限，使剩余价值规律向国际化发展。资本主义商品经济的发展，使"过去那种地方和民族的自给自足和闭关自守状态，被各民族的各方面的互相往来和各方面的互相依赖所代替了"，从而"使一切国家的生产和消费都成为世界性的了"。[②]这些论述表明：一方面，资本主义商品经济向国际范围的扩张，形成了国际经济贸易关系，它体现了资本家对剩余价值的无限度追求，反映了资本主义生产方式本质上是世界性的剥削关系；另一方面，国际经济

① 中共中央马克思恩格斯列宁斯大林著作编译局. 马克思恩格斯全集：第23卷[M]. 人民出版社，1972：167.

② 马克思恩格斯选集：第1卷[M]. 人民出版社，2012：404.

贸易的发展，反映了生产社会化和商品经济发展的客观要求，这是社会大生产和现代商品经济发展的普遍规律。由于客观上存在相互联系和相互依赖的关系，任何一个国家和民族若想得到发展，都必须积极发展对外经济贸易关系，而决不能搞自给自足的闭关自守。

当代国际经济贸易发生的基础是什么？根据马克思主义政治经济学原理，分工是交换的基础。只有在分工不断专业化和深化的基础上，经常性的、大规模的交换活动才有可能进行。可见，国际分工是商品经济和国际贸易发展的基础。国际分工能促进各国按照社会化大生产分工协作的原则，发挥本国本地区在自然资源、劳动力、资金、技术等方面的优势，集中力量专门生产成本较低的产品，通过国际贸易而使本国的生产和消费规模得以扩大。对于这一点，前述各章已有详细的分析，在此不再重复。各国通过贸易分工，能得到使用价值上的好处、增进消费者的福利，还能调剂资源的余缺、满足生产的需要。总之，技术进步和生产力发展推动下的国际分工演变，决定着国际生产关系和国际利益分配格局的演变。

二、马克思国际经济理论的当代发展

党的十八大以来，世界经济进入深度调整期，我国的经济发展也进入了“新常态”。在世界新格局和新形势下，进一步扩大开放，既面临机遇，也要应对挑战。当前，伴随全球经济进入深度调整期，对于经济全球化而言，世界经济尤其是部分发达经济体经济复苏缓慢、经济增长不尽如人意、就业形势严峻甚至是陷入困境，加之全球经济治理失序带来的负面影响愈发凸显等，影响了部分国家对经济全球化的认识和政策抉择，走到了究竟是继续促进经济全球化还是转向“逆全球化”的十字路口。对此，习近平总书记指出：针对经济全球化进程中出现的各种问题，“并不是经济全球化造成的”“搞保护主义如同把自己关进黑屋子，看似躲过了风吹雨打，但也隔绝了阳光和空气”，对于问题和困难，“我们既要有分析问题的智慧，更要有采取行动的勇气”“历史地看，经济全球化是社会生产力发展的客观要求和科技进步的必然结果”“我们要坚定不移发展开放型世界经济，在开放中分享机会和利益，实现互利共赢”。[①]针对经济全球化如何进一步演进及其发展模式，“我们应该增进利益共赢的联动，推动构建和优化全球价值链，扩大各方参与，打造全球增长共赢链”[②]，从而为处于十字路口的经济全

---

① 习近平谈治国理政：第二卷[M]．外文出版社，2017：481.

② 在世界经济共振中实现联动发展[M]．人民日报，2016-09-13.

球化指明了发展方向。

习近平总书记关于当前世界经济的总体判断、格局演变、中国方略，尤其是全球增长共赢链理论的提出，有着丰富内涵的新思想、新理论、新战略。这是新时代开放发展思想的重要组成部分，是马克思主义政治经济学在当代国际经济领域的新发展（戴翔等，2018）①。

党的十九大报告明确，和平与发展仍然是当代世界的主题，经济全球化是生产力发展和科技进步的必然结果，是不以人们意志为转移的客观规律。世界经济出现一些问题，很多不是全球化本身带来的，而是全球经济治理体系出了问题。怎么办？党的十九大报告指出了应对的方向："构建人类命运共同体，建设持久和平、普遍安全、共同繁荣、开放包容、清洁美丽的世界。""推动全球化朝着更加开放、包容、普惠、平衡、共赢的方向发展。"②这一论述，有诸多理论创新，实质上是对全球增长共赢链本质的高度概括，此处我们将做进一步探讨。

第一，怎样看待经济全球化的发展机遇？关于这一问题，习近平总书记在世界经济论坛 2017 年年会开幕式上的主旨演讲曾有过较为系统的阐述。习近平总书记指出："困扰世界的很多问题，并不是经济全球化造成的。比如，过去几年来，源自中东、北非的难民潮牵动全球，数以百万计的民众颠沛流离，甚至不少年幼的孩子在路途中葬身大海，让我们痛心疾首。导致这一问题的原因，是战乱、冲突、地区动荡。解决这一问题的出路，是谋求和平、推动和解、恢复稳定。再比如，国际金融危机也不是经济全球化发展的必然产物，而是金融资本过度逐利、金融监管严重缺失的结果。把困扰世界的问题简单归咎于经济全球化，既不符合事实，也无助于问题解决。"③并且强调："历史地看，经济全球化是社会生产力发展的客观要求和科技进步的必然结果，不是哪些人、哪些国家人为造出来的。经济全球化为世界经济增长提供了强劲动力，促进了商品和资本流动、科技和文明进步、各国人民交往。"④

当然，我们必须要承认的是，经济全球化是一把"双刃剑"。当世界经济处于下行期的时候，全球经济"蛋糕"不容易做大，甚至变小了，增长和分配、资本和劳动、效率和公平的矛盾就会更加突出，发达国家和发

① 戴翔，张二震，王原雪．习近平开放发展思想研究[J]．中共中央党校学报，2018（2）：12-22.

② 习近平．决胜全面建成小康社会　夺取新时代中国特色社会主义伟大胜利[M]．人民出版社，2017：58-59.

③ 习近平谈治国理政：第二卷[M]．外文出版社，2017：477.

④ 习近平谈治国理政：第二卷[M]．外文出版社，2017：477.

展中国家都会感受到压力和冲击。反全球化的呼声，反映了经济全球化进程的不足，值得我们重视和深思。但是，正如习近平总书记在演讲中指出，“从哲学上说，世界上没有十全十美的事物，因为事物存在优点就把它看得完美无缺是不全面的，因为事物存在缺点就把它看得一无是处也是不全面的。经济全球化确实带来了新问题，但我们不能就此把经济全球化一棍子打死，而是要适应和引导好经济全球化，消解经济全球化的负面影响，让它更好惠及每个国家、每个民族”①“世界经济的大海，你要还是不要，都在那儿，是回避不了的。想人为切断各国经济的资金流、技术流、产品流、产业流、人员流，让世界经济的大海退回到一个一个孤立的小湖泊、小河流，是不可能的，也是不符合历史潮流的”。②

第二，经济全球化发展要更加注重互利共赢。互利共赢是习近平总书记关于开放发展理念的核心思想。习近平总书记 2015 年 9 月 26 日在联合国发展峰会上的讲话中指出：“我们要坚持开放的发展，让发展成果惠及各方。在经济全球化时代，各国要打开大门搞建设，促进生产要素在全球范围更加自由便捷地流动。各国要共同维护多边贸易体制，构建开放型经济，实现共商、共建、共享。”③我们要秉持亲诚惠容，坚持共商、共建、共享原则，完善双边和多边合作机制，以企业为主体，实行市场化运作，推进同有关国家和地区多领域互利共赢的务实合作，打造陆海内外联动、东西双向开放的全面开放新格局。

与此同时，中国从实际出发，践行互利共赢的开放战略。2015 年 3 月 29 日，习近平主席与出席博鳌亚洲论坛 2015 年年会的中外企业家代表座谈时强调：“我们提出丝绸之路经济带和 21 世纪海上丝绸之路倡议，将促进中国与沿线国家的贸易与投资，促进沿线国家的互联互通与新型工业化，促进各国共同发展，人民共享发展成果。中国对外合作的机遇在扩大。我们支持多边贸易体制，致力于多哈回合谈判，倡导亚太自由贸易区，推进区域全面经济伙伴关系谈判，倡导筹建亚投行，全方位推进经济金融合作，做经济全球化和区域一体化的积极推动者。”④此外，中国还通过加快实施自由贸易区战略，推进区域全面经济伙伴关系协定谈判，推进亚太自由贸易区建设，致力于形成面向全球的高标准自由贸易区网络。习近平主席指出：“我们要加快亚太自由贸易区建设，推进区域经济一体化。要平等参与、

① 习近平谈治国理政：第二卷[M]. 外文出版社，2017：478.

② 习近平谈治国理政：第二卷[M]. 外文出版社，2017：478.

③ 习近平. 习近平在联合国成立 70 周年系列峰会上的讲话[M]. 人民出版社，2015：3.

④ 习近平谈“一带一路”[M]. 中央文献出版社，2018：67.

充分协商，最大程度增强自由贸易安排的开放性和包容性，提高亚太开放型经济水平、维护多边贸易体制。要致力于合作共赢，反对保护主义，促进公平竞争。”①

第三，人类命运共同体新理念，是对当代世界经济发展实践的理论总结，也是对当代经济全球化发展方向的正确的理论指引，得到了全世界的赞同。构建人类命运共同体，让各国都能平等参与其中，让各国经济有更加平衡、协调、联动的发展，各种文明相互尊重、融合，消除由于发展水平、意识形态、制度差异、国家实力不同而产生的不平等、不公正、不公平现象，通过共同发展、共享发展让普通百姓有更多、更广的参与感、获得感和幸福感。这些都反映了社会主义中国“兼济天下”的宏大抱负，与以往西方资本主义强国不顾一切地逐利、整个世界成为跨国公司和少数利益集团投资场所，崇尚“优胜劣汰”“适者生存”“弱肉强食”“赢者通吃”，有着根本的不同。这是经济全球化发展到现阶段后的内在需求，反映的是对全球经济治理规律的正确认识。这无疑是习近平总书记对马克思主义政治经济学关于国际经济理论最重要的理论贡献。

第四，倡导通过完善国际经济治理体系，保障全球增长共赢链的正常发展，并且积极做出中国努力和贡献。由现行国际经贸规则的遵守者向制定和改变规则的参与者转变，是习近平总书记关于开放发展理念的重要内容。随着全球经济格局的调整和自身经济实力的提升，我们需要更加主动地发出自己的声音，打破少数国家对全球经济规则的“垄断”，使规则向着更为合理均衡的方向发展。我们要积极参与全球经济治理，推动国际经济治理体系的改革与完善，积极引导全球经济议程，促进国际经济秩序朝着平等公正、合作共赢的方向发展。加强宏观经济政策国际协调，促进全球经济平衡、金融安全、经济稳定增长，积极参与网络、深海、极地、空天等新领域国际规则制定。在中央全面深化改革委员会第十六次会议上，习近平总书记指出：“要积极参与国际经贸规则制定，推动国际经济秩序朝着更加公正合理的方向发展。”②

中国在融入全球化的过程中获得了开放发展的利益，中国应该也有能力承担相应的国际责任，提供更多的国际公共产品，勇于承担国际义务，为完善国际经济体系做出贡献，这是习近平总书记反复强调的思想。2016年1月16日，《习近平同志在亚洲基础设施投资银行开业仪式上致辞》时

① 习近平关于“开放”这样说[N]．人民日报（海外版），2016-03-01.

② 李毅中．习近平：坚持以扩大开放促进深化改革　坚定不移提高开放型经济水平[J]．交通财会，2015（10）：F0002.

说："中国是国际发展体系的积极参与者和受益者，也是建设性的贡献者。倡议成立亚投行，就是中国承担更多国际责任、推动完善现有国际经济体系、提供国际公共产品的建设性举动，有利于促进各方实现互利共赢。"①

在完善国际经济治理体系过程中，中国还通过扩大对外援助规模，完善对外援助方式，为发展中国家提供更多免费的人力资源、发展规划、经济政策等方面的咨询培训，扩大科技教育、医疗卫生、防灾减灾、环境治理、野生动植物保护、减贫等领域对外合作和援助，加大人道主义援助力度。习近平总书记指出："共同构建包容联动的全球发展治理格局，以落实联合国 2030 年可持续发展议程为目标，共同增进全人类福祉。"②这说明中国会把可持续发展议程纳入国家发展战略，确保有效落实，并将"建立全面发展伙伴关系，调动政府、企业、民间等各方面力量，为落实可持续发展议程做出贡献""要推动包容和谐发展，尽早实现可持续发展议程设定的各项指标，同时通过落实可持续发展议程，为提升发展质量和效益创造新的空间、实现相互促进"③。

综上可见，全球增长共赢链是经济全球化发展到现阶段后的内在需求，其实践总结和理论概况反映的是对全球经济治理规律的正确认识。这无疑是习近平总书记对马克思主义政治经济学关于国际经济理论最重要的理论贡献和当代发展。

第五节　全球增长共赢链：传统理论面临的挑战

经济学理论总是伴随着实践的发展而不断演进的，经济全球化理论也不例外。当前以全球价值链和要素跨国流动为主要形态的国际分工，即全球增长共赢链的新型经济全球化分工和合作模式，对传统经济全球化理论形成了很大挑战，这不仅包括前述解读的全球增长共赢链理论内涵对经济全球化理论的创新性发展，而且对贸易条件、贸易格局、贸易利益分配以及贸易与经济增长的关系等诸多问题都产生了深远的影响，传统经济全球化理论亟待创新。本节以贸易促进经济增长的传统理论为例，对其在全球增长共赢链条件下面临的局限性及亟待创新发展问题，做一初步分析，具体的理论修正以及经验证据，将在第六章进行分析。

① 习近平. 在亚洲基础设施投资银行开业仪式上的致辞[N]. 人民日报，2016-01-17.

② 习近平. 在二十国集团领导人杭州峰会上的闭幕词[N]. 人民日报，2016-09-06.

③ 习近平. 发挥亚太引领作用应对世界经济挑战[N]. 人民日报，2015-11-19.

随着全球价值链分工在国际贸易领域的不断渗透和发展，国与国之间具有了增长上的联动性和共振性，而联动和共振的重要渠道就是通过贸易这一中间介质所形成的全球投入产出关系。从这一意义上说，新的国际分工形式对于生产环节而非最终品的分割方式，引起了贸易性质的根本性变化，使之从简单连接最终品生产和消费的国际交换，演变为连接国与国之间不同生产环节和阶段的“外在流转”。这种“外在流转”使得贸易虽在表面上仍然属于流通领域，但实质上已成为确保全球生产得以进行的不可或缺的重要一环。因此，在全球价值链分工条件下，从出口层面看，贸易对经济增长的驱动效应突破了宏观经济学恒等式所体现的传统意义上的单一作用；从进口层面看，贸易的“外在流转”也不再是恒等式所揭示的一国国内需求对其他国家的简单“漏出”。由此可见，贸易驱动经济增长的作用机制，在新型国际分工中具有“全球增长共赢链”的本质特征时，需要予以全新解读。

一、传统理论及测算方法的局限性

传统贸易理论中有关贸易对经济增长作用的基础性研究，主要是在贸易与其他经济活动相互独立的前提下，基于宏观经济恒等式的框架推演的。简单来说，贸易中出口与进口对经济增长相向作用正负相抵，最终以“净出口”的表现形式作用于经济增长。在现行统计框架体系中，对贸易促进经济增长程度的衡量主要借助“净出口”的拉动率与贡献率指标。该指标的内在意涵如下。

在基于支出法对国内生产总值的计算等式下，开放条件下国内生产总值 X 可表示为：

$$X=C+I+G+(E-M) \tag{2-1}$$

其中，C 表示最终消费，I 为投资，G 为政府购买，E 为本国出口总额，M 为进口总额，（$E-M$）为“净出口”额。基于上式对时间求导，两边同时除以基期生产总额 X，得：

$$\frac{\Delta X_t}{X_{t-1}}=\frac{\Delta C_t}{X_{t-1}}+\frac{\Delta I_t}{X_{t-1}}+\frac{\Delta G_t}{X_{t-1}}+\frac{\Delta\left(E-M\right)_t}{X_{t-1}} \tag{2-2}$$

其中，就“净出口”的“拉动率”指标而言，表示由于“净出口”变动 Δ（$E-M$）$_t$ 引致的产出变动 ΔX（$E-M$）$_t$ 对经济总量 X_{t-1} 的直接作用程度。设“净出口”对经济增长的拉动率为 p，基于其概念意涵的理论公式应如式（2-3）所示。

$$p = \frac{\Delta X_{(E-M)t}}{X_{t-1}} \tag{2-3}$$

就“净出口”的“贡献率”指标而言，表示由于“净出口”变动 $\Delta(E\text{-}M)_t$ 引致产出变动 $\Delta X_{(E-M)t}$ 对经济总量 X_{t-1} 的直接贡献程度占全部要素对经济增长贡献的比例，设“净出口”对经济增长的贡献率为 q，基于其概念意涵的理论公式应如式（2-4）所示。

$$q = \frac{\Delta X_{(E-M)t} / X_{t-1}}{\Delta X_t / X_{t-1}} = \frac{\Delta X_{(E-M)t}}{\Delta X_t} \tag{2-4}$$

式（2-3）和式（2-4）所表示的拉动率与贡献率，是目前中国统计数据的主要测度指标。由于传统宏观经济恒等式中 $\Delta\left(E-M\right)_t = \Delta X_{(E-M)t}$，因此，统计上一般以 $\frac{\Delta\left(E-M\right)_t}{X_{t-1}}$ 表示“净出口”变量对经济增长的直接作用程度，即“净出口”拉动率，以 $\frac{\Delta\left(E-M\right)_t}{\Delta X_t}$ 表示“净出口”变量对经济增长的间接贡献程度，即“净出口”贡献率。

在上述传统测度框架下，“净出口”是以最终消费品为单位统计的，假设世界上有且仅有两个国家，为国家 1 和国家 2，各国均有 N 个产业。国家 1 对各产业最终消费品的进口不变，出口增加了 E_1（$N\times1$ 阶向量），则国家 2 将相应增加进口 E_1。设国家 1、国家 2 在基期 N 种产业的 $N\times1$ 阶总产出向量以 X_1、X_2 表示。在其他经济活动一定的前提下，由宏观经济恒等式可知，国家 1 将增加 E_1 的生产总额，即国家 1 产出变动量为 ΔX_1，而国家 2 将相应减少 E_1 的生产总额，即国家 2 产出变动量为 ΔX_2。由式（2-3）和式（2-4）可知，国家 1、国家 2 贸易对经济增长的拉动率 p_1^0、p_2^0 与贡献率 q_1^0、q_2^0 可表示为：

$$\begin{cases} p_1^0 = \dfrac{\Delta X_{(E-M)t}}{X_{t-1}} = \dfrac{\Delta (E-M)_1}{X_1} = \dfrac{E_1 - 0}{X_1} = \dfrac{E_1}{X_1} \\ p_2^0 = \dfrac{\Delta X_{(E-M)t}}{X_{t-1}} = \dfrac{\Delta (E-M)_2}{X_2} = \dfrac{0 - E_1}{X_2} = -\dfrac{E_1}{X_2} \end{cases} \tag{2-5}$$

$$\begin{cases} q_1^0 = \dfrac{\Delta X_{(E-M)t}}{\Delta X_t} = \dfrac{\Delta (E-M)_1}{\Delta X_1} = \dfrac{E_1 - 0}{E_1} = I \\ q_2^0 = \dfrac{\Delta X_{(E-M)t}}{\Delta X_t} = \dfrac{\Delta (E-M)_2}{\Delta X_2} = \dfrac{0 - E_1}{-E_1} = I \end{cases} \tag{2-6}$$

由式（2-5）、式（2-6）可知，两国模型下，国家 1 出口增长对应国家 2 进口等额增长，在假设两国基期经济总额相等，即 $X_1=X_2$ 的条件下，“净出口”对两国经济增长有绝对额相等且方向相反的拉动率，即出口表现正向促进作用而进口表现负向抑制作用。若两国基期经济总额不等，则“净出口”对基期经济总额较低国家的绝对拉动率更大；而其对经济增长的贡献率，则均表现为正向的促进作用。这一方面反映了“净出口”对经济增长拉动作用的矢量性，另一方面则解释了传统经济核算中，“净出口”变动额对经济增长变动额存在系数为 I 的贡献作用。

无疑，上述指标的构建及其对现实的反映，在数据统计层面具有一定的意义与合理性，但也有相当数量的研究就上述推导建立在“净出口”与消费、投资等其他经济活动完全独立的不合理假设进行了大量讨论（张小济、胡江云，1999）[①]。实际上，不仅消费、投资、进口和出口等经济行为之间高度相关，而且贸易还会通过联系世界各国而引致变量间的跨国相关。因此，建立在“不相关”假定基础之上的传统方法，其测度出的“净出口”对经济增长的贡献程度显然存在较大偏误，具有明显的局限性。尤其是在当前全球价值链分工条件下，投入产出之间的“全球性”关系，使贸易成为“关联”全球生产网络的重要中间介质和影响变量，其透过全球价值链网络对一国最终产出的实际影响远远超过自身的绝对量水平。为正确认识和客观测算“净出口”对经济增长的真实作用，必须充分考虑全球价值链分工条件下，全球投入产出的基本作用机理，并在此基础上推演出“净出口”变化对一国产出的实际影响模型。

① 张小济，胡江云. 在自由贸易的背后——进口贸易与国民经济发展[J]. 国际贸易，1999（4）：4-7.

二、增长共赢下的传统理论及测算方法亟待创新

我们认为，如果说前述理论及基于此的测度方法，在传统国际分工条件下具有一定适用性的话，那么在当前全球价值链分工条件下，由于贸易的性质已经发生了深刻变化，贸易对经济增长的促进作用无论是在性质上还是在渠道上均发生了根本性改变。必须认识到的是，传统理论及其测度方法的成立基础，主要是从贸易驱动产出增长的核心作用层面予以论证的。在全球价值链分工体系下，贸易的本质特征已经发生了深刻变化，即从以往连接生产和消费的简单流通环节，演变为全球生产网络中链接并促使各经济变量相互作用的重要中间介质，甚至成为全球生产网络中的重要组成部分。因此，在这种全球投入产出的关联作用机制下，即便从最终需求的层面来看，比如，“净出口”对产出的作用将不再局限于“净出口”自身的绝对量水平，而将产生一个显著“放大”的作用。也正是由于这种“放大”源于全球投入产出的关联机制，或者说源于经济活动变量透过投入产出关系而产生的交互式作用，因而在价值链分工越是细化的制造业行业，“净出口”对产出的作用超越“净出口”本身绝对量的程度就会越高；全球价值链分工越是深化发展，“净出口”对经济增长的贡献率和劳动率的作用力就会越大，传统测度方法所带来的“低估”问题就会越严重。甚至，传统测度方法中出现的所谓“净出口负贡献”问题都不再存在。

基于前述分析所揭示的现实分工条件以及以此形成的全球增长共赢链的特定背景，我们认为：第一，贸易驱动经济增长的作用机制，不再表现为出口需求拉动的单一作用，而是通过价值链投入产出的相互作用关系，在部门间、国家间产生往复循环作用，凭借对生产环节的渗透攀附价值链乘数性驱动经济增长。第二，在全球价值链分工体系下，无论是出口还是进口，除了体现最终产品在各国的消费需求外，更多地表现为生产的投入需求，从而同样构成全球生产的重要组成部分，共同通过生产过程并在复杂的相互作用机制中，驱动经济增长。第三，从实际贡献角度看，价值链分工下投入产出间的关联特征，使贸易对经济增长的驱动作用，已经超越了传统宏观经济学恒等式中的“净出口”本身，一个单位的“净出口”增长，往往会带来超过一个单位的产出增长。贸易对经济增长的贡献绝不仅限于出口的单一拉动作用，进口也不再是传统意义上由于需求“漏出”而成为冲抵出口拉动效果的“负担”，更不能将其单纯视作对经济增长的“拖累”，而要充分考虑到其作为中间投入对于进一步生产加工的重要意义。综上所述，在全球价值链分工体系下，进出口贸易对经济增长的作用已经突

破了传统宏观经济学恒等式所揭示的表面现象，正确评估和核算贸易对经济增长的实际影响，需要充分考虑投入产出关联机制复杂作用下的最终结果。因此，全球增长共赢链理论的提出，实际上突破了以往就贸易而谈贸易，就增长而谈增长的局限性，意味着需要从增长联动与共振所决定的共赢特征入手，将贸易视为增长联动的重要驱动和中介，研究产出及其相互依赖的具体作用过程和可能产生的结果。

第三章 全球增长共赢链：特征事实及经验证据

经济全球化条件下“全球增长共赢链”开放发展理念的提出，是对国际经济学理论的重要创新，拓展了马克思主义政治经济学的新境界，并成为其有机组成部分。第二章的阐述，虽然有助我们深化认识和理解“全球增长共赢链”这一开放发展新理念及其理论贡献，然而，在实践中是否具有可靠的经验数据支撑？对于中国开放发展战略的进一步调整，乃至对全球经济发展的“药方”开具究竟有何政策含义？这是值得学术界认真和深入研究的大课题。基于对上述问题的初步探讨，本章余下部分的结构安排和研究的逻辑思路为：首先，基于全球价值链分工的客观事实，从全球投入产出角度，提出了一个数理测算框架，以此明晰国与国之间表现的产出相互依赖、相互影响的格局，即一国产出增长会通过价值链贸易对世界其他国家和地区产出增长具有带动作用，反过来也一样，从而表现为“增长共赢”。其次，为了回答建立在全球价值链和全球投入产出的数理模型基础之上的理论逻辑推演，是否符合实践状况，接下来利用 WIOD 数据库提供的基础数据，以中国经济增长对全球拉动作用为例，从总体和分国别层面进行测算以提供基本的经验证据，即中国的经济增长是否透过全球价值链贸易使得其他国家和地区实现了“共赢式”增长。最后，在理论测算框架和实际测算结果的基础上，进一步探讨“增长共赢链”对利益分配相对公平的内在要求，即更加公平的利益分配为何会成为决定“增长共赢”的因素之一。据此明晰国与国之间利益分配状况或者说利益分配关系是否对经济增长产生实质性影响。

基于第二章的分析可见，在以要素跨国流动和价值链分工为主要特征的经济全球化深入发展的当代，经济体之间相互依存、共生发展的关系和格局，比以往任何历史时期都更加凸显。开放发展的利益关系由此也从基于比较优势的传统利益分配，逐步向利益共生共享的模式和格局演变。在这一实践特征背景下，习近平总书记提出的“全球增长共赢链”经济全球化发展新模式和新理念，是对经济全球化条件下开放发展理论的重要创新。本章将在第二章理论创新分析的基础之上，利用 WIOD 数据库提供的全球投入产出表基础数据，说明各经济体之间经济增长具有高度的空间关联性，即产出增长之间具有联动特征，即全球产出增长利益通过全球投入产出这一链条关系而“链”在一起。进一步的理论推演均表明，各经济体之间经济增长具有高度的空间关联性，并且这种关联性会通过利益分配状况影响到经济增长利益。据此可见，实现自身利益增长的同时也要“关切他人利益”就显得特别重要。

第一节　全球增长共赢链：一个测算框架

在经济全球化条件下，各国产出及其增长具有相互依赖、共生共赢的特征，因为最终产品的全部生产过程不再完全被置于一国国内独立完成，通常是由不同国家专业化于不同生产环节和阶段。全球“碎片化”的生产阶段，通过投入产出而联系在一起，共同构筑起一条“增长共赢链”。因此，从实践经验角度理解“全球增长共赢链”，首先要从全球投入产出关联的角度，明晰各国经济增长之间如何相互影响。在全球价值链分工模式下，虽然劳斯等（Los et al.，2015）①在贸易增加值测算以及国际生产分割等方面取得了丰富成果，但就国与国之间的生产通过价值链贸易所产生的互动机制和作用，尚未有专文研究。为此，本节借助全球投入产出模型，从最终产出角度提供一个简单的测算框架，据此阐释一国总产出的变化，如何通过全球价值链带动其他国家（地区）总产出变化，以及外部产出变化又如何影响本国产出。在库普曼等（Koopman et al.，2012）②的增加值贸易核算方法基础上，本章设计出一套计算一国产出增长对他国产出增长带动作用的计算方法。

一、全球投入产出矩阵

假设在全球投入产出表中有 n 个国家，每个国家有 G 个按相同标准进

① Los, B., Timmer, M.P. & De Vries, G.J.,“How Global are Global Value Chains?A New Approach to Measure International Fragmentation”, *Journal of Regional Science*, 2015, Vol.55, No1.

② Koopman, R., W. Powers, Z. Wang, S. J. Wei. 2012,“Tracing Value-added and Double Counting in Gross Exports”, NBER Working Paper, No.18579.

行分类的部门，我们用 e_{ij} 表示 i 国对 j 国提供的中间品投入数量，直接增加值用 V 表示，总产出用 Y 表示，最终产品用 F 表示。用 A 表示中间品消耗系数矩阵，Y 表示总产出矩阵，F 表示各国最终产品消耗矩阵，每个国家的最终产品使用都被细分到 L 个相同的支出项中。如表 3-1 所示。

表 3-1　WIOD 投入产出矩阵简介

	中间投入			最终使用			总产出
	国家 1	…	国家 n	国家 1	…	国家 n	
国家 1	$A_{11}Y_1$	…	$A_{1n}Y_n$	F_{11}	…	F_{1n}	Y_1
…	…	$A_{ij}Y_j$	…	…	F_{ij}	…	…
国家 n	$A_{n1}Y_1$	…	$A_{nn}Y_n$	F_{n1}	…	F_{nn}	Y_n
增加值	V_{11}	…	V_{nn}				
总投入	Y_1	…	Y_n				

表 3-1 中的 A_{ij} ，F_{ij} （i，j=1…n）分别是维度为 $G\times G$ 和 $G\times L$ 的矩阵，$Y_1\cdots Y_n$ 是 $G\times 1$ 的列向量，$e_{ij}=A_{ij}Y_i$。

$$A=\begin{bmatrix} A_{11} & A_{12} & \cdots & A_{1n} \\ A_{21} & A_{22} & \cdots & A_{2n} \\ \vdots & \vdots & \ddots & \vdots \\ A_{n1} & A_{n2} & \cdots & A_{nn} \end{bmatrix} \tag{3-1}$$

公式（3-1）中的矩阵 A 是由 A_{ij} （i，j=1…n）构成的 $Gn\times Gn$ 的矩阵。

$$Y=\begin{bmatrix} Y_1 \\ \vdots \\ Y_j \\ \vdots \\ Y_n \end{bmatrix} \tag{3-2}$$

$$F=\begin{bmatrix} F_{11} & F_{12} & \cdots & F_{1n} \\ F_{21} & F_{22} & \cdots & F_{2n} \\ \vdots & \vdots & \ddots & \vdots \\ F_{n1} & F_{n2} & \cdots & F_{nn} \end{bmatrix}\times \mathbf{1}=\begin{bmatrix} F_1 \\ \vdots \\ F_j \\ \vdots \\ F_n \end{bmatrix} \tag{3-3}$$

公式（3-2）和公式（3-3）中的 Y_j、F_j 分别是向量 Y 与向量 F 中的第 j 个 $C\times l$ 的子列向量。公式（3-3）中的 1 是 Ln 维且所有元素都为 1 的列向量。

$$Y_j=\begin{bmatrix} y_1 \\ y_2 \\ \vdots \\ y_G \end{bmatrix}_j \tag{3-4}$$

$$F_j=\begin{bmatrix} f_1 \\ f_2 \\ \vdots \\ f_G \end{bmatrix}_j \tag{3-5}$$

如公式（3-4）与公式（3-5）所示，向量 Y_j、F_j 中的每一个元素数值 y 和 f 分别对应 j 国的 G 个行业的总产出和总消耗量，因此向量 Y 和向量 F 就分别构成了能够表示 n 个国家 G 个行业的总产出和最终产品消耗的列向量。根据 A、Y、F 进行矩阵运算，即可得到 $AY+F=Y$。变形后得到：$Y=(I-A)^{-1}F$，Leontief 逆矩阵 $B=(I-A)^{-1}$ 为完全需要系数矩阵：

$$B=\begin{bmatrix} B_{11} & B_{12} & \cdots & B_{1n} \\ B_{21} & B_{22} & \cdots & B_{2n} \\ \vdots & \vdots & \ddots & \vdots \\ B_{n1} & B_{n2} & \cdots & B_{nn} \end{bmatrix} \tag{3-6}$$

二、“投入产出关联”下全球增长联动性测算原理

运用 B 的分解可以得出我们想要了解的一国经济对他国经济的拉动作用。在 B 矩阵中第 i 行第 j 列元素 B_{ij} 表示 j 国单位最终产品需求所能拉动的 i 国产出量。需要说明的是，一国产出对他国产出拉动在投入产出表中显示的是直接拉动，通过里昂惕夫（Leontief）矩阵，可以计算出中间品来回流动时所产生的间接拉动等效应。换言之，通过里昂惕夫矩阵产生的“重复计算”，其实揭示的正是投入产出中“往复循环”效应和最终结果。本章提出的上述测度方法，与学术界从投入产出表中提取增加值计算方法具有内在的逻辑一致性。矩阵 B_{ij} 本身是一个 $G\times G$ 的方阵：

$$B_{ij}=\begin{bmatrix} b_{11} & b_{12} & \cdots & b_{1G} \\ b_{21} & b_{22} & \cdots & b_{2G} \\ \vdots & \vdots & \ddots & \vdots \\ b_{G1} & b_{G2} & \cdots & b_{GG} \end{bmatrix}_{ij} \tag{3-7}$$

其中，第 t 行第 m 列元素 b_{tm} 表示 j 国 m 行业对 i 国 t 行业的拉动系数。为了计算产出层面的拉动，我们还需要计算出列向量 M_j。

$$M_j=\frac{F_j}{Y_j}=\begin{bmatrix} m_1 \\ m_2 \\ \vdots \\ m_G \end{bmatrix}_j \tag{3-8}$$

M_j 表示 j 国 1 单位产出所对应的 j 国自身最终产品需求系数向量，其中每一个元素的数值表示 j 国对应行业的 1 单位产出使用的最终产品数量——最终产品需求产出系数。公式（3-8）中的除法表示向量中对应元素相除，M_j 是一个 $G\times 1$ 的列向量。

公式（3-7）利用矩阵 B 的拆分实际上就是要揭示 j 国最终需求对他国 Y 的带动，而公式（3-8）则是要处理 j 国总产出 Y_j 与自身需求 F_j 的系数关系（即 1 单位产出对应多少最终需求），通过将矩阵 B_{ij} 和列向量 M_j 相乘可以获得一个列向量 Q_{ij}，据此可以测算 j 国产出变动对他国产出变动乃至部门的影响。

$$Q_{ij}=B_{ij}M \tag{3-9}$$

Q_{ij} 是一个 $G\times 1$ 维列向量，每一行表示对应行业的 j 国 1 单位产出的形成所能拉动的 i 国对应行业的产出量，Q_{ij} 本身就是一个两国间贸易关联水平的重要衡量指标，利用 Q_{ij} 我们可以知道 i 国和 j 国不同部门间产出的关联水平。如果想要知道 1 单位 j 国整体产出的变动对 i 国整体产出的影响，我们只需要通过以下计算即可获得：

$$q_j^i=\frac{Q_{ij}^T Y_j}{\sum Y_j} \tag{3-10}$$

$Q_{ij}{}^T$ 是 Q_{ij} 的转置矩阵，ΣY_j 为 Y_j 中元素的加总表示 j 国的总产出，后续公式中用到的 Σ 符号与此处意义相同，将不再赘述。q_j^i 表示 1 单位 j 国产出所能拉动的 i 国产出量，进一步又可以计算出通过以“贸易”为主要途径的投入产出关联下，j 国产出增长 1 个百分点所能带来的 i 国产出增长百分比，即 j 国产出增长的带动作用，公式如下：

$$R_{ij} = q_j^i = \frac{0.01\sum Y_j}{\sum Y_j} \times 100\% = q_j^i \frac{\sum Y_j}{\sum Y_j}\% \tag{3-11}$$

R_{ij} 为 j 国经济增长 1 个百分点所能引起的 i 国经济增长变动百分比，借助 R_{ij} 我们还可以计算出一国经济增长的全球影响力，即全球价值链中一国经济增长 1 个百分点所能带动的全球经济增长百分比，具体的计算公式为：

$$E_j = \frac{\sum_{i=1}^{n}(R_{ij}\sum Y_i)}{\sum_{i=1}^{n}(\sum Y_i)} \tag{3-12}$$

E_j 表示 j 国经济增长 1 个百分点通过以"贸易"为主要途径的投入产出关联下所能带动的全球经济增长百分点。

如果要计算全球除某个国家外其他经济体增长 1 个百分点的情况下所能够带动该特定国家 i 的经济增长百分比，在前述测算的基础上，只需要将不同国家经济增长对 i 国的带动系数进行加总即可，具体的测算公式为：

$$E^i = \sum_{j=1, j\neq i}^{n} R_{ij} \tag{3-13}$$

但是公式（3-13）中要求各个国家是均衡增长，这个条件显得过于苛刻，在实际情况中运用并不多见。为了使计算结果更贴近实际，本章将以公式（3-10）计算获得的 q_j^i，按照权重法的方式重新设计一种算法，首先在 q_j^i 的基础上使用权重法，计算出全球经济 1 个单位的变化所能带来的 i 国产出变量 q_i 的测算公式：

$$q_i = \sum_{j=1}^{n}(q_j^i \frac{\sum Y_j}{\sum_{j=1}^{n} Y_j}) \qquad (j \neq i) \tag{3-14}$$

根据公式（3-14）计算出的 q_i，套用公式（3-11）可以计算出全球经济增长 1 个百分点所能带动的 i 国产出增量百分比：

$$E^i = \frac{q_i \sum_{j=1}^{n}(\sum Y_j)}{\sum Y_i} \qquad (j \neq i) \tag{3-15}$$

计算全球经济增长对某单个经济体的带动作用，公式（3-15）相对公式（3-13）具有更好的通用性。

综合公式（3-12）和公式（3-15）不难看出，在全球价值链分工条件下，一国经济增长会透过价值链贸易带动全球经济增长，换言之，经济增长会通过全球投入产出的关联作用机制而作用于其他国家和地区的经济增长；反过来，全球经济增长也会透过价值链或者说全球投入产出的关联作用机制而带动本国经济增长。可见，国与国之间的经济增长具有了相互依赖的共生性特征。也正是由于具备了上述基本的相互作用机制，不难理解，如果一国能够将本国产出增长更好地外溢给其外部的其他国家和地区，那么反过来又能够带动本国经济更好地增长；同样，如果其他国家和地区能够将其产出增长更好地外溢给本国，那么本国经济实现的增长又会反过来带动这些国家和地区经济更好地增长。反之则反是。如此，按照上述基本逻辑，如果一国在全球分工体系中经济增长因为利益分配而受损，那么会通过上述反向作用机制而波及其他国家和地区的经济增长。这一逻辑背后所蕴含的基本思想就是，从产出增长角度看，国与国之间的分工和合作所能产生的利益总量将是一个可变量，会因为国与国之间的合作模式或利益分配不同而有异，分工和贸易也会呈现“变和”特征。这一特征显然与传统国际分工模式有着显著差别。因为经典的国际经济学理论分析已经表明，国与国之间基于比较优势开展分工和贸易能够使得“世界总产出”增加，至于增加的总产出部分按照何种比例在国与国之间进行分配，则并不会影响总产出本身，即利益分配状况并不影响总利益大小。针对这些经典的理论分析及其主要结论，我们可以认为传统国际分工模式下，基于比较优势所决定的利益总量是相对既定的，即贸易是一种“正和博弈”。与之相比，新型国际分工模式下基于比较优势所决定的利益总量则是显著可变的，即分工和贸易利益具有“赢则共赢，损则同损”的“变和博弈”特征。由此可见，生产力推动的国际分工向全球价值链形态的深度演进，不仅奠定了“全球增长共赢”的客观基础，也内生地要求全球增长比以往任何历史时期都更加需要共赢。这正是前文分析的主要客观基础所在。

第二节　全球增长共赢链：基于 WIOD 数据库的经验证据

由于全球价值链以及基于此的全球生产网络已经成为当前经济全球化的重要特征，因此，全球投入产出的关联机制在现实的全球生产中一定是发挥作用的。前文基于全球投入产出关系测算框架所得分析结果，即贸易透过价值链作用使得国与国之间在产出增长上具有了相互依存的共赢关系，在实践中显然也是成立的。当然，上述测算框架还只是数理层面上的一种推演，虽然有助于我们在理论层面深化对相关问题的认识，但仍然缺乏来自实践证据的直接经验数据支撑。依据本章提出的上述测算框架，基于 WIOD 数据库提供的基础数据，我们可以具体测算任何一个样本经济体在样本期间的任何一个年度，其经济增长对世界其他国家和地区的拉动作用。显然，由于这种“共赢”式的增长正是因为通过全球投入产出关联作用机制而得以实现，因此拉动作用的大小显然也主要取决于投入产出关联程度的高低。换言之，国家规模不同、融入全球价值链分工体系程度不同，“共赢”式的增长效应也会不尽相同。考虑到中国在全球生产和贸易体系中处于枢纽地位、市场和贸易量巨大，以及加工贸易比重较高等特点，中国产出增长所产生的“共赢”效应可能更为显著。换言之，以中国经验数据为例进行分析，更加有助于我们在直观上认识“共赢”式增长的现实效应。据此，以中国经济增长对全球拉动作用为例，从总体和分国别层面进行测算以提供基本的经验证据，即中国的经济增长是否透过全球价值链贸易而使得其他国家和地区实现了“共赢”式增长。

一、中国经济增长对全球的拉动作用：基于总体层面分析

根据上述介绍的测度方法，利用 WIOD 数据库提供的基础数据，本章首先测度了 2000—2014 年间中国经济增长通过投入—产出关系带动全球经济增长的比例系数，即中国经济增长一个百分点所能带动的全球经济增长百分比，以及在当年的经济增速下中国经济增长所带动的全球经济实际增长水平（结合当年中国实际经济增长率以及中国对全球经济增长的带动系数，测算所得的对全球经济增长的实际拉动水平）。由于 WIOD 数据库公布的数据最新年份是 2014，为此，我们采用灰色关联系统预测了 2015—2017 年的数据，具体结果如图 3-1 所示。

图 3-1 右纵坐标表示的是中国经济增长对全球经济增长的拉动系数，左纵坐标表示的是样本期内中国经济增长对全球经济增长的实际拉动量。从图中的变化趋势来看，在 2000—2017 年的样本期间，中国经济增长对全球经济增长的拉动作用系数，整体呈现出不断增长的趋势。该系数值从 2000 年的 0.0072 增长到 2008 年的 0.021，换言之，2000 年中国经济每增长 1 个百分点，可以带动全球经济增长 0.0072 个百分点，而到了 2008 年，中国经济每增长 1 个百分点，则可以带动全球经济增长 0.021 个百分点。受全球金融危机冲击的影响，在包括中国在内的全球贸易大幅衰退情况下，

2009 年系数值略微下降至 0.018。之后出现反弹，并于 2016 年达到 0.03 的峰值水平，即中国经济增长 1 个百分点，可以带动全球经济增长 0.03 个百分点。上述变化趋势说明，伴随中国深度融入全球生产分工体系，中国经济增长对全球经济的拉动作用正在不断加强，在图示的 18 年样本期间内，这种拉动作用增长了约 4 倍，而且这种不断提升的变化趋势似乎仍在持续之中。

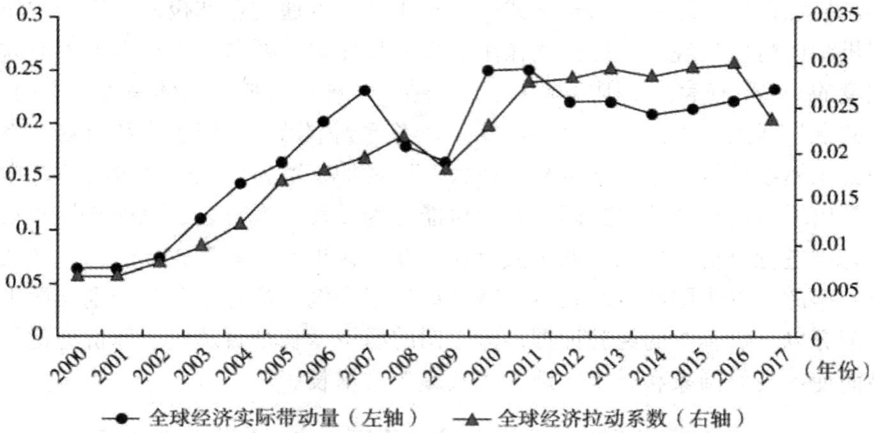

图 3-1　中国经济增长对全球经济增长的带动效应

进一步来看，结合中国对应年份的实际经济增长速度，根据上述测算出的相应年份中国经济增长对全球经济增长的拉动系数，可以估算出相应年份中国经济增长对全球经济增长的实际拉动量。从图 3-1 左纵坐标所标示的中国经济增长对全球经济增长的实际带动量来看，大致呈现出“雁型”波动式增长趋势。具体而言，样本期间的带动量大体可以分为四个阶段：第一阶段是 2000 年至金融危机爆发前 2007 年的上升阶段；第二阶段是危机冲击期间 2008 年和 2009 年的下行阶段；第三阶段是危机冲击后 2010 年和 2011 年的恢复性反弹阶段；第四阶段是 2012 年以来的微弱下行阶段。上述变化的阶段性特征和中国经济增长和全球经济增长的实践是相吻合的。从中国自身经济增长的角度来看，第一阶段的快速上升趋势，正是中国不断深度融入全球国际分工体系以及经济高速增长的阶段，因此，自身经济的高速增长，以及与全球经济关系密切程度的加深（表现为带动系数的不断上升），对全球经济增长形成了强劲的带动作用；而在第二阶段的危机冲击期间，上述两个因素均呈弱化，使得对全球经济增长的带动效应减弱；与之相对应的是恢复性反弹阶段；第四阶段体现了伴随中国经济进入结构性减速新阶段，从而对全球经济增长的实际带动量也呈弱化之势。实际上，除了中国自身经济增长的因素外，全球价值链本身的发展波动也是上述阶段性变化的关键因素。现有关于价值链定量测度的文献研究（Wang et al.，2017）[①]发现，在2008年全球金融危机前，全球价值链生产活动在全球经济中的占比明显扩张，尤其是其中“复杂价值链”的关联在快速加深；但是在2009年之后，全球价值链则出现了增长趋缓，甚至出现了所谓逆全球价值链现象。这一发现结合本章分析可知，当全球价值链加速扩张时，对拉动系数也有正向作用，反之则反是。显然，价值链分工呈现的这种变化也是导致上述阶段性特征变化的重要原因。

全球经济繁荣发展，为中国深度融入全球分工体系带来机遇，由此推动了中国经济的高速增长；反过来，中国经济增速变化也会通过“关联”作用而反馈于全球经济增长。这一点正如习近平总书记在联合国日内瓦总部发表题为《共同构建人类命运共同体》的主旨演讲中指出：“世界好，中国才能好；中国好，世界才更好。”[②]

综合以上对 2000—2017 年间中国经济增长带来的全球经济增长影响可以看出，无论是在拉动系数还是在带动总量方面，中国对世界经济的影响都呈现出强劲上升趋势。不过这种趋势在2012—2014年有所放缓，究其原因，不仅因为全球经济进入深度调整期，在一定程度上弱化了中国与世界经济的密切程度（表现为贸易增速下降乃至出现的负增长，实质上为全球价值链贸易下的投入产出关联度下降），而且也因为中国自身进入新常态后经济增速放缓所致。习近平总书记提出“我们要在世界经济共振中实现联动发展”[③]，这正是对经济全球化新时代各国环环相扣发展模式的深刻洞见。

二、中国经济增长对全球拉动作用：基于国别层面分析

由于投入产出关联度不同，因而一国经济增长对他国产生的带动作用也不尽相同。为了更清楚地认识中国对不同经济体经济增长带动作用的强弱之分，本章计算获得的中国经济对其他41个样本经济体的真实带动系数的结果，如表3-2所示。与前述分析的逻辑一致，其中2015—2017年的数据是采用灰色关联系统预测方法预测所得。

---

① Wang, Z., S.J. Wei, X.D. Yu and K.F., Zhu, 2017, “Measures of Participation in Global Value Chains and Global Business Cycles”, NBER Working Paper, No.23222.

② 习近平谈治国理政：第二卷[M]. 外文出版社，2017：545.

③ 联动，为世界经济凝聚互动合力[N]. 人民日报，2019-06-26.

表 3-2　中国经济增长对各国经济增长拉动系数（单位：%）

年份	澳大利亚	奥地利	比利时	保加利亚	巴西	加拿大	瑞士	塞浦路斯	捷克	德国	丹麦
2000	0.0147	0.0031	0.0041	0.0016	0.0025	0.0033	0.0039	0.001	0.0028	0.0039	0.003
2001	0.0167	0.0036	0.0042	0.0015	0.0041	0.0033	0.004	0.0014	0.003	0.0045	0.0031
2002	0.0169	0.0041	0.0053	0.002	0.0064	0.0031	0.0049	0.0015	0.003	0.0053	0.0031
2003	0.0178	0.0047	0.0063	0.0038	0.0115	0.0037	0.0059	0.0017	0.0041	0.0069	0.0037
2004	0.0211	0.0053	0.0074	0.0047	0.0126	0.0052	0.0074	0.0018	0.0053	0.0085	0.0044
2005	0.0276	0.0063	0.0084	0.0053	0.0122	0.0052	0.0079	0.0017	0.0049	0.0089	0.0054
2006	0.0276	0.0075	0.0085	0.0052	0.0116	0.0056	0.0086	0.0016	0.0058	0.0105	0.0062
2007	0.0299	0.0087	0.011	0.0072	0.0114	0.007	0.0106	0.0018	0.0067	0.0127	0.0072
2008	0.0405	0.0098	0.0112	0.0083	0.0142	0.0083	0.0112	0.0026	0.0068	0.0136	0.0085
2009	0.0361	0.009	0.0115	0.007	0.0151	0.0082	0.0095	0.0024	0.0068	0.0125	0.0072
2010	0.0467	0.0112	0.0144	0.0121	0.0162	0.0088	0.0125	0.0023	0.0091	0.0155	0.0085
2011	0.0553	0.0121	0.0157	0.0149	0.0203	0.011	0.0137	0.0028	0.0102	0.0164	0.009
2012	0.0453	0.0121	0.0175	0.0203	0.0209	0.012	0.014	0.0032	0.0107	0.0164	0.0104
2013	0.0583	0.012	0.016	0.0217	0.0216	0.0123	0.0145	0.0039	0.0113	0.0171	0.0122
2014	0.0531	0.0129	0.0155	0.0197	0.0197	0.0106	0.0141	0.004	0.013	0.0176	0.0122
2015	0.0522	0.0123	0.0163	0.0206	0.0207	0.0116	0.0142	0.0037	0.0117	0.017	0.0116
2016	0.0545	0.0124	0.0159	0.0207	0.0207	0.0115	0.0143	0.0039	0.012	0.0172	0.012
2017	0.0533	0.0125	0.0159	0.0203	0.0204	0.0112	0.0142	0.0039	0.0122	0.0173	0.0119

年份	西班牙	爱沙尼亚	芬兰	法国	英国	希腊	克罗地亚	匈牙利	印度尼西亚	印度	爱尔兰
2000	0.0014	0.0021	0.0076	0.0036	0.0023	0.0011	0.0032	0.0033	0.0161	0.003	0.0047
2001	0.0015	0.0023	0.0073	0.0037	0.0024	0.0013	0.0034	0.0044	0.0163	0.0036	0.0072
2002	0.0016	0.0027	0.0068	0.0038	0.0024	0.0013	0.0038	0.0042	0.0173	0.006	0.0056
2003	0.002	0.0028	0.0093	0.0043	0.0027	0.0017	0.0033	0.0048	0.019	0.0087	0.007
2004	0.0023	0.0039	0.0149	0.0046	0.0033	0.0022	0.0039	0.0056	0.0222	0.0125	0.0091
2005	0.0025	0.0048	0.0113	0.0051	0.0036	0.0022	0.0043	0.0047	0.0268	0.0158	0.0111
2006	0.0028	0.0049	0.0124	0.0054	0.0037	0.0021	0.0042	0.007	0.0278	0.0149	0.0115
2007	0.0034	0.0064	0.0224	0.0059	0.0042	0.0024	0.0039	0.0089	0.0282	0.0126	0.0114
2008	0.0035	0.0074	0.0155	0.0062	0.005	0.0028	0.0046	0.0087	0.032	0.0128	0.0131
2009	0.0031	0.0069	0.015	0.0057	0.0045	0.0024	0.0042	0.0101	0.0271	0.01	0.0138
2010	0.0047	0.0091	0.0191	0.0074	0.0054	0.0036	0.0054	0.0135	0.0304	0.0123	0.0134
2011	0.0058	0.0096	0.0193	0.0075	0.0061	0.0054	0.0067	0.0132	0.0361	0.0121	0.0133

续表

2012	0.0064	0.0097	0.0185	0.0078	0.0062	0.0059	0.007	0.0142	0.0352	0.0116	0.0144
2013	0.0067	0.0114	0.0186	0.0083	0.0074	0.0063	0.008	0.0141	0.0322	0.012	0.0138
2014	0.0066	0.0093	0.016	0.0085	0.0076	0.0058	0.0075	0.0133	0.0278	0.0093	0.0114
2015	0.0066	0.0101	0.0177	0.0082	0.0071	0.006	0.0075	0.0139	0.0317	0.011	0.0132
2016	0.0066	0.0103	0.0174	0.0083	0.0074	0.006	0.0077	0.0138	0.0306	0.0108	0.0128
2017	0.0066	0.0099	0.017	0.0083	0.0073	0.0059	0.0076	0.0136	0.03	0.0103	0.0125

年份	意大利	日本	韩国	立陶宛	卢森堡	拉脱维亚	墨西哥	马耳他	荷兰	挪威	波兰
2000	0.0023	0.0078	0.0343	0.0025	0.006	0.0015	0.0013	0.0031	0.0035	0.0045	0.0017
2001	0.0026	0.0091	0.0347	0.0022	0.006	0.0016	0.0015	0.0034	0.0041	0.0054	0.0021
2002	0.0027	0.0106	0.0335	0.0027	0.0069	0.0018	0.0017	0.0077	0.0045	0.0056	0.0024
2003	0.0029	0.0143	0.0477	0.0028	0.0085	0.0018	0.0029	0.0089	0.0066	0.0054	0.0032
2004	0.0037	0.0186	0.0685	0.0036	0.0074	0.0024	0.003	0.0114	0.0086	0.0065	0.004
2005	0.0039	0.0212	0.0725	0.0034	0.0067	0.0026	0.0039	0.0078	0.0109	0.0066	0.0041
2006	0.0046	0.0249	0.0682	0.0034	0.0071	0.0026	0.0037	0.0088	0.009	0.008	0.0049
2007	0.0054	0.0296	0.0758	0.0042	0.008	0.0033	0.0039	0.01	0.01	0.0075	0.0053
2008	0.0056	0.0308	0.0873	0.0049	0.0088	0.0037	0.0046	0.0091	0.0109	0.0087	0.0055
2009	0.0048	0.0238	0.0788	0.0052	0.0083	0.0042	0.0046	0.0084	0.0115	0.0102	0.006
2010	0.0063	0.0285	0.0822	0.0074	0.0097	0.0061	0.006	0.0107	0.0132	0.0108	0.0073
2011	0.0071	0.0284	0.0904	0.0095	0.0115	0.0064	0.0076	0.0115	0.0148	0.0129	0.0079
2012	0.0071	0.025	0.0908	0.0103	0.0124	0.007	0.0063	0.0084	0.0166	0.0116	0.0079
2013	0.0074	0.0287	0.0926	0.0104	0.0158	0.0077	0.0065	0.0079	0.0179	0.0144	0.0085
2014	0.0071	0.03	0.0922	0.01	0.0129	0.007	0.0059	0.0064	0.0173	0.0149	0.0085
2015	0.0072	0.0279	0.0919	0.0102	0.0137	0.0072	0.0062	0.0076	0.0173	0.0136	0.0083
2016	0.0072	0.0289	0.0922	0.0102	0.0141	0.0073	0.0062	0.0073	0.0175	0.0143	0.0084
2017	0.0072	0.0289	0.0921	0.0101	0.0136	0.0072	0.0061	0.0071	0.0174	0.0143	0.0084

年份	葡萄牙	罗马尼亚	俄罗斯	斯洛伐克	斯洛文尼亚	瑞典	土耳其	美国	其他地区		
2000	0.001	0.0126	0.0193	0.0017	0.0018	0.0049	0.0022	0.0016	0.0253		
2001	0.0011	0.0138	0.0179	0.002	0.0018	0.0053	0.0038	0.0016	0.0252		
2002	0.0015	0.0209	0.0187	0.0029	0.0022	0.0044	0.0042	0.0017	0.0288		
2003	0.0021	0.0185	0.0217	0.0052	0.0027	0.0061	0.0051	0.0022	0.0363		
2004	0.0024	0.0136	0.021	0.0051	0.0036	0.0077	0.0045	0.003	0.0449		
2005	0.0024	0.007	0.0225	0.0058	0.0042	0.0082	0.0042	0.0032	0.0527		

续表

2006	0.0034	0.0041	0.0201	0.007	0.0051	0.0088	0.0044	0.0037	0.0532		
2007	0.0038	0.0041	0.0182	0.0065	0.0062	0.0103	0.0043	0.0044	0.0532		
2008	0.0038	0.0039	0.0192	0.0058	0.0063	0.0114	0.0056	0.0051	0.0542		
2009	0.0034	0.004	0.02	0.0055	0.0053	0.0118	0.0061	0.0044	0.0441		
2010	0.004	0.006	0.0226	0.0077	0.0072	0.0132	0.0072	0.0055	0.06		
2011	0.0055	0.0073	0.0298	0.0085	0.0084	0.0135	0.0087	0.0062	0.0722		
2012	0.0066	0.0072	0.028	0.009	0.0091	0.0123	0.0104	0.0063	0.0712		
2013	0.0073	0.0075	0.0265	0.0097	0.0098	0.0117	0.0098	0.0063	0.0759		
2014	0.0068	0.0078	0.027	0.0093	0.0095	0.0109	0.0088	0.0058	0.0661		
2015	0.0069	0.0075	0.0272	0.0093	0.0095	0.0116	0.0097	0.0061	0.0711		
2016	0.007	0.0076	0.0269	0.0094	0.0096	0.0114	0.0094	0.0061	0.071		
2017	0.0069	0.0076	0.027	0.0094	0.0095	0.0113	0.0093	0.006	0.0694		

数据来源：作者计算。

从表 3–2 报告的数据可以看出，与将这些国家（地区）作为一个整体进行分析时一样，细分后的每一个样本经济体从 2000 年到 2017 年，其经济增长受到来自中国经济增长所产生的带动作用都有了成倍提升。其中，经济增长受到中国经济带动作用提升最快的三个国家分别为保加利亚（12.1 倍）、巴西（7.7 倍）、葡萄牙（6.8 倍）。从经济增长角度看，保加利亚已经成为欧洲样本经济体中，从中国经济增长中获益最多的国家。

进一步对表 3–2 的计算结果进行分析可以很容易地发现，受中国经济增长拉动效应最强的地区依次为韩国（KOR）和其他地区（ROW）。由于 WIOD 统计时在除其他地区外的 41 个样本经济体中，几乎包含了北美和欧洲大多数发达国家，其他地区主要由南美、非洲与亚洲的发展中国家以及少数小型发达经济体构成，因此，从其他国家（地区）受到中国经济的拉动强度排名看，基本可以判定除韩国外，发展中国家是中国经济增长最大的受益方。这也是与当前全球价值链区域分布密切相关的。当前的全球价值链大体可以分为三个区域：北美价值链、亚太价值链和欧洲价值链，而中国正是处于亚太价值链的核心。对美国等发达经济体的带动效应相对较弱，一方面是因为美国等发达国家经济体量巨大；另一方面是因为在全球价值链布局中，中国嵌入北美价值链的程度不如亚太地区高，因而对美国等发达经济体的经济增长带动作用，不免有“小马拉大车”的感觉，效果有限也就不难理解了。当然，随着中国经济总量的不断提升，中国对发达国家（地区）经济的带动作用也在不断提升。以美国为例，2000 年中国 1 个百分点的经济增长给美国带来的经济提升约为 0.0016 个百分点，到了 2016 年这一拉动系数上升到了 0.0061 个百分点。虽然中国通过以贸易为表现的“投入—产出”关联给美国经济带来的动力依然不够强劲，但不断上升的趋势却非常显著。实际上，如果考虑到美国巨大经济体量下相对较低的“贸易依存度”，那么中国经济增长能够给美国整体经济增长带来 0.0061 的拉动作用，已经实属不易。

三、全球经济增长对中国经济增长拉动作用：整体层面分析

为了进一步说明增长共赢链下的关联特征和共振特征，仅从中国经济增长对全球经济增长的拉动作用，以及对世界各国的拉动作用看，仍然是不够全面的，还需要进一步明晰全球经济增长以及其他各国经济增长对中国经济增长的作用。为此，根据前述介绍的测度方法，此处进一步利用 WIOD 数据库提供的基础数据，测度了 2000—2014 年间全球经济增长通过投入产出关系带动的中国经济增长比例系数，即全球经济增长 1 个百分点所能带动的中国经济增长百分比，以及在当年的经济增速下全球经济增长所带动的中国经济实际增长水平（结合当年全球实际经济增长率以及全球对中国经济增长的带动系数，测算所得的对中国经济增长实际拉动水平）。结果如图 3-2 所示。

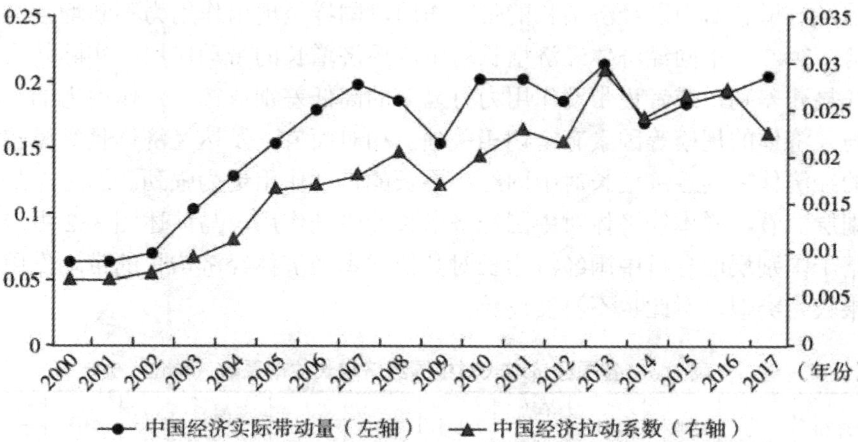

图 3-2　全球经济增长对中国经济增长的带动效应

与图 3-1 的含义一致，图 3-2 右纵坐标表示的是全球经济增长对中国经济增长的拉动系数，左纵坐标表示的是样本期内全球经济增长对中国经

济增长的实际拉动量。与图 3-1 显示的中国经济增长对全球经济增长的拉动作用较为类似，图 3-2 显示的全球经济增长对中国经济增长的带动作用，在 2000—2017 年的样本期间，同样整体呈现出不断增长的趋势。该系数值从 2000 年的 0.0065 增长到 2008 年的 0.0231，换言之，2000 年全球经济每增长 1 个百分点，可以带动中国经济增长 0.0065 个百分点，而到了 2008 年，全球经济每增长 1 个百分点，则可以带动中国经济增长 0.0231 个百分点。从实际带动量角度看，2000 年全球经济增长带动中国经济增长的实际效用为 0.0625 个百分点，而到了 2017 年，全球经济增长带动中国经济增长的实际效果达到了 0.2317 个百分点，说明中国融入经济全球化的程度不断加深，受到全球经济增长的带动作用在不断增强。此外，从变化的阶段性来看，所得结果与图 3-1 也较为类似，对此不再赘述。

四、全球经济增长对中国经济增长拉动作用：国别层面分析

同样，由于投入产出关联度不同，因而一国经济增长对他国产生的带动作用也不尽相同。为了更清楚地认识其他国家或经济体对中国经济增长带动作用的强弱之分，本章将计算获得的其他 41 个样本经济体对中国经济增长的真实带动系数计算结果，具体报告于表 3-3。与前述分析的逻辑一致，其中 2015—2017 年的数据是采用灰色关联系统预测方法预测所得。根据表 3-3 报告的结果基本可以得出以下几个方面的判断：第一，其他经济体经济增长对中国经济增长的带动作用，同样呈现出作用力不断增强的趋势；第二，不同经济体经济增长对中国经济增长的带动作用，实际效果存在显著差别，或者说带动作用力有显著的高低差别；第三，作用力的大小与经济体的规模等因素有密切相关性，相对而言，发达经济体且规模较大的经济体，其经济增长对中国经济增长的带动作用更为强劲。总之，从国别层面看，样本经济体对中国经济增长的带动作用，与前述图 3-2 报告的基于国别层面分析中国经济增长对其他样本经济体经济增长的带动作用结果较为类似，对此也不再赘述。

表 3-3 各国经济增长对中国经济增长拉动系数（单位：%）

年份	澳大利亚	奥地利	比利时	保加利亚	巴西	加拿大	瑞士	塞浦路斯	捷克	德国	丹麦
2000	0.00496	0.0005	0.00081	0.00001	0.00135	0.00202	0.00088	0.00001	0.00014	0.00628	0.00041
2001	0.00486	0.00053	0.00075	0.00001	0.00172	0.00181	0.00084	0.00001	0.00015	0.00655	0.00038
2002	0.005	0.00059	0.00093	0.00001	0.00223	0.0016	0.00101	0.00001	0.00017	0.00749	0.00038

续表

2003	0.00598	0.00074	0.00121	0.00002	0.00387	0.00199	0.00127	0.00001	0.00025	0.01041	0.00049
2004	0.00731	0.00082	0.0014	0.00002	0.00431	0.00272	0.00151	0.00002	0.00032	0.01226	0.00057
2005	0.00918	0.00087	0.00142	0.00003	0.00476	0.00266	0.00143	0.00001	0.00029	0.01114	0.00062
2006	0.00819	0.00092	0.00127	0.00003	0.00467	0.00268	0.00136	0.00001	0.00033	0.01145	0.00064
2007	0.00828	0.00095	0.00146	0.00003	0.00448	0.00289	0.00145	0.00001	0.00036	0.0123	0.00065
2008	0.0093	0.00092	0.00126	0.00004	0.00524	0.0028	0.00136	0.00002	0.00035	0.0111	0.00065
2009	0.00716	0.0007	0.00109	0.00003	0.00493	0.0022	0.00102	0.00001	0.00027	0.00836	0.00045
2010	0.00993	0.00072	0.00114	0.00004	0.00587	0.00233	0.00121	0.00001	0.00031	0.00868	0.00045
2011	0.01127	0.00069	0.00109	0.00005	0.00701	0.0026	0.00128	0.00001	0.00031	0.00814	0.00041
2012	0.0084	0.00058	0.00102	0.00007	0.00602	0.00256	0.0011	0.00001	0.00026	0.00679	0.0004
2013	0.00935	0.00054	0.00087	0.00007	0.00556	0.00236	0.00105	0.00001	0.00025	0.00668	0.00044
2014	0.0074	0.00054	0.00078	0.00007	0.00462	0.00182	0.00096	0.00001	0.00026	0.00655	0.00041
2015	0.00589	0.00043	0.00067	0.00007	0.00338	0.00163	0.00088	0.00001	0.0002	0.00521	0.00032
2016	0.00636	0.00044	0.00067	0.00007	0.00331	0.00157	0.00086	0.00001	0.00021	0.00539	0.00033
2017	0.00613	0.00043	0.00064	0.00006	0.00342	0.00151	0.00079	0.00001	0.00022	0.00522	0.00032

年份	西班牙	爱沙尼亚	芬兰	法国	英国	希腊	克罗地亚	匈牙利	印度尼西亚	印度	爱尔兰
2000	0.00069	0.00001	0.00079	0.00406	0.00313	0.00012	0.00006	0.00013	0.00611	0.00044	0.00039
2001	0.0007	0.00001	0.0007	0.00381	0.00291	0.00013	0.00006	0.00018	0.00578	0.00055	0.00059
2002	0.00077	0.00001	0.00065	0.00387	0.00289	0.00014	0.00007	0.00019	0.00584	0.00092	0.00049
2003	0.00109	0.00002	0.00096	0.00478	0.00332	0.00021	0.00007	0.00025	0.00665	0.00131	0.00069
2004	0.00126	0.00002	0.0015	0.00499	0.00406	0.00027	0.00008	0.0003	0.00798	0.00175	0.0009
2005	0.00127	0.00003	0.00101	0.00491	0.00398	0.00024	0.00009	0.00023	0.00966	0.0021	0.00103
2006	0.00129	0.00003	0.00098	0.00456	0.00363	0.00021	0.00008	0.00029	0.00949	0.0021	0.00097
2007	0.00142	0.00004	0.00161	0.00442	0.00365	0.00022	0.00007	0.00035	0.00941	0.00163	0.00087
2008	0.00124	0.00004	0.00096	0.00394	0.00316	0.00022	0.00007	0.0003	0.00882	0.00151	0.00078
2009	0.00091	0.00003	0.00074	0.00301	0.00211	0.00015	0.00005	0.00026	0.00698	0.00112	0.00064
2010	0.0011	0.00003	0.00078	0.00321	0.00217	0.00018	0.00005	0.00029	0.00832	0.00152	0.00049
2011	0.00114	0.00003	0.0007	0.00284	0.00212	0.00021	0.00006	0.00025	0.00892	0.00143	0.00042
2012	0.001	0.00003	0.00055	0.00245	0.00194	0.00017	0.00005	0.00021	0.00765	0.00124	0.00038
2013	0.00095	0.00003	0.00052	0.00243	0.00212	0.00016	0.00005	0.0002	0.00643	0.00114	0.00034
2014	0.00087	0.00002	0.00042	0.00232	0.0022	0.00013	0.00004	0.00018	0.00542	0.00079	0.00028

续表

2015	0.00071	0.00002	0.00037	0.00181	0.00185	0.00011	0.00003	0.00015	0.00615	0.00085	0.00035
2016	0.00073	0.00002	0.00037	0.00184	0.00175	0.00011	0.00004	0.00015	0.0062	0.0009	0.00035
2017	0.00071	0.00002	0.00035	0.00177	0.00158	0.0001	0.00003	0.00016	0.00632	0.00086	0.00034

年份	意大利	日本	韩国	立陶宛	卢森堡	拉脱维亚	墨西哥	马耳他	荷兰	挪威	波兰
2000	0.00217	0.03147	0.0159	0.00002	0.00011	0.00001	0.00076	0.00001	0.0012	0.00064	0.00024
2001	0.00226	0.02924	0.01381	0.00002	0.0001	0.00001	0.00085	0.00001	0.00132	0.0007	0.0003
2002	0.00233	0.02966	0.01387	0.00003	0.00011	0.00001	0.00089	0.00002	0.00144	0.00074	0.00032
2003	0.00274	0.03829	0.01955	0.00003	0.00015	0.00001	0.00127	0.00003	0.0023	0.00074	0.00042
2004	0.0034	0.0458	0.0268	0.00004	0.00013	0.00002	0.0012	0.00004	0.00289	0.00088	0.00052
2005	0.00316	0.0441	0.02848	0.00004	0.00011	0.00002	0.0015	0.00002	0.00327	0.00089	0.00055
2006	0.00325	0.04099	0.02507	0.00004	0.00011	0.00002	0.00131	0.00002	0.0024	0.001	0.00061
2007	0.00335	0.03763	0.02396	0.00005	0.00011	0.00003	0.00116	0.00002	0.00239	0.00085	0.00064
2008	0.00291	0.03375	0.01903	0.00005	0.00011	0.00003	0.00111	0.00002	0.00225	0.00088	0.00064
2009	0.00205	0.02437	0.01391	0.00004	0.00008	0.00002	0.00081	0.00001	0.00195	0.00077	0.00052
2010	0.00219	0.02663	0.01475	0.00005	0.00008	0.00002	0.00104	0.00002	0.00183	0.00076	0.00057
2011	0.00213	0.02309	0.01435	0.00005	0.00009	0.00002	0.00118	0.00001	0.00177	0.00085	0.00055
2012	0.00172	0.01812	0.01297	0.00005	0.00008	0.00002	0.00088	0.00001	0.00163	0.00069	0.00046
2013	0.00164	0.0154	0.01258	0.00005	0.0001	0.00002	0.00086	0.00001	0.00163	0.00078	0.00046
2014	0.00146	0.01388	0.01241	0.00005	0.00008	0.00002	0.00074	0.00001	0.00147	0.00071	0.00044
2015	0.00119	0.01108	0.01148	0.00004	0.00007	0.00002	0.00066	0.00001	0.00119	0.00048	0.00036
2016	0.00121	0.01277	0.01166	0.00004	0.00007	0.00002	0.0006	0.00001	0.00122	0.00047	0.00036
2017	0.00114	0.01152	0.01152	0.00004	0.00007	0.00002	0.00058	0.00001	0.00118	0.00047	0.00036

年份	葡萄牙	罗马尼亚	俄罗斯	斯洛伐克	斯洛文尼亚	瑞典	土耳其	美国	其他地区		
2000	0.0001	0.00039	0.00417	0.00003	0.00003	0.00105	0.0005	0.01362	0.01163		
2001	0.0001	0.00042	0.00413	0.00003	0.00003	0.00095	0.00057	0.01272	0.01003		
2002	0.00014	0.00066	0.00442	0.00005	0.00004	0.00079	0.00068	0.01273	0.01058		
2003	0.00021	0.00067	0.00568	0.00011	0.00005	0.00122	0.00096	0.01528	0.01358		
2004	0.00023	0.00053	0.00641	0.00011	0.00006	0.0015	0.00093	0.01886	0.01671		
2005	0.00021	0.00031	0.00759	0.00012	0.00007	0.0014	0.00092	0.01837	0.01867		
2006	0.00026	0.00018	0.0073	0.00015	0.00007	0.00134	0.00088	0.01869	0.01725		
2007	0.00026	0.0002	0.00672	0.00014	0.00008	0.00142	0.00082	0.01801	0.01463		

续表

2008	0.00022	0.00018	0.007	0.00012	0.00008	0.00128	0.00093	0.01642	0.01263		
2009	0.00016	0.00014	0.00483	0.0001	0.00005	0.00099	0.00077	0.01252	0.00849		
2010	0.00016	0.00016	0.0057	0.00011	0.00006	0.00106	0.00091	0.0136	0.01088		
2011	0.00018	0.00018	0.00807	0.00011	0.00006	0.00101	0.00096	0.01281	0.01176		
2012	0.00017	0.00014	0.00723	0.0001	0.00005	0.00078	0.00106	0.01199	0.00997		
2013	0.00017	0.00015	0.00634	0.0001	0.00005	0.00071	0.00097	0.01107	0.00941		
2014	0.00015	0.00015	0.00532	0.00009	0.00005	0.0006	0.00078	0.00975	0.00766		
2015	0.00012	0.00012	0.00336	0.00007	0.00004	0.00052	0.00075	0.01016	0.00711		
2016	0.00012	0.00013	0.00309	0.00008	0.00004	0.00052	0.00073	0.01022	0.00724		
2017	0.00011	0.00013	0.00348	0.00007	0.00004	0.0005	0.00065	0.00961	0.00691		

数据来源：作者计算。

总之，以上基于 WIOD 数据库测算的中国对其他经济体增长的拉动作用，以及其他经济体对中国经济增长的拉动作用，虽然只涵盖了全球一部分国家和地区，但为上述数理测算框架所得结论提供了基本的经验证据。如果说数理测算框架的分析还停留在理论逻辑上的推演的话，那么本部分的测算结果则是提供了一定的实践经验数据支撑。换言之，理论推演的“增长共赢链”在实践中确实已经具备了一定的客观基础，即经济增长之间具备了相互依存的共生关系和格局。总之，理论和经验数据基本证明了习近平总书记的判断：“世界好，中国才能好；中国好，世界才更好”的内生共赢需求。在清楚这一基本的理论逻辑和实践关系之后，接下来的一个问题是，从利益分配的角度看，增长共赢链究竟如何才能更好地得以实现，更确切地说，利益分配本身是否会成为影响“增长共赢”实现的关键要素？对于这一问题，我们再做进一步的分析。

第三节　全球增长共赢链：利益分配影响其实现的关键机制

上述测算结果初步表明了全球经济增长之间的“互动”特征，但还没有从本质上反映“增长共赢链”对利益分配相对公平的内在要求，即更加公平的利益分配是否成为决定增长共赢的因素之一。换言之，当经济全球化红利主要表现为世界各国之间产出增长的共振和联动时，那么利益分配关系和格局的变化，是否会在产出层面上产生重要影响。应该说，在以全球价值链为主导的国际分工条件下，答案是肯定的。为何这么说？主要是因为在全球价值链分工下，贸易条件的改变影响到的不仅仅是消费需求，更重要的是影响需求进而对产出产生重要影响。

一、贸易条件、中间投入与产出变化

众所周知，在当前全球价值链分工体系下，中间产品贸易已经成为全球贸易的主要内容和成分，占据着绝对主导地位。而中间产品与一般最终消费品不同，此类产品并不是供给消费者用于消费，而是供给生产者用于再生产。作为一种中间投入品，显然，由于其作为生产成本的一部分而会影响到企业的生产决策。贸易条件是衡量利益分配的重要指标之一。对此，我们不妨以贸易条件的变化对产出增长的作用略作分析。当一国贸易条件改变即利益分配格局出现变化时，中间产品的购买和投入成本发生了变化，成本的变化显然会影响企业的投入水平和产出水平，影响最终产品的价格，进而影响消费者的消费需求规模，并最终反作用于产出。在传统以最终产品为界限的国际分工条件下，一国贸易条件的改善通常意味着本国分工和贸易利益的增加，而对方国家的贸易条件则意味着恶化，进而分工和贸易利益则随之减少。一般来说，贸易条件出现的上述变化会导致贸易利益从一个国家转移到另外一个国家，并不会导致整体意义上贸易利益的消失。但是，在全球价值链分工条件下则不尽相同，贸易条件朝着利益分配格局更加不公平的方向变化时，不仅会导致利益表现为在国与国之间的转移，而且以产出衡量的整体层面的贸易利益将发生改变，即便是对于贸易条件改善的国家来说，利益也未必会随着贸易条件的改善而增加。对于上述情形的利益，我们可以假定一开始两国贸易条件处于一个较为公平的利益分配状态，并形成了稳定的全球投入产出关系。现在，由于某种外生因素冲击导致贸易条件发生了变化，在全球价值链分工条件下，一国贸易条件的改善意味着另一国贸易条件的恶化，而从中间品交换的角度看，对于贸易条件恶化的国家来说，实际上意味着进口中间投入品的成本上升；从最终消费品角度看，则意味着出口商品价格的下降。因此，从产出层面讲，进口中间投入品价格的上升意味着企业生产成本的提高，而出口最终产品的价格下降则意味着最终产出价格的下降。这种“一升一降”的价格变化，会导致产出规模的下降和生产萎缩，对于贸易条件恶化的国家来说，产出增长层面的利益会随之减少。

二、贸易条件、系统性传导与产出变化

即便我们不考虑最终产品贸易可能产生的不利作用机制，从全球投入产出的关联机制来看，贸易条件恶化的国家不仅在产出增长层面会带来不利影响，其投入产出的系统性传导机制同样会给贸易条件改善的国家在产出增长层面带来不利影响。比如，由于贸易条件恶化的国家面临中间投入品进口价格的上升，因而对中间投入品进口需求会下降。中间投入品需求的下降从最直接的传导机制来看，会导致对方国家即贸易条件改善国家相应产出的减少。当然，这种变化在全球价值链分工条件下或在全球投入产出的系统性作用机制下，会形成往复循环的作用。此时，贸易条件改善的国家同样面临着产出减少问题，其对中间投入品的需求也会下降，其中包括对进口中间投入品的需求下降。这种变化反过来又会进一步作用于前述贸易条件恶化的国家，致使其产出进一步下降，产出下降又会反过来降低其对贸易条件改善国家的中间品需求和产出下降，如此往复循环，直至达到一个新的均衡水平。不难想象的是，不论新的均衡点到底在哪，在不考虑其他作用因素的情况下，两国产出的相应下降则是确信无疑的。也就是说，不管是对贸易条件恶化的国家来说，还是对贸易条件改善的国家来说，总产出水平都会伴随贸易条件朝着利益分配不均方向的变化而出现下降，进而在世界整体层面上也会出现总产出下降的不利结果。这一情况实际上就是本章前述理论模型测算的各国产出之间具有互动性的重要作用机制。

总之，由上述分析可见，在全球价值链分工体系中，各国产出之间具有了联动增长和共振的本质特征，而这种联动增长和共振正是通过国与国之间投入产出关系的作用机制而产生的。其中，更加公平的利益分配关系是保证上述作用机制得以更好发挥的根本所在。当利益分配显失公平时，虽然表面上看似乎更加有利于贸易条件改善的国家，但是由于其中间产品价格的变化或投入成本的变化，最终会在全球价值链内引起产出增长的波动，会使所有分工和贸易参与国进而全球整体产出下降，导致产出增长层面的利益萎缩。因此，从上述意义上说，要想充分发挥全球投入产出作用机制，进而实现增长层面的利益，“共赢”已经成为一种内生需求。换言之，“共赢”不仅是我们打造“全球增长共赢链”的目标和期望实现的结果，同时也是实现全球以及各国更好更快增长的必要条件。在具有“链式”特征下，唯有秉承“共赢”的理念并为之而努力，才能更好地实现自身增长。

总之，伴随国际分工的演化，全球各国之间呈现出利益彼此交织、共生共赢的特征。与传统国际分工模式相比，新型国际分工模式下，开放发展的利益不仅取决于比较优势程度，同样还取决于利益分配关系和格局。换言之，在以最终产品为界限的传统国际分工模式下，分工和贸易的利益主要取决于参与国的比较优势状况，而在以生产要素为边界的新型国际分工模式下，分工和贸易利益既决定于比较优势，也决定于利益在参与国之间的分配状况。在新型国际分工模式下，基于比较优势所决定的利益总量是可变的，即分工和贸易利益具有“赢则共赢，损则同损”的变和博弈特征。基于这一实践特征，“全球增长共赢链”开放发展新理念的提出，显然具有重要的理论创新和实践指导价值。

基于全球投入产出模型的测算框架分析表明，从最终产出角度看，一国产出增加会通过全球价值链贸易而带动其他国家和地区产出增加，带动效应的大小则随着关联程度强弱不同而有异，但其关联特征的确在一定程度上表明一国产出增长会部分地决定着外部产出增长状况。这种关联特征的反向逻辑同样是成立的。换言之，如果一国能够将本国产出增长更好地外溢给其他国家和地区，那么反过来又能够带动本国经济更好地增长。反之，当利益分配失衡导致其他国家和地区受损时，最终也会反作用于自身，从而使得自身在不同程度上遭受损失。总之，当国际分工演进至国与国之间具有高度依赖的投入产出关系时，本质上便有了“增长共赢链”的内生需求和实践基础。基于全球投入产出数据库的基础数据测算表明，以中国为例，2013 年中国经济增长 1 个百分点，全球产出增长约为 0.03 个百分点。如果将世界划分为两个部分，称为中国和国外，那么上述结果也就意味着，如果通过分工和合作而使中国经济增长 1 个百分点，那么国外也会有 0.03 个增长点的正反馈收益；反之，如果不适宜的利益分配而使得中国在国际分工和贸易中受损，经济增长回落 1 个百分点，同样也会使得国外遭受 0.03 个负增长点的负反馈收益。与此同时，从全球经济增长对中国经济增长的拉动作用看，也呈现上述类似的结果。上述测算结果便是“全球增长共赢链”理论逻辑的直接例证。

虽然传统国际经济学理论认为，贸易条件的改善能够提升一国即时贸易利得，但是从产出增长的角度看，在新型国际分工条件下，最终会对产出增长带来负面影响。本章从利益分配影响全球增长共赢链实现具体作用机制角度，进一步探讨了前文分析中的理论判断，即经济全球化的红利创造不仅取决于比较优势，而且取决于红利分配关系和分配格局。公平合理的利益分配会创造更多的全球化红利，反之则会对经济全球化红利创造产生抑制和压缩效应。总之，无论是理论推演还是具体的测算结果，都说明了新型国际分工条件下，“共赢”对全球经济增长的重要意义。据此可见，打造一个更加普惠、包容和平衡发展的国际经济体系的重要性，这也正是为什么习近平总书记在各种场合不断呼吁要“坚持公平包容，打造平衡普惠的发展模式”的重要原因和依据所在①。

基于上述分析可见，构建“全球增长共赢链”不仅必要而且任重道远。新型国际分工演进既对“增长共赢链”产生了内生需求，也提供了实践基础。但这并不意味着只要坚持现有的经济全球化轨迹，就能自然而然地进入“全球增长共赢链”。实际上，当前经济全球化发展仍然存在很多问题，尤其是发达国家主导的现行全球经济治理规则和体系，由于未能与时俱进、因时而变，因而使得诸如发展失衡、数字鸿沟、公平赤字等问题不仅没能得到有效解决，而且还被不断放大。更为严峻的问题是，作为现行全球经济治理规则体系主导者的发达国家兴起了“逆全球化”思潮，不仅未能在完善全球经济规则体系上做出积极努力，反而否定现有规则体系的合理部分，典型表现就是特朗普政府采取的一系列具有贸易保护主义色彩的政策举措，包括近期频繁发起的对华贸易摩擦。这对经济全球化的顺利发展和进一步深度演进产生了严重的阻碍作用，甚至会在一定程度上破坏已经构建起来的全球价值链，破坏“全球增长共赢链”的客观基础。如果说技术进步推动的全球价值链发展已经为“全球增长共赢链”构建起了生产力基础的话，那么构建更加公正合理的国际经济新秩序则是适应和推动这一生产力发展的生产关系。遗憾的是，从完善全球经济治理和构建国际经济新秩序角度看，目前却遭遇到主要来自美国的强大阻力。当前美国与中国的贸易摩擦，表面上是中美之间的贸易冲突和对抗，实质上是美国对国际经贸规则的粗暴践踏，是对现行国际贸易体系合理成分的讹诈和要挟。由此可见，要在真正意义上实现“全球增长共赢链”，仍然是任重而道远。

虽然面临着困难与挑战，但这并不意味着我们无所作为。相反，正是因为发现和正确预见到了“全球增长共赢链”已初步具备了发展基础并呈现出一定的发展趋势，正是因为真正实现“全球增长共赢链”仍然面临着艰难困阻，秉持“全球增长共赢链”思想并为推动其发展做出应有努力，才更具价值和意义。概言之，“全球增长共赢链”作为新型国际分工条件下的创新性开放发展理念，不仅对进入新阶段后经济全球化发展模式变革具有重要的指导作用，为各国开放发展模式指明了正确方向，对中国开放发

① 习近平谈治国理政：第二卷[M]．外文出版社，2017：482.

展战略的调整也具有重要启发意义。一方面，中国要积极倡导和努力维护贸易自由化和投资自由化，充分发挥在构建更加公正合理的国际经济新秩序中的重要作用，为进一步推动经济全球化做出中国应有的贡献。经过四十多年的高速发展，目前中国已经是世界第一大制造国、第一大贸易国、第二大经济体、第三大利用外资国和对外投资国，在全球经济中的角色和地位变迁，决定了中国有能力有资格成为国际经济新秩序的引导者，理应奋力推动国际经济秩序朝着更加公正合理的方向发展。另一方面，中国未来的开放发展道路，同样必须秉持“全球增长共赢链”的新理念，在继续发挥引领世界经济增长重要引擎的同时，需要以更能体现包容、共享开放发展模式的“榜样的力量”感召全球，让世界各国能够在贸易和投资自由化、便利化中切实感受到开放发展的益处，为维护和倡导“两个自由化”给出最有力的说服力和实践证据，也唯有如此，才能更加有效地应对当前的“逆全球化”思潮和倾向，营造和谐共赢的外部环境，最终走出一条科学的、可持续的“全球增长共赢链”的开放发展之路。

第四章　全球增长共赢链：利益分配作用机制的实证检验

第三章的测算结果初步表明了全球经济增长之间的“互动”特征，但还没有从本质上反映“增长共赢链”对利益分配相对公平的内在要求，即更加公平的利益分配是否成为决定增长共赢的因素之一。虽然第三章已经初步对其进行了理论上的探讨，但毕竟停留在理论逻辑的推演层面，尚缺乏有说服力的实证检验结果的支撑。为此，本章将反映国与国之间利益分配状况的因素，纳入传统的经济增长影响因素的计量模型之中，以计量检验利益分配关系是否对经济增长产生实质性影响。

第一节　变量选取、模型构建及数据说明

反映国与国之间利益分配的常用指标就是贸易条件。一国贸易条件指数的决定因素很复杂，贸易条件指数发生变化有可能是多种因素导致的，因而贸易条件及其变动并不能精确地反映和度量利益分配的相对公平性和利益分配关系发生的变化。但在现实的国际贸易关系中，贸易利益的分割与贸易条件息息相关，是传统国际经济理论已经证明的基本理论常识。传统的国际经济理论认为，贸易条件的改善有助于提升一国获利水平。但是，一国贸易条件的改善往往意味着另一国贸易条件的恶化，在改善自身获利水平的同时却降低了对方获益水平，因而本质上是一种利益分配失衡。本书在前述分析时指出，在具有“彼此相依”共生性特征的新型国际分工模式下，变得更糟的后者会反过来作用于前者，从而降低前者的获利水平。换言之，公平公正的利益分配才是保证“共赢”的根本之道，偏离公平公正的利益分配路径的传统贸易条件改善或者恶化，对经济增长均可能产生不利影响。这也是前文分析的“全球增长共赢链”的内涵所在。

基于上述理论逻辑，我们做出以下研究设计，以实证分析利益分配状况是否成为影响“全球增长共赢链”的重要因素。

一、关键变量选取及测度

以经济增长（记为 GDP）作为被解释变量时，正如德拉夫等人（Durlauf et al.）的研究指出，针对经济增长问题有多达几十种并不完全相同的理论解释，实证研究中对解释变量的选取也是五花八门，数量众多。本章借鉴巴罗（Barro）的做法，仅考虑与经济增长密切相关而又能被学界所普遍接受的因素，主要包括人口抚养比（记为 Labor）、物质资本（记为 Physical）、利用外资额（记为 FDI）、研究开发（记为 RD）、基础设施（记为 Infrastructure），同时纳入本章最为关注的核心解释变量，即作为表征利益分配公平性替代变量的贸易条件偏离度指数（记为 Tot），并考虑到经济惯性作用，据此构建以下跨国动态面板数据模型：

$$\mathrm{GDP}_{i,t}=a_0+a_1\mathrm{GDP}_{i,t-1}+a_2\,\mathrm{Tot}_{i,t}+\gamma C_{i,t}+u_t+v_i+\varepsilon_{i,t} \tag{4-1}$$

其中，C 为前文所述的影响经济增长的各传统解释变量（为了减轻数据的波动性，对利用外资额变量进行对数化处理），u 为时期固定效应变量，v 为国家（地区）的固定效应变量，ε 为误差项，其他变量符号的含义如前文所述。需要说明的是，贸易条件偏离度指数（Tot）是指各国当期贸易条件与全球平均贸易条件的偏离度，并采用绝对值的形式表述。这里的贸易条件采用的是价格贸易条件，即出口价格指数（记为 PEI）与进口价格指数（记 PMI）之比。则 i 国的贸易条件偏离度指数 Tot 可表示为：

$$\mathrm{Tot}_{i,t}=\left|\frac{\mathrm{PEI}_{i,t}}{\mathrm{PMI}_{i,t}}-\sum_i w_{i,t}\frac{\mathrm{PEI}_{i,t}}{\mathrm{PMI}_{i,t}}\right| \tag{4-2}$$

$\mathrm{Tot}_{i,t}$ 表示 i 国第 t 年的贸易条件偏离度指数，其中 $w_{i,t}$ 表示 i 国第 t 年在全球出口市场中的出口权重，$\mathrm{Tot}_{i,t}=\sum_i w_{i,t}\frac{PEI_{i,t}}{PMI_{i,t}}$ 为全球平均贸易条件。式中，贸易条件指数偏离度指数 Tot 采用绝对值形式表示，主要就是考虑到与前文理论分析的一致性。基于前文的理论分析可知，在全球价值链分工模式下，利益分配失衡从“彼此相依”共生性特征角度看会带来负面影响。因此，在全球价值链分工模式下，以绝对值表示的贸易条件偏离度指数，本质上表示的是利益分配失衡，由于不符合“全球增长共赢链”的内生需求而有可能同样带来负面的影响。

二、数据来源及说明

为保持与前述测算数据的一致性，计量分析所使用的跨国面板数据中的样本国（地区），是 WIOD 数据库中除了“世界其他国家和地区”（ROW）以外的 41 个国家（地区），样本期间仍然为 2000—2014 年。计量回归中各变量的指标选取及数据来源如表 4-1 所示。

表 4-1　回归变量指标选择及数据来源

变量	变量名称	变量的衡量指标	数据来源
GDP	经济增长	经济增长率	世界经济发展指标统计数据库
Tot	贸易条件偏离度	各国当期贸易条件与全球平均贸易条件的偏离度	联合国贸发会议统计数据库
Labor	人口抚养比	15-64 岁劳动人口数量占总人口数量比	联合国贸发会议统计数据库
Physical	物质资本	固定投资占 GDP 之比	世界经济发展指标统计数据库
FDI	利用外资额	实际利用外商直接投资存量	联合国贸发会议统计数据库
RD	研究与开发	研发经费投入占 GDP 之比	世界经济发展指标统计数据库
Infrastructure	基础设施	各国（地区）物流绩效指数	世界经济发展指标统计数据库

第二节　实证结果及分析

面板数据的非平稳性通常会带来“伪回归”问题，为了避免这一问题的出现，本章对样本数据中的 41 个经济体 2000—2014 年各变量面板数据进行 LLC、IPS、Fisher 以及 ADF 的平稳性检验，检验结果如表 4-2 所示。结果显示，所有变量均通过 1%显著水平下的相关检验，说明面板数据具有良好的平稳性状态，不能拒绝不存在“伪回归”的原假设。

表 4-2　回归变量的单位根检验

指标名称	LLC	IPS	Fisher	ADF
GDP	−9.1325***	−2.0128***	3.9843***	12.1762***
Tot	−3.1872***	−3.0129***	21.3584***	8.1796***
Labor	−5.1328***	−3.0128***	11.2735***	8.7128***
Physical	−3.8755***	−2.6152***	9.8315***	8.5173***
FDI	−6.3156***	−2.5328***	2.1352***	12.5839***
RD	−5.3627***	−1.9735***	4.3622***	7.2859***
Infrastructure	−4.0325***	−3.1754***	8.2933***	6.9315***

资料来源：笔者根据 Stata 软件计算，***表示 1%显著性水平。

一、基准模型的 OLS 回归结果

考虑到仅以样本自身效应为条件进行研究，先不考虑被解释变量滞后一期作为解释变量，此处先采用固定效应模型对上述计量模型进行 OLS 回归估计。为修正异方差和可能的行业组内自相关问题，我们采用了聚类稳健标准误，所得结果如表 4-3 所示。

表 4-3　OLS 回归估计结果

解释变量	模型（1）	模型（2）	模型（3）	模型（4）	模型（5）	模型（6）
Tot	−0.0608** （−2.52）	−0.0613** （−2.85）	−0.0625** （−2.57）	−0.0631** （−2.87）	−0.0619** （−2.64）	−0.0633** （−2.28）
Labor	—	0.1528*** （3.19）	0.1537*** （3.84）	0.1537*** （3.84）	0.1529*** （3.17）	0.1571*** （3.26）
Physical	—	—	0.0821** （2.87）	0.0821** （2.87）	0.0833** （2.58）	0.0842** （2.66）
FDI	—	—	—	0.0581** （2.73）	0.0574** （2.71）	0.0581** （2.73）
RD	—	—	—	—	0.0859*** （4.16）	0.0859*** （4.16）
Infrastructure	—	—	—	—	—	0.0733** （2.31）
常数项	−0.0625** （−2.15）	−0.0638** （−2.64）	−0.0625** （−2.15）	−0.0529** （−2.84）	−0.0803** （−2.66）	−0.0727*** （−3.12）
样本数	645	645	645	645	645	645
R^2	0.2816	0.3018	0.2915	0.2583	0.2763	0.2861

注：估计系数下括号内的数字为系数估计值的 t 统计量，其中*、**和***分别表示 10%、5%和 1%的显著性水平。

表 4-3 呈列的回归结果中，第 2 列是以贸易条件对全球平均贸易条件水平的偏离程度作为利益分配失衡表征变量时，进行回归估计所得，第 3 列至第 7 列是在此基础上依次纳入其他解释变量时进行回归估计所得。由表 4-3 可知，利益分配失衡变量在各列中的系数回归估计值均为负，且通过了显著性统计检验，说明利益分配失衡越严重，不管是正向偏离还是负向偏离，对经济增长都会带来不利影响。这一结果初步验证了前文的理论预期和判断。

二、TSLS 模型回归结果

使用 OLS 估计方法对上述面板数据模型进行回归分析，由于可能存在内生性问题，因而使得估计结果出现有偏和非一致性。这是因为各国经济增长与贸易利得之间可能具有很强的内生关系，这不仅体现在贸易利益的分配失衡状况会对经济增长产生影响，同时还体现在经济增长状况也会对贸易利益分配产生重要影响，比如贫困化增长等就是经济增长影响利益分配的明证。为此，我们再采用两阶段最小二乘法（TSLS）对上述面板数据模型进行估计，所使用的工具变量为利益分配失衡指标的滞后一期，回归结果如表 4-4 所示。当然，为了考察所选工具变量是否有效，我们在表 4-4 后几行一并给出了工具变量的不足识别检验、弱识别检验和过度识别检验结果，结果表明所选工具变量是合适的。

表 4-4　TSLS 回归估计结果

解释变量	模型（1）	模型（2）	模型（3）	模型（4）	模型（5）	模型（6）
Tot	−0.0615** （−2.37）	−0.0628** （−2.71）	−0.0633** （−2.92）	−0.0627** （−2.59）	−0.0628** （−2.53）	−0.0617** （−2.71）
Labor	—	0.1517*** （3.68）	0.1529*** （3.66）	0.1525*** （3.17）	0.1536*** （3.59）	0.1568*** （3.14）
Physical	—	—	0.0815** （2.82）	0.0828** （2.67）	0.0824** （2.51）	0.0837** （2.39）
FDI	—	—	—	0.0576** （2.28）	0.0569** （2.44）	0.0575** （2.62）
RD	—	—	—	—	0.0837*** （4.32）	0.0861*** （4.87）
Infrastructure	—	—	—	—	—	0.0728** （2.79）
常数项	−0.0328** （−2.36）	−0.0419** （−2.18）	−0.0391** （−2.66）	−0.0412** （−2.52）	—	−0.0626*** （−4.33）

续表

解释变量	模型（1）	模型（2）	模型（3）	模型（4）	模型（5）	模型（6）
样本数	602	602	602	602	—	602
R^2	0.2732	0.2854	0.2927	0.2936	—	0.2975
不足识别检验	35.236 （0.000）	33.854 （0.000）	34.325 （0.000）	40.546 （0.000）	31.258 （0.001）	29.684 （0.001）
弱识别检验	19.321 （0.05）	20.198 （0.05）	21.832 （0.05）	23.415 （0.05）	27.827 （0.01）	28.633 （0.01）
过度识别检验	3.318 （0.105）	1.746 （0.521）	2.693 （0.308）	3.825 （0.128）	0.377 （0.612）	1.312 （0.377）

注：估计系数下括号内的数字为系数估计值的 t 统计量，其中*、**和***分别表示 10%、5%和 1%的显著性水平。

将表 4-4 和表 4-3 的回归结果进行比较后发现，无论使用普通最小二乘法（OLS）还是两阶段最小二乘法（TSLS）进行估计，作为利益分配失衡替代变量的贸易条件对全球平均贸易条件水平的偏离程度指数，对经济增长的作用情况保持了前后逻辑一致的影响效应，尤其是在纳入控制变量后，其影响效应也没有出现本质变化，由此在一定程度上说明估计结果的稳健性。对各关键变量回归结果的解释，此处不再赘述。

三、系统 GMM 回归结果

基于基准模型的 OLS 估计结果，虽然初步验证了前文的理论假说，但是由于采用 OLS 方法估计面板数据，可能会存在诸如扰动项自相关问题以及某些回归变量并非严格外生而是先决变量等问题，从而影响估计结果。此外，考虑到经济惯性作用，即上一期经济增长状况对本期可能产生影响，我们将经济增长滞后一期作为解释变量纳入估计方程中来。在此基础上，采用 GMM 估计方法对前述动态面板计量方程（4-1）进行回归估计。对于适用动态短面板的 GMM 估计通常有差分 GMM 估计法和系统 GMM 估计法两种。应该说，两种估计方法各有优劣。差分 GMM 估计法要求解释变量“严格外生”，并可能带来“弱工具变量”效应；而系统 GMM 估计法虽然可以提高估计效率，但是采用该方法进行估计的前提是，不存在扰动项自相关以及工具变量与个体效应不相关。为此，本章同时采用差分 GMM 和系统 GMM 两种动态面板估计方法，所得回归结果如表 4-5 所示。

表 4-5　系统 GMM 和差分 GMM 回归估计结果

被解释变量	系统 GMM		差分 GMM	
	模型（1）	模型（2）	模型（1）	模型（2）
GDP_{t-1}	0.7321*** （8.26）	0.6982*** （6.33）	0.8153*** （7.38）	0.7983*** （6.74）
Tot	−0.0681** （−2.85）	−0.0613** （−2.77）	−0.0652** （−2.28）	−0.0637** （−2.91）
Labor	—	0.1586*** （3.21）	—	0.1439*** （3.16）
Physical	—	0.0815** （2.87）	—	0.0933*** （3.92）
FDI	—	0.0581** （2.39）	—	0.0612** （2.74）
RD	—	0.0893*** （4.58）	—	0.0915*** （3.25）
Infrastructure	—	0.0758** （2.39）	—	0.0816** （2.84）
C	−0.0283** （−2.85）	−0.0716** （−2.56）	−0.0527** （−2.91）	−0.0691** （−2.61）
AR（1）	0.0758	0.0819	0.1527	0.0933
AR（2）	0.3872	0.3521	0.5816	0.6346
Sargan	0.9528	0.9735	1.0000	1.0000
Hansen	0.6782	0.6805	0.7326	0.7518
Wald	0.0000***	0.0000***	0.0000***	0.0000***

注：*、**、***分别表示回归结果在 10%、5%、1%置信水平下通过显著性检验；Sargan、Hansen 检验的零假设为工具变量与残差无相关性，即模型不存在过度识别；AR（1）、AR（2）检验的零假设为残差不存在一阶、二阶自相关；Wald 检验的零假设为回归方程解释变量系数联合显著。

表 4-5 第 2 列、第 3 列的回归结果是采用系统 GMM 估计方法进行回归估计所得。其中第 2 列的回归估计结果，是在计量模型中仅考虑被解释变量滞后期和作为关键解释变量的贸易条件偏离度指数，进行回归估计所得；第 3 列的回归估计结果是在计量模型中进一步纳入其他影响经济增长因素后进行回归估计所得。第 4 列和第 5 列的回归估计结果，是采用差分 GMM 估计方法进行回归估计所得，呈列回归估计结果的方式与第 2 列和第 3 列相同。后文各表呈列回归结果的逻辑与此相同，将不再赘述。

从表 4-5 第 2 列报告的回归结果看，在不考虑其他影响因素而仅考虑经济增长滞后一期以及贸易条件偏离度时，贸易条件偏离度的系数估计值为

-0.0681，且在 5%的显著性水平下通过了统计检验。这说明一国贸易条件对全球平均贸易条件水平的偏离程度，的确对自身经济增长具有显著的负面影响，也就是说，偏离程度越高，对经济增长的负向作用就越大。如前所述，由于偏离度指数表征的正是贸易利益分配失衡的程度，因此偏离度越高也就意味着利益分配失衡的程度越严重，而这种失衡对经济增长会产生不利影响，更确切地说，失衡的程度越甚，对经济增长产生的不利影响就越为严重。前文在测算贸易条件时，我们发现了两个基本特征，一是样本经济体的贸易条件指数方差相对较大为 21.09，贸易条件指数的平均值为 103.41，其中最大值和最小值分别为 200.43 和 75.28，说明贸易条件的偏离还是较为显著的。二是当我们参照和借鉴世界银行的做法，将经济体在样本期间人均 GDP 均值超过 1 万美元的划为发达经济体，其余划为发展中经济体时，前者的贸易条件指数均值为 117.86，而后者的均值仅为 94.78，即发展中经济体的贸易条件指数均值水平要显著低于发达经济体贸易条件指数。由此可以看出，贸易条件指数的偏离不仅显著而且在发达经济体和发展中经济体之间具有方向性差别。将这一事实特征与前文的回归结果结合起来看，说明了在当前新型国际分工体系下，利益分配朝着更加公平公正的方向发展，实际上更加有利于实际获益的增加，同时也说明“互利共赢”的重要性，意味着在实现自身利益增长的同时，“关切他人利益”的重要性。这一研究结论也为“推动建立更加均衡普惠的治理模式和规则”提供了经验证据。

从表 4-5 第 3 列报告的回归结果看，在纳入影响经济增长的其他变量后，本章所关注的核心解释变量的回归估计结果，与第 2 列保持了高度一致性，即贸易条件偏离度的系数估计值为-0.0613，且在 5%的显著性水平下通过了统计检验。这说明无论是在影响的方向性上，还是在影响的显著性上，均未发生实质性改变，表明实证结果的可靠性和稳定性。第 4 列和第 5 列的结果是采用差分 GMM 方法进行回归估计所得。将第 4 列和第 5 列的回归估计结果，与第 2 列和第 3 列进行对应比较可以发现，使用两种不同估计方法，所得估计结果基本是一致的，即表征利益分配失衡状况的贸易条件偏离度指数，对经济增长具有显著的负向作用。至于其他解释变量，从第 3 列和第 5 列的回归估计结果看，与理论预期以及现有文献研究发现也是相一致的，对此本章不再一一解释。

第三节　进一步稳健性检验结果及分析

一、基于内生性处理的再估计

本章所关注的核心解释变量，即贸易条件偏离度指数对经济增长的影响，可能存在着双向作用。如前所述，因为贸易条件偏离度指数会影响经济增长，反过来经济增长也会影响贸易条件的变化，从而影响偏离度。与此同时，在模型中加入其他解释变量，如研发投入、利用外资额等，也会存在类似的问题，即一国经济增长，既有可能是研发投入增加所带来的结果，也有可能是研发投入增加的重要原因。显然，由于诸如上述可能的内生性问题，会影响到动态面板数据模型（4-1）估计结果的稳定性和可靠性。为此，我们依次将上述各主要解释变量逐步作为内生变量进行控制，即在系统 GMM 的 Stata 命令中，我们加入了其他选项（options）的 endogenous 命令。考虑到工具变量过多可能带来的无效性，对于控制为内生解释变量，仅使用一个更高阶滞后值（即二阶滞后）为工具变量。对动态面板数据模型重新进行系统 GMM 的回归估计，结果如表 4-6 所示。表 4-6 最后几行一并报告了模型有效检验结果。对工具变量有效性的 Sargan 检验和 Hansen 检验的 P 值较大，可认为不存在过度识别问题；对残差项的序列相关检验 AR（1）、AR（2）检验结果表明，扰动项在 10%显著性水平上可能存在一阶自相关问题，但显著拒绝二阶自相关，序列间不存在相关性。此外，Wald 检验均在 1%水平上显著，拒绝解释变量系数为零的原假设，回归整体显著。

表 4-6　基于内生性处理的系统 GMM 估计结果

变量	模型（1）	模型（2）	模型（3）	模型（4）	模型（5）	模型（6）
GDP_{t-1}	0.7152*** （7.37）	0.7035*** （6.29）	0.7137*** （6.16）	0.7543*** （4.36）	0.7286*** （5.24）	0.7093*** （5.16）
Tot	−0.0638** （−2.73）	−0.0629** （−2.56）	−0.0615** （−2.17）	−0.0629** （−2.36）	−0.0618** （−2.45）	−0.0623** （−2.35）
Labor	—	0.1531*** （3.71）	0.1529*** （3.66）	0.1483*** （3.37）	0.1462*** （3.58）	0.1437*** （3.25）
Physical	—	—	0.0793** （3.57）	0.0815*** （3.25）	0.0823*** （3.64）	0.0804** （2.85）
FDI	—	—	—	0.0623** （2.59）	0.0628** （2.68）	0.0608** （2.32）
RD	—	—	—	—	0.0903*** （3.38）	0.0918*** （3.17）

续表

变量	模型（1）	模型（2）	模型（3）	模型（4）	模型（5）	模型（6）
Infrastructure	—	—	—	—	—	0.0807** （2.36）
C	−0.0305** （−2.17）	−0.0512** （−2.39）	−0.0533** （−2.58）	−0.0528** （−2.17）	−0.0481** （−2.35）	−0.0496** （−2.61）
AR（1）	0.0613	0.0321	0.0819	0.1329	0.1024	0.2183
AR（2）	0.3769	0.3827	0.3634	0.5437	0.6129	0.5833
Sargan	0.9832	0.9815	1.0000	1.0000	1.0000	1.0000
Hansen	0.6831	0.6793	0.7035	0.7228	0.7309	0.7617
Wald	0.0000***	0.0000***	0.0000***	0.0000***	0.0000***	0.0000***

注：*、**、***分别表示回归结果在10%、5%、1%置信水平下通过显著性检验；Sargan、Hansen检验的零假设为工具变量与残差无相关性，即模型不存在过度识别；AR（1）、AR（2）检验的零假设为残差不存在一阶、二阶自相关；Wald 检验的零假设为回归方程解释变量系数联合显著。

表 4-6 第 2 列回归结果是仅引入贸易条件偏离度指数 Tot 这一核心解释变量，并在回归命令中设定该变量为内生变量回归得到；第 3 列回归结果进一步引入人口抚养比变量（Labor），并将 Tot 与 Labor 同时设定为内生变量进行回归，依此类推，直到全部变量均控制为内生变量进行回归为止。由表 4-6 的回归结果可见，将人口抚养比（Labor）、物质资本（Physical）、利用外资额（FDI）、研究开发（RD）、基础设施（Infrastructure）以及贸易偏离度指数（Tot），依次逐步控制为内生变量后，表 4-6 的回归结果与前述表 4-5 的回归结果相比，就本章所重点关注的贸易偏离度指数（Tot）变量而言，其系数估计值及其显著性检验表明，均未发生实质性变化，与前述回归结果具有较好的逻辑一致性。其他解释变量的回归结果与表 4-5 也基本一致。总体来看，基于内生性处理的系统 GMM 回归结果，一定程度上证实表 4-5 回归结果的可靠性和稳定性。

二、基于替代变量的稳健性回归估计

实际上，在全球价值链分工条件下，使用传统的贸易条件衡量方法，会面临一定的挑战进而有失准确性，因为全球价值链分工条件下进出口贸易品中通常含有来自不同国家和地区的中间成分。况且，如前文分析所指出的，贸易条件的决定可能是一个复杂因素影响和作用的结果，比如价格贸易条件通常与国际市场供需、一国贸易和产品结构等因素密切相关。尤其是商品国际市场供需在客观上发生了很大变化，以及贸易结构也发生巨大变化的条件下，简单用价格贸易条件的变化来说明利益分配是否公平，存在着较大的局限性。为了解决上述问题并充分考虑全球价值链分工模式的影响，此处再采取两种替代指标作为利益分配失衡的表征变量，一是用增加值的进出口比例关系，即一定时期内一国出口增加值与进口增加值之比作为贸易利益分配失衡的衡量指标；二是采用全球价值链分工地位偏离度指数作为贸易利益分配失衡的衡量指标。就前一个测度指标而言，我们知道，在全球价值链分工体系下，贸易增加值的核算已经成为当前衡量贸易利得的重要指标。循此逻辑，采用一定时期内一国出口增加值与进口增加值之比，大体可以反映贸易利益的分配状况，或者说可以反映利益分配失衡以及不平等交换的关系。马克思在论述国际市场不平等交换时曾经写道："处在有利条件下的国家，在交换中以较少的劳动换回较多的劳动。"①所指的就是在国际贸易中付出包含较少国民劳动的商品，交换包含数量较多国民劳动的商品的不平等交换关系。马克思所讲的国民劳动就是指商品的价值，而贸易增加值无疑就是马克思上述重要论断在全球价值链分工条件下和多生产要素生产条件下的重要发展。据此，出口增加值与进口增加值之比可以作为贸易利益分配关系或不平等交换关系的衡量指标，在此不妨将这一指标称之为基于增加值的贸易条件指数。

就后一个指标即全球价值链分工地位偏离度指数而言，国际分工地位的不同往往意味着国际贸易利益获取能力的不同。比如以普雷维什为代表的"中心—外围"理论、以辛格为代表的发展中国家贸易条件全面恶化论等，本质上主要是从分工地位的不对等关系角度阐释利益分配失衡问题。由经济结构、生产方式等决定的分工地位不平等，是导致利益分配失衡的根本原因。在传统国际分工模式下是如此，在当今全球价值链分工模式下也是如此，即全球价值链分工地位的不同决定了利益获取能力的不同。如刘志彪教授的研究指出，传统国际分工条件下的"中心"和"外围"依赖关系，在全球价值链分工条件下则变成了"发包"与"承包"的关系，变成了"创造"与"制造"的关系，变成了"高端"与"低端"的关系，变成了"控制"与"被控制"的关系，变成了"老板"与"打工者"的关系，变成了价值链"链主"与"链员"的关系。如果说分工地位确实是影响贸易利益分工不公平状态的重要因素的话，那么采用全球价值链分工地位偏离度指数，则可以从分工地位不对等角度，粗略衡量贸易利益分配失衡状况。

利用前文所述的投入产出数据，计算出口增加值与进口增加值之比，即基于增加值的贸易条件新测度方法具体说明如下：

用对角阵 V 表示增加值系数矩阵，V 的对角线元素 V_i（$i=1$，…，n）：

① 中共中央马克思恩格斯列宁斯大林著作编译局．马克思恩格斯全集：第 7 卷[M]．人民出版社，2009：265.

$$V_i=\begin{bmatrix} V_i^1 & 0 & \cdots & 0 \\ 0 & V_i^2 & \cdots & 0 \\ \vdots & \vdots & \ddots & \vdots \\ 0 & 0 & \ldots & V_i^g \end{bmatrix} \tag{4-3}$$

V_i表示 i 国的增加值矩阵，V_i的对角线元素为 i 国对应行业的增加值系数。

增加值表达式为：

$$VAX=\sum VBF \tag{4-4}$$

由于投入产出表制表的关系，在最新的投入产出表中我们获得的 F 最终大多为 $GN\times N$ 矩阵，而非 $GN\times GN$ 矩阵，因此在实际计算时，我们将对应同一个国家（地区）的行进行加总，获得 $N\times N$ 维矩阵 VAX，VAX 中第 i 行第 j 列元素 VAX_{ij} 表示 i 国出口到 j 国的增加值，VAX 中的第 j 行第 i 列元素 VAX_{ji} 表示 j 国出口到 i 国的增加值，这样我们通过 j 国进口 i 国的增加值与 j 国出口到 i 国的增加值的比值表示为：

$$T_{ij}=\frac{VAX_{ji}}{VAX_{ij}} \tag{4-5}$$

T_{ij} 即衡量 i 国对 j 国间的贸易条件，表示的是 i 国 1 单位的增加值出口所能换取的 j 国增加值进口总量。由此可见，基于增加值构造的上述贸易条件指标，其基本原理仍然符合传统国际经济学理论中的贸易条件理论，即以出口交换进口的条件，或者说 1 单位的产品出口能够交换到的进口产品的数量。只不过在传统国际分工条件下，由于产品的整个生产过程都在生产国国内，或者说所有附加值的创造都在一国国内完成，因此，以价格表征的产品价值代表着本国所有，国与国之间的商品交换就是创造的附加值之间的交换。但是在全球价值链分工条件下，由于出口品中内含了进口中间品等成分，出口产品价格显然不能准确表征本国的实际价值增值。此时，采用上述方法实际上就是校正价值链分工条件下对传统贸易条件测度可能产生的扭曲。

显然，该指数越大意味着贸易条件的改善，因为 1 单位的增加值出口所能换取的增加值进口增加了，反之则意味着贸易条件的恶化。如果将 i 国进口的所有增加值与出口的所有增加值进行加总对比，便可以获得 i 国的整体贸易条件。具体的公式如下：

$$T_i = \frac{\sum_{j=1, j\neq i}^{n} VAX_{ji}}{\sum_{j=1, j\neq i}^{n} VAX_{ij}} \tag{4-6}$$

T_i表示 i 国的整体贸易条件。用增加值衡量的贸易条件指数从两国贸易中剔除了来自第三国的增加值，同时将两个直接与间接形成的商品增加值都考虑在内，这种贸易条件相对于传统的总值贸易法和价格法更为准确。从公平公正和等价交换的角度看，1 单位的附加值所能交换到的附加值也应该是 1 单位，即公平交换条件下的 T_i 理论值应该等于 1。实际值对理论值的偏离程度便可以看作利益分配的失衡程度。相应地，贸易条件偏离度指数便可表示为：$Tot_{i,t}=| T_{i,t}-1 |$。

针对全球价值链分工地位的测度，学术界的研究已经取得了较为丰富的成果，比如安特拉斯等（Antras et al.，2012）提出的出口上游度指数、库普曼等（Koopman et al.，2010）提出的全球价值链分工位置指数等。出口上游度指数是从价值链分工的物理属性，也就是在生产环节中的具体节点来反映分工位置，本质上并不是要揭示分工地位。库普曼等提出的全球价值链分工位置指数则是从价值链分工的经济属性，也就是一国在全球价值链分工中附加值创造能力及其重要性来反映分工位置。相对而言，经济属性比物理属性更能反映一国在全球价值链中的分工地位。这也是为什么在测度全球价值链分工地位指数中，*GVC* 指数采用的相对普遍的主要原因。为此，本章也借鉴库普曼等提出全球价值链分工位置指数测算一国全球价值链分工地位。具体的测算公式为：

$$GVC_i = \ln\left(1+\frac{IV_i}{E_i}\right) - \ln\left(1+\frac{FV_i}{E_i}\right) \tag{4-7}$$

其中，IV_i 表示一国出口增加值，衡量 i 国出口中包含多少本国价值增值，经另一国加工后又出口给第三国；FV_i 表示 i 国出口最终产品中包含的国外附加值，即本国出口最终产品中包含国外进口中间品价值。E_i 表示 i 国出口额。该指数越大，表示产业的间接价值增值 *IV* 占总出口的比例就会高于国外价值增长 *FV* 的比例，从而全球价值链分工地位越高。与前文的做法一致，我们同样采用全球价值链分工地位偏离度指数 *RGVC*（即一国全球价值链指数与样本国平均全球价值链指数之差的绝对值）表示分工地位高低对利益分配失衡的相对影响。具体测算公式为：

$$RGVC_i = \left| GVC_i - \frac{1}{n}\sum_{i=1}^{n} GVC_i \right| \tag{4-8}$$

据此，与表 4-6 的方法一致，在同时处理内生性问题情况下，分别采用基于增加值的贸易条件偏离度指数和全球价值链分工地位偏离度指数作为利益分配失衡的替代变量，对动态面板数据模型（4-1）进行回归估计，所得结果如表 4-7 所示。

表 4-7　基于替代变量的系统 GMM 估计结果

变量	以 Tot 作为关键解释变量		以 RGVC 作为关键解释变量	
	模型（1）	模型（2）	模型（1）	模型（2）
GDP_{t-1}	0.7364*** （6.33）	0.7128*** （4.71）	0.7215*** （5.15）	0.7236*** （3.55）
Tot（RGVC）	−0.0512** （−2.62）	−0.0730*** （−4.27）	−0.0356** （−2.35）	−0.0323** （−2.14）
Labor	—	−0.0539** （−2.64）	—	0.1389** （2.39）
Physical	—	0.1523** （2.74）	—	0.08067*** （2.36）
FDI	—	0.0827*** （3.57）	—	0.0662** （2.36）
RD	—	0.0632** （2.17）	—	0.0876** （2.74）
Infrastructure	—	0.0905*** （3.26）	—	0.0768** （2.39）
C	0.0271* （1.92）	0.0781** （2.55）	−0.0321 （−1.82）	−0.0421** （−2.15）
AR（1）	0.0716	−0.0335* （−1.93）	0.1584	0.1286
AR（2）	0.5433	0.0932	0.6288	0.7238
Sargan	0.9687	0.7032	0.9328	1.0000
Hansen	0.6902	1.0000	0.6735	0.7301
Wald	0.0000***	0.7537	0.0000***	0.0000***

注：*、**、***分别表示回归结果在 10%、5%、1%置信水平下通过显著性检验；Sargan、Hansen 检验的零假设为工具变量与残差无相关性，即模型不存在过度识别；AR（1）、AR（2）检验的零假设为残差不存在一阶、二阶自相关；Wald 检验的零假设为回归方程解释变量系数联合显著。

表 4-7 第 2 列回归结果是仅引入基于增加值的贸易条件偏离度指数 Tot 这一核心解释变量，并在回归中设定该变量为内生变量进行回归估计得到；第 3 列回归结果进一步引入人口抚养比等其他解释变量并全部都控制为内

生变量后进行回归得到；第 4 列和第 5 列是以全球价值链分工地位偏离度指数作为核心解释变量的回归结果，回归结果的呈列方式与第 2 列、第 3 列的逻辑一致。从表 4-7 报告的回归结果可以看出，无论是采用基于增加值的贸易条件偏离度指数作为利益分配失衡的替代变量，还是采用全球价值链分工地位偏离度指数作为利益分配失衡的替代变量，其系数估计值仍然为负，且至少在 5%的显著性水平下通过了统计检验，回归结果与前述分析所得结果基本一致。至于其他解释变量，回归结果也均未发生本质改变，从而再次说明了估计结果的稳定性和可靠性。

综合第三章研究和本章的分析可见，无论是理论推演、具体的测算结果，还是进一步的计量分析，都说明了新型国际分工条件下，“共赢”对全球增长的重要意义。据此可见，打造一个更加普惠、包容和平衡发展的国际经济体系的重要性，这也正是为什么习近平总书记在各种场合不断呼吁要“坚持公平包容，打造平衡普惠的发展模式”的重要原因和依据所在。

第五章　全球增长共赢链下传统理论的修正及经验证据

在第二章的分析中，我们已经简要指出了在全球价值链分工和要素跨国流动条件下，由于全球增长具有了共振和联动的“共赢链”特征，并且共振和联动主要是通过贸易这一中间介质而产生作用的，这一中间介质与传统国际分工条件下不同，因为在全球价值链分工条件下其性质发生了根本改变，即贸易品主要进入生产领域而非消费领域，其对经济增长的作用渠道和机制，已经与传统国际分工条件相比有了天壤之别。这一章我们力图对前述的理论推演从数量层面上给予进一步阐释和证明，对传统理论分析予以修正，并比较两种不同理论测算体系下的测算结果。众所周知，传统宏观经济恒等式对贸易驱动经济增长的解释肯定了需求拉动的积极作用，其科学性主要是建立在“净出口”与消费、投资等经济活动相互独立基础之上的。然而，在当前以全球价值链为主导的国际分工形态下，如前所述，贸易性质发生了从产品价值实现的跨国流动到确保全球生产正常进行的外在流转这一根本性变化，使之由单纯的交换环节逐步渗透和融合到生产、消费等其他经济活动之中，进而成为各经济变量相互作用的重要中间介质。贸易对经济增长的驱动作用，也随之由传统的简单需求拉动，演变为通过全球生产网络中投入产出关联所诱发的乘数性循环动态机制。这一新机制突破了传统贸易模式借助净出口对经济增长表现的绝对量水平，更强调对经济增长的乘数性放大作用。本章基于全球投入产出模型的相关原理，从两个国家两种产业单传导模型入手，将之逐步拓展为两个国家多种产业以及多个国家多种产业的多传导模型，在理论层面充分阐释了在全球增长通过价值链而具有联动和共振特征时，或者说各国之间具有“增长共赢链”的特征时，价值链贸易驱动经济增长的新作用机制，不仅为深刻理解贸易促进经济增长的内在意涵提供了新的视角和思路；同时，也为正确测算贸易对经济增长的实际贡献进而重新审视贸易的经济地位，并提炼与之相适宜的政策举措提供了新的理论基础和测算框架。

第一节　问题及相关研究回顾

20 世纪 80 年代以来，伴随产品国际生产分割的快速发展，以及贸易和投资自由化的全球推行，国际分工形态发生了深刻变化，传统的以最终产品为界限的分工形态逐步演变为以生产环节为界限的新国际分工，并呈细化之势。由此引发了学术界对"全球价值链"概念下生产方式演化与创新的广泛探讨。如果说经济增长是生产要素投入及其组合方式的变化过程，那么价值链分工的兴起进而导致了全球增长具有了共振和联动的"共赢链"特征，则是对这一过程和模式的深刻调整，并由此引致其他一系列包括贸易在内的经济活动对经济影响作用范式的相应变动。在全球增长具有了共振和联动的"共赢链"特征下，贸易的功能已不仅仅是为实现最终产品价值而进行的国际交换，更承担着为完成最终产品生产而进行的外在流转；或者说，贸易已从简单地连接生产和消费的流通环节，转变为链接不同生产环节和阶段的必要中间过程。从这个意义上讲，全球增长具有共振和联动的"共赢链"特征已然引致贸易作为各国"生产—消费"间的中介介质而成为全球化大生产过程的重要一环。这使得贸易的性质发生了根本性的变化，进而为传统国际分工贸易理论的相关分析引致了深刻而剧烈的冲击和挑战。贸易与经济增长之间的关系需要重新确立，全球增长共赢链下的贸易理论亟待创新和完善。

一、全球增长共赢链下贸易对经济增长作用再认识

贸易的基础是分工，因此针对贸易及其相关问题的分析，必须跳出"就贸易谈贸易"的约束，深入到国际分工的本质层面。在经典贸易理论下，对国际分工的研究基本停留在最终产品的层面，重点关注贸易的交换功能。白慕斯等（Bems et al.，2011）①认为，随着国际贸易步入价值链分工模式，专业化分工已然成为影响贸易和经济增长作用情况的核心因素。正如安特拉斯等（Antras et al.，2012）②在测度产业价值链定位过程中强调的那样，

① Bems R., Johnson R.C., Yi K.M.,"Vertical Linkages and the Collapse of Global Trade", *American Economic Review*, 2011, Vol.101, No.3.

② Antras P. , Chor D., Fally T., Hillberry R., "Measuring the Upstreamness of Production and Trade Flows", *American Economic Review*, 2012, Vol.102, No.3.

价值链贸易衔接了某产业即将被投入使用、位于下一生产阶段的其他产业，贸易融入生产而引致的生产性功能得以凸显，使得传统意义上的贸易性质发生了根本变化，并进而改变了贸易对经济增长的影响机制。一方面，如果说基于传统国际经济理论的最终产品分工模式，对贸易驱动经济增长的探讨主要聚焦于需求侧，或者说需求拉动层面的话，那么全球价值链分工的演进，进而导致的全球增长具有共振和联动的“共赢链”特征，就是将贸易驱动经济增长的作用机制引申到了供给侧的生产领域，即贸易通过影响生产促进经济增长。另一方面，更为重要的是，全球增长共赢链条件下发生在供给侧的作用机制不仅仅局限在生产领域，而且还会通过消费领域产生往复循环的相互作用机制，通过全球投入产出之间的传导机制驱动经济增长。而这种相互作用，不仅表现在国内各部门之间，更突破国界产生了国与国之间的直接作用机制。从上述意义看，在价值链分工导致全球增长具有共振和联动的“共赢链”特征条件下，贸易对经济增长的驱动作用，将突破传统宏观经济学恒等式所揭示的基本原理：出口不再仅仅对接产品的最终消费环节而对经济增长产生一次性的作用，进口也不再仅仅作为本国需求“漏出”而会对经济增长产生挤出效应，而是共同作为价值链后续环节再生产的前提和基础，借助投入产出相互作用的“往复循环传导机制”，通过价值链实现对经济增长的“乘数化”驱动效应。

目前，全球价值链已经成为国际分工的主导形态，全球增长具有了共振和联动的“共赢链”特征，在此背景下，对贸易与经济增长之间关系的理论创新分析，需要充分关注全球价值链投入产出模式下的新作用机制。而正确测算和评估贸易对经济增长的真实贡献，同样需要有与实践相一致的理论创新作为指导。鉴于此，本章从全球投入产出模型出发，遵循国际经济理论由简到繁的惯常分析逻辑，从两个国家两种产业的单循环模型分析开始，逐步拓展为两个国家多种产业以及多个国家多个产业的多循环模型。力图通过全球投入产出的基本作用机制和传导原理，揭示全球价值链分工模式下，贸易对经济增长的新作用机制，并据此在数理层面上明晰“净出口”对经济增长的作用不再等于传统意义上的“净出口”本身，而会通过价值链在投入产出的传导过程中产生“乘数性”放大作用。本书不仅有助于更为深刻地理解全球增长共赢链条件下，贸易对经济增长的新作用机制，进而导出新的重要政策意涵，对于正确测算贸易对经济增长的实际贡献，也提供了新的理论指导和测算框架。

二、现有文献评述

对外贸易与经济增长的关系作为传统国际经济学理论研究的基本问题之一，一直是国际经济学领域备受关注和争论的重要课题。现有研究基本得出三方面的结论：一是侧重于理论层面的经典贸易研究主要集中于解释贸易尤其是出口是否对经济增长具有重要的驱动作用；二是后来的许多研究尤其是发展经济学家认为，出口并非一定能够驱动经济增长，或者说实现出口驱动经济增长的作用是有条件的；三是还有一些学者区分了国际贸易对发达国家和发展中国家带来的“相反”或“不同”的影响。

肯定贸易特别是出口在促进经济增长方面的研究，较早可追溯到亚当·斯密《国富论》的相关论述[①]。斯密认为，出口贸易能够为国内剩余和闲置资源解决“出路”问题，依托绝对优势开展国际分工和贸易，有利于国内资源的优化配置，通过分工与协作提高劳动生产率和扩大生产，从而推动经济增长。这一作用机制在之后的比较优势理论中得到了更为明晰的阐述。19 世纪率先完成工业革命的资本主义国家，在其对外贸易的扩张中虽然不乏掠夺和剥削行为，但与此同时由于对一些“新兴”国家初级产品需求的扩大，也在一定程度上刺激了这些国家的经济发展。针对这一历史现象，学者们进行了一些理论探讨和概括，形成了较有影响力和代表性的理论，如“对外贸易是经济增长的发动机”理论，以及纳克斯的“大宗产品”理论（Nurkse，1952）[②]。其基本观点认为，工业革命促使英国经济飞速发展从而对初级产品和大宗产品形成了强劲需求，这种需求通过对外贸易溢出给其他“新兴”国家并拉动其经济增长，即需求拉动是对外贸易促进经济增长的主要作用机制。就贸易对经济增长贡献的测算和分析，也确实有大量文献证实了贸易对经济增长的显著正向促进作用（盛斌等，2011[③]；贾中华等，2014[④]），并指出出口导向型政策相对于进口导向型政策具有一定的优越性。

第二次世界大战后，大批殖民地国家摆脱了殖民枷锁获得政治上的独立，世界政治和经济格局也由此发生了深刻变化。一方面，政治独立并没

① 亚当·斯密. 国民财富的性质和原因的研究. 郭大力，王亚南，译[M]. 商务印书馆，2010：86.

② Nurkse R.,“Some Aspects of Capital Accumulation in Underdevelopment Countries”, *Cairo National Bank of Egypt*, 1952, Vol.32, No.2.

③ 盛斌，毛其淋. 贸易开放、国内市场一体化与中国省际经济增长：1985—2008 年[J]. 世界经济，2011（11）：44-46.

④ 贾中华，梁柱. 贸易开放与经济增长——基于不同模型设定和工具变量策略的考察[J]. 国际贸易问题，2014（4）：14-22.

有完全割断经济上的联系，也并不意味着经济平等，并且囿于自身要素禀赋和长期历史原因，形成了发展中国家初级产品与发达国家制成品之间相互贸易的经济格局。另一方面，随着国际生产模式和技术的不断革新，特别是20世纪末“产品内分工”与“价值链分工”等阶段化专业生产模式以及“第三次工业革命”的出现，促使国际贸易逐步向对接生产工序的层面渗透。在这种新经济格局下，对外贸易是否依然对经济增长具有促进作用，尤其是对发展中国家经济增长是否具有促进作用，学术界的认识开始产生争论和分歧。仍有一部分学者继续遵循“对外贸易是经济增长的发动机”理论以及“大宗产品”理论，坚持认为发展中国家通过融入国际分工和贸易，依托初级产品出口仍然可以带动经济增长，并且还可以通过引进资本、设备等方式提高生产率，从而促进经济增长（伯里尔，1960）[①]。但也有部分学者开始怀疑这种分工模式和格局对发展中国家可能带来的不利影响，重点关注依托发达国家对初级产品而拉动的需求增长，在其作用机制和传导效应中存在的“阻断”因素，包括伴随科技革命进步对初级产品需求的下降，以及初级产品需求的低弹性等（明特，1958）[②]。一些发展经济学领域的学者，从工业制成品和初级产品之间“不对等”关系角度，提出了所谓“贸易条件恶化论”和“中心—外围论”等重要学说，进一步阐述了发展中国家按照比较优势参与国际分工，可能遭受的损失和破坏，进而对经济增长产生不利影响。也有相当数量的实证研究得出了贸易对经济增长的否定性作用结论，例如米奇（Michaely，1977）[③]的实证研究发现，贸易对经济增长并不具有显著影响，杨全发[④]甚至得出了在某些特定时期会出现负向作用的实证结果。

此外，还有学者指出，针对不同国家、不同时期、不同贸易模式，贸易对经济增长作用是有差异或不确定的。例如，针对不同国家的研究指出，发达国家可以依托制成品出口产生“扩张效应”，促使劳动力从生产效率较低的农业部门流向生产率较高的工业部门，从而促进经济增长；但发展中国家依托初级产品出口则会产生“回荡效应”，抑制工业发展进而降低工人需求，不仅无益于劳动力从农业部门向工业部门转移，甚至会发生反向流动，有碍于经济增长。针对不同经济发展时期的研究指出，在经济发展水

---

① 伯里尔. 国际贸易和经济增长率[J]. 经济史评论，1960，2（12）：355.

② 明特. 国际贸易的“古典理论”和欠发达国家[J]. 经济杂志，1958，68（6）：320.

③Michaely, M.,“Exports and Growth: An Empiri Cal Investigation”, *Journal of Development Economics*, 1977, Vol.12, No.4.

④ 杨全发. 中国地区出口贸易的产出效应分析[J]. 经济研究，1998（7）：23-27.

平较低的条件下，出口对经济增长的促进作用并不明显甚至为负，只有在经济发展水平越过特定阶段后，才会转为显著正向影响（Michaely，1977）。而针对近年来价值链贸易模式下贸易的作用机制研究，也有一众学者就发展中国家受制于贸易“低端锁定”效应表达了不同程度的担忧。特别是对中国的制造业出口贸易而言，价值链贸易模式的阶段化生产特征，使国内附加值被严重高估，贸易的外泄效用突出，经济增长难以像传统贸易模式那样收获大量贸易利得（Koopman et al.，2012）。

此外，另有部分研究不支持贸易对经济增长存在显著作用。这类研究主要建立在统计分析的层面，指出出口与经济增长之间并不存在显著统计关系（孙焱林，2000[①]；包群等，2003[②]），至少不存在长期的均衡关系，从长期看，出口贸易对经济增长并不表现为稳定的促进作用（沈程翔，1999[③]；赵陵等，2001[④]）。而针对这方面的统计研究，也有学者指出，由于忽略了出口贸易通过其他变量产生的间接作用，从而低估了出口对经济增长的作用。对此，有学者改进现有方法并进行了重新估计，得出出口对经济增长具有促进作用的肯定结论（林毅夫、李永军，2003）[⑤]。还有学者关注进口因素的影响，认为对外贸易对经济增长的贡献取决于“净出口”，从而将对外贸易对经济增长的贡献在宏观经济学恒等式基础上加以“精确”测算，得出“净出口”基数及其变化情况的不确定性是对外贸易对经济增长出现所谓“负贡献”主要原因的研究结论（张二震，2013）[⑥]。

综上所述，学术界关于对外贸易对经济增长作用机制的研究和讨论，已经取得了较为丰硕的成果，存在的相关争论也为后续研究提供了方向和启发。上述理论和实证研究结论的不一致，表面上看似乎是由于研究目的、研究视角、样本选取以及研究方法等差异所致，然而从本质上看，则可能是对分工演进下核心机理变化考虑不足所致。尤其是在当前全球价值链分工形态下，经典的国际经济理论以及建立在此基础上的实证分析和估算，已然不足以解释贸易通过融入生产环节进而促进经济增长的新驱动机制。但纵观现有相关文献，对分工演进因素的关注较为缺乏，基于价值链分工新贸易模式下的理论分析体系有待进一步拓展和深化。

---

① 孙焱林. 我国出口与经济增长的实证分析[J]. 国际贸易问题，2000（2）：38-42.

② 包群，许和连，赖明勇. 贸易开放度与经济增长：理论及中国的经验研究[J]. 世界经济，2003（2）：10-18.

③ 沈程翔. 中国出口导向型经济增长的实证分析：1977—1998[J]. 世界经济，1999（12）：26-30.

④ 赵陵，宋少华，宋泓明. 中国出口导向型经济增长的经验分析[J]. 世界经济，2001（8）：14-20.

⑤ 林毅夫，李永军. 出口与中国的经济增长：需求导向的分析[J]. 经济学（季刊），2003（3）：779-794.

⑥ 张二震. 外贸对经济增长是“负贡献”吗[N]. 人民日报，2013-01-29（007）.

立足于现有文献，本章力图实现以下几个方面的突破和发展：第一，基于全球价值链分工的特征事实，从全球投入产出的数理模型出发，厘清贸易对经济增长的作用机制，突破了以往研究停留在定性层面的假说式逻辑推演，试图为贸易驱动经济增长的作用机制提供一个更为严谨的数理模型。第二，对作用机制的探讨，突破以往“就贸易谈贸易”的单一元素分析法，在数理模型框架内，充分考虑到国家间、部门间、变量间的相互作用和动态影响，重点就出口和进口相互作用下的“完整贸易”进行深入探讨，而不局限于其中的某一方面。第三，基于投入产出模型的推导，为全球价值链分工条件下测算贸易对经济增长的贡献提供一个更为精准的理论框架，弥补以往基于宏观经济恒等式研究的不足之处，并基于推演结论，探究借助对外贸易促进经济增长新的重要政策意涵。

第二节　两国两产业单循环贸易模型

在深入研究基于投入产出循环作用的复杂国际贸易机理之前，为便于理解，本章沿袭国际经济研究由简入繁的惯常逻辑，首先将国际贸易简化为仅有两个国家两种产品的国际交换模型，并暂且忽略由于投入产出相互作用引致的乘数效应，仅就一国出口变动引起另一国出口变动，而不再反作用于前一国家的单方向作用过程，初步探究投入产出机制下净出口对产出的影响机制。

一、两国两产业基本模型

假设国际贸易体系中有且仅有两个国家、世界市场上有且仅有两种产品参与贸易交换。为便于对应，假设国家 1 和国家 2 分别在产品 1 和产品 2 的生产方面具有比较优势，基于比较优势原理，国家 1 向国家 2 出口产品 1 并进口产品 2。在价值链贸易的投入产出机制下，两种产品均可既作为直接消费品，又作为中间投入品参与另一产品的生产。两国的进口与出口也包含中间品和最终品两个部分。由此可得国家 1 和国家 2 的产出等式如下：

$$\begin{cases} x_1 = a_{11}x_1 + a_{12}x_2 + y_{11} + y_{12} \\ x_2 = a_{21}x_1 + a_{22}x_2 + y_{21} + y_{22} \end{cases} \tag{5-1}$$

以国家 1 为例，x_1 表示国家 1 的总产出，由作为中间品被消费的（$a_{11}x_1$

$+a_{12}x_2$）和作为最终品被消费的（$y_{11}+y_{12}$）两部分组成。其中，$a_{11}x_1$ 表示产品 1 用于国家 1 生产的国内中间品投入，$a_{12}x_2$ 表示产品 1 用于国家 2 生产的中间品投入，y_{11} 表示产品 1 作为最终品在国家 1 的消费，y_{12} 表示产品 1 作为最终品在国家 2 的消费。a_{11}、a_{12} 分别表示产品 1 对产品 1 和产品 2 的投入产出系数；国家 1 的中间品或最终品出口，也就是国家 2 的中间品或最终品进口，国家 2 的相关表述同理。直接对方程（5-1）求解，得：

$$\begin{cases} x_1 = \dfrac{a_{12}}{(1-a_{11})(1-a_{22})-a_{12}a_{21}}(y_{21}+y_{22}) + \dfrac{1-a_{22}}{(1-a_{11})(1-a_{22})-a_{12}a_{21}}(y_{11}+y_{12}) \\ x_2 = \dfrac{a_{21}}{(1-a_{11})(1-a_{22})-a_{12}a_{21}}(y_{11}+y_{12}) + \dfrac{1-a_{11}}{(1-a_{11})(1-a_{22})-a_{12}a_{21}}(y_{21}+y_{22}) \end{cases} \tag{5-2}$$

式（5-2）解释了一国对产品的最终消费需求如何影响两国产出。以国家 1 为例，国家 1 的出口增加额 Δe_1 由中间品出口增加额 $a_{12}\Delta x_2$ 和最终品出口增加额 Δy_{12} 两部分构成，得：

$$\Delta e_1 = a_{12}\Delta x_2 + \Delta y_{12} \tag{5-3}$$

对式（5-2）求国家 2 产出 x_2 关于国家 1 最终品出口 y_{12} 的导数可得，国家 1 最终产品出口增加 Δy_{12} 将引致国家 2 的产出增加：

$$\Delta x_2 = \frac{a_{21}}{(1-a_{11})(1-a_{22})-a_{12}a_{21}}\Delta y_{12}$$

代入式（5-3），得：

$$\Delta e_1 = \left[\frac{a_{12}a_{21}}{(1-a_{11})(1-a_{22})-a_{12}a_{21}}+1\right]\Delta y_{12} = \frac{(1-a_{11})(1-a_{22})}{(1-a_{11})(1-a_{22})-a_{12}a_{21}}\Delta y_{12} \tag{5-4}$$

二、两国两产业单循环下“净出口”作用系数

在两国模型中，一国的出口 Δe 即为另一国进口 Δm，$\Delta e_1=\Delta m_2$，$\Delta e_2=\Delta m_1$。为计算国家 1 的净出口，同上述，可得国家 2 的出口增加额 Δe_2 为：

$$\Delta e_2 = a_{21}\Delta x_1 + \Delta y_{21} \tag{5-5}$$

同理，对式（5-2）求国家 1 产出 x_1 关于国家 1 最终品出口 y_{12} 的导数，

得：

$$\frac{\partial x_1}{\partial y_{12}}=\frac{1-a_{22}}{(1-a_{11})(1-a_{22})-a_{12}a_{21}} \tag{5-6}$$

基于本部分模型对贸易的单循环设定，不考虑国家 2 最终产品的出口需求变化，也即假设国家 2 产出变化全部由本国国内消费吸收，而不再增加出口反作用于国家 1 产出，即 $\Delta y_{21}=0$。再由式（5-6）可知，$\Delta x_1=\frac{1-a_{22}}{(1-a_{11})(1-a_{22})-a_{12}a_{21}}\Delta y_{12}$，代入式（5-5），得国家 2 的出口增加额

Δe_2 为：$\Delta e_2=\frac{a_{21}(1-a_{22})}{(1-a_{11})(1-a_{22})-a_{12}a_{21}}\Delta y_{12}$。

综上，国家 1 的净出口增加额 $\Delta(e_1-m_1)$ 为：

$$\Delta(\dot{e_1}-m_1)=\Delta e_1-\Delta m_1=\Delta e_1-\Delta e_2=\frac{(1-a_{11}-a_{21})(1-a_{22})}{(1-a_{11})(1-a_{22})-a_{12}a_{21}}\Delta y_{12}$$

国家 1 最终品出口 y_{12} 对国家 1 净出口（e_1-m_1）的作用系数为：

$$\frac{\partial(e_1-m_1)}{\partial y_{12}}=\frac{(1-a_{11}-a_{21})(1-a_{22})}{(1-a_{11})(1-a_{22})-a_{12}a_{21}} \tag{5-7}$$

将式（5-6）与式（5-7）相比，得国家 1 净出口对产出的影响系数为：

$$\frac{\partial x_1}{\partial(e_1-m_1)}=\frac{1}{(1-a_{11}-a_{21})} \tag{5-8}$$

上式表明，在两国两产业单循环模式下，由于经济体之间的投入产出关系，当一国净出口增加 1 个单位时，该国产出将增加（$1-a_{11}-a_{21}$）$^{-1}$ 个单位。在投入产出模式下，由于存在生产的国内附加值，因此 $a_{11}+a_{21}\leqslant 1$，进而可知净出口对产出的作用系数是一个比 1 大的常数。而（$1-a_{11}-a_{21}$）恰好表示国家 1 的附加值率，也就是说，该国产业的产出附加值系数越高，净出口对产出的乘数效应越接近宏观经济恒等式中为 1 的理论作用。从中不难看出，只有当 a_{11} 和 a_{21} 都等于 0 时，“净出口”对产出的贡献才是宏观经济学恒等式所揭示的情形。这意味着只有假定不存在所谓中间投入时，才能确保最终产出的“附加值率”等于 1。从国际分工角度看，实质上是指国与国之间的分工边界必然是“最终产品”。但是，一旦当国与国之间的分工突破了“最终产品”的边界，即有了中间投入情况的发生，就会出现（$1-a_{11}-a_{21}$）>1 的结果，也就是说“净出口”对产出的贡献将会超越“净

出口”本身的绝对量水平而产生一个乘数式的放大效应。

由此可见，宏观经济学恒等式对贸易促进经济增长作用的解释，只不过是本章上述模型所揭示的理论机制中的一个特例和极端情况。宏观经济学恒等式表述的贸易通过“净出口”对经济增长系数为1的促进作用机制①，实际上忽略了生产的中间品投入，是将出口产品完全等同于由本国直接创造的最终产品附加值部分而得到的。这种状况是全球价值链分工中的一种极限情形，或者说是不存在中间品跨境流动前提下的特殊国际分工和贸易情形。只不过这种特殊情况，我们更习惯于把它称作传统国际分工模式。伴随国际分工演进尤其是全球价值链分工的不断深化，传统国际分工和贸易模式逐步转变为价值链贸易模式，跨境流动的不再局限于最终产品，还存在用于扩大生产的中间投入品。此时，进出口不再仅仅是最终产品，越来越多地表现为中间投入品；贸易不仅仅体现为对国内外最终消费需求的反映，更体现在其对生产环节上的作用。在此条件下，贸易对经济增长的作用借助投入产出关系作用被乘数性地放大，且这种投入产出关系作用力越大，致使净出口对经济增长的作用也就越大。

从上述意义看，如果说宏观经济学恒等式是在“投入产出关系作用力为 0”的极限假定条件下，第一次从数理逻辑上阐释了贸易特别是“净出口”对经济增长的作用原理的话，那么本章上述所阐释的简单理论模型，则是将贸易促进经济增长的作用原理推向了一般化和普遍化，从而更加具有普遍性和适用性，即分工演进不同发展阶段或情形下，由于“投入产出关系作用力”不同导致贸易对经济增长的驱动效应也会不尽相同。

第三节　两国多产业多循环贸易模型

在前述研究的基础上，借鉴库普曼（Koopman et al.，2012）对价值链投入产出问题的分析逻辑，将两个国家单产业的投入产出矩阵拓展为多产业矩阵，与此同时，本节放开“国家2产出完全由本国国内消费吸收，最

① 这里“净出口对经济增长系数为1”的说法，是基于$Y=C+I+G+(X-M)$的宏观经济学恒等式，在传统意义上，1单位净出口增加会引致产出增加相等水平，也就是净出口乘数为1，这一特定经济背景而言的。与凯恩斯经济理论中大于1的贸易乘数不是一个范畴。凯恩斯贸易乘数强调的是，一国在小于1的既定边际消费倾向作用下，由于净出口收入增长而引致该部门消费增长，通过产业链提升总产出和消费进而对国民收入产生大于1的乘数性作用效果。本章考察的是投入产出关系对生产的乘数作用，不涉及边际消费倾向方面的研究，因此此处所指净出口贸易乘数为1与凯恩斯贸易乘数大于1的说法并不矛盾。

终产品出口无变化”的单循环假设，基于前文的一致逻辑，考虑投入产出机制下，国家 1 出口变动引致国家 2 进口和产出相应变动，进而引起国家 2 的出口变动并反作用于国家 1，引致国家 1 进口和产出变动进而引致出口变动，再如此往复的多循环情形，将两个国家单一产业的单循环模型扩展为两个国家多种产业的多循环模型。

一、两国多产业基本模型

与前文分析逻辑一致，假设国际贸易体系中有两个国家，分别为国家 1 和国家 2，各自生产 N 种产业参与全球价值链分工和贸易，两国的投入产出矩阵形式如下：

$$\begin{pmatrix} X_1 \\ X_2 \end{pmatrix} = \begin{pmatrix} A_{11} & A_{12} \\ A_{21} & A_{22} \end{pmatrix} \begin{pmatrix} X_1 \\ X_2 \end{pmatrix} + \begin{pmatrix} Y_{11}+Y_{12} \\ Y_{21}+Y_{22} \end{pmatrix} \tag{5-9}$$

以国家 1 为例，X_1 表示国家 1N 种产业的 $N\times1$ 阶总产出向量；Y_{11}、Y_{12} 分别表示国家 1 的国内最终消费需求和国家 1 生产被国家 2 最终消费的 $N\times1$ 阶需求向量。国家 2 的相关表述同理。$2N\times2N$ 阶矩阵（A_{ij}）表示两国各产业之间的投入产出系数矩阵，该矩阵中元素 A_{ij} 为 I 国各产业投入对 J 国各产业产出的 $N\times N$ 阶相关系数矩阵。式（5-9）可化简得：

$$\begin{pmatrix} Y_{11}+Y_{12} \\ Y_{21}+Y_{22} \end{pmatrix} = \begin{pmatrix} I-A_{11} & -A_{12} \\ -A_{21} & I-A_{22} \end{pmatrix} \begin{pmatrix} X_1 \\ X_2 \end{pmatrix} \tag{5-10}$$

由式（5-10）可知，针对国家 1 而言：

$$Y_{11}+Y_{12}=(I-A_{11})X_1-A_{12}X_2 \tag{5-11}$$

遵循前述“两国两产业单循环模型”的一致逻辑，首先假设国家 1 产业 n 最终产品的出口需求增加 $e_{n,1}$，则国家 1 各产业最终产品出口为 $N\times1$ 阶向量 E_1。回溯这部分出口的生产来源可知，由此引起的产出增长 ΔX_1 满足以下条件：$E_1=(I-A_{12})(I-A_{11})\Delta X_1$。

为生产 E_1 的最终消费品，首先扣除本国对本国中间品投入 $A_{11}\Delta X_1$，得 $(I-A_{11})\Delta X_1$；其次扣除出口到国外的中间品部分 $A_{11}(I-A_{11})\Delta X_1$，得 $(I-A_{12})(I-A_{11})\Delta X_1$。由此可知，国家 1 由于最终品出口增长而引致的产出增量 ΔX_1 为：$\Delta X_1=\frac{I}{(I-A_{11})}\frac{I}{(I-A_{12})}E_1$。将 ΔX_1 代入式（5-11）右端，再将国家 1 最终品出口向量 E_1 代入式（5-11）左端，调整方程左右平衡：

$$Y_{11}+Y_{12}+E_1=(I-A_{11})\left[X_1+\frac{I}{(I-A_{11})}\frac{I}{(I-A_{12})}E_1\right]-A_{12}X_2-\frac{A_{12}}{(I-A_{12})}E_1$$

$$Y_{11}+Y_{12}+E_1=(I-A_{11})\left[X_1+\frac{I}{(I-A_{11})}\frac{I}{(I-A_{12})}E_1\right]-A_{12}\left[X_2+\frac{I}{(I-A_{12})}E_1\right]$$

由此可得国家 1 最终产品出口引致两国产出 X_1、X_2 的变化量为：

$$\begin{cases}\Delta X_{1(1)}=\dfrac{I}{(I-A_{11})}\dfrac{I}{(I-A_{12})}E_1\\ \Delta X_{2(1)}=\dfrac{I}{I-A_{12}}E_1\end{cases}\tag{5-12}$$

据此可知，由于产出变化而导致国家 2 的产出中用作最终产品的总需求变动 ΔY_2 如下：

$$\Delta Y_2=-A_{21}\frac{I}{(I-A_{11})}\frac{I}{(I-A_{12})}E_1+(I-A_{22})\frac{I}{(I-A_{12})}E_1$$

二、两国多产业多循环下“净出口”作用系数

求矩阵 ΔY_2 对矩阵 E_1 的导数，结果表示：国家 1 各产业出口引致产出变动，进而由于产出变动对国家 2 各产业产出中用作最终消费需求的影响，求导后的影响因子矩阵为：

$$P=\frac{\partial\Delta Y_2}{\partial E_1}=\left[-A_{21}\frac{I}{(I-A_{11})}\frac{I}{(I-A_{12})}+(I-A_{22})\frac{I}{(I-A_{12})}\right]\tag{5-13}$$

此外，由于国家 2 消费了从国家 1 进口的最终品 E_1，为便于分析，先假定国家 2 对最终产品的消费总额保持不变，也就是 Y_{22} 与 Y_{12} 之和不变，那么从国家 1 进口的最终消费品 E_1，在引起 Y_{12} 增加 E_1 的同时，必然导致国家 2 原有供本国消费的自有产出 Y_{22} 中有等量的部分被挤出，而这一被挤出的“等量部分”，会与上述由于产出变动直接引致的最终品产出变动 PE_1 一起，重新在国家 1 和国家 2 之间进行消费分配，或者说以一定比例分别被本国和外国吸收，进而形成国家 1 出口对国家 2 国内消费和最终品出口的影响，即国家 1 最终品出口引致国家 2 产出中用作最终品消费的变动量为（$I+P$）E_1，作用系数矩阵为（$I+P$）。

可以证明：

$$I+P=I-A_{21}\frac{I}{(I-A_{11})}\frac{I}{(I-A_{12})}+(I-A_{22})\frac{I}{(I-A_{12})}$$

$$I+P=\left(I-A_{12}-A_{22}+\frac{I-A_{11}-A_{21}}{I-A_{11}}\right)\frac{I}{(I-A_{12})}$$

结合投入产出表的相关原理可知，（$1-a_{n,m,11}-a_{n,m,21}$）>0，（$1-a_{n,m,12}-a_{n,m,22}$）>0，（$1-a_{n,m,11}$）$>a_{n,m,12}>0$，作用系数矩阵（$I+P$）的各对角元素均为正，即在投入产出机制下，国家 1 各产业最终品出口的增长必定会引致国家 2 与之相应产业最终品消费的增长。

与上述针对国家 1 的研究同理，对国家 2 而言：

$$Y_{21}+Y_{22}=-A_{21}X_1+(I-A_{22})X_2 \tag{5-14}$$

同样假设国家 2 产业 m 最终产品的出口需求增加 $e_{m,2}$，各产业最终产品出口向量 E_2 为 $N\times1$ 阶向量。由此引起的最终产出增长 ΔX_2 满足：$E_2=(I-A_{21})(I-A_{22})\Delta X_2$。

与国家 1 同理，上式表示为生产 E_2 的最终消费品，应扣除本国对本国中间品投入 $A_{22}\Delta X_2$ 和作为中间品出口到国外的部分 $A_{21}(I-A_{22})\Delta X_2$。国家 2 由于最终品出口增长而引致的产出增量 ΔX_2 为：

$$\Delta X_2=\frac{I}{(I-A_{22})}\frac{I}{(I-A_{21})}E_2$$

将 ΔX_2 代入式（5-13），调整方程平衡得：

$$Y_{21}+Y_{22}+E_2=-A_{21}\left[X_1+\frac{I}{(I-A_{21})}E_2\right]+(I-A_{22})\left[X_2+\frac{I}{(I-A_{22})}\frac{I}{(I-A_{21})}E_2\right]$$

据此导出两国产出 X_1、X_2 的变化量：

$$\begin{cases}\Delta X_{1(2)}=\dfrac{I}{(I-A_{21})}E_2\\[2ex]\Delta X_{2(2)}=\dfrac{I}{(I-A_{22})}\dfrac{I}{(I-A_{21})}E_2\end{cases} \tag{5-15}$$

代入式（5-11），得国家 2 出口引致国家 1 产出中用作最终品总需求的变动 ΔY_1 为：

$$\Delta Y_1=\left(I-A_{11}\right)\frac{I}{\left(I-A_{21}\right)}E_2-A_{12}\frac{I}{\left(I-A_{22}\right)}\frac{I}{\left(I-A_{21}\right)}E_2$$

进一步地，求矩阵 ΔY_1 对矩阵 E_2 的导数，所得结果即表示国家 2 各产业出口引致产出变动，进而对国家 1 各产业产出中用作最终消费需求的影响，求导后的影响因子矩阵为：

$$Q=\frac{\partial\Delta Y_1}{\partial E_2}=\left[\left(I-A_{11}\right)\frac{I}{\left(I-A_{21}\right)}-A_{12}\frac{I}{\left(I-A_{22}\right)}\frac{I}{\left(I-A_{21}\right)}\right]\tag{5-16}$$

与上文分析国家 1 情形同理，国家 2 最终品出口引致国家 1 各产业产出中用作最终品消费变动的作用系数矩阵为（$I+Q$），且（$I+Q$） 各对角元素均为正数。这表明在投入产出机制下，国家 2 各产业最终品出口的增长必定会引致国家 1 与之对应产业最终品消费的增长。

由此可见，基于全球价值链分工背景，在其他条件不变的前提下，国家 1 出口增长会借助投入产出关系影响国家 2 的产出增长，并进而引起国家 2 的出口增长，而国家 2 出口增长又将以同样的逻辑进一步反作用促进国家 1 出口增长，国家 1 出口增长再影响到国家 2 出口增长……，如此往复循环。因此在前述基础上，我们可以进一步推导在投入产出的传导机制作用下，一国出口增长对本国产出的乘数效应。

假设国家 1 产业 n 的最终品出口增加 $\Delta e_{n,1}$，在投入产出机制下引致国家 2 产出的最终消费品变动 $\Delta y_{n,2}$。假设国家 2 各产业的总消费需求增量为 $N\times1$ 阶向量 ΔY_2，包括国内与国外的共同消费需求；国家 1 各产业的出口增量为 $N\times1$ 阶向量 ΔE_1。由式（5-15）可知，$\Delta Y_2=P\Delta E_1$。根据前文分析，国家 2 各产业的总消费需求增量也就是式（5-16）左端增量，虽然表现为 ΔY_2，但实际上还存在对本国生产本国消费部分最终品 ΔE_1 的挤出，只不过该效应被相应减少的国内自身消费抵消。因此，国家 1 最终品出口增加 ΔE_1，对国家 2 生产的用于在出口和本国消费间重新配置的最终品消费变动量为（$I+P$）ΔE_1。

假设国家 2 产业 m 用于重新分配的最终消费变动的（$I+P$）ΔE_1 部分中，由海外市场国家 1 吸收的比例为 $c_{m,2}$（$c_{m,2}\in[0, 1]$），国家 2 产出中用作最终消费的出口占比为 $N\times N$ 阶对角矩阵 C_2；国家 2 各产业最终消费的国内消费占比为 $N\times N$ 阶对角矩阵（$I-C_2$）。

国家 2 的 $N\times1$ 阶最终产品出口增加额向量 ΔE_2 为：

$\Delta E_2=(I+P)C_2\Delta E_1$

此过程中引起的产出变动为 $\Delta X_{1(1)}$、$\Delta X_{2(1)}$，与式（5-14）类似。

$$\begin{cases} \Delta X_{1(1)} = \dfrac{I}{(I-A_{11})} \dfrac{I}{(I-A_{12})} \Delta E_1 \\ \Delta X_{2(1)} = \dfrac{I}{I-A_{12}} \Delta E_1 \end{cases}$$

该出口变动额相当于在国家 2 投入产出等式（5-12）左端引入 ΔE_2。由上述研究可知，此变动额进一步反作用于国家 1，同样通过最终品消费带来的直接影响和生产中间品带来的间接影响，共同引致国家 1 产出中用作最终产品消费的变动 $N\times 1$ 阶向量 ΔY_1 为：

$$\Delta Y_1 = Q\Delta E_2 = Q(I+P)C_2\Delta E_1$$

基于同样的逻辑，国家 1 受进口国家 2 最终消费品的直接影响，以及国家 2 出口变动引起两国产出变动进而间接影响最终品消费，根据式（5-14）可知其产出中用作最终品消费的总变动为（$I+Q$）ΔE_2。而其中不被国内消费吸收的部分又将通过出口反过来进一步作用于国家 2。进一步假设国家 1 产出中用作最终产品需求增长部分由国外市场吸收的比例由 $N\times N$ 阶对角矩阵 C_1 表示，矩阵中各对角元素 $c_{n,1}\in[0，1]$，因此，由国内市场吸收的比例可由矩阵（$I-C_1$）表示。得国家 1 最终产品出口增加额 ΔE_3 为：

$$\Delta E_3 = (I+Q)C_1\Delta E_2 = (I+Q)(I+P)C_1C_2\Delta E_1$$

此过程中引起与式（5-17）类似的产出变动 $\Delta X_{1(2)}$、$\Delta X_{2(2)}$ 为：

$$\begin{cases} \Delta X_{1(2)} = \dfrac{I}{(I-A_{21})} \Delta E_2 \\ \Delta X_{2(2)} = \dfrac{I}{(I-A_{22})} \dfrac{I}{(I-A_{21})} \Delta E_2 \end{cases}$$

该部分的最终品出口增量 ΔE_3 是被国家 2 最终产品消费所吸收的，因此，由 ΔE_3 引致的国家 2 各产业产出中用作最终品消费的增加额向量 ΔY_4 可表述为：

$$\Delta Y_4 = P\Delta E_3 = P(I+P)(I+Q)C_1C_2\Delta E_1$$

进一步地，重复上述循环过程，根据式（5-15）可知，国家 1 最终产品出口增加额 ΔE_3 又会引致国家 2 最终品出口增加 ΔE_4，并由国家 1 最终产品消费增加 ΔY_3 予以吸收。在此过程中又将进一步形成产出的变动量

$\Delta X_{1(3)}$、$\Delta X_{2(3)}$，与式（5-12）的逻辑一致，依此类推：

$$\Delta E_4 = (I+P)C_2\Delta E_3 = (I+P)^2(I+Q)C_1C_2{}^2\Delta E_1$$

$$\Delta Y_3 = Q\Delta E_4 = Q(I+P)^2(I+Q)C_1C_2{}^2\Delta E_1$$

$$\begin{cases}\Delta X_{1(3)} = \dfrac{I}{(I-A_{11})}\dfrac{I}{(I-A_{12})}\Delta E_3 \\ \Delta X_{2(3)} = \dfrac{I}{I-A_{12}}\Delta E_3\end{cases}$$

……

综上所述，得两国多产业多循环模型如下：

$$\begin{pmatrix} Y_{11}+Y_{12}+\Delta E_1+\Delta Y_1+\Delta Y_3+\cdots \\ Y_{21}+Y_{22}+\Delta Y_2+\Delta Y_4+\cdots \end{pmatrix} =$$

$$\begin{pmatrix} I-A_{11} & -A_{12} \\ -A_{21} & I-A_{22} \end{pmatrix}\begin{pmatrix} X_1+\Delta X_{1(1)}+\Delta X_{1(2)}+\Delta X_{1(3)}+\cdots \\ X_2+\Delta X_{2(1)}+\Delta X_{2(2)}+\Delta X_{2(3)}+\cdots \end{pmatrix} \tag{5-17}$$

基于前述研究结论，在投入产出传导机制作用下，经无穷次循环取极限值后，可计算国家 1、国家 2 各产业的最终产品出口增加额向量 E_1、E_2 分别为：

$$E_1 = \sum_{n=1}^{\infty}\Delta E_{2n-1} = \Delta E_1 + (I+P)(I+Q)C_1C_2\Delta E_1 + \left[(I+P)(I+Q)C_1C_2\right]^2$$

$$\Delta E_1 + \cdots = \frac{\Delta E_1}{I-(I+P)(I+Q)C_1C_2} \tag{5-18}$$

$$E_2 = \sum_{n=1}^{\infty}\Delta E_{2n} = (I+P)C_2\Delta E_1 + (I+P)^2(I+Q)C_1C_2{}^2\Delta E_1 + \cdots$$

$$= \frac{(I+P)C_2\Delta E_1}{I-(I+P)(I+Q)C_1C_2} \tag{5-19}$$

基于式（5-9），由投入产出机制可知，国家 1、国家 2 的中间产品出口增加额向量为：

$$E_{12} = A_{12}\Delta X_2 = A_{12}\frac{I}{I-A_{12}}E_1 + A_{12}\frac{I}{(I-A_{22})}\frac{I}{(I-A_{21})}E_2 \tag{5-20}$$

$$E_{21}=A_{21}\Delta X_1=A_{21}\frac{I}{I-A_{21}}E_2+A_{21}\frac{I}{\left(I-A_{11}\right)}\frac{I}{\left(I-A_{12}\right)}E_1 \tag{5-21}$$

其中，ΔX_1、ΔX_2 分别为国家 1、国家 2 的总产出增加额。在两国贸易条件下，国家 2 的最终品和中间品出口即为国家 1 的最终品和中间品进口，由此可得国家 1 的净出口增加额（ΔE-ΔM）$_1$ 为：

$$\left(\Delta E-\Delta M\right)_1=E_1-E_2+E_{12}-E_{21}$$

将式（5-18）、（5-19）、（5-20）、（5-21）代入，则上式可重新表述为：

$$\left(\Delta E-\Delta M\right)_1=\left[\left(I-A_{11}-A_{21}\right)\frac{I}{\left(I-A_{11}\right)}\frac{I}{\left(I-A_{12}\right)}\right]E_1-$$

$$\left[\left(I-A_{22}-A_{12}\right)\frac{I}{\left(I-A_{22}\right)}\frac{I}{\left(I-A_{21}\right)}\right]E_2=\frac{\Delta E_1}{1-\left(I+P\right)\left(I+Q\right)C_1C_2}$$

$$\left[\left(I-A_{11}-A_{21}\right)\frac{I}{\left(I-A_{11}\right)}\frac{I}{\left(I-A_{12}\right)}-\left(I-A_{22}-A_{12}\right)\frac{I}{\left(I-A_{22}\right)}\frac{I}{\left(I-A_{21}\right)}C_2\left(I+P\right)\right]$$

进一步地，国家 1 的产出增加额可表示为：

$$\Delta X_1=\frac{I}{I-A_{21}}E_2+\frac{I}{\left(I-A_{11}\right)}\frac{I}{\left(I-A_{12}\right)}E_1$$

将式（5-20）、（5-21）代入后化简，可得：

$$\Delta X_1=\frac{\Delta E_1}{1-\left(I+P\right)\left(I+Q\right)C_1C_2}\left[\frac{I}{\left(I-A_{11}\right)}\frac{I}{\left(I-A_{12}\right)}+\frac{I}{\left(I-A_{21}\right)}C_2\left(I+P\right)\right]$$

此外，基于式（5-9），国家 1 对本国最终品消费的增加额 ΔY_{11} 为：

$$\Delta Y_{11}=\left(1-C_1\right)\sum_{n=1}\left(I+Q\right)\Delta E_{2n}$$

$$=\left(I+P\right)\left(I+Q\right)\left(1-C_1\right)C_2\Delta E_1+\left(I+P\right)^2\left(I+Q\right)^2C_2{}^2\left(I-C_1\right)C_1\Delta E_1+\cdots$$

求和并取极限值后，上式可化简得：

$$\Delta Y_{11}=\frac{\left(I+P\right)\left(I+Q\right)\left(I-C_1\right)C_2\Delta E_1}{I-\left(I+P\right)\left(I+Q\right)C_1C_2} \tag{5-22}$$

由上述研究可知，贸易在促进产出增长的同时，也促进了一国消费水平的整体提升，进而也扩大了本国对最终品消费的提高，但这一部分消费并不是贸易对生产的直接影响，换句话说，是贸易借助消费而形成对产出的间接效应。因此，为了更准确地考察贸易对产出在生产方面的直接作用情况，应剔除本国对本国最终品消费变动对生产总值的影响①，即考察净出口变动差额（$\Delta E-\Delta M$）$_1$ 对总产出与国内消费之差（$\Delta X_1-\Delta Y_{11}$）的净作用。由此求得国家 1 净出口对产出的作用系数为 $N\times N$ 阶矩阵 F：

$$F=\frac{\partial\left(\Delta X_1-\Delta Y_{11}\right)}{\partial\left(\Delta E-\Delta M\right)_1}=$$

$$\frac{\frac{I}{\left(I-A_{11}\right)}\frac{I}{\left(I-A_{12}\right)}+\frac{I}{\left(I-A_{21}\right)}(I+P)C_2-(I+P)(I+Q)C_2\left(I-C_1\right)}{\left(I-A_{11}-A_{21}\right)\frac{I}{\left(I-A_{11}\right)}\frac{I}{\left(I-A_{12}\right)}-\left(I-A_{22}-A_{12}\right)\frac{I}{\left(I-A_{22}\right)}\frac{I}{\left(I-A_{21}\right)}C_2(I+P)} \tag{5-23}$$

需要说明的是，该乘数矩阵表示的是包括最终品和中间品在内的一国贸易净出口总额变动，剔除国内消费后一国净产出变动的情况。诚然，由前文可知，该乘数推演是以本国最终品出口增加为起始点的，但实际上，由于推演过程中出现的无限次循环，以及最终测算以最终品和中间品出口总额为净贸易变动，无论是以最终品出口增加为起点还是以中间品出口增加为起点，最终的乘数方程无本质差异。进一步地，由上文可知，矩阵（$I-C_1$）、C_2 中各对角元素 $c_{n,1}\in[0,1]$、$c_{m,2}\in[0,1]$，且矩阵 $I-A_{22}$、$I-A_{11}$、$I-A_{12}$、$I-A_{21}$、（$I+P$）、（$I+Q$）中各对角元素均为正数。

可以证明：

$$\left(\Delta X_1-\Delta Y_{11}\right)-\left(\Delta E-\Delta M\right)_1$$

$$=\left(A_{11}+A_{21}\right)\frac{I}{\left(I-A_{11}\right)}\frac{I}{\left(I-A_{12}\right)}+$$

$$\left[\frac{I}{\left(I-A_{21}\right)}-(I+Q)\left(I-C_1\right)+\left(I-A_{22}-A_{12}\right)\frac{I}{\left(I-A_{22}\right)}\frac{I}{\left(I-A_{21}\right)}\right](I+P)C_2$$

① 投入产出机制下宏观经济恒等式中原本相互独立的消费与贸易之间存在了相互关系，产生了交互项，因此，若不剔除由于消费能力上升而引致对本国最终品消费上升的部分，就难以得到贸易对生产的直观效应，乘数中将包含消费对生产的作用，而消费的作用并非本章的关注对象。

$$>\left[\frac{I}{(I-A_{21})}-(I+Q)+(I+Q)C_1+(I-A_{22}-A_{12})\frac{I}{(I-A_{22})}\frac{I}{(I-A_{21})}\right](I+P)C_2$$

将式（5-16）中（Q）代入，整理得：

$$=\left[\frac{I}{(I-A_{21})}+(I+Q)C_1-\left(I-A_{21}-A_{11}+\frac{I-A_{22}-A_{12}}{I-A_{22}}\right)\frac{I}{(I-A_{21})}+\right.$$

$$\left.(I-A_{22}-A_{12})\frac{I}{(I-A_{22})}\frac{I}{(I-A_{21})}\right](I+P)C_2$$

$$=\left[(I+Q)C_1+(A_{21}+A_{11})\frac{I}{(I-A_{21})}\right](I+P)C_2$$

由此可知，（$\Delta X_1-\Delta Y_{11}$）－（$\Delta E-\Delta M$）$_1$ 的对角元素均大于 0，即矩阵（$\Delta X_1-\Delta Y_{11}$）的对角元素均大于矩阵（$\Delta E-\Delta M$）$_1$ 的相应元素值。一般情况下，当上述两矩阵的对角元素数值同号时，国家 1 净出口对产出的作用系数为 $N\times N$ 阶矩阵 F 中对角元素 f_{nm} 均大于 1。但在理论上也不否认存在二者异号的可能，即矩阵（$\Delta X_1-\Delta Y_{11}$）的对角元素数值为正，而矩阵（$\Delta E-\Delta M$）$_1$ 的相应元素数值为负，此时，国家 1 净出口对产出的作用系数为 $N\times N$ 阶矩阵 F 中对角元素 f_{nm} 均小于−1。

可见，在两国多产业多循环模式下，依然可以得到与两国两产业单循环模型基本一致的结论，即一国某产业“净出口”的增加对该产业产出增加的作用系数大于 1。而对单循环模式进一步拓展得出的是，上述分析表明，投入产出机制下，即便净出口为负时贸易依然可以对经济增长产生大于 1 的促进作用，而非传统意义上对经济增长的抑制效应。

第四节　多国多产业多循环贸易模型

在前述两部分理论研究的基础上，本部分沿袭与上文一致的研究逻辑，进一步放开“国际贸易体系中仅有两个国家”的模型假设，将“两国多产业多循环模型”扩展为“多国多产业多循环模型”，以期获得更贴近贸易现实的研究结论。

一、多国多产业基本模型

假设国际贸易体系中有 j 个国家，各国均生产 N 种产品参与全球价值链分工和贸易，在现有价值链投入产出结构下，国家 i 的投入产出恒等式可表述为：

$$X_i = A_{ii}X_i + A_{i,j-i}X_{j-i} + Y_{ii} + Y_{i,j-i} \tag{5-24}$$

式（5-24）刻画了投入产出机制下 i 国全部产出的若干去向，一部分作为中间品投入，用于 i 国及其他全部国家的再生产，如 $\left(A_{ii}X_i + A_{i,j-i}X_{j-i}\right)$ 所示；另一部分作为最终品，被国内市场和国外市场所消费，如 $\left(Y_{ii} + Y_{i,j-i}\right)$ 所示。其中，X_i、X_{j-i} 分别表示 i 国和其他国家的总产出矩阵；Y_{ii}、$Y_{i,j-i}$ 表示 i 国产出分别在 i 国和其他国家作为最终消费需求部分。A_{ii}、$A_{i,j-i}$ 分别表示 i 国对 i 国、i 国对其他国家对应的投入产出系数矩阵。将式（5-24）改写为多国多产业的投入产出矩阵形式，化简得：

$$\begin{pmatrix} Y_{11}+Y_{12}+\cdots+Y_{1j} \\ Y_{21}+Y_{22}+\cdots+Y_{2j} \\ \vdots \\ Y_{j1}+Y_{j2}+\cdots+Y_{jj} \end{pmatrix} = \begin{pmatrix} I-A_{11} & -A_{12} & \cdots & -A_{1j} \\ -A_{21} & I-A_{22} & \cdots & -A_{2j} \\ \vdots & \vdots & \ddots & \vdots \\ -A_{j1} & -A_{j2} & \cdots & I-A_{jj} \end{pmatrix} \begin{pmatrix} X_1 \\ X_2 \\ \vdots \\ X_j \end{pmatrix} \tag{5-25}$$

在投入产出矩阵形式下，以 i 国为例，X_i 表示 i 国 N 种产业的 $N\times1$ 阶总产出向量；Y_{ii}、Y_{ij} 分别表示 i 国在 i 国国内和在 j 国最终消费需求的 $N\times1$ 阶向量，Y_{ij} 也可表述为 i 国的最终品出口向量或 j 国从 i 国的最终品进口向量；（$J\times N$）×（$J\times N$）阶矩阵（A_{ij}）为各国产业间投入产出系数矩阵。由式（5-25）可知，对国家 i 而言：

$$Y_{i1} + Y_{i2} + \cdots + Y_{ij} = \left(I - A_{ii}\right)X_i - \sum_{k\neq i} A_{ik}X_k \tag{5-26}$$

以 i 国为例。设 E_{ij} 为 i 国各产业对 j 国各产业最终品出口增加的 $N\times1$ 阶向量，在出口最终品技术结构一定的条件下，i 国各产业的最终品出口增加 E_{ij}，会导致最终产出的增加，回溯其生产来源，该出口增加引致的产出增长 ΔX_{ij} 满足以下条件：

$$E_{ij} = \left(I - A_{ij}\right)\left(I - A_{ii}\right)\Delta X_{ij}$$

上式表示，为生产 E_{ij} 的最终消费品，应扣除本国对本国中间品投入 $A_{ii}\Delta X_{ij}$，再扣除作为中间品出口到国外的部分 $A_{ij}\left(I - A_{ii}\right)\Delta X_{ij}$，得到国家 i

对国家 j 由于最终品出口增长而引致的产出增量 ΔX_{ij} 为：$\Delta X_{ij}=\frac{I}{\left(I-A_{ii}\right)}\frac{I}{\left(I-A_{ij}\right)}E_{ij}$。将 ΔX_{ij} 代入式（5-24），再将 i 国的最终品出口向量 E_i 代入式（5-24）左端，调整方程平衡：

$$Y_{i1}+Y_{i2}+\cdots+Y_{ij}+E_i=\left(I-A_{ii}\right)\left(X_i+\sum_{k\neq i}\frac{I}{I-A_{ii}}\frac{I}{I-A_{ik}}E_{ik}\right)\sum_{k\neq i}A_{ik}\left[X_k+\frac{I}{I-A_{ik}}E_{ij}\right]$$

由此可得 i 国对 j 国最终产品出口增加 E_{ij} 引致各国产出 X_i、X_k 的变化量为：

$$\begin{cases}\Delta X_{i(i)}=\sum_{k\neq i}\frac{I}{\left(I-A_{ii}\right)}\frac{I}{\left(I-A_{ik}\right)}E_{ij}\\ \Delta X_{k(i)}=\frac{I}{\left(I-A_{ik}\right)}E_{ij}\end{cases}\tag{5-27}$$

由此可得 i 国最终品出口增加 E_{ij} 引起各国产出 X_k 变化，进而导致 k 国产出中用作最终产品总消费需求的变动，如 $N\times1$ 阶向量 ΔY_{ik} 所示：

$$\Delta Y_{ik}=-A_{ki}\left[\sum_{k\neq i}\frac{I}{\left(I-A_{ii}\right)}\frac{I}{\left(I-A_{ik}\right)}E_{ij}\right]-\sum_{k'\neq i\neq k}A_{kk'}\left[\frac{I}{\left(I-A_{ik}\right)}E_{ij}\right]+\left(I-A_{kk}\right)\frac{I}{\left(I-A_{ik}\right)}E_{ij}\tag{5-28}$$

求 ΔY_{ij} 对 E_{ij} 的导数，得 i 国各产业出口引致产出变动，进而对 j 国各产业产出中用作最终产品总需求的影响因子为：

$$P_{ij}=\frac{\partial\Delta Y_{ij}}{\partial E_{ij}}=\left[-A_{ji}\sum_{k\neq i}\frac{I}{I-A_{ii}}\frac{I}{I-A_{ik}}-\sum_{k\neq i\neq j}\frac{A_{jk}}{I-A_{ik}}+\left(I-A_{jj}\right)\frac{I}{\left(I-A_{ij}\right)}\right]\tag{5-29}$$

此外，j 国同时消费了从其他各国进口的最终品 E_{ij}、E_{kj}，由此引致的 j 国最终品消费变动量可以表示为：

$$B_{kj}E_{ij}=\sum_{k\neq j}E_{kj}=E_{ij}+\sum_{k\neq i\neq j}\Delta Y_{ik}$$

展开求得系数矩阵 B_{kj}，由式（5-30）所示：

$$B_{kj}=I-\sum_{k\neq i}A_{ki}\frac{I}{\left(I-A_{ii}\right)}\frac{I}{\left(I-A_{ik}\right)}-\sum_{k'\neq i\neq k}A_{kk'}\left[\frac{I}{\left(I-A_{ik}\right)}\right]+$$

$$\sum_{k\neq i}\left(I-A_{kk'}\right)\frac{I}{\left(I-A_{ik}\right)} \tag{5-30}$$

因此，i 国最终品出口引致 j 国产出中用作最终品的消费变动量为 $\Sigma k\neq jE_{kj}+P_{ij}E_{ij}$，作用系数矩阵为（$B_{kj}+P_{ij}$）。化简可得：

$$B_{kj}+P_{ij}=\left[I-A_{kk}-\sum_{k\neq i\neq k'}A_{kk'}-\frac{I-A_{ii}-\sum_{k\neq i}A_{ki}}{\left(I-A_{ii}\right)}\right]\sum_{k\neq i}\frac{I}{\left(I-A_{ik}\right)}$$

结合投入产出表相关原理，可知矩阵（$B_{kj}+P_{ij}$）的各对角元素均为正，表明在投入产出机制下，一国各产业最终品出口的增长必定会引致他国相应产业最终消费的增长。

二、多国多产业多循环下“净出口”作用系数

在此基础上，考虑各国各产业之间投入产出相互作用的往复循环过程，进一步推导这种多循环机制下，一国出口增长对本国产出的乘数效应。

假设 i 国对 j 国各产业的出口增量为 $N\times1$ 阶向量，j 国各产业产出的总消费需求增量为 $N\times1$ 阶向量 ΔY_{2j}。由上文可知，$\Delta Y_{2j}=P_{ij}\Delta E_i$，为便于说明，以下内容均以矩阵向量的形式进行说明，不再赘述。

由上可知，i 国增加出口 ΔE_{1i} 引致的 i 国产出中用作 j 国消费需求增加为：

$$\Delta Y_{2j}=P_{ij}T_{ij}\Delta E_{1i}$$

其中，T_{ij} 为 i 国最终品出口中 j 国所占比例的对角矩阵。与前文分析同理，此时，i 国最终品出口增加 ΔE_i，对 j 国生产的用于在出口和本国消费间重新配置的最终品消费变动量为（$B_{kj}+P_{ij}$）ΔE_i。该变动量也是由两方面的原因所致，一是对外国最终品消费增加而导致的对本国消费的等量挤出；二是各国产出变动对最终品的产出增量。假设其中国外市场吸收的比例由 $N\times N$ 阶对角矩阵 C_j 表示，国内市场吸收的比例为（$I-C_j$），得 j 国

最终产品出口增加额 ΔE_{2j} 为：

$$\Delta E_{2j} = C_j\left(B_{kj} + P_{ij}\right)T_{ij}\Delta E_{1i}$$

该部分出口是由 i 国最终产品消费增加 ΔY_{1ij} 所引致的，ΔY_{1ij} 可表述为：

$$\Delta Y_{1ij} = P_{ij}\Delta E_{2j} = C_j\left(B_{kj} + P_{ij}\right)P_{ij}T_{ij}\Delta E_{1i}$$

此过程中会引起与式（5-25）类似的产出变动 $\Delta X_{ii(1)}$、$\Delta X_{ik(1)}$：

$$\begin{cases}\Delta X_{ii(1)} = \sum\limits_{k\neq i}\dfrac{I}{\left(I - A_{ii}\right)}\dfrac{I}{\left(I - A_{ik}\right)}\Delta E_{1i}\\ \Delta X_{ik(1)} = \dfrac{I}{\left(I - A_{ik}\right)}\Delta E_{1i}\end{cases}$$

基于同样的逻辑，i 国受消费 j 国最终品和两国产出变动而引致的最终品总需求变动部分 $\left(B_{kj} + P_{ij}\right)\Delta E_{2j}$，又将反过来作用于 j 国。进一步假设其中 i 国产出中用于最终产品需求增长部分由国外市场吸收的比例为 C_i（$c_{m,i} \in [0，1]$），由国内市场吸收的比例为（$I-C_i$），得 i 国最终产品出口增加额为 ΔE_{3ij}，进而引起 j 国的最终产品消费增加额为 ΔY_{4j}：

$$\Delta E_{3ij} = C_i\left(B_{ki} + P_{ji}\right)\Delta E_{2j} = C_iC_j\left(B_{ki} + P_{ji}\right)\left(B_{kj} + P_{ij}\right)T_{ij}\Delta E_{1i}$$

$$\Delta Y_{4j} = P_{ji}T_{ij}\Delta E_{3i} = C_iC_j\left(B_{ki} + P_{ji}\right)\left(B_{kj} + P_{ij}\right)P_{ji}T_{ij}{}^2\Delta E_{1i}$$

此过程中又会引起与式（5-25）类似的产出变动 $\Delta X_{jj(2)}$、$\Delta X_{jk(2)}$：

$$\begin{cases}\Delta X_{jj(2)} = \sum\limits_{k\neq j}\dfrac{I}{\left(I - A_{jj}\right)}\dfrac{I}{\left(I - A_{jk}\right)}\Delta E_{2j}\\ \Delta X_{jk(2)} = \dfrac{I}{\left(I - A_{jk}\right)}\Delta E_{2j}\end{cases}$$

……

最终得到多国多产业多循环模型如下：

$$\begin{pmatrix} Y_{11}+Y_{12}+\cdots+Y_{1j}+\sum_{n}\Delta Y_{(2n)1} \\ \vdots \\ Y_{i1}+Y_{i2}+\cdots+Y_{ij}+\sum_{n}\sum_{k\neq i}\Delta Y_{(2n-1)k} \\ \vdots \\ Y_{j1}+Y_{j2}+\cdots+Y_{jj}+\sum_{n}\Delta Y_{(2n)j} \end{pmatrix}=$$

$$\begin{pmatrix} I-A_{11} & \cdots -A_{1i} & \cdots -A_{1j} \\ \vdots & \ddots \ \vdots & \vdots \ \vdots \\ -A_{i1} & \cdots I-A_{ii} & \cdots -A_{ij} \\ \vdots & \vdots \ \vdots & \ddots \ \vdots \\ -A_{j1} & \cdots -A_{ji} & \cdots I-A_{jj} \end{pmatrix}\begin{pmatrix} X_1+\sum_{k\neq i}\left(\Delta X_{k1(2n-1)}+\Delta X_{11(2n)}\right) \\ \vdots \\ X_i+\sum_{k\neq i}\left(\Delta X_{ii(2n-1)}+\Delta X_{ki(2n)}\right) \\ \vdots \\ X_j+\sum_{k\neq i}\left(\Delta X_{kj(2n-1)}+\Delta X_{jj(2n)}\right) \end{pmatrix}$$

基于前述研究结论，在投入产出传导机制作用下，经无穷次循环取极限值后，可计算 i 国、j 国各产业的最终产品出口增加额 E_i、E_j 分别为：

$$E_i=\Delta E_{1i}+\sum_{k}\Delta E_{3ik}+\sum_{k}\Delta E_{5ik}+\cdots=\sum_{j}\frac{\Delta E_{1i}}{I-C_iC_j\left(B_{ki}+P_{ji}\right)\left(B_{kj}+P_{ij}\right)T_{ij}}$$

$$E_j=\Delta E_{2j}+\Delta E_{4j}+\cdots=\frac{C_j\left(B_{kj}+P_{ij}\right)T_{ij}\Delta E_{1i}}{I-C_iC_j\left(B_{ki}+P_{ji}\right)\left(B_{kj}+P_{ij}\right)T_{ij}}$$

i 国对 j 国的中间产品出口增加额为：

$$E_{ij}=A_{ij}\Delta X_j=A_{ij}\frac{I}{I-A_{ij}}E_i+A_{ij}\frac{I}{\left(I-A_{jj}\right)}\frac{I}{\left(I-A_{ji}\right)}E_j$$

i 国的净出口增加额 $\left(\Delta E-\Delta M\right)_i$ 为：

$$\left(\Delta E-\Delta M\right)_i=E_i-\sum_{j}E_j+\sum_{j}E_{ij}-\sum_{j}E_{ji}$$

i 国的产出增加额为：

$$\Delta X_i=\sum_j \Delta X_i=\sum_j\left[\frac{I}{\left(I-A_{ii}\right)\left(I-A_{ij}\right)}E_i+\frac{I}{I-A_{ji}}E_j\right]$$

i 国的最终消费增加额为：

$$\Delta Y_{ii}=\sum_j\left[\left(I-C_i\right)C_j\left(B_{ki}+P_{ji}\right)\left(B_{kj}+P_{ij}\right)T_{ij}\Delta E_{1i}\right]+$$

$$\sum_j\left\{\left(I-C_i\right)C_i\left[C_j\left(B_{ki}+P_{ji}\right)\left(B_{kj}+P_{ij}\right)T_{ij}\right]^2\Delta E_{1i}\right\}+\cdots$$

$$\Delta Y_{ii}=\sum_j\frac{\left(I-C_i\right)C_j\left(B_{ki}+P_{ji}\right)\left(B_{kj}+P_{ij}\right)}{I-C_iC_j\left(B_{ki}+P_{ji}\right)\left(B_{kj}+P_{ij}\right)T_{ij}}T_{ij}\Delta E_{1i}$$

由此可得 i 国净出口对产出的作用系数为：

$$F_i=\frac{\partial\left(\Delta X_i-\Delta Y_{ii}\right)}{\partial\left(\Delta E-\Delta M\right)_i}=$$

$$\frac{\sum_j\left[\frac{I}{\left(I-A_{ii}\right)\left(I-A_{ij}\right)}+\frac{I}{I-A_{ji}}\sum_j T_{ij}C_j\left(B_{kj}+P_{ij}\right)\right]-\sum_j\left(I-C_i\right)C_j\left(B_{ki}+P_{ji}\right)\left(B_{kj}+P_{ij}\right)T_{ij}}{\sum_j\left[\left(I-A_{ii}-A_{ji}\right)\frac{I}{I-A_{ii}}\frac{I}{I-A_{ij}}-\left(I-A_{jj}-A_{ij}\right)\frac{I}{I-A_{jj}}\frac{I}{I-A_{ji}}\sum_j T_{ij}C_j\left(B_{kj}+P_{ij}\right)\right]}$$

与前文分析同理，可以证明：矩阵（ΔX_i−ΔY_{ii}）的对角元素均大于矩阵（ΔE−ΔM）$_i$ 的相应元素值。当矩阵（ΔX_i−ΔY_{ii}）的对角元素与矩阵（ΔE−ΔM）$_i$ 的对角元素同号时，F_i 中对角元素 $f_{nn,\ i}$ 均大于 1；而当矩阵（ΔX_i−ΔY_{ii}）的对角元素为正，而矩阵（ΔE−ΔM）$_i$ 的对角元素为负时，F_i 中对角元素 $f_{nn,i}$ 均小于−1。由此可知，在多国多产业多循环模式下，依然满足前述定理，即一国净出口的增加对产出增加的作用系数大于 1，带来一个超越“净出口”增量本身的产出增长。当净出口贸易为负时，在投入产出机制的作用下，贸易依然可以实现对经济增长产生大于 1 的促进作用。这无疑是对传统贸易促进经济增长作用机制理论的重要完善和补充。

综上分析可见，在价值链投入产出机制下，由于未能考虑贸易融入生产环节而对经济增长产生的乘数驱动机制，现行统计口径对“净出口”贡献率和拉动率的测度指标已不能准确衡量“净出口”对经济增长的真实作用程度，“净出口”对经济增长的驱动作用被低估，具体表现为以下两个方面：一是当本国“净出口”增加的同时本国经济同趋势增长，即“净出口”

存在“正贡献”时，传统统计方法下得到的“净出口”对经济增长的拉动率与贡献率在数值上被低估；二是当本国“净出口”与经济增长的变动趋势相反，即“净出口”存在“负贡献”时，传统统计方法下测算得到的“净出口”对经济增长的抑制作用也被低估了。这一理论结果表明，现行统计体系已不能准确衡量贸易在全球价值链体系下的实际作用，亟待通过修正“净出口”拉动率与贡献率等统计指标重新审视“净出口”对经济增长的作用情况。

第五节　增长共赢链下贸易对经济增长作用：基于测算结果分析

基于前述的理论推演，本节根据中国经验数据，就修正前后的“净出口”拉动率与贡献率指标进行重新测算和分析，通过对比理论作用值与基于传统宏观经济学恒等式测算方法的实际测算结果，考察中国经济增长中“净出口”作用的低估程度与变动情况，在验证上述理论分析的同时，深化对中国经济增长中贸易作用的正确认知。

一、指标测度及数据说明

指标测算基于2017年6月WIOD数据库最新发布的2000—2014年世界投入产出表，该数据是在2013年11月发布的1994—2011年投入产出数据的基础上更新而来的，新数据库不仅将参与国际贸易的国家由39个主要经济体扩展为41个，还将产业分类由35个进一步细分为56个，是目前能获取的最新的权威数据。该数据库基于按生产行为的产业分类标准（CPA），衡量了全球主要经济体之间的非竞争性投入产出和双边贸易情况。由于产业重新分类等因素造成的统计口径不一，前后公布的两套投入产出数据在2000—2011年之间的重叠期存在一定差异，为保证测算结果的一致性和实效性，本章根据2000—2014年的最新投入产出数据进行了测算。

为简化计算而不失一般性，本章将41个国家、56个产业的投入产出表化简为中国与其他国家的两国模型，并剔除了其中16个干扰计算的异常产业数据①，最终得到中国与其他国家、40个产业的投入产出数据。

① 剔除原因主要基于该产业贸易行为是否长期为0值，该值对矩阵计算存在较大干扰，剔除的16个产业分别为：23、28、34、37、38、43、44、46、47、48、49、50、51、53、55、56，绝大多数为服务业。中国服务贸易的发展并不十分成熟，上述产业在投入产出表中存在较多0值等异常值。

结合理论模型部分的研究，相关指标设定如表 5-1 所示。表 5-1 为中国“净出口”对本国经济增长的拉动率与贡献率测度公式，用以验证和分析前述理论模型中本国“净出口”增加对本国经济增长作用被低估的相关论断。其中，理论值是指基于本章提出的新测度方法而计算的结果，传统统计值则是依据传统测度方法而计算的结果。

表 5-1 中，I 为单位矩阵；A_{11}、A_{12}、A_{21}、A_{22} 分别表示中国对中国、中国对其他国家、其他国家对中国、其他国家对其他国家 40 个产业的投入产出直接消耗系数矩阵；E_1 表示中国 40 个产业的最终品“净出口”增加额对角矩阵；X_1 表示中国各产业的总产出向量；ΔX_{11} 表示中国各产业的总产出变动向量。根据表 5-1，基于调整后中国与其他国家的两国模型投入产出数据，测算中国“净出口”增加对本国经济增长的拉动率与贡献率指数。

表 5-1　中国“净出口”对本国经济增长的拉动率与贡献率测度公式

中国		测度公式
拉动率	理论值	$p_{11}^{*}=\left[\frac{I}{(I-A_{11})}\right]\left[I-\frac{I}{(I-A_{11})}A_{12}\frac{I}{(I-A_{22})}A_{21}\right]^{-1}\frac{E_1}{X_1}$
	传统统计值	$p_{11}=\left\{I+A_{12}\frac{I}{(I-A_{22})}\left[I-\frac{I}{(I-A_{22})}A_{21}\frac{I}{(I-A_{11})}A_{12}\right]^{-1}-A_{21}\frac{I}{(I-A_{11})}\left[I-\frac{I}{(I-A_{11})}A_{12}\frac{I}{(I-A_{22})}A_{21}\right]^{-1}\right\}\frac{E_1}{X_1}$
贡献率	理论值	$q_{11}^{*}=\left[\frac{I}{(I-A_{11})}\right]\left[I-\frac{I}{(I-A_{11})}A_{12}\frac{I}{(I-A_{22})}A_{21}\right]^{-1}\frac{E_1}{\Delta X_1}$
	传统统计值	$q_{11}=\left\{I+A_{12}\frac{I}{(I-A_{22})}\left[I-\frac{I}{(I-A_{22})}A_{21}\frac{I}{(I-A_{11})}A_{12}\right]^{-1}-A_{21}\frac{I}{(I-A_{11})}\left[I-\frac{I}{(I-A_{11})}A_{12}\frac{I}{(I-A_{22})}A_{21}\right]^{-1}\right\}\frac{E_1}{\Delta X_1}$

注：测度指标构造根据理论模型式（5-9）、式（5-10）、式（5-11）、式（5-13）设定，均反映中国“净出口”增加对本国经济增长的作用情况。

进一步地，为考察国家所有产业的整体情况，计算国家层面的拉动率与贡献率指数如式（5-31）所示：

$$\begin{cases} P=\sum_i p_i e_i \Big/ \sum_i y_i \\ Q=\sum_i q_i e_i \Big/ \sum_i \Delta y_i \end{cases} \tag{5-31}$$

其中，P、Q 为一国宏观和整体层面上的“净出口”拉动率与贡献率指数。p_i、q_i 分别表示该国产业 i 的“净出口”拉动率与贡献率，e_i 表示本国或他国产业 i 的最终品“净出口”增加额，y_i、Δy_i 分别表示本国产业 i 的总产出额与总产出增加额。

综上，基于 WIOD 提供的全球投入产出原始数据，可计算得到 2001—2014 年中国各产业的“净出口”拉动率与贡献率，以及国家层面“净出口”对经济增长的总拉动率和总贡献率指数①，进而为深入分析传统统计方法下中国国家与各产业层面“净出口”对经济增长作用的低估情况奠定基础。需要说明的是，在宏观层面和整体层面上，国家统计局公布了历年的“净出口”对国内总产出的贡献率和拉动率。因此，在宏观层面和整体层面上将理论测算值和传统方法测算值进行比较分析时，后者原本可以直接采用国家统计局公布的测算结果。但是，由于两个数据库的统计口径不一，且国家统计局也并没有在产业层面测算贡献率和拉动率，因此，为了保证数据分析的一致性和测算结果的可比性，基于本章测算方法的理论值和基于传统测算方法的传统指标，均采用 WIOD 基础数据。

二、测算结果与对比分析

在前述研究的基础上，本部分重点就“净出口”拉动率与贡献率在新测算体系和传统统计体系下的测算结果进行国家层面和产业层面的比较分析，用以验证前述结论并进一步探究中国“净出口”对经济增长实际作用的大小。

从国家整体层面来看，基于表 5-1 和式（5-31），本章分别测度 2000—2014 年我国“净出口”对经济增长的拉动率与贡献率的理论值与传统统计值，具体报告见表 5-2。其中，p^*、q^*分别表示基于本章提出的测度方法，测算的中国“净出口”对本国经济增长拉动率与贡献率的理论值指数，p、q 则为传统统计体系下相应指标的测度值。

---

① 由于测度过程中需要计算增加值，2000 年作为数据基期，无法测算该年的拉动率与贡献率指数。

表 5-2 2001—2014 年中国“净出口”对经济增长的拉动率与贡献率指数

（单位：%）

年份	拉动率				贡献率			
	p^*	p	p^*-p	p^*/p	q^*	q	q^*-q	q^*/q
2001	−0.0763	−0.0612	−0.0151	1.2467	−1.0087	−0.8087	−0.2000	1.2473
2002	0.5992	0.4143	0.1849	1.4463	7.9889	5.5237	2.4652	1.4463
2003	1.1395	0.7277	0.4118	1.5659	7.8852	5.0353	2.8499	1.5660
2004	1.5626	0.9827	0.5799	1.5901	8.6225	5.4223	3.2002	1.5902
2005	1.8855	1.2418	0.6437	1.5184	10.1657	6.6950	3.4707	1.5184
2006	1.5657	1.0595	0.5062	1.4778	8.6465	5.8511	2.7954	1.4778
2007	2.1368	1.4389	0.6979	1.4850	9.1516	6.1626	2.9890	1.4850
2008	0.6747	0.4963	0.1784	1.3595	3.0513	2.2446	0.8067	1.3594
2009	−1.3194	−0.8302	−0.4892	1.5893	−15.5813	−9.8040	−5.7773	1.5893
2010	0.8804	0.5449	0.3355	1.6157	5.2251	3.2337	1.9914	1.6158
2011	0.4182	0.2771	0.1411	1.5092	2.0603	1.3653	0.6950	1.5090
2012	0.3601	0.2628	0.0973	1.3702	3.1354	2.2880	0.8474	1.3704
2013	0.2571	0.1687	0.0884	1.5240	2.0842	1.3678	0.7164	1.5238
2014	0.0999	0.0489	0.051	2.0429	1.2996	0.6357	0.6639	2.0444

资料来源：笔者计算。

根据表 5-2 的测算结果可以看出，中国自 2001 年加入世界贸易组织至所能获取样本数据最新年份的 2014 年，无论是“净出口”对中国经济增长的拉动率还是贡献率，除个别年份外，总体呈现显著的积极作用。进一步证明了加入世界贸易组织以来“净出口”对驱动中国经济增长的重要贡献。但更值得关注的问题，即本章研究的核心所在，“净出口”对经济增长的拉动率与贡献率的理论值与传统统计值之间确实存在显著差异。具体而言，理论值对经济增长的“作用力”是高于传统统计值的，这一点无论是在“净出口”对中国经济增长产生正向驱动作用的年份，还是在产生负向拖累的年份，都是如此。例如，2014 年“净出口”对中国经济增长的拉动率与贡献率，基于传统测度方法的实际测算值分别为 0.04%和 0.64%，但基于本章提出的新测度方法所得理论测算值分别为 0.09%和 1.29%，理论值明显高于传统方法测算的统计值。2009 年由于受到全球金融危机冲击，中国进出口贸易双双下挫，进而导致“净出口”对中国经济增长产生了一个负向“拖累”作用，突出表现为拉动率与贡献率均为负数。进一步比较该年贸易作用系数的理论值和传统统计值可以发现，基于传统测度方法测算的拉动率与贡献率分别为-0.83%和-9.8%，而基于本章提出的新测度方法所得理论测算值则分别为-1.31%和-15.58%，其绝对作用力也均高于传统统计值。从其他年份的测度情况来看，理论值与传统统计值的上述差异同样存在。据此可见，采用传统测度方法测算“净出口”对中国经济增长的拉动率和贡献率，确实存在低估问题。

进一步地，本章还测算了“净出口”对中国经济增长的拉动率和贡献率的理论值与传统统计值的差异程度，以进一步明晰“低估”的程度究竟有多大。为此，我们设置了两个测度指标：一是理论值与传统统计值的差值，用 p^*-p 表示拉动率理论值与传统统计值的差异程度，用 q^*-q 表示贡献率理论值与传统统计值的差异程度；二是理论值与传统统计值的比值，用 p^*/p 测度拉动率的理论值是传统统计值的多少倍，用 q^*/q 测度贡献率的理论值是传统统计值的多少倍。以上各指标的测算结果参见表 5-2。根据表 5-2 的测算结果，关于净出口拉动率、贡献率与低估情况可以得出以下几个方面的基本结论：第一，无论是拉动率还是贡献率，其理论值“波动”幅度都要明显地高于传统统计值的“波动”幅度，说明采用传统统计方法的测算值，确实低估了“净出口”对中国经济增长的拉动率和贡献率。第二，无论是拉动率还是贡献率，其理论值与传统统计值之间差异程度的绝对值大小，似乎与“净出口”作用力自身大小有关。也就是说，当“净出口”对经济增长的作用力较大时（包括拉动率和贡献率），理论值与传统统计值之间差异程度相对而言也就越大；反之，当“净出口”对经济增长的作用力较小时，理论值与传统统计值之间差异程度相对而言也就会越小。这一现象意味着，当“净出口”对经济增长的作用越重要，在实际测算时可能越低估了其重要程度。第三，理论值与传统统计值之比在波动中呈现不断上升的趋势，这一变化趋势似乎意味着随着时间推移，“净出口”对经济增长的理论作用效果越来越强于传统统计值所描述的实际作用效果。出现这种变化的可能原因在于，全球价值链的深入演进，进一步强化了国与国之间投入产出的关联程度，贸易通过全球投入产出作用机制对国内生产总值的作用效果越来越强。这一变化趋势同时意味着，伴随全球价值链分工的深入演进，贸易对经济增长的真实效果，已经超越了传统统计方法测算结果所揭示的现实效应。因此，如同在全球价值链分工体系下，贸易统计体系需要从传统总值核算法向贸易增加值核算法转变一样，正确认识和评估贸易对经济增长的真实作用，也需要由传统统计方法向基于全球投入产出关联机制的新测度方法转变。

三、产业层面的测算结果

前文主要从宏观和整体层面上测算了“净出口”对中国经济增长的拉动率和贡献率的理论值与传统统计值，并进行了比较分析。为了进一步明晰上述比较分析所发现的差异性和规律性是否同样存在于细分产业层面，以及进一步深化认识“净出口”对产出增长的拉动率和贡献率，其理论值和传统统计值的差异性是否会因不同产业而有所区别，本章分别测度了2001—2014 年中国各产业“净出口”对自身产出增长的拉动率与贡献率的理论值与传统统计值。受篇幅所限，此处仅给出中国 2005 年、2010 年、2014 年各制造业（编号为 4-22）行业“净出口”对产出增长的拉动率和贡献率（包括理论值和传统统计值）。代表性的三个年度的具体测算结果分别见表 5-3、表 5-4 和表 5-5。

表 5-3　2005 年中国制造业“净出口”对产出增长的拉动率与贡献率指数

（单位：%）

2005 年	拉动率				贡献率			
产业	p^*	p	p^*-p	p^*/p	q^*	q	q^*-q	q^*/q
5	1.1579	0.9366	0.2213	1.2363	4.8345	3.9104	0.9241	1.2363
6	13.8962	8.8320	5.0642	1.5734	69.2729	44.0279	25.245	1.5734
7	0.0688	0.0449	0.0239	1.5323	0.7709	0.5026	0.2683	1.5338
8	−0.0725	−0.0518	−0.0207	1.3996	−0.3519	−0.2514	−0.1005	1.3998
9	−0.0595	−0.0566	−0.0029	1.0512	−0.5109	−0.4856	−0.0253	1.0521
10	0.2119	0.1970	0.0149	1.0756	0.8609	0.8005	0.0604	1.0755
11	0.1698	0.1118	0.058	1.5188	0.5192	0.3418	0.1774	1.5190
12	0.4505	0.3955	0.055	1.1391	1.7347	1.5227	0.212	1.1392
13	1.3546	1.0723	0.2823	1.2633	11.5987	9.1821	2.4166	1.2632
14	0.4051	0.3460	0.0591	1.1708	1.1478	0.9805	0.1673	1.1706
15	0.0504	0.0320	0.0184	1.5750	0.1660	0.1053	0.0607	1.5764
16	1.3390	1.1952	0.1438	1.1203	9.7671	8.7187	1.0484	1.1202
17	14.4926	7.5676	6.925	1.9151	39.3016	20.5221	18.7795	1.9151
18	5.1928	4.5974	0.5954	1.1295	16.9818	15.0345	1.9473	1.1295
19	3.0494	2.4663	0.5831	1.2364	18.8613	15.2548	3.6065	1.2364
20	1.3887	0.9599	0.4288	1.4467	6.0160	4.1582	1.8578	1.4468
21	1.4642	1.2808	0.1834	1.1432	7.3452	6.4249	0.9203	1.1432
22	26.1607	25.5685	0.5922	1.0232	29.3934	28.7280	0.6654	1.0232

资料来源：笔者计算。

根据表 5-3 测算的结果可以发现，2005 年各细分产业的“净出口”对产出增长的拉动率和贡献率，其理论值和传统统计值同样存在着明显差异。

更确切地说，理论测算值显示的“净出口”对产出增长的拉动率和贡献率，其作用力要明显强于传统统计值所显示的作用水平，即从绝对值角度看，无论是拉动率还是贡献率，理论测算值的绝对值均高于传统统计值的绝对值。这说明在各细分产业层面，采用传统统计值测度“净出口”对产出增长的拉动率和贡献率，同样存在着低估的情形。这一发现与基于宏观和整体层面测算结果的对比结果保持了一致性。

表 5-4　2010 年中国制造业“净出口”对产出增长的拉动率与贡献率指数

（单位：%）

2010 年	拉动率				贡献率			
产业	p^*	p	p^*-p	p^*/p	q^*	q	q^*-q	q^*/q
5	0.4669	0.3437	0.1232	1.3585	2.0358	1.4985	0.5373	1.3586
6	7.9733	4.5932	3.3801	1.7358	74.1656	42.7242	31.4414	1.7359
7	0.0443	0.0277	0.0166	1.5993	-1.5395	-0.9612	-0.5783	1.6016
8	0.2570	0.1786	0.0784	1.4390	7.5266	5.2312	2.2954	1.4388
9	0.1224	0.1179	0.0045	1.0382	2.5247	2.4329	0.0918	1.0378
10	−0.0423	−0.0370	−0.0053	1.1432	−0.0737	−0.0645	−0.0092	1.1426
11	0.0517	0.0337	0.018	1.5341	0.2886	0.1884	0.1002	1.5318
12	0.1315	0.1126	0.0189	1.1679	0.6363	0.5448	0.0915	1.1680
13	0.5949	0.4653	0.1296	1.2785	4.4111	3.4502	0.9609	1.2785
14	0.3643	0.3065	0.0578	1.1886	5.6077	4.7175	0.8902	1.1887
15	0.2618	0.1763	0.0855	1.4850	1.6300	1.0977	0.5323	1.4849
16	1.1214	0.9768	0.1446	1.1480	26.9738	23.4937	3.4801	1.1481
17	9.3256	4.8227	4.5029	1.9337	16.7367	8.6553	8.0814	1.9337
18	4.4585	3.6612	0.7973	1.2178	11.6194	9.5415	2.0779	1.2178
19	−1.0270	−0.8034	−0.2236	1.2783	−23.4526	−18.3462	−5.1064	1.2783
20	−2.6362	−1.5131	−1.1231	1.7423	−6.3508	−3.6452	−2.7056	1.7422
21	10.3632	8.1571	2.2061	1.2705	27.3345	21.5155	5.819	1.2705
22	−6.6374	−6.5016	−0.1358	1.0209	42.2011	41.3380	0.8631	1.0209

资料来源：笔者计算。

表 5-4 和表 5-5 基于 2010 年和 2014 年的测算结果同样表明，“净出口”对产出增长的拉动率和贡献率，其理论值和传统统计值的差异性在细分产业层面上依然是存在的，传统统计值对“净出口”拉动率和贡献率在各细分产业层面依然存在低估情形。实际上，不仅汇报年份的结果如此，全部年份的测算结果均印证了前述理论测算框架的预期。尽管各年份各产业间存在差异，但基本逻辑趋势是一致的，对此，本章不再赘述。

表 5-5 2014 年中国制造业“净出口”对产出增长的拉动率与贡献率指数

（单位：%）

2014 年	拉动率				贡献率			
产业	p^*	p	p^*-p	p^*/p	q^*	q	q^*-q	q^*/q
5	−0.0269	−0.0189	−0.008	1.4233	−0.4621	−0.3237	−0.1384	1.4276
6	0.9079	0.5110	0.3969	1.7767	15.5907	8.7754	6.8153	1.7766
7	−0.0365	−0.0218	−0.0147	1.6743	−0.6266	−0.3743	−0.2523	1.6741
8	0.1144	0.0816	0.0328	1.4020	1.9653	1.4005	0.5648	1.4033
9	−0.0368	−0.0354	−0.0014	1.0395	−0.6320	−0.6082	−0.0238	1.0391
10	0.3472	0.3010	0.0462	1.1535	5.9615	5.1684	0.7931	1.1535
11	0.0264	0.0166	0.0098	1.5904	0.4535	0.2853	0.1682	1.5896
12	−0.6552	−0.5526	−0.1026	1.1857	−11.2515	−9.4900	−1.7615	1.1856
13	0.1484	0.1173	0.0311	1.2651	2.5478	2.0149	0.5329	1.2645
14	0.0326	0.0267	0.0059	1.2210	0.5599	0.4589	0.101	1.2201
15	−0.0517	−0.0340	−0.0177	1.5206	−0.8870	−0.5834	−0.3036	1.5204
16	0.3086	0.2632	0.0454	1.1725	5.2998	4.5189	0.7809	1.1728
17	2.1189	1.1195	0.9994	1.8927	36.3850	19.2232	17.1618	1.8928
18	0.7716	0.6325	0.1391	1.2199	13.2498	10.8619	2.3879	1.2198
19	0.2970	0.2357	0.0613	1.2601	5.1003	4.0479	1.0524	1.2600
20	−0.9515	−0.5509	−0.4006	1.7271	−16.3396	−9.4603	−6.8793	1.7271
21	−2.3074	−1.7559	−0.5515	1.3141	−39.6220	−30.1529	−9.4691	1.3140
22	−1.2033	−1.1763	−0.027	1.0230	−20.6622	−20.1987	−0.4635	1.0230

资料来源：笔者计算。

尤为值得我们注意的是，不同制造业产业层面上，无论是从拉动率还是贡献率的角度看，理论值和传统统计值的差异程度也存在显著的个体特征。比如制造业行业代码为 6、12、17、18、20、21 的细分产业，理论值和传统统计值的差异相对就比较大，而其他细分制造业行业的理论值和传统统计值的差异相对较小。从 WIOD 的行业分类看，相关制造行业及其行业代码为：纺织（6），服装及皮革业（12），医药制品业（17），计算机、电子及光学设备制造业（18），电气设备制造业（20）以及小汽车、拖车、半挂车制造业（21），上述各行业恰恰是制造业全球价值链发展较为成熟的行业，或者说全球价值链分解程度相对较高的行业，也正是中国嵌入全球价值链的主要依托性产业。这一发现从另一层面验证了前文理论测算框架的预期，因为既然全球价值链分工条件下的投入产出关联机制导致“净出口”对产出增长的拉动率和贡献率超越了传统作用，那么也就意味着价值链分工演进程度越深，其投入产出关联度越高，“净出口”对产出增长的拉动率和贡献率的作用力也就越大，与传统统计值的测度结果偏离程度就会越高。

与前文宏观层面分析的逻辑一致，我们同样测算了制造业细分行业层面上另外两个指标，一是拉动率的理论值与传统统计值的差值 p^*-p，以及贡献率的理论值与传统统计值的差值 q^*-q；二是拉动率理论值与传统统计值的比值 p^*/p，以及贡献率理论值与传统统计值的比值 q^*/q。以上各指标的测算结果参见表 5-3、表 5-4 和表 5-5。综合表 5-3、表 5-4 和表 5-5 的各列测度指标，基本上可以得出与前述基于宏观整体层面较为一致的发现和结论。从制造业细分产业层面看，第一，采用传统的测度方法测算全球价值链分工条件下“净出口”对产出的拉动率和贡献率，确实会产生对贸易作用的统计性“低估”问题。第二，在制造业细分层面上，“净出口”作用的低估程度同样与“净出口”作用力自身大小有关，即“净出口”本身的作用力越大，低估的程度也就会越明显。第三，“净出口”对产出的拉动率和贡献率被低估的程度，随着时间推移，更确切地说随着价值链分工演进，表现得越来越大，进而表明在全球价值链深入演进的现实分工背景下，传统测度方法已面临较大的局限性和误导性。

上述研究不仅有助于我们更为深刻地理解贸易对经济增长的驱动机理，对衡量和评估贸易利得、制定相应引导和激励政策具有重要的现实意涵。如果说传统国际分工模式下，发展对外贸易的意义主要表现在“互通有无”或者借助比较优势在生产要素供给层面上实现资源优化配置的话，那么在全球价值链分工体系下，由于各国增长之前具有了“增长共赢链”的关系，发展对外贸易的本质则是以贸易为契机，实现本国生产与全球生产网络大循环的对接与价值融合，以对外贸易为价值流转的载体，利用全球生产网络投入产出的复杂关联机制，真正实现国内国际间市场需求与资源供给的互动，进而实现各个产业部门乃至全球消费和生产之间的互动，并借助这种循环互动实现更深程度的资源优化配置和乘数放大的经济增长绩效。正是由于上述新作用机制的存在，在当今全球化大生产的基本发展趋势下，出口和进口均突破了原有意义上对经济增长的单方面影响，必须重新审视出口和进口贸易的实际作用机理，充分考虑到各国经济增长以贸易为纽带而呈现的相互依赖特征，进而重新定位发展对外贸易的新的作用和意义。诚然，在本章所探究的“净出口”对经济增长乘数效应的过程中，毋庸置疑，进出口贸易的溢出效应也是存在的，而这一更强调贸易外部性特征对经济增长的作用方式，有待进一步深入探索。

当前，部分发达国家逆全球化思潮兴起，一定程度上阻碍了经济全球化发展进程，究其成因，不排除其国内经济增长动力不足、经济增长绩效不佳等因素，以至于部分发达国家试图通过高举贸易保护主义大旗来刺激国内经济增长。我们并不否认适当的贸易保护对一国产业与经济发展确有重要意义，但这种以邻为壑的做法，如果说在传统国际分工模式下对保护本国产业发展进而对拉动就业和经济增长还有一定作用的话，那么在当今全球价值链分工体系背景下，当世界各国经济增长之间具有了"增长共赢"的"链"式特征背景下，其对本国经济增长的刺激效果必将大打折扣。因为在世界经济逐步构建起生产网络的发展趋势中，各国之间的相互影响不断深化，即便对发达国家而言，这种经济上的关联性也早已渗透到生产的各个环节。逆全球化表面上看是对贸易的约束和限制，但本质上则是对全球生产网络的冲击和破坏，更是对各国经济发展新作用机制的扼杀和摧残。即便对方国家不采取相应的贸易保护措施，这种行为也会在投入产出互动循环的复杂关联机制下有害于自身的经济增长。正如习近平总书记在 2016 年二十国集团（杭州）峰会开幕式上的主旨演讲中指出，"在经济全球化时代，各国发展环环相扣，一荣俱荣，一损俱损。没有哪一个国家可以独善其身，协调合作是必然选择。我们要在世界经济共振中实现联动发展"①，正是道出了在当今生产全球化趋势下，上述循环互动作用机制的现实表现和政策意义。在当前经济全球化处于十字路口的关键发展阶段，对于已经深度融入全球价值链分工体系的中国而言，继续实施贸易和投资自由化政策，不仅是在进一步推进经济全球化发展过程中对中国担当的彰显，也是充分利用以全球价值链分工为主要内容的经济全球化战略机遇，在全球经济联动机制下更好实现自身经济发展的需要。

① 习近平主席 G20 峰会金句[N]. 人民日报，2018-11-30.

第六章　全球增长共赢链：基于中美贸易摩擦的反例

中美经贸关系是目前世界上最大的发展中国家和发达国家间的双边经贸关系，也是当今最重要的经贸关系和国际关系。因此，中美经贸关系的健康发展，不仅有利于中美两国，也有利于世界经济的稳定增长和繁荣。然而，自 2018 年 7 月美国对 340 亿美元的中国商品加征 25%进口关税措施正式开始，美国不断升级对华经贸摩擦，突出表现为加征关税商品范围的不断扩大和关税水平的不断提高，以及摩擦领域的不断蔓延等。美方发起并且不断升级的对华经贸摩擦，不仅严重威胁中美双边经贸关系，致使中美双方同时遭受损失，而且对全球经贸秩序造成了很大危害，对世界经济产生了严重的负面影响。自美国正式打响对华经贸摩擦的第一枪以来，至今已有两年多时间，其间的中美经过多轮经贸磋商，也取得了一些成果，2019 年 10 月 11 日，中美第十三轮高级别经贸磋商初步达成了“第一阶段”协议，中美经贸摩擦出现了缓和迹象，但这并不意味着中美经贸摩擦可以“鸣金收兵”，仍然充满了各种变数和不确定性，更不能排除有进一步升级的趋势和可能。各种迹象表明，中美经贸摩擦具有长期性、复杂性和曲折性的特点。应该说，美国发起的对华经贸摩擦，从成因来看，有全球要素分工、全球增长共赢链演进的因素；从结果来看，实质上是对全球增长共赢链的破坏，因此美国发起的对华经贸摩擦实际上为全球增长共赢链提供了一个反例。对于这一反例，我们可以从理论和实证层面做一简要分析。

第一节　要素分工、增长共赢与中美贸易摩擦起因

贸易的基础是分工，看待贸易现象包括贸易摩擦不能就贸易而谈贸易，必须深入到国际分工层面。如此，才能对当代国际经济和中国经济出

现的新情况和新问题做出令人信服的理论解释。鉴于此，本节力图从国际分工领域出现的一些新现象、新变化出发，探讨当代经济全球化红利创造和分配机制的新特征，为探寻当前中美贸易摩擦的深层原因提供一种新的理论视角，也是为理解全球增长共赢或者说从反面理解增长共赢提供一个独特视角。

一、要素分工：经济全球化具有怎样的新特征

20 世纪 80 年代以来，国际分工发生了深刻变化。一方面，产品的价值链被分解了，不同生产环节和流程按照不同的要素密集度特征，被配置到具有不同要素禀赋优势的国家和地区，形成了全球价值链；另一方面，生产要素的跨国流动性日益增强，跨国公司以资本为纽带在全球范围内整合和利用资源，实现了生产的国际化。与以往以"产品"为界限的传统国际分工模式相比，这种新的国际分工模式是以"要素"为界限，即一件最终产品的全部价值已不再完全由一个国家的本土要素所独自创造，而是由多国以"优势要素"共同参与的结果。也就是说，各国是以要素优势而不是产品优势参与国际竞争和国际合作。从本质意义上看，这种现象可以称为"要素分工"（方勇等，2012）[①]。以"要素分工"为主要内容和表现形式的经济全球化，与以往相比具有了新特征。这些新特征对国际贸易的基础、国际贸易格局以及国际贸易的利益分配等诸多问题都产生了深刻影响。明晰当代"要素分工"条件下的经济全球化新特征，是进一步理解经济全球化产生其他方面变化的逻辑起点。

首先，要素跨国流动成为经济全球化的本质特征。第二次世界大战以后，经济全球化不断深化，不仅商品贸易得到了迅猛发展，而且以对外直接投资为重要特征的生产要素跨国流动性不断增强。尤其是 20 世纪 70 年代以来，作为生产要素中最为活跃的产业资本，全球对外直接投资的增长速度超过了全球贸易的增长速度，成为经济全球化最重要的推动力量。联合国贸发会议统计数据库显示，20 世纪 70 年代初全球对外直接投资流量（Global FDI Outward）仅为 141 亿美元，至 80 年代初也仅为 515 亿美元，而到了 90 年代初，全球对外直接投资流量已经上升至 2000 亿美元左右，到了 90 年代末期已突破万亿大关，达到 1.07 万亿美元；进入 21 世纪更是以惊人的速度在增长，其中 2007 年突破两万亿美元大关，高达 2.26 万亿美元。由于受到 2008 年开始的全球金融危机影响，全球对外直接投资流量

① 方勇，戴翔，张二震. 要素分工论[J]. 江海学刊，2012（4）：88-96.

虽然在2008年和2009年有所下降，分别为1.9万亿美元和1.1万亿美元，但随着全球经济的复苏，全球对外直接投资流量在波动中呈现恢复性增长。如2015年恢复至1.76万亿美元之后，2016年和2017年又略有下降至1.75万亿美元和1.41万亿美元。当然，除了对外直接投资以外，诸如技术全球扩散以及劳动力跨国流动等呈现稳步扩大和上升态势，均是要素跨国流动性增强的重要表现。

其次，跨国公司成为国际竞争的主体。全球对外直接投资规模的迅猛增长，体现的不仅是资本等生产要素的跨国流动，更重要的是由此带来了生产布局的全球化和贸易的全球化。在全球要素分工条件下，虽然广义比较优势和规模经济仍然发挥着重要作用，但已经不能再成为决定国际贸易分工的主要基础，因为跨国公司作为要素分工的构成要件，对分工和贸易起着决定性作用。在以要素跨国流动特别是资本跨国流动日益增强的全球化背景下，一方面，由于要素流动壁垒不断降低，一国企业无法独享基于本国资源禀赋的比较优势，外国跨国公司通过对外直接投资的形式加以利用，从而整合为企业的竞争优势；另一方面，本国企业也可以通过开展对外直接投资的形式，抓住经济全球化的机遇，在整合和利用全球资源的基础上，创造本国企业竞争优势。可见，国家层面的比较优势实际上成为本国企业和外国企业都可以利用的区位优势。至于究竟谁可以进行这种资源整合，就要看哪个国家拥有更多的国际竞争力强的企业。一个国家所拥有的资本实力或者技术、管理等有竞争优势的企业越多，其利用国际比较优势的获利能力就越强。因此，要素分工的实质就是跨国公司依靠竞争优势，借助资本等生产要素跨国流动对全球范围内的优势资源进行整合和利用，比较优势微观化了。正是基于这一意义，优势要素是要素分工条件下比较优势的根本所在。

再次，贸易投资一体化日益显著。国际分工从产品分工发展到要素分工，国际经济活动的基础发生了改变，导致一些新的国际经济现象出现，其中，要素在全球范围内流动和重新组合所进行的全球化生产，进而表现为贸易投资一体化，就是最为重要的一种现象。在要素分工条件下，资本等生产要素跨国流动的本质是在全球范围内进行资源整合和优化配置，在全球范围内布局价值链，在产品层面上呈现出中间产品的多次跨国流动以及最终产品的全球流转，表现为投资创造贸易、贸易带动投资这种融合发展的贸易投资一体化现象。有研究认为，当代经济全球化一条基本规律和特征就是投资超越贸易（张幼文，2018①）。贸易投资一体化包含两层含义：一是贸易的扩大促进投资的扩大，二是投资的扩大进一步推动贸易的扩大。在要素分工背景下，中间品贸易规模不断扩大，导致中间品市场交易成本下降，协调中间品生产的成本减少，这会吸引资本持续流入，进一步促进了生产的全球化。和传统的国际投资理论所揭示的投资目的不同，这些流入资本的最主要的目的并不是要抢占一国的市场，而是要充分利用东道国“优势要素”，它所生产的产品注定是面向全球市场的，这样，大量投资必然引致大量贸易。

最后，跨国公司的边界日益模糊。在传统国际分工模式下，在不存在生产要素跨国流动的假定下，企业的边界是清晰的，或者说企业有着明确的“国籍”。此时，虽然存在着从事对外贸易的企业即外向型企业，企业的生产经营活动超越了一国边界，但是就企业自身的边界而言，仍未超越国家边界。换言之，企业具有明确的民族特征和国家属性。然而，当国际分工发展演进到要素分工后，尤其是贸易投资一体化，由于实质上是跨国公司优化配置全球资源，进行生产布局全球化，因此，企业的边界便越过国家边界而越来越具有全球化特征，或者说企业的国籍属性越来越模糊。一家跨国公司究竟属于哪个国家已经很难分得清楚，因为可能其子公司和分公司遍布多个国家和地区，并且成为东道国当地“居民”，子公司和分公司与总公司分属于不同国家的“居民”，具有不同的国籍属性。即便是通过以所谓“公司总部”为标准进行划分，也同样面临着巨大的不确定性，因为跨国公司的总部也可能不止一个并且分布在不同国家和地区。总之，当跨国公司依托资本等生产要素而游走世界各地时，以国家属性界定其边界会变得越来越困难。

二、红利分配：当前的经济全球化对谁更有利

经济全球化是人类社会技术进步和生产力发展的必然结果和趋势。经济全球化极大地促进了人类社会的进步，比如全球财富的不断增长，贸易活动规模的不断扩大，全球绝对贫困人口的逐步减少，以及人类预期寿命的不断提高等。但与此同时，我们也应该看到，经济全球化虽然在总体上创造了巨大的红利，但利益分配从来就不是公平和均衡的。在经济全球化发展的不同阶段，红利分配机制和方式也各有不同。比如，18 世纪后半期开始的自由竞争资本主义快速发展阶段到第二次世界大战爆发前，这一时

① 张幼文. 中国四十年开放型发展道路[J]. 学术月刊，2018（10）：2-12.

期经济全球化的红利分配方式充满了殖民扩张和掠夺。针对这个阶段经济全球化的主要特征，正如习近平主席指出："西方国家靠巧取豪夺、强权占领、殖民扩张，世界各地区各民族都被卷入资本主义世界体系之中"①。此阶段的经济全球化带给人类的不都是"糖与蜜"，也有"血与火"（钟轩理，2018②）。因此，处于殖民扩张和掠夺时期的所谓经济全球化红利分配，实质上属于"占地为王"（戴翔、张二震，2018），在这种"分配"机制下主要利益显然被宗主国和西方列强国家所占有③。第二次世界大战以后，殖民体系瓦解，发展中国家纷纷独立并走上了独立自主发展本国经济的道路，此时继续依托掠夺、侵略、战争等传统手段推行经济全球化并获取开放利益，显然是行不通的。为此，在世界经济中具有绝对主导优势的美国等发达国家，一方面，不断鼓吹比较优势等自由贸易理论以寻求各国"打开国门"的理论依据；另一方面，通过建立诸如世界银行、关税及贸易总协定（世界贸易组织前身）等国际组织，为其"市场经济"全球扩张构建制度保障。在这一发展阶段，美国等发达国家凭借其技术、知识、信息等优势，占据着全球经济竞争中更加有利的地位，并据此到处攻城略地，可以说，"夺市为强"的竞争方式让美国等发达国家收获了经济全球化的主要红利。

建立在"比较优势"基础上的"夺市为强"的竞争方式和经济全球化红利分配方式，虽然更加有利于美国等发达国家，但在推动经济全球化快速发展方面确实发挥了重要作用，促进了世界各国之间的"资金流、技术流、产品流、产业流、人员流"（习近平，2017）④的全球流动。正是因为各种要素的跨境流动日益增强，从而推动了国际分工的迅速演进与演变，促进国际分工从传统的以产品为界限的分工向以要素为界限的分工发展。

以贸易利益为主要表现的经济全球化红利主要分为两种：一是静态利益，即分工和交易的静态利益；二是动态利益，即促进经济发展和社会进步的动态利益。如果说在传统国际分工条件下，无论是静态利益还是动态利益都更加有利于发达国家的话，那么在要素分工条件下，经济全球化红利分配格局是否发生了转折性变化呢？更确切地说，经济全球化红利是否

① 习近平. 在省部级主要领导干部学习贯彻党的十八届五中全会精神专题研讨班上的讲话[N]. 人民日报，2016-05-10.

② 钟轩理. 不畏浮云遮望眼[N]. 人民日报，2018-10-12.

③ 戴翔，张二震. "人类命运共同体"理念引领下的新时代经济全球化[J]. 江苏行政学院学报，2018（1）：51-57.

④ 习近平谈治国理政：第二卷[M]. 外文出版社，2017：478.

实现了发达国家和发展中国家"均沾"的变化，甚至出现了更有利于发展中国家的利益分配格局呢？我们认为，在要素分工体系下，就静态利益的分配而言，仍然有利于美国等发达国家。这一点在当前的有关附加值贸易核算等大量研究中已经得到了证实（邢予青等，2011）①，因为美国等发达国家占据着全球价值链的高附加值生产环节和阶段，从而占有了价值链上增加值创造的大部分。但是在动态利益方面，似乎已经开始向发展中国家倾斜。正如有研究指出："本轮全球化以要素流动为本质特征，国际分工深化和产业梯度转移给发展中国家带来了发展机遇"，并且认为"全球化的分工基础发生了根本性变化"是其中重要的原因（张二震，2018）②。问题的关键在于，为什么国际分工转为要素分工这一根本性变化后，发展中国家会获得更多的发展机遇呢？对此，恰好可以从要素分工条件下经济全球化具有的新特征中找到答案。

要素分工的基本特征之一就是产品价值链的全球分解以及生产要素的跨境流动。产品价值链的全球分解，由于降低了发展中国家融入全球分工体系的门槛，比如原本在"整机"产品上不具备比较优势的发展中国家，或者在某个生产环节和阶段由于存在无法克服的技术障碍而不能进行生产的发展中国家，现在可以专业化于价值链条上的某一或某些特定环节，从而具有了融入全球生产分工体系的比较优势，获得了产业发展的机遇。与产品价值链全球分解相比，要素跨国流动给发展国家带来的发展机遇可谓更大。这是因为，要素跨国流动的本质是生产要素和资源的全球整合与优化配置，这种优化配置可能会使得一国原本"闲置"甚至"无用"的生产要素得以被利用，从而转化为现实比较优势和生产力。通常而言，生产过程是两种或两种以上的生产要素组合过程，显然，当某种生产要素极度富有而另外一种或多种生产要素极度稀缺时，这种富有的生产要素大部分就会处于"闲置"状态，甚至表现为"无用"。此时在理论层面上虽然具有国家宏观意义上的比较优势，但难以实现微观意义上的实际生产力。"闲置"甚至"无用"的生产要素由于其成本低廉，在生产要素跨国流动条件下就会成为本国的"优势要素"，"优势要素"恰恰又会对其他国家生产要素尤其是可流动性较强的生产要素产生强大的吸引力，也就是前文指出的比较优势"微观化"，即本国的"优势要素"将会被跨国公司整合和利用，从而成为跨国公司层面的"比较优势"。伴随其他国家相应生产要素的流入，生

① 邢予青，Neal Detert. 国际分工与美中贸易逆差：以 iPhone 为例[J]. 金融研究，2011（3）：198-206.

② 张二震. 条件具备，战略正确，全球化对发展中国家更有利[J]. 世界经济研究，2018（3）：23-24.

产过程中要素数量的匹配性问题得以解决，“闲置”和“无用”的生产要素在与来自其他国家生产要素组合中有了“用武之地”，从而转化为现实生产能力，促进了产业发展。其中，不仅使本国生产要素作用得以发挥而促进了产业发展，更为重要的是，国外生产要素流入尤其是先进要素流入，对于本国产业发展乃至转型升级都起到了重要的推动作用。总之，比较优势的微观化，不仅意味着本土生产要素的生产力得以释放，同时还意味着利用外来生产要素这种“借鸡生蛋”“借船出海”的方式，加快形成并推动生产力高级化发展。需要指出的是，尽管生产要素跨国流动不断增强，但不同生产要素的流动性差异仍然存在。例如，作为发展中国家“优势要素”的低技能劳动流动性相对较差，而作为发达国家优势要素的资本、技术、知识、信息等高端要素，流动性则相对较强。所谓全球要素分工通常即为流动性较强的生产要素追逐流动性相对较差的生产要素。中国在改革开放之前，“人口”优势是存在的，但并没有形成真正的红利，“人口红利”的创造主要发生在改革开放之后，通过吸引和集聚国外先进生产要素，在加快劳动密集型产业建立和发展的同时，还有效推进了产业转型升级。中国改革开放的伟大实践其实正是对上述作用机制的生动阐释。在贸易投资一体化的发展趋势下，在跨国公司边界日益模糊的情形下，发展中国家融入全球要素分工体系，产业获得发展的机遇将会更为明显。这是因为发展中国家产业发展除了受到传统的贸易作用机制外，还受到了外国直接投资的促进作用。外国直接投资的流入在实现东道国产业从无到有、从有到优等方面，无疑发挥着重要作用。这一作用机制在传统国际分工形态下效果是极其有限的。但是在要素分工为主导形式的新型国际分工形态下，上述作用机制的重要性显然不可忽略。更为重要的是，在贸易投资一体化背景下，贸易和投资对产业发展的拉动和促进作用机制会产生一加一大于二的效果。既然在全球要素分工条件下贸易创造投资、投资创造贸易，即贸易和投资之间具有了强烈的互动作用，因此，二者对产业发展的促进机制当然也就具有了互动和强化效果。当然，在这其中，边界日益模糊的跨国公司起着至关重要的作用。正是因为跨国公司边界日益模糊，因而外商直接投资企业能够成为东道国国民经济的重要组成部分，能够实现跨国公司的利益和东道国利益在某种程度上的融合与一致。从这一意义上说，跨国公司对东道国本土配套企业开展的技术指导、培训等，虽然都是出于自身利益的考虑，但也为东道国带来了发展机遇。

特别强调的是，中国发展所取得的成就，是中国人民抓住了全球化带来的发展机遇，用辛勤的劳动和汗水创造出来的，而不是别人“帮助”我们建设的。我们也为此付出了诸如进城务工人员背井离乡、留守儿童问题、环境污染等巨大的代价。中国在发展的同时为世界经济的稳定和发展做出了巨大贡献。这与当年列强“血与火的文字载入编年史”的现代化道路有着本质的区别。

三、利益失衡：中美贸易摩擦理论逻辑是什么

尽管美国特朗普政府挑起对华贸易摩擦的理由众多，但从根本上看，可以概括为四个字：利益失衡。这正是中美贸易摩擦产生乃至不断加剧升级的理论逻辑。利益失衡不仅表现为外部利益失衡，即经济全球化红利在国家间分配格局失衡，同时还表现为内部利益失衡，即经济全球化红利在国家内部分配格局的失衡。就外部失衡而言，同时又包括静态贸易利益的分配失衡和动态贸易利益的分配失衡。应该说，在上述三种“利益失衡”中，美国国家内部的利益分配失衡，以及与发展中国家尤其是中国相比出现的外部动态利益失衡，是导致美国挑起对华贸易摩擦的关键所在。

静态贸易利益分配失衡尽管被当作重要“口实”，但显然不是美国挑起对华贸易摩擦的关键原因。因为即便在美国列出的各种理由中，中美贸易逆差被当作发起对中国贸易摩擦的重要“口实”，在全球要素分工条件下，贸易逆差并非意味着贸易利益分配的失衡。虽然传统的重商主义思维认为贸易逆差通常意味着利益的流失，而贸易顺差则代表着利益的流入，但是中美两国之间存在的巨大贸易逆差，是在全球要素分工体系下形成的，并不能说明两国在开展分工和贸易时，美国成为受损者而中国却成为获益者。如果说确实存在着利益分配失衡的话，那么情况其实恰恰相反，即美国实际上是最大的获利者。这是因为在全球要素分工体系下，美国不仅占据着全球价值链中高附加值的生产环节和阶段，从而垄断着价值链上的巨大利益，而且还通过对外直接投资等方式，在其他国家和地区攫取利益。绝不可能简单地把贸易差额作为衡量贸易利益的标准。采用贸易附加值测算方法准确衡量美国在全球价值链中获得的附加值增值，以及由要素稀缺性原理决定的美国生产要素在其他国家和地区获得的巨额回报，才是准确度量美国在要素分工条件下真实利益所得的正确做法。在这方面，目前有关贸易增值核算所取得的丰富研究成果（张杰等，2013①；罗长远、张军，2014②），以及有关案例研究均证明，从要素收益角度看，美国仍然是当前经济全球

① 张杰，陈志远，刘元春. 中国出口国内附加值的测算与变化机制[J]. 经济研究，2013（10）：4-17.

② 罗长远，张军. 附加值贸易：基于中国的实证分析[J]. 经济研究，2014（6）：4-17.

化的最大受益者。一本在美国率先发布、由2001年诺贝尔经济学奖获得者迈克尔·斯宾塞（Micheal Spence）作序撰写的2017年版《全球价值链发展报告》指出，在新型国际分工体系下，贸易顺差和逆差具有极大的欺骗性，美国的贸易逆差并非意味着利益损失。事实是，顺差在中国，但是大部分利益（利润）在美国。虽然全球价值链的研究成果，未能唤醒"装睡的特朗普"，但"装睡"并不代表不知道。在深知美国依然是分工和贸易利益中最大获利者时，特朗普政府仍毅然决然地发起对华贸易摩擦，显然就不是静态贸易利益失衡的问题了。

以价值链分工高低和附加价值来衡量静态的开放利益是合适的，但无法评估产业发展等动态利益。因此，如果说确实存在着"不利于"美国的经济全球化利益分配失衡的话，那么动态贸易利益分配格局的调整和变化应该算是其中一种。需要指出的是，这种变化仍然是一种相对变化而非绝对的实质性逆转。所谓的相对变化，主要是指部分发展中国家如中国等，抓住了以要素分工为主要特征的经济全球化战略机遇，从而实现了产业和经济发展，缩小了与发达经济体之间的距离，并未在本质上改变发达经济体在全球经济中仍然占绝对主导和优势地位的根本现状。一方面，进入21世纪以来，全球经济重心不断向东方移动，出现了所谓"东升西降"的发展变化（金碚，2012）[①]，某种程度上显示的正是"差距缩小"的结果和表现；另一方面，美国等发达国家的经济发展水平和人均GDP等仍然遥遥领先，说明发达经济体和发展中经济体在全球经济中的地位并未发生根本性逆转。犹如前文分析所指出，在要素分工条件下，由于新兴市场经济体和发展中国家获得了产业发展机遇，从而实现了产业和经济的快速发展。虽然从要素稀缺性原理的角度看，从要素禀赋所决定的分工地位角度看，新兴经济体和发展中国家在全球产业链和价值链中处于中低端，在价值创造的总量中所能获得的附加值确实有限，从而在静态利益分配中处于不利地位，但是由于降低了融入国际分工体系的门槛，激发了"闲置"甚至"无用"生产要素的现实比较优势，从而获得了土地收入，获得了税收，增加了就业，提高了劳动者收入水平，积累了经济建设和发展所需的基本资金和条件，奠定了产业发展"从无到有"的根本性基础。这些动态发展利益，实际上要比静态贸易利益更为重要。从这一点上看，仅仅用附加价值来衡量中国的开放利益，以价值链的地位来衡量中国的开放水平，是存在严重缺陷的，大大低估了中国对外开放对中国发展进步的作用。李斯特的贸易

① 金碚. 全球竞争新格局与中国产业发展趋势[J]. 中国工业经济，2012（5）：5-17.

保护理论曾提出为实现生产力发展可以牺牲眼前贸易利益的重要观点，实质上就是在静态利益和动态利益之间的一种权衡和取舍。在要素分工条件下，虽然发展中国家相比发达国家在静态贸易利益分配格局中处于不利地位，但至少可以在“门户开放”条件下取得生产力发展的动态利益，而不需要采取贸易保护的做法以牺牲尽管看起来不多的贸易利益。动态贸易利益分配格局出现的上述调整和变化，冲击了美国长期以来所形成的狭隘的零和博弈思维方式，即认为别人发展起来就是自己吃了亏，从而孳生出试图通过挑起贸易摩擦而迫使诸如中国等让步，以满足自己攫取更多经济利益的欲求。

另外一个值得注意的现象就是，美国特朗普政府发起对华贸易摩擦，其实有着国内的民意基础，包括民粹主义的抬头都有着极其深刻的经济社会背景。其中，国内利益分配失衡是导致美国贸易保护主义和民粹主义抬头的主要原因。实际上，传统的国际经济理论已经表明，经济全球化虽然总体上有利于增进社会福利，但并非意味着所有的利益集团都是经济全球化的受益者，有些利益集团可能会在经济全球化中受损。对此，包括要素禀赋理论中的要素价格均等化定理，以及贸易保护的政治经济学等理论，均给出了经典的阐述。对于诸如美国这样的发达经济体来说，存在着同样的问题，能够攫取经济全球化发展红利的主要是资本家，是华尔街的金融巨头和精英阶层，普通劳动者和中产阶级可能并未感受到经济全球化的实惠甚至成为受害者。这也正是为什么在产业间和产业内分工条件下，适度的贸易保护是需要的、合理的，也是可以理解的主要依据。但是当前的中美贸易摩擦，无论是从范围上看还是从爆发的程度上看，都是史无前例的。为什么会如此，我们认为，主要还是因为全球生产要素分工的发展，加速了美国国内比较劣势产业和产品生产环节外部转移，进一步加剧了阶层分化，导致国内收入分配差距不断扩大。有研究表明，第二次世界大战以后的经济全球化快速发展以来，尤其是进入 21 世纪以来，美国社会不平等问题日益严峻。美国最富有阶层的 1%的家庭收入和财富，占全国总收入和财富的比重已经从 1978 年的 9%上升到近年来的 20%；美国前 10%家庭拥有的财富总量占全国所有家庭财富总量的比重超过 75%；后 50%家庭拥有的财富量占比不足 1%（任理轩，2018）①。相比于外部利益的相对失衡，美国国内利益分配失衡应该说是其在经济全球化条件下所面临的根本性矛盾。面对由于内部利益分配失衡而日益激化的国内矛盾，美国在没有更好

① 任理轩. 逆全球化违背时代潮流[N]. 人民日报，2018-10-17.

对策举措的背景下，必然试图将国内问题归咎于经济全球化，为自己社会经济治理能力的滞后和缺失寻找“替罪羊”，就成了一种必然选择。贸易摩擦因此而兴起。总之，要素分工背景下利益分配失衡，才是当前美国频频发起对中国贸易摩擦并不断加剧升级的深层次原因所在。

第二节 中美贸易摩擦对增长共赢的破坏：一个测算框架

前述各章的分析表明，各国产出之间通过全球生产网络而链接在一起，从而在增长层面具有了链式特征。而国与国之间的投入产出关系，主要就是通过“贸易纽带”链接在一起。从这一意义上说，美国发起对华贸易摩擦，影响了贸易发展，实质上就是影响了全球生产网络的正常运转，从而影响着全球产出。因此，美国发起对华贸易摩擦对全球增长共赢链具有破坏作用。这一点正如前一节分析指出，美国发起对华贸易摩擦对全球增长共赢链的破坏，其实是全球增长共赢链的一个反例。那么如何从经验层面或者依托中美贸易摩擦的反例事实，来进一步论证全球增长共赢链？对此，可以分为三个步骤：一是评估中美贸易摩擦对进出口贸易的影响程度究竟如何？二是从贸易促进经济增长角度看，基于第一步的评估进一步测算贸易摩擦对经济增长带来的损失程度；三是利用第三章提出的全球增长共赢链的测算框架，具体测算或者模拟分析中国（美国）的经济增长变化，对全球（各国）经济增长带来的影响。上述逻辑关系可表示为：中美贸易摩擦→贸易规模变化→经济增长变化→扩散效应。考虑到中美贸易摩擦对贸易影响的实证估算，现有文献已经做出了许多研究，因此我们不拟做重复劳动。此处需要着重介绍的是，在全球价值链分工条件下，贸易究竟是如何促进经济增长的，或者说贸易对经济增长的作用与传统国际分工条件相比，会有何差异？本节将对此做一简要推导。

传统宏观经济恒等式对贸易驱动经济增长的解释肯定了需求拉动的积极作用，其科学性主要建立在“净出口”与消费、投资等经济活动相互独立的基础之上。然而，在当前以全球价值链为主导的国际分工形态下，贸易性质发生了从产品价值实现的跨国流动到确保全球生产正常进行的外在流转这一根本性变化，使之由单纯的交换环节逐步渗透和融合到生产、消费等其他经济活动之中，进而成为各经济变量相互作用的重要中间介质。

贸易对经济增长的驱动作用，也随之由传统的简单需求拉动，演变为通过全球生产网络中投入产出关联所诱发的乘数性循环动态机制。这一新机制突破了传统贸易模式借助“净出口”对经济增长表现的绝对量水平，更强调对经济增长的乘数性放大作用。本节基于全球投入产出模型的相关原理，从数理层面推演了全球价值链条件下的贸易“新”乘数。对外贸易乘数的传统定义主要侧重于对出口贸易的分析，即表示出口增加 1 个单位引起国民收入变动的数量。而在实际测算贸易对国民收入变动的影响时，通常从“净出口”角度进行核算。为此，我们不妨将对外贸易乘数拓展定义为“净出口”增加 1 个单位，引起国民收入变动的程度。为便于比较分析并突出本书基于全球价值链分工条件下推出“新”贸易乘数之“新”，先就传统贸易乘数做一简单介绍，接下来再具体推导全球价值链分工条件下的贸易“新”乘数。

对传统贸易乘数的研究立足于开放经济条件下的国民收入决定方程，以宏观经济恒等式为基础，衡量贸易变动对国民收入变动的影响程度。在社会存在闲散生产资源而不形成支出瓶颈，以及国民储蓄、投资、政府购买与贸易活动之间相互独立的前提下，开放经济条件下以支出法核算的国民收入恒等式如式（6-1）所示：

$$X = C + I + G + \left(E - M\right) \tag{6-1}$$

式（6-1）表示一国国民收入 X 等于国民最终消费 C、投资 I、政府购买 G、净出口（$E-M$）四部门经济活动的支出总和。贸易乘数即为国民收入变动额 ΔX 与净出口变动额 Δ（$E-M$）之比。在传统核算框架下，假定收入的边际消费倾向为 β，由式（6-1）可知，贸易或者说“净出口”乘数 K 为：

$$K = \frac{\mathrm{d}X}{\mathrm{d}\left(E - M\right)} = \frac{1}{1 - \beta} \tag{6-2}$$

为了便于比较与分析方便，且不影响一般研究结论的前提下，我们不妨令 $\beta=0$，此时传统测度方法下“净出口”乘数 K 即为 1。

第三节　中美贸易摩擦对增长共赢的破坏：模拟测算结果

依据前文所述的逻辑，中美贸易摩擦影响全球增长共赢链的逻辑关系为：中美贸易摩擦→贸易规模变化→经济增长变化→扩散效应，在梳理模型时给出了贸易促进经济增长的“新”乘数之后，接下来就是要具体测算“新”乘数。在此基础上，我们可以借鉴现有关于中美贸易摩擦对贸易规模的预测结果，具体评估贸易摩擦对中美经济增长的影响，进而评估对世界（各国）经济增长的影响效应。

一、贸易“新”乘数的测算

对全球价值链分工条件下贸易“新”乘数模型的研究，是对传统贸易乘数的完善和改进。在此基础上，可利用 WIOD 投入产出数据对中国和美国贸易“新”乘数进行测算和分析。在具体测算之前，仍有必要就贸易“新”乘数的测算方法与数据处理进行梳理和说明。产业贸易“新”乘数的测算见式（6-3）：

$$F=\frac{\frac{I}{(I-A_{11})}\frac{I}{(I-A_{12})}+\frac{I}{(I-A_{21})}(I+P)C_2-(I+P)(I+Q)C_2(I-C_1)}{(I-A_{11}-A_{21})\frac{I}{(I-A_{11})}\frac{I}{(I-A_{12})}-(I-A_{22}-A_{12})\frac{I}{(I-A_{22})}\frac{I}{(I-A_{21})}C_2(I+P)} \tag{6-3}$$

其中：

$$I+P=I-A_{21}\frac{I}{(I-A_{11})}\frac{I}{(I-A_{12})}+(I-A_{22})\frac{I}{(I-A_{12})}$$

$$I+Q=I-A_{12}\frac{I}{(I-A_{22})}\frac{I}{(I-A_{21})}+(I-A_{11})\frac{I}{(I-A_{21})}$$

实际测算中，以中国为国家 1，将世界其他国家投入产出系数矩阵全部加总后，视为国家 2。A_{11}、A_{12}、A_{21}、A_{22} 分别表示中国对中国、中国对世界其他国家全体、世界其他国家全体对中国、世界其他国家全体对世界其他国家全体的直接消耗系数矩阵。将 WIOD 数据库最新发布的 2000—2014 年 41 个经济体 56 个产业分类的（41×56）×（41×56）阶的世界投入产出表，化简为（2×56）×（2×56）阶的两国投入产出矩阵，并进一步剔除了存在异常值的 16 个产业数据①。此外，式（6-3）中 C_1、C_2 分别表示中国与世界其他国家全体最终产品消费中出口占比的对角矩阵，其对角元素值是根据投入产出表最终消费部分的去向数据，分别就国内消费部分与出

① 剔除原因主要基于该产业贸易行为是否长期为 0 值，该值对矩阵计算存在较大干扰，剔除的 16 个产业分别为：23、28、34、37、38、43、44、46、47、48、49、50、51、53、55、56，绝大多数为服务业。中国服务贸易的发展并不十分成熟，上述产业在投入产出表中存在较多 0 值等异常值。

口部分加总后求比值得到的。据此，本书测算了中国和美国贸易“新”乘数。数据主要来源于世界银行（WIOD）最新发布的 2000—2014 年世界投入产出表（WIOT）。表 6-1 报告了 2000—2019 年中国和美国总体层面的贸易“新”乘数测度值，其中，2000—2014 年的测度值是根据 WIOD 数据实际测得，2015—2019 年的数据是在实际测度值基础上利用灰色关联模型预测所得。

表 6-1　2000—2019 年中国和美国对外贸易“新乘数”

中国	年份	2000	2001	2002	2003	2004	2005	2006	2007	2008	2009
	乘数值	1.243	1.237	1.235	1.290	1.341	1.374	1.390	1.366	1.349	1.374
	年份	2010	2011	2012	2013	2014	2015	2016	2017	2018	2019
	乘数值	1.418	1.424	1.437	1.437	1.417	1.433	1.430	1.429	1.427	1.431
美国	年份	2000	2001	2002	2003	2004	2005	2006	2007	2008	2009
	乘数值	1.224	1.223	1.225	1.277	1.321	1.352	1.365	1.343	1.314	1.340
	年份	2010	2011	2012	2013	2014	2015	2016	2017	2018	2019
	乘数值	1.375	1.377	1.390	1.391	1.380	1.386	1.387	1.386	1.384	1.386

数据来源：作者计算。

二、贸易摩擦影响中美经济增长的效应评估

针对中美经贸摩擦，现有文献对其可能产生的贸易等效应进行了广泛探讨和研究。例如，倪红福等（2018）①构建全球投入产出价格效应模型，并利用 2014 年全球投入产出表（WIOT）和分行业关税率数据进行测算和加征关税的情景模拟分析，研究发现，总体上，现行关税体系对中国行业的价格影响大于美国。但中美加征关税，将使得美国的价格水平提高幅度大于中国，进而美国居民的福利损失总体上大于中国。樊海潮和张丽娜（2018）②从中间品贸易和量化分析的角度对中美贸易摩擦及其影响进行了评估，量化分析的结果表明：第一，当美国单方面提高进口中间产品关税时，会恶化其福利水平，进口最终产品关税提高，其福利水平则会改善；第二，受中间品贸易的影响，中美两国爆发贸易摩擦后，两国福利水平均会发生恶化，

① 倪红福，龚六堂，陈湘杰. 全球价值链中的关税成本效应分析——兼论中美贸易摩擦的价格效应和福利效应[J]. 数量经济技术经济研究，2018，35（8）：74-90.

② 樊海潮，张丽娜. 中间品贸易与中美贸易摩擦的福利效应：基于理论与量化分析的研究[J]. 中国工业经济，2018（9）：41-59.

且与美国相比，中国福利水平的恶化程度更为严重。李春顶等（2018）[①]构建了一个包含29个经济体的大型一般均衡数值模型系统，引入了“内部货币”的贸易不平衡结构和贸易成本的假定；在扩展的模型基础上，校准参数并量化模拟了中美贸易摩擦的经济影响，以及中国6种应对措施的政策效果。模拟的结果发现，中美相互贸易摩擦会给双方带来损害，且美国不能实现制造业就业的增加，比较而言，中国的受损大于美国。郭晴和陈伟光（2019）[②]根据中美贸易摩擦的严重程度设置了5种情境，利用CGE模型动态模拟了中美贸易摩擦的经济效应。研究结果表明，中美贸易摩擦将对全球宏观经济产生深刻影响，加征关税对中美双方GDP增长和居民福利造成不利影响。吕越等（2019）[③]利用联合国贸发会议数据库和世界贸易组织关税数据库与局部均衡模型，根据2018年中美两国公布的4月份初步清单和6月份两批实施清单，对贸易削减效应进行了模型分析，研究表明，从贸易影响来看，美国从中国的进口和中国从美国的进口将大幅减少，且前者减少额度远超后者。可见，现有研究主要聚焦于中国和美国两个国家，从某个特定层面上分析了中美贸易摩擦带来的不利影响。所得分析结论从一定程度上也能反映“共赢”受损问题，但无法深刻揭示其全球增长共赢的受损波及效应。

为此，我们借鉴吕越等的贸易削减效应研究成果，利用其所预测和评估的中美贸易摩擦带来的贸易下降效应，或者说中美两国的贸易增长规模的缩减效应，根据前述表6-1测算的2019年贸易“新”乘数为基础，评估了中美贸易摩擦对两国经济增长的负面作用力。测算结果表明，受到中美贸易摩擦的影响，2019年中国经济增长率下降了约0.61%，也就是说，如果没有中美经贸摩擦的影响，2019年中国实际经济增长率还可以提高约0.61%，这一效应将会通过投入产出而影响到世界其他国家和地区，对此，后文将会给予具体的评估结果。与之类似，受到中美贸易摩擦的影响，2019年美国经济增长率约下降了约0.43个百分点，也就是说，如果没有中美经贸摩擦，2019年美国实际经济增长率还可以提高约0.43%，这一效应同样将会通过投入产出而影响到世界其他国家和地区，对此，后文也将会给予

① 李春顶，何传添，林创伟. 中美贸易摩擦应对政策的效果评估[J]. 中国工业经济，2018（10）：137-155.

② 郭晴，陈伟光. 基于动态CGE模型的中美贸易摩擦经济效应分析[J]. 世界经济研究，2019（8）：103-117+136.

③ 吕越，娄承蓉，杜映昕，屠新泉. 基于中美双方征税清单的贸易摩擦影响效应分析[J]. 财经研究，2019，45（2）：59-72.

具体的评估结果。

三、贸易摩擦对全球增长共赢链的破坏效应评估

根据第三章介绍的测度框架和方法，以及利用灰色关联模型进行相应预测，我们测算了 2019 年中国经济增长对世界各国经济增长的实际拉动系数，以及美国经济增长对世界各国经济增长的实际拉动系数，并基于此，结合前述测度的美国对华发动贸易摩擦致使 2019 年中国经济增长遭受 0.61 个百分点的损失，以及美国经济增长遭受 0.43 个百分点的实际损失的基本结论，我们进一步计算了由此引发的对世界各国经济增长带来的损失。具体测算结果如表 6-2 所示。

表 6-2　中美贸易摩擦对世界经济增长的影响

国家	澳大利亚	奥地利	比利时	保加利亚	巴西	加拿大	瑞士	塞浦路斯	捷克	德国	丹麦
中国引致	−0.0328	−0.0076	−0.0097	−0.0125	−0.0125	−0.0069	−0.0087	−0.0024	−0.0074	−0.0105	−0.0073
美国引致	−0.0253	−0.0059	−0.0076	−0.0097	−0.0097	−0.0054	−0.0067	−0.0018	−0.0057	−0.0081	−0.0056
总效应	−0.0581	−0.0135	−0.0173	−0.0222	−0.0223	−0.0123	−0.0154	−0.0042	−0.0130	−0.0186	−0.0129
国家	西班牙	爱沙尼亚	芬兰	法国	英国	希腊	克罗地亚	匈牙利	印度尼西亚	印度	爱尔兰
中国引致	−0.0040	−0.0062	−0.0105	−0.0051	−0.0045	−0.0036	−0.0047	−0.0084	−0.0186	−0.0065	−0.0078
美国引致	−0.0031	−0.0048	−0.0082	−0.0039	−0.0035	−0.0028	−0.0036	−0.0065	−0.0145	−0.0050	−0.0060
总效应	−0.0071	−0.0109	−0.0187	−0.0090	−0.0079	−0.0065	−0.0083	−0.0149	−0.0331	−0.0115	−0.0138
国家	意大利	日本	韩国	立陶宛	卢森堡	拉脱维亚	墨西哥	马耳他	荷兰	挪威	波兰
中国引致	−0.0044	−0.0176	−0.0562	−0.0062	−0.0084	−0.0044	−0.0038	−0.0044	−0.0106	−0.0087	−0.0051
美国引致	−0.0034	−0.0136	−0.0436	−0.0048	−0.0065	−0.0034	−0.0029	−0.0034	−0.0082	−0.0067	−0.0040
总效应	−0.0078	−0.0311	−0.0998	−0.0110	−0.0150	−0.0078	−0.0067	−0.0079	−0.0189	−0.0154	−0.0091
国家	葡萄牙	罗马尼亚	俄罗斯	斯洛伐克	斯洛文尼亚	瑞典	土耳其	其他地区	葡萄牙		
中国引致	−0.0042	−0.0046	−0.0165	−0.0057	−0.0058	−0.0069	−0.0057	−0.0037	−0.0429		
美国引致	−0.0033	−0.0036	−0.0128	−0.0044	−0.0045	−0.0054	−0.0045	−0.0029	−0.0333		
总效应	−0.0075	−0.0082	−0.0292	−0.0102	−0.0103	−0.0123	−0.0102	−0.0066	−0.0762		

数据来源：作者计算。

从表 6-2 的测算结果来看，中美贸易摩擦在对中国和美国两个国家带来经济增长的负面冲击效应的同时，对世界上其他国家和地区的经济增长同样带来了显著的冲击效应。由于在全球投入产出的作用机制下，全球各国之间具有了增长共赢链的显著特征，因此，任何一个国家的经济波动都

会通过全球生产网络的作用机制而产生全球性扩散作用。其中，作为开放型经济相对发达的诸如日本和韩国等，同样在中美贸易摩擦中遭受一定损失。

总之，从全球投入产出关系看，中美贸易摩擦导致了中美双方在进出口贸易规模上的变化，而这种变化在全球价值链分工条件下通过"新"乘数作用于各自的经济增长效应，使中国和美国的实际经济增长遭受不同程度的损失，而中国和美国由于产出增长遭遇损失，又会进一步通过全球投入产出关系而扩散至其他国家和地区，使得其他国家和地区的经济增长也在不同程度上遭遇一定损失。总之，在全球投入产出的链条作用下，全球增长确实具有了共赢链的特征，由美国发起的对华贸易摩擦所带来的破坏作用和全球经济增长的损失，可谓从反面为全球增长共赢链提供了一个经验案例。

第七章　构建全球增长共赢链：基于中国对外直接投资作用的实证分析

依托对外直接投资是跨国公司布局全球价值链的重要方式和手段，这也是20世纪80年代以来，全球价值链分工体系得以不断推进的主要动力所在。然而，以往的全球价值链分工演进，主要是由发达国家跨国公司主导和推进的，如前文所述，发达国家跨国公司或者说发达国家资本的全球扩张，受到其资本逐利性驱动，以及在新自由主义经济思想和“夺市为强”理念的主导下，虽然全球价值链分工演进得到了快速发展，使得世界各国之间具有了增长联动和共振的“共赢链”特征，但优胜劣汰、适者生存等“丛林法则”的竞争方式甚至不公平竞争，也导致了全球价值链分工存在很大问题，突出表现为机会不均等和地位不平等。例如，有些发展中国家和转型经济体如俄罗斯和巴西等，在全球价值链分工中不断被边缘化，进而退化为能源和初级产品出口国，在非洲一些欠发达和最不发达地区，甚至存在融入全球价值链分工的巨大困难。即便是已经融入全球价值链分工体系的发展中国家，与发达国家相比，也面临着地位不平等问题。以中国为例，长期以来，大量利用外资正是中国融入全球价值链的主要途径，但这种发展路径具有被动特征，即通常作为“被整合者”而被纳入国际分工体系，且面临“低端嵌入”甚至“低端锁定”困局，与发达国家占据和控制着价值链高端相比，中国则在价值链分工地位中处于明显劣势。进入开放发展新阶段，一方面，中国面临亟待迈向全球价值链中高端的目标任务，从而以代表发展中国家的身份改善其全球价值链分工地位；另一方面，中国已经进入“引进来”和“走出去”并重的发展阶段。本章认为，在全球价值链分工体系下，由于有着更为先进的理念即“人类命运共同体”引领，并且“互利共赢”一向是中国主张的开放战略，因此中国开展对外直接投资不仅有助于与东道国产生直接的价值链关联效应，而且还会通过空间外溢效应产生与第三国价值链关联效应，或者说中国开展对外直接投资为参与价值链分工的机会均等带来了实际效应。这不仅有助于提升相对于东道国而言的价值链分工位置改善效应，同样也会通过空间外溢效应而提升相对其他国家的分工位置改善效应。此外，上述两种效应还具有空间溢出的区域交叉性。因此，总体来看有助于中国构建和攀升全球价值链，意味着作为发展中国家的代表，中国开展对外直接投资对于改善发展中国家的价值链分工地位，有着积极作用。如果说上述两个方面的实际效应均存在的话，那么中国开展对外直接投资既能够为各国参与全球价值链提供更多机会，又可以在改善发展中国家分工地位上起到积极作用，从而对于优化全球价值链且进一步夯实“全球增长共赢链”的基础，或者推动构建“全球增长共赢链”有着极为重要的实践价值。利用 2010—2017 年的中国对外直接投资数据以及在测度价值链关联和位置指数基础上，在总样本以及区分“一带一路”和非“一带一路”分样本层面，本章利用空间计量模型对理论假说进行了逻辑一致性检验。据此，在“做好向西开放文章，放大向东开放优势”的过程中，中国应注重对外直接投资的价值链效应及其空间外溢，在实现“东西并济”中加快推动构建和优化全球价值链，为打造“全球增长共赢链”做出中国贡献。

第一节　问题提出及文献述评

20 世纪 80 年代以来，伴随国际生产分割技术的突飞猛进，以及信息和通信技术革命的兴起和深化，经济全球化进入了“第二波大松绑”，跨国公司在全球范围寻找低成本、市场容量大的地区来配置其生产和销售活动，从而催生了全球价值链分工的快速发展，并成为国际分工的主导形式。通常而言，跨国公司布局全球价值链会采取两种形式：一是通过发布订单的形式将产品生产的部分环节和阶段，外包给其他国家和地区，在全球范围内整合和利用资源；二是通过对外直接投资的方式，直接推动产业和产品生产环节和阶段的国际梯度转移。应该说，上述两种方式中对外直接投资是构建全球价值链更为重要的途径，是建立国家间、区域间价值链联系的重要桥梁，从一国利用外资以及本土“配套企业”发展角度看，也是各国融入全球价值链并实现价值链攀升的重要手段。这正是改革开放以来，中国快速而全面地融入全球价值链分工体系的重要实践经验所在，即大量利用外资并由此带动本土配套企业发展，在中国融入国际分工中发挥了巨大作用。

一、问题提出

引进和利用外资虽然是参与全球价值链分工体系的一种方式和途径，但开放型经济发展本质上应该是既有“引进来”也有“走出去”的双向循环系统，而且，通过引进外资融入发达国家跨国公司构建和主导的全球价值链分工体系，主要是以“被整合”的身份和地位参与国际分工，通常面临“低端嵌入”甚至是“低端锁定”的困境和风险。此外，还有一部分国家和地区由于可能面临机会不均等从而融入全球价值链分工地位程度较低、被边缘化甚至存在融入困难。2008 年国际金融危机发生后，全球经济进入深度调整期，全球价值链面临重构问题。与此同时，中国开放型经济发展也进入到新阶段，其中有两个较为突出的变化和特征，一是在生产要素价格不断上升、传统低成本优势逐步丧失的条件下，中国融入全球价值链分工体系亟待由以往的“低端嵌入”向“中高端”攀升；二是正在从以往的以“引进来”为主向“引进来”和“走出去”并重为主的转变。这就提出了一个非常有趣且具有实践价值和意义的课题：中国开展对外直接投资是否有助于优化构建全球价值链，从而在促进机会均等和地位平等的过程中为夯实“全球增长共赢链”打下更为坚实的基础？

通常而言，价值链的构建主要表现为两个方面的变化：一是价值链关联程度的变化；二是价值链分工地位的变化。因此，由对外直接投资带来的价值链关联程度与价值链相对分工位置变化，可称之为对外直接投资的价值链效应。所谓价值链关联程度是指两国在全球价值链下分工协作关系的紧密程度，从一国的视角看，反映了该国嵌入全球价值链所形成的相互依赖关系，或者说形成的一种地理空间分布关系；所谓价值链分工地位是指一国在全球价值链中的分工地位，通常表现为位于价值链不同生产环节和阶段，或者说价值链中的垂直上下游关系。就前者而言，现有关于对外直接投资的区位选择以及由此引发的贸易效应研究，实际上涉及的正是生产和贸易的区位布局问题。即在区位选择方面，现有研究普遍认为，东道国的一些经济特征会影响到一国对外直接投资的区位选择。其中代表性的研究主要包括以安德森（Andesron，1979）[①]提出的对外直接投资引力模型和哈瑞斯（Harris，1954）[②]提出的第三国效应为研究基础的两大主流方式。

① Anderson, J. E.,“The Theoretical Foundation for the Gravity Equation”, *American Economic Review*, 1979, Vol.69, No.1.

② Harris, C.,“The Market as a Factor in the Localization of Industry in the United States”, *Annals of the Association of American Geographers*, 1954, Vol.44, No.4.

对外直接投资引力模型是在双边体制下进行分析（王永钦等，2014[①]；蒋冠宏等，2012[②]），第三国效应考虑了第三国带来的空间外溢性（马述忠等，2016）[③]。但是聚焦于对外直接投资空间布局的研究，并没有进一步分析对外直接投资布局下的价值链关联布局的本质。至于对外直接投资的贸易效应研究，很显然在一定程度上涉及了国与国之间在分工和贸易上的相互依赖程度和密切性。客观而言，对外直接投资空间布局引致的贸易关联空间布局及其变化，对把握对外直接投资的动机以及经济效应具有重要意义，但是，基于贸易额的简单考察已不能充分反映对外直接投资所产生的价值链分工效应。而针对对外直接投资对价值链分工地位的影响，要么在实证层面上直接探讨对外直接投资与全球价值链分工地位的关系（戴翔等，2018[④]；张宏等，2012[⑤]；杨连星等，2017[⑥]），突出表现在利用计量模型分析对外直接投资对一国产业升级的促进作用（潘素昆等，2014[⑦]；王丽等，2016[⑧]；贾妮莎等，2016[⑨]）；要么就进一步从“边际产业转移”和“逆向技术溢出”等角度探讨对产业升级的作用机制（姚战琪，2017[⑩]；沙文兵，2012[⑪]；李梅等，2012[⑫]）。总体而言，上述研究旨在厘清对外直接投资对价值链升级的总体经济效应，但没有针对流向不同区域（国家）的对外直

---

① 王永钦，杜巨澜，王凯. 中国对外直接投资区位选择的决定因素：制度、税负和资源禀赋[J]. 经济研究，2014（12）：126-142.

② 蒋冠宏，蒋殿春. 中国对外投资的区位选择基于投资引力模型的面板数据检验[J]. 世界经济，2012（9）：21-40.

③ 马述忠，刘梦恒. 中国在“一带一路”沿线国家 OFDI 的第三国效应研究：基于空间计量方法[J]. 国际贸易问题，2016（7）：72-83.

④ 戴翔，徐柳. “走出去”如何影响中国制造业攀升全球价值链？[J]. 西安交通大学学报（社会科学版），2018（3）：11-22.

⑤ 张宏，王建. 中国对外直接投资与全球价值链升级[M]. 中国人民大学出版社，2012.

⑥ 杨连星，罗玉辉. 中国对外直接投资与全球价值链升级[J]. 数量经济技术经济研究，2017（6）：54-70.

⑦ 潘素昆，袁然. 不同投资动机 OFDI 促进产业升级的理论与实证研究[J]. 经济学家，2014（9）：69-76.

⑧ 王丽，张岩. 对外直接投资与母国产业结构升级之间的关系研究——基于 1990—2014 年 OECD 国家的样本数据考察[J]. 世界经济研究，2016（11）：60-69.

⑨ 贾妮莎，申晨. 中国对外直接投资的制造业产业升级效应研究[J]. 国际贸易问题，2016（8）：143-152.

⑩ 姚战琪. 中国对“一带一路”沿线各国 OFDI 逆向技术溢出效应分析[J]. 河北经贸大学学报，2017（9）：22-30.

⑪ 沙文兵. 对外直接投资、逆向技术溢出与国内创新能力——基于中国省际面板数据的实证研究[J]. 世界经济研究，2012（3）：69-75.

⑫ 李梅，柳士昌. 对外直接投资逆向技术溢出的地区差异和门槛效应——基于中国省际面板数据的门槛回归分析[J]. 管理世界，2012（1）：21-32.

接投资对某一区域（国家）所产生的价值链效应进行细致研究，更缺乏在准确度量价值链分工地位条件下进行有针对性的专门研究。

实际上，在全球价值链分工条件下，或者说在以对外直接投资为主要形式之一的全球价值链布局条件下，一国开展对外直接投资，不仅从双边角度看会产生价值链效应，而且由于生产网络的相互作用性，同样会通过空间外溢而产生“第三国效应”。鉴于此，本章以理论分析为先导，利用中国经验数据，纳入空间滞后项分析对外直接投资所带来的价值链效应及其空间外溢，从实证层面回答中国与东道国的价值链关联程度与价值链相对位置指数，如何受到中国对东道国的对外直接投资以及中国对东道国“邻近国”的对外直接投资的双重影响，并按照“一带一路”沿线与非“一带一路”沿线对东道国进行区域划分，研究区域内、区域间的价值链效应的空间外溢效应，从而更好地把握全球价值链下中国开展对外直接投资产生的实际价值链效应。据此，从价值链构建能够带来更多参与机会和更好完善分工地位角度，实证检验中国开展对外直接投资对“全球增长共赢链”的实践效应。本章的研究力图在以下几个方面有所创新：第一，基于双边视角，将全球价值链参与度和全球价值链位置指数，作为价值链效应替代变量，分析中国开展对外直接投资如何直接影响其与东道国的价值链关联与位置变化，为中国对外直接投资的价值链构建效应提供细致的空间视角分析。第二，实证分析中纳入空间外溢机制，不仅考察对外直接投资的直接价值链效应，还重点考察对外直接投资的空间滞后项对中国与东道国的价值链关联与价值链位置指数的影响，即中国开展对外直接投资的价值链空间外溢效应。第三，按照对外直接投资流向将样本划分为“一带一路”沿线国家与非“一带一路”沿线国家，研究两个区域之间的交叉价值链外溢效应，所得结论对我国倡导的“一带一路”构建具有一定的政策含义。

二、现有研究述评

本章着重考察中国开展对外直接投资的价值链构建及其空间溢出效应，以此明晰在推动全球价值链构建的机会更加均等和地位更加平等方面的现实效应，进而在夯实构建全球增长共赢链基础方面取得的实际成效。实际上，现有研究早已关注到开展对外直接投资对全球价值链分工的影响，因为就全球价值链或者说全球生产网络的布局而言，主要是由作为微观经济主体的跨国公司推动的，而跨国公司通过开展对外直接投资，正是布局全球价值链的重要方式和手段之一（葛顺奇等，2015）[①]。只不过，基于这一层面的认识更加具有一般性，对于理解开展对外直接投资究竟会在国别层面上产生怎样的影响，还无法提供进一步的理论解释和经验证据。从国家层面参与全球价值链的影响角度看，关于开展对外直接投资可能产生实际效应的研究，聚焦于两个方面：一是作为东道国通过利用对外直接投资，会对其参与全球价值链分工产生怎样的影响（白光裕等，2015）[②]；二是作为母国开展对外直接投资，会对母国融入全球价值链分工体系产生怎样的影响（倪红福等，2016）[③]。

就利用外资对东道国参与全球价值链分工体系的影响而言，现有文献已经取得了较为丰硕的成果。大体来看，这一方面的文献研究主要聚焦于两个层面：第一，利用外资对东道国融入全球价值链分工程度究竟会产生怎样的影响；第二，利用外资对东道国融入全球价值链分工体系的位置及其可能的变迁究竟会产生怎样的影响。就前者而言，现有文献研究所得结论基本一致，即形成了利用外资有助东道国融入全球价值链分工体系的共识。这是因为，利用外资对于东道国来说不仅可以产生融入全球价值链的直接效应，即通过利用外资实际上就是融入跨国公司主导的全球价值链的表现形式和结果，而且还会通过外资企业带来的产业上下游关联机制，而对东道国融入全球价值链带来更为重要的间接效应（张二震等，2008）[④]。这一方面的突出表现就是外资企业入驻东道国后，会因为投入产出关系而带动前向关联和后向关联的本土配套企业的发展。也就是说，本土企业通过与外资企业配套而间接地融入全球价值链生产分工体系，同样，与本土配套企业发生投入产出关系的其他本土企业，实质上也在一定程度上间接地融入全球价值链分工体系中来（戴翔等，2013）[⑤]。不仅如此，本土企业在与外资企业配套过程中不断积累和提升外向型发展经验和能力，从而会进一步拓展其参与全球价值链分工的范围，与更多的跨国公司建立业务关系。从东道国层面看，表现为更加快速而全面地融入全球价值链分工体

---

① 葛顺奇，罗伟. 跨国公司进入与中国制造业产业结构——基于全球价值链视角的研究[J]. 经济研究，2015，50（11）：34-48.

② 白光裕，庄芮. 全球价值链与国际投资关系研究——中国的视角[J]. 国际贸易，2015(6)：16-20.

③ 倪红福，龚六堂，夏杰长. 生产分割的演进路径及其影响因素——基于生产阶段数的考察[J]. 管理世界，2016（4）：10-23.

④ 张二震，方勇. 经济全球化与中国对外开放的基本经验[J]. 南京大学学报（哲学·人文科学·社会科学版），2008（4）：5-13.

⑤ 戴翔，张雨. 开放条件下我国本土企业升级能力的影响因素研究——基于昆山制造业企业问卷的分析[J]. 经济学（季刊），2013，12（04）：1387-1412.

系。就后者而言，现有文献研究所得的观点和结论不尽相同。部分研究文献认为，虽然利用外资有助于东道国融入和参与全球价值链分工体系，但是考虑到外商直接投资所推动的产业和产品价值增长环节的国际梯度转移往往具有边际转移特征，而且外资企业的技术溢出效应也极其有限，甚至对本土企业具有挤出效应的情况下，对东道国融入和参与全球价值链的分工地位通常会带来不利影响，尤其是对于发展中国家来说，外资经济“只长骨头不长肉”的“低端嵌入”甚至“低端锁定”的论调和观点，就是明证（易会文等，2011）①。与上述“悲观论”的认识和观点迥异的是，也有一部分研究文献认为，利用外资实际上有助于东道国攀升全球价值链和改善国际分工地位，因为外资的大量利用不仅催生了产业发展的从无到有，还在一定程度上带动了产业转型升级，其技术溢出效应尤其是通过上下游关联而产生的技术溢出效应是存在的，因而也是有助于发展中国家实现价值链攀升和分工地位提升的（刘斌等，2015）②。

从母国角度看，由于发达国家跨国公司作为全球价值链的布局者，长期以来一直处于控制和主导地位，因此鲜有文献关注发达国家开展对外直接投资的价值链效应，包括融入程度和分工地位影响的研究。与之相比，由于发展中国家面临着全球价值链分工地位改善和提升问题，因此，现有研究主要侧重于探讨发展中国家开展对外直接投资，对其价值链分工地位变迁的影响，主要聚焦于中国开展对外直接投资对全球价值链分工地位的影响。对此，现有文献有两种不同的观点，有文献研究认为中国企业开展对外直接投资，具有显著的逆向技术溢出效应，从而提升了企业生产率和促进了国内产业结构转型升级，对攀升全球价值链有着积极的促进作用（陈昊等，2016）③；也有文献研究认为中国企业开展对外直接投资的成效不明显，甚至存在着大量失败的案例，逆向技术溢出效应十分有限，并没有逻辑地带动国内产业结构转型升级，也未能支撑起攀升全球价值链的现实需要（刘伟全等，2008④；UNCTAD，2013⑤）。总体来看，现有研究观点的分歧和结论上的差异，主要源于对对外直接投资逆向技术溢出效应存在

① 易会文，钱学锋，刘建明. FDI 与中国产业关联分析[J]. 中南财经政法大学学报，2011（2）：61-67.

② 刘斌，王杰，魏倩. 对外直接投资与价值链参与：分工地位与升级模式[J]. 数量经济技术经济研究，2015，32（12）：39-56.

③ 陈昊，吴雯. 中国 OFDI 国别差异与母国技术进步[J]. 科学学研究，2016，34（1）：49-56.

④ 刘伟全，张宏. FDI 行业间技术溢出效应的实证研究——基于全球价值链的视角[J]. 世界经济研究，2008（10）：56-62.

⑤ United Nations Conference on Trade and Development, “World Investment Report 2013: Global Value-Chains:Investment and Trade for Development”, UNCTAD, 2013.

的争议。

现有研究取得的丰富成果，为我们进一步认识和理解中国开展对外直接投资的价值链效应，提供了重要的借鉴意义和启示。但综观现有研究不难发现，虽然已有研究探讨了对外直接投资对全球价值链分工可能产生的效应，但仍然存在以下几个需拓展的空间：第一，从研究主体来看，无论是基于母国视角还是基于东道国视角，都只是聚焦于该国参与和融入价值链分工的具体效应，而缺乏对“走出去”和“引进来”双边效应的考察，特别是价值链分工条件下双边关联性的考察。第二，从研究的具体内容来看，现有研究文献要么侧重于价值链参与度，要么侧重于价值链分工地位，综合考虑二者价值链效应的研究较为缺乏。第三，从研究的具体方法看，尤其是对价值链分工地位的测算，现有研究主要侧重于从整体层面考察一国所处价值链分工地位，缺乏价值链分工地位的国别比较，尤其是相对变化的考察。第四，从研究的具体范围看，现有文献要么聚焦于母国，要么聚焦于东道国，对价值链构建的外部性即空间外溢效应考虑不够。由于全球价值链的构建尤其是通过对外直接投资构建的全球价值链，其效应绝不仅仅限于“走出去”和“引进来”的国家之间，应该还会外溢至其他国家和地区即产生空间外溢效应。第五，从开展对外直接投资特别是中国开展对外直接投资角度看，还缺乏区别分析对不同国家（区域）开展对外直接投资可能产生的不同价值链效应分析，包括空间外溢效应的研究文献。第六，缺乏对对外直接投资价值链构建的机会更加均等和地位更加平等方面效应的实证考察，因而还没有直接研究全球增长共赢链所要求的全球价值链优化问题。

鉴于此，本章在借鉴库普曼等（Koopman et al.，2012）提出的贸易增加值测算方法的基础上，构建了双边价值链关联指数与价值链相对位置指数，并将其细化至国与国之间，即分别衡量两国之间的价值链关联程度与价值链上下游关系，进而利用空间计量模型分析中国开展对外直接投资的价值链构建效应及其空间溢出效应。研究结论表明，中国开展对外直接投资不仅提升了与东道国之间的价值链关联程度，而且还会透过空间外溢效应，进一步密切与他国的价值链关联关系；与此同时，对于中国改善和提升全球价值链分工地位也具有积极作用，不仅表现为相对于东道国而言呈现相对分工地位的改善，也表现为因溢出效应的存在而提升了相对第三国的分工地位。上述研究发现有助于我们客观认识和评价中国开展对外直接投资，在构建全球价值链方面所取得的现实效应，而且对于如何进一步重塑和优化全球价值链中“走出去”的作用，进而夯实构建全球增长共赢链的基础，也有一定的政策启示效应。

第二节　理论机制及待检验假说

基于重构和优化全球价值链的需要，进而构建“全球增长共赢链”，中国开展对外直接投资不仅有着更为先进的理念，即以“人类命运共同体”为引领理念，而且在具体发展模式中也本着“共赢”的精神和原则。因而，中国开展对外直接投资对重构和优化全球价值链，从而夯实“全球增长共赢链”具有多重作用机制。

一、直接效应提升价值链关联度

从开展对外直接投资对价值链关联指数的直接影响看，在传统的国际分工条件下，由于母国可能出于规避高贸易壁垒、节约高运输成本、适应东道国市场等原因，直接对东道国进行对外直接投资，以使用当地原材料和各种生产要素，在东道国生成最终产品并在东道国销售。这种水平型的对外直接投资方式从贸易角度看具有一定的替代作用，即代替了之前从东道国进口原材料并在母国生成最终产品再出口到东道国的方式，因而会减少产品价值增值在国与国之间的流通，会降低国与国之间的贸易关联度。这种作用机制在传统国际经济学理论分析中即所谓的投资与贸易的替代效应。然而，伴随国际分工的演进，犹如前文所述，开展对外直接投资更多是出于构建全球价值链的需要，无论是水平型对外直接投资还是垂直型对外直接投资，抑或是复杂策略和动机下混合型对外直接投资，实际上在一定程度上都是基于构建全球价值链的需要。对外直接投资引发的产业和产品价值增值环节的空间布局，从生产碎片化到最终产品生产的完成需要的要素以及中间品跨国流动性角度看，必然会引起技术、管理等生产要素在母国与东道国之间流动，会引起中间产品在母国和东道国之间的流动，这无疑会对双边价值链关联程度的提升起到促进作用。众所周知，全球价值链分工条件下的对外直接投资，更多是为了利用东道国的各种生产要素，即便是市场寻求型的，也已经远超传统意义上的销售功能，从而在生产过程中以某种方式融入全球价值链，以更好地服务于母国跨国公司在全球的生产与销售，而不是只服务于在东道国销售最终产品。从这一意义上说，中国开展对外直接投资必将促进更多的附加值在中国与东道国之间流动，从而增强价值链关联。由此我们提出待检验理论假说 1。

理论假说 1：中国开展对外直接投资对于提升中国与东道国之间价值链关联度具有积极的促进作用。

二、空间溢出效应提升价值链关联度

从开展对外直接投资对价值链关联指数的空间外溢看，流向东道国的对外直接投资不仅影响母国与东道国之间的价值链关联，而且会影响东道国周围国家与开展对外直接投资母国的价值链关联，即产生空间外溢效应。随着全球生产网络的形成，母国的对外直接投资不再局限于与东道国发生点对点的效应，更是着眼于区域，即以东道国作为一个节点来实现点对面的战略，实现区域乃至全球价值链的构建。在这种战略下，母国的目标区域中各国之间即便在产业结构、要素结构等方面由于具有相似性而产生一定的竞争关系，但价值链的带动作用仍然居于主导地位。这突出表现为两个方面的作用：一是母国投资于东道国后，无论是从构建全球生产网络角度看，还是从分工细化导致的产出增长能力提升角度看，母国都有可能增加对东道国所在区域内其他国家和地区要素与中间产品的需求，从而强化了母国与第三国之间的价值链关联程度。这是一种直接的外溢效应。二是从投资的东道国角度看，基于同样的原理也会强化东道国与其周边国家之间的价值链关联度，因为母国与东道国之间的对外直接投资，将影响东道国对第三国的供需水平，如基建投资会降低东道国与第三国之间的贸易成本等，这些变化均将促进两者的产业关联。在全球生产网络条件下，第三国与东道国之间价值链关联会通过东道国与母国发生关联。这是一种间接的外溢效应。特别地，当东道国与第三国之间的产业结构和要素结构互补性越强时，开展对外直接投资母国与第三国的价值链关联，将通过东道国与第三国的价值链关联间接传播，从而使母国与第三国的价值链关联更加紧密。据此我们认为，中国开展对外直接投资将产生空间外溢，直接效应和间接效应的叠加将有助于提升中国与第三国之间的价值链关联程度。由此本章提出待检验理论假说 2。

理论假说 2：中国开展对外直接投资会产生空间外溢效应，从而提升中国与第三国之间的价值链关联度。

三、直接效应改善价值链分工地位

从开展对外直接投资对价值链分工地位的直接影响看，中国作为一个发展中国家，在技术实力上与发达国家仍有相当大的差距，但与其他部分发展中国家相比已经具有显著优势。中国开展对外直接投资从目的地上看，既有发达国家也有发展中国家。其中，对发达国家开展的对外直接投资，从动机上看，大多属于逆向对外直接投资，其动机在于学习更先进的管理、获取更先进的技术等，从而产生逆向技术溢出效应。尤其是从长期效应看，如果逆向技术溢出效应能够得以充分发挥，那么中国将在升级管理、技术之后实现价值链攀升，其相对于东道国的价值链位置也将趋于上升。而中国向其他发展中国家的投资，可以借助已经形成的资本和技术优势，将直接形成对东道国价值链的控制力和影响力，以及东道国对中国中高端中间品供给依赖的提升，促进中国对东道国的价值链相对位置的上升。此外，中国对其他发展中国家的对外直接投资有一个很重要的动机，那就是转移国内边际产业，或者开展产能与技术合作，比如对“一带一路”沿线国家的投资。这种投资将为国内发展高新技术、高端产业等腾出更为广阔的空间，从而促进国内产业结构优化，促进价值链攀升。据此可见，中国开展对外直接投资无论是“走向”发达国家，还是“走向”其他发展中国家，无论是基于追求“逆向技术溢出”效应，还是转移边际产业和开展技术与产能合作，都将有利于国内产业结构的优化升级，最终有利于价值链分工地位的相对提升。由此本章提出待检验理论假说 3。

理论假说 3：中国开展对外直接投资对提升中国对东道国的价值链分工位置，具有积极促进作用。

四、溢出效应改善价值链分工地位

与对价值链关联的影响一样，中国开展对外直接投资对价值链相对位置的变化也存在空间外溢效应。实际上，价值链相对位置的空间外溢是伴随着价值链关联的空间外溢而产生的，即价值链关联的变化通常会引起价值链相对位置的变化，只是在方向上会存在升高或降低，这取决于东道国与第三国之间原本存在的价值链相对位置关系及其变动情况，同时也取决于东道国的要素禀赋与中国的对外直接投资动机。实际上，如前述分析指出，由于对外直接投资具有逆向技术溢出效应与边际产业转移效应等，中国在对外直接投资中会获得技术进步的机会、丰富管理经验的机会，以及产业结构优化带来的生产效率与产品质量提升的机会。如果说全球价值链分工环节和阶段决定的分工位置是既定的话，那么很显然，中国在全球价值链中的位置变迁必然导致整个价值链生产布局的重新调整。无论是对发达国家来说还是对发展中国家来说，价值链分工地位的相对提升，必然意味着其他国家和地区相对位置的下降。换言之，从全球生产网络的空间布局角度看，配置于中国的生产环节和阶段的相对高端，必然意味着跨国公司会重新调整配置于其他国家和地区的生产环节和阶段，而这种调整的空间外溢性所带来的通常结果就是，其他更多中低端环节或者说失去比较优势的环节，会被配置到其他国家和地区。总之，中国开展对外直接投资不仅会改变自己与东道国之间的价值链分工地位的相对关系，而且还会通过全球价值链的重新布局和调整所产生的外溢效应，而改变与第三国的价值链分工地位的相对关系。当然，这种空间外溢效应，从区域角度看也是存在的。随着“一带一路”建设的推进以及中国向沿线国家对外直接投资的逐步增多，如果我们从区域上划分为“一带一路”沿线国家和非“一带一路”沿线国家的话，那么中国开展对外直接投资的空间外溢效应同样会在上述两区域间产生交叉性。据此本章提出待检验理论假说 4。

理论假说 4：中国开展对外直接投资会产生空间外溢效应，包括在“一带一路”与非“一带一路”区域间产生交叉外溢效应，从而提升中国相对于第三国的价值链分工位置。

五、贸易“新”乘数模型

传统贸易乘数的推导建立在假定各经济变量相互独立的宏观经济学恒等式基础之上。然而，随着全球价值链分工的不断深化和发展，贸易的性质发生了变化，产业内分工使贸易逐渐兼备了对接生产环节乃至融入生产链的功能和意义。贸易已不再独立于其他经济活动，贸易变动也不再如传统宏观经济学恒等式那样等额影响国民收入。考虑到价值链投入产出循环关联机制的影响，贸易对国民收入或者说产出的作用乘数也就被赋予了“新”的内涵。

为简化研究而不失一般性，对价值链投入产出问题的分析逻辑，将世界贸易体系简化为仅有两个国家的贸易模型，基于投入产出原理分析全球价值链条件下贸易对经济增长的驱动机制。即一国净出口变动引致两国产出变动，进而引致另一国净出口变动并反作用于该国，再如此往复循环的乘数效应。假设国际贸易体系中的两个国家分别为国家 1 和国家 2，两国各自生产 N 种产业参与全球价值链分工和贸易，两国的投入产出矩阵形式如下：

$$\begin{pmatrix} X_1 \\ X_2 \end{pmatrix} = \begin{pmatrix} A_{11} & A_{12} \\ A_{21} & A_{22} \end{pmatrix} \begin{pmatrix} X_1 \\ X_2 \end{pmatrix} + \begin{pmatrix} Y_{11}+Y_{12} \\ Y_{21}+Y_{22} \end{pmatrix} \tag{7-1}$$

以国家 1 为例，其中，X_1 表示国家 1N 种产业的 $N\times1$ 阶总产出向量；Y_{11} 表示国家 1 的国内最终消费需求 $N\times1$ 阶向量；Y_{12} 表示在国家 1 生产被国家 2 最终消费的 $N\times1$ 阶需求向量，也就是国家 1 的最终品出口或者说国家 2 的最终品进口向量。国家 2 的相关表述同理。$2N\times2N$ 阶矩阵（A_{ij}）表示两国各产业之间的投入产出系数矩阵，该矩阵中元素 A_{ij} 为 i 国各产业投入对 j 国各产业产出的 $N\times N$ 阶相关系数矩阵，矩阵中元素 $a_{n,m,ij}$ 表示 j 国 m 产业产出需要投入的 i 国 n 产业的占比。

式（7-1）可化简得：

$$\begin{pmatrix} Y_{11}+Y_{12} \\ Y_{21}+Y_{22} \end{pmatrix} = \begin{pmatrix} I-A_{11} & -A_{12} \\ -A_{21} & I-A_{22} \end{pmatrix} \begin{pmatrix} X_1 \\ X_2 \end{pmatrix} \tag{7-2}$$

由式（7-2）可知，针对国家 1 而言：

$$Y_{11}+Y_{12}=(I-A_{11})X_1-A_{12}X_2 \tag{7-3}$$

假设国家 1 各产业最终品出口增加了 E_1，E_1 为 $N\times1$ 阶向量。回溯这部分出口的生产来源可知，该出口增加引致的产出增长 ΔX_1 满足以下条件：

$$E_1=(I-A_{12})(I-A_{11})\Delta X_1$$

式（7-3）表示为生产 E_1 的最终品，首先，应扣除本国对本国中间品投入 $A_{11}\Delta X_1$，即表示为（$I-A_{11}$）ΔX_1；其次，该最终品产出中还必须扣除作为中间品出口到国外的部分 A_{12}（$I-A_{11}$）ΔX_1，即表示为（$I-A_{12}$）（$I-A_{11}$）ΔX_1。由此可知，国家 1 由于最终品出口增长而引致的产出增量 $\Delta X_1=\frac{I}{(I-A_{11})}\frac{I}{(I-A_{12})}E_1$。将 ΔX_1 代入式（7-3）右端，再将国家 1 对国家 2 的最终品出口向量 E_1 代入式（7-3）左端，调整方程左右平衡：

$$Y_{11}+Y_{12}+E_1=(I-A_{11})\left[X_1+\frac{I}{(I-A_{11})}\frac{I}{(I-A_{12})}E_1\right]-A_{12}X_2-\frac{A_{12}}{(I-A_{12})}E_1$$

$$Y_{11}+Y_{12}+E_1=(I-A_{11})\left[X_1+\frac{I}{(I-A_{11})}\frac{I}{(I-A_{12})}E_1\right]-A_{12}\left[X_2+\frac{I}{(I-A_{12})}E_1\right]$$

由此可得国家 1 最终产品出口引致两国产出 X_1、X_2 的变化量为：

$$\begin{cases} \Delta X_{1(1)}=\frac{I}{(I-A_{11})}\frac{I}{(I-A_{12})}E_1 \\ \Delta X_{2(1)}=\frac{I}{I-A_{12}}E_1 \end{cases} \tag{7-4}$$

据此可知，由于产出变化而导致国家 2 的产出中用作最终产品的总需

求变动 ΔY_2 如下：

$$\Delta Y_2 = -A_{21}\frac{I}{\left(I-A_{11}\right)}\frac{I}{\left(I-A_{12}\right)}E_1+\left(I-A_{22}\right)\frac{I}{\left(I-A_{12}\right)}E_1$$

求矩阵 ΔY_2 对矩阵 E_1 的导数，所得结果表示：国家 1 各产业出口引致产出变动，进而由于产出变动对国家 2 各产业产出中用作最终消费需求的影响，求导后的影响因子矩阵为：

$$P=\frac{\partial \Delta Y_2}{\partial E_1}=-A_{21}\frac{I}{\left(I-A_{11}\right)}\frac{I}{\left(I-A_{12}\right)}+\left(I-A_{22}\right)\frac{I}{\left(I-A_{12}\right)} \tag{7-5}$$

此外，由于国家 2 同时消费了从国家 1 进口的最终品 E_1，为了分析方便，我们可以先假定国家 2 对最终产品的消费总额保持不变，也就是 Y_{22} 与 Y_{12} 之和不变，那么从国家 1 进口的最终消费品 E_1，在引起 Y_{12} 增加 E_1 的同时，必然导致国家 2 原有供本国消费的自有产出 Y_{22} 中有等量的部分被挤出，而这一被挤出的“等量部分”，会与上述由于产出变动直接引致的最终品产出变动 PE_1 一起，重新在国家 1 和国家 2 之间进行消费分配，或者说以一定比例分别被本国和外国吸收，进而形成国家 1 出口对国家 2 国内消费和最终品出口的影响。由此可知，国家 1 最终品出口引致国家 2 产出中用作最终品消费的变动量为（$I+P$）E_1，作用系数矩阵为（$I+P$）。可以证明：

$$I+P=I-A_{21}\frac{I}{\left(I-A_{11}\right)}\frac{I}{\left(I-A_{12}\right)}+\left(I-A_{22}\right)\frac{I}{\left(I-A_{12}\right)}$$

$$I+P=\left(I-A_{12}+I-A_{22}-A_{21}\frac{I}{I-A_{11}}\right)\frac{I}{\left(I-A_{12}\right)}$$

$$I+P=\left(I-A_{12}-A_{22}+\frac{I-A_{11}-A_{21}}{I-A_{11}}\right)\frac{I}{\left(I-A_{12}\right)}$$

结合投入产出表相关原理可知，$(1-a_{n,m,11}-a_{n,m,21})>0$，$(1-a_{n,m,12}-a_{n,m,22})>0$，$(1-a_{n,m,11})>a_{n,m,12}>0$，$(1-a_{n,m,22})>0$，$(1-a_{n,m,12})>0$，因此，作用系数矩阵（$I+P$）的各对角元素均为正，即投入产出机制下，国家 1 各产业最终品出口的增长必定会引致国家 2 与之相应产业最终品消费的增长。与上述针对国家 1 的研究同理，对国家 2 而言：

$$Y_{21}+Y_{22}=-A_{21}X_1+(I-A_{22})X_2 \tag{7-6}$$

与上述分析同理，若国家 2 各产业出口增加了 E_2，E_2 为 $N\times 1$ 阶向量。回溯该部分出口的产出来源，可知该出口增加引致的产出增长 ΔX_2 满足以下条件：

$E_2=(I-A_{21})(I-A_{22})\Delta X_2$

与国家 1 同理，为生产 E_2 的最终消费品，首先，应扣除本国对本国中间品投入 $A_{22}\Delta X_2$，即表示为（$I-A_{22}$）ΔX_2；其次，该最终产出中还必须扣除作为中间品出口到国外的部分 A_{21}（$I-A_{22}$）ΔX_2，即表示为（$I-A_{21}$）（$I-A_{22}$）ΔX_2。由此可知，国家 2 由于最终品出口增长而引致的产出增量 ΔX_2 表示为：$\Delta X_2=I(I-A_{22})\ I(I-A_{21})E_2$。将 ΔX_2 代入式（7-6）右端，再将国家 2 对国家 1 的最终品出口向量 E_2 代入式（7-6）左端，调整方程左右平衡：

$$Y_{21}+Y_{22}+E_2=-A_{21}X_1+(I-A_{22})\left[X_2+\frac{I}{(I-A_{22})}\frac{I}{(I-A_{21})}E_2\right]-\frac{A_{21}}{(I-A_{21})}E_2$$

$$Y_{21}+Y_{22}+E_2=-A_{21}\left[X_1+\frac{I}{(I-A_{21})}E_2\right]+(I-A_{22})\left[X_2+\frac{I}{(I-A_{22})}\frac{I}{(I-A_{21})}E_2\right]$$

据此导出两国产出 X_1、X_2 的变化量：

$$\begin{cases}\Delta X_{1(2)}=\dfrac{I}{(I-A_{21})}E_2\\ \Delta X_{2(2)}=\dfrac{I}{(I-A_{22})}\dfrac{I}{(I-A_{21})}E_2\end{cases}\tag{7-7}$$

代入式（7-6），求得国家 2 出口引致国家 1 产出中用作最终产品总需求的变动 ΔY_1 如下：

$$\Delta Y_1=(I-A_{11})\frac{I}{(I-A_{21})}E_2-A_{12}\frac{I}{(I-A_{22})}\frac{I}{(I-A_{21})}E_2$$

求矩阵 ΔY_1 对矩阵 E_2 的导数，所得结果即表示国家 2 各产业出口引致产出变动，进而由产出变动对国家 1 各产业产出中用作最终消费需求的影响，求导后的影响因子矩阵为：

$$Q=\frac{\partial\Delta Y_1}{\partial E_2}=\left[(I-A_{11})\frac{I}{(I-A_{21})}-A_{12}\frac{I}{(I-A_{22})}\frac{I}{(I-A_{21})}\right]\tag{7-8}$$

与上文分析国家 1 时的情形同理，国家 2 最终品出口引致国家 1 各产业产出中用作最终品消费的变动量为（$I+Q$）E_2，作用系数矩阵为（$I+Q$），且可以证明，该矩阵（$I+Q$）的各对角元素均为正数。这表明投入产出机制下，国家 2 各产业最终品出口的增长也必定会引致国家 1 与之对应产业最终品消费的增长。

全球价值链分工条件下存在这样的投入产出关系，国家 1 出口增长必然引致国家 2 出口增长，而国家 2 出口增长又将进一步促进国家 1 出口增长，国家 1 出口增长再影响到国家 2 出口增长，如此往复循环。在前述基础上，进一步推导在投入产出的传导机制作用下，一国出口增长对本国产出的乘数效应。

假设国家 1 各产业的出口增量用 $N\times1$ 阶向量 ΔE_1 表示，国家 2 各产业包括国内与国外的总消费需求增量可用 $N\times1$ 阶向量 ΔY_2 表示，由式（7-5）可知，$\Delta Y_2=P\Delta E_1$。根据前文分析可知，此时，国家 2 各产业的总消费需求增量也就是式（7-6）左端增量虽表现为 ΔY_2，但实际上还存在对本国生产本国消费部分最终品 ΔE_1 的挤出，只不过该效应被相应减少的国内自身消费抵消，因此，国家 1 最终品出口增加 ΔE_1，对国家 2 生产的用于在出口和本国消费间重新配置的最终品变动量为（$I+P$）ΔE_1。在这部分最终品变动额中，假设国家 2 各产业最终消费中出口占比为 $N\times N$ 阶对角矩阵 C_2，国内消费占比为 $N\times N$ 阶对角矩阵（$I-C_2$），由此可得国家 2 的 $N\times1$ 阶最终产品出口增加额向量 ΔE_2 为：

$$\Delta E_2=(I+P)C_2\Delta E_1$$

在此过程中引起的产出变动为 $\Delta X_{1(1)}$、$\Delta X_{2(1)}$，与式（7-4）类似，即：

$$\begin{cases}\Delta X_{1(1)}=\dfrac{I}{(I-A_{11})}\dfrac{I}{(I-A_{12})}\Delta E_1\\ \Delta X_{2(1)}=\dfrac{I}{I-A_{12}}\Delta E_1\end{cases}$$

该出口变动额相当于在国家 2 投入产出等式（7-6）左端引入 ΔE_2。由上述研究可知，此时国家 2 的出口变动额进一步反作用于国家 1，同样通过消费品的直接影响和中间品的间接影响，共同引致国家 1 产出中用作最终产品消费的变动 $N\times1$ 阶向量 ΔY_1 为：

$$\Delta Y_1=Q\Delta E_2=Q(I+P)C_2\Delta E_1$$

基于同样的逻辑，国家 1 受进口国家 2 最终品消费的直接影响，以及国家 2 出口变动引起两国产出变动进而影响最终品消费的间接影响，根据式（7-8）可知，其产出中用作最终品消费的总变动为（$I+Q$）ΔE_2。而其中不被国内消费吸收的部分又将通过出口反过来进一步作用于国家 2。遵循上述研究的一致逻辑，进一步假设其中国家 1 产出中用作最终产品需求增长部分由国外市场吸收的比例由 $N\times N$ 阶对角矩阵 C_1 表示，矩阵中各对角元素 $c_{n,1}\in[0，1]$，因此，由国内市场吸收的比例可由矩阵（$I-C_1$）表示。

得国家 1 最终产品出口增加额 ΔE_3 为：

$\Delta E_3=(I+Q)C_1\Delta E_2=(I+Q)(I+P)C_1C_2\Delta E_1$

在此过程中引起与式（7-7）类似的产出变动 $\Delta X_{1(2)}$、$\Delta X_{2(2)}$ 为：

$$\begin{cases}\Delta X_{1(2)}=\dfrac{I}{(I-A_{21})}\Delta E_2\\ \Delta X_{2(2)}=\dfrac{I}{(I-A_{22})}\dfrac{I}{(I-A_{21})}\Delta E_2\end{cases}$$

该部分的最终品出口增量 ΔE_3 是被国家 2 最终产品消费所吸收的，因此，由 ΔE_3 引致的国家 2 各产业产出中用作最终品消费的增加额向量 ΔY_4 可表述为：

$\Delta Y_4=P\Delta E_3=P(I+P)(I+Q)C_1C_2\Delta E_1$

进一步地，重复上述循环过程，根据式（7-5）可知，国家 1 最终产品出口增加额 ΔE_3 又会引致国家 2 最终品出口增加 ΔE_4，并由国家 1 最终产品消费增加 ΔY_3 予以吸收。在此过程中又将进一步形成产出的变动量 $\Delta X_{1(3)}$、$\Delta X_{2(3)}$，与式（7-4）的逻辑一致，以此类推：

$$\Delta E_4=(I+P)C_2\Delta E_3=(I+P)^2(I+Q)C_1C_2{}^2\Delta E_1$$

$$\Delta Y_3=Q\Delta E_4=Q(I+P)^2(I+Q)C_1C_2{}^2\Delta E_1$$

$$\begin{cases}\Delta X_{1(3)}=\dfrac{I}{(I-A_{11})}\dfrac{I}{(I-A_{12})}\Delta E_3\\ \Delta X_{2(3)}=\dfrac{I}{I-A_{12}}\Delta E_3\end{cases}$$

……

综上所述，得两国多产业多循环模型如下：

$$\begin{pmatrix}Y_{11}+Y_{12}+\Delta E_1+\Delta Y_1+\Delta Y_3+\cdots\\ Y_{21}+Y_{22}+\Delta Y_2+\Delta Y_4+\cdots\end{pmatrix}$$

$$=\begin{pmatrix}I-A_{11} & -A_{12}\\ -A_{21} & I-A_{22}\end{pmatrix}\begin{pmatrix}X_1+\Delta X_{1(1)}+\Delta X_{1(2)}+\Delta X_{1(3)}+\cdots\\ X_2+\Delta X_{2(1)}+\Delta X_{2(2)}+\Delta X_{2(3)}+\cdots\end{pmatrix} \tag{7-9}$$

基于前述研究结论，在投入产出传导机制作用下，经无穷次循环取极限值后，可计算国家 1、国家 2 各产业的最终产品出口增加额向量 E_1、E_2 分别为：

$$E_1=\sum_{n=1}^{\infty}\Delta E_{2n-1}=\Delta E_1+(I+P)(I+Q)C_1C_2\Delta E_1+\left[(I+P)(I+Q)C_1C_2\right]^2\Delta E_1+\cdots$$

$$=\frac{\Delta E_1}{I-(I+P)(I+Q)C_1C_2} \tag{7-10}$$

$$E_2=\sum_{n=1}^{\infty}\Delta E_{2n}=(I+P)C_2\Delta E_1+(I+P)^2(I+Q)C_1C_2{}^2\Delta E_1+\cdots$$

$$=\frac{(I+P)C_2\Delta E_1}{I-(I+P)(I+Q)C_1C_2} \tag{7-11}$$

基于式（7-11），由投入产出机制可知，国家 1、国家 2 的中间产品出口增加额向量为：

$$E_{12}=A_{12}\Delta X_2=A_{12}\frac{I}{I-A_{12}}E_1+A_{12}\frac{I}{(I-A_{22})}\frac{I}{(I-A_{21})}E_2 \tag{7-12}$$

$$E_{21}=A_{21}\Delta X_1=A_{21}\frac{I}{I-A_{21}}E_2+A_{21}\frac{I}{(I-A_{11})}\frac{I}{(I-A_{12})}E_1 \tag{7-13}$$

其中，ΔX_1、ΔX_2 分别为国家 1、国家 2 的总产出增加额。在两国贸易条件下，国家 2 的最终品和中间品出口即为国家 1 的最终品和中间品进口，由此可得国家 1 的净出口增加额（$\Delta E-\Delta M$）$_1$ 为：

$(\Delta E-\Delta M)_1=E_1-E_2+E_{12}-E_{21}$

将式（7-10）、（7-11）、（7-12）、（7-13）代入，则上式可重新表述为：

$$(\Delta E-\Delta M)_1=$$

$$\left[(I-A_{11}-A_{21})\frac{I}{(I-A_{11})}\frac{I}{(I-A_{12})}\right]E_1-\left[(I-A_{22}-A_{12})\frac{I}{(I-A_{22})}\frac{I}{(I-A_{21})}\right]E_2$$

$$=\frac{\Delta E_1}{1-(I+P)(I+Q)C_1C_2}$$

$$\left[(I-A_{11}-A_{21})\frac{I}{(I-A_{11})}\frac{I}{(I-A_{12})}-(I-A_{22}-A_{12})\frac{I}{(I-A_{22})}\frac{I}{(I-A_{21})}C_2(I+P)\right] \tag{7-14}$$

进一步地，国家 1 的产出增加额可表示为：

$$\Delta X_1 = \frac{I}{I - A_{21}} E_2 + \frac{I}{(I - A_{11})} \frac{I}{(I - A_{12})} E_1$$

将式（7-10）、（7-11）代入后化简，可得：

$$\Delta X_1 = \frac{\Delta E_1}{1-(I+P)(I+Q)C_1C_2}\left[\frac{I}{(I-A_{11})}\frac{I}{(I-A_{12})}+\frac{I}{(I-A_{21})}C_2(I+P)\right] \tag{7-15}$$

此外，由投入产出机制可知，国家 1 对本国最终品消费的增加额 ΔY_{11} 为：

$$\Delta Y_{11} = (1 - C_1)\sum_{n=1}(I + Q)\Delta E_{2n}$$

$$= (I+P)(I+Q)(1-C_1)C_2\Delta E_1 + (I+P)^2(I+Q)^2C_2{}^2(I-C_1)C_1\Delta E_1 + \cdots$$

求和并取极限值后，上式可化简得：

$$\Delta Y_{11} = \frac{(I+P)(I+Q)(I-C_1)C_2\Delta E_1}{I-(I+P)(I+Q)C_1C_2} \tag{7-16}$$

由上述研究可知，贸易在促进产出增长的同时，也促进了国内消费的提升，因此，为准确地衡量贸易“新”乘数值，应剔除本国最终品消费变动对生产总值的影响，即考察净出口变动差额（ΔE-ΔM）$_1$ 对总产出与国内消费之差（ΔX_1-ΔY_{11}）的净作用。这也是与前文分析传统贸易乘数时假定边际消费倾向为 0 相一致的。由此求得国家 1 净出口对产出的作用系数，即贸易“新”乘数为 $N\times N$ 阶矩阵 F：

$$F = \frac{\partial(\Delta X_1 - \Delta Y_{11})}{\partial(\Delta E - \Delta M)_1} =$$

$$\frac{\frac{I}{(I-A_{11})}\frac{I}{(I-A_{12})}+\frac{I}{(I-A_{21})}(I+P)C_2-(I+P)(I+Q)C_2(I-C_1)}{(I-A_{11}-A_{21})\frac{I}{(I-A_{11})}\frac{I}{(I-A_{12})}-(I-A_{22}-A_{12})\frac{I}{(I-A_{22})}\frac{I}{(I-A_{21})}C_2(I+P)} \tag{7-17}$$

由前文可知，矩阵（I-C_1）、C_2 中各对角元素 $c_{n,1}\in[0，1]$、$c_{m,2}\in[0，1]$，且矩阵 I-A_{22}、I-A_{11}、I-A_{12}、I-A_{21}、（$I+P$）、（$I+Q$）中各对角元素均为正数。

可以证明：

$$\left(\Delta X_1-\Delta Y_{11}\right)-\left(\Delta E-\Delta M\right)_1=\left(A_{11}+A_{21}\right)\frac{I}{\left(I-A_{11}\right)}\frac{I}{\left(I-A_{12}\right)}+$$

$$\left[\frac{I}{\left(I-A_{21}\right)}-\left(I+Q\right)\left(I-C_1\right)+\left(I-A_{22}-A_{12}\right)\frac{I}{\left(I-A_{22}\right)}\frac{I}{\left(I-A_{21}\right)}\right]\left(I+P\right)C_2>$$

$$\left[\frac{I}{\left(I-A_{21}\right)}-\left(I+Q\right)+\left(I+Q\right)C_1+\left(I-A_{22}-A_{12}\right)\frac{I}{\left(I-A_{22}\right)}\frac{I}{\left(I-A_{21}\right)}\right]\left(I+P\right)C_2$$

将式（7-8）中 Q 代入，整理得：

$$\frac{I}{\left(I-A_{21}\right)}+\left(I+Q\right)C_1-\left(I-A_{21}-A_{11}+\frac{I-A_{22}-A_{12}}{I-A_{22}}\right)\frac{I}{\left(I-A_{21}\right)}+\left(I-A_{22}-A_{12}\right)$$

$$\frac{I}{\left(I-A_{22}\right)}\frac{I}{\left(I-A_{21}\right)}=\left[\left(I+Q\right)C_1+\left(A_{21}+A_{11}\right)\frac{I}{\left(I-A_{21}\right)}\right]\left(I+P\right)C_2$$

由此可知，（ΔX_1-ΔY_{11}）-（ΔE-ΔM）$_1$ 的对角元素均大于 0，即矩阵（ΔX_1-ΔY_{11}）的对角元素均大于矩阵（ΔE-ΔM）$_1$ 的相应元素值。一般情况下，当上述两矩阵的对角元素数值同号时，国家 1 的贸易“新”乘数为 $N\times N$ 阶矩阵 F 中对角元素 f_{nm}，且 f_{nm} 均大于 1，贸易“新”乘数大于传统贸易乘数值。但在理论上也不否认存在二者异号的可能，即矩阵（ΔX_1-ΔY_{11}）的对角元素数值为正，而矩阵（ΔE-ΔM）$_1$ 的相应元素数值为负，国家 1 的贸易“新”乘数为 $N\times N$ 阶矩阵 F 中对角元素 f_{nm}，此时，f_{nm} 均小于-1，贸易“新”乘数在数值上小于传统贸易乘数，但绝对作用力更大。由此可见，伴随全球价值链分工演进，全球投入产出的关联作用机制，会使得贸易对产出的作用系数不断被放大，从分工演进角度看，“国际贸易重要性”不是渐减而是不断增强。

第三节　研究设计

以上分析主要停留在理论假说的推演层面，还缺乏具有说服力的经验证据支撑。本节及后面部分的内容，将利用中国开展对外直接投资等方面的经验数据，采用空间计量模型对上述理论假说进行逻辑一致性计量检验。

一、模型设定、变量及数据说明

（一）基准模型设定及说明

由上述分析可知，对外直接投资的价值链构建效应不仅存在直接效应，还可能存在空间外溢效应，因此我们使用空间计量模型对对外直接投资的价值链效应进行研究。式（7-18）为一般嵌套空间模型（GNS），其中 y 为价值链关联指数（记为 gvc_pa）或价值链相对位置指数（记为 gvc_po），主解释变量为对外直接投资存量占 GDP 比重（记为 ofdi），此外还包括一些影响被解释变量的控制变量 X，i、t 分别表示国别与时间，W 为空间权重矩阵，w_{ij} 为空间权重矩阵中的元素，还包含内生空间交互效应 ρ（被解释变量之间的空间依赖）、外生空间交互效应 θ（被解释变量对解释变量的空间依赖）、误差项空间交互效应 λ（误差项之间的空间依赖），前两者将会产生空间外溢效应。

$$y_{it} = \rho \sum_{j=1 j\neq i}^{N} w_{ij} y_{jt} + \text{ofdi}_{it} \,?\, \beta_0 + X\beta + \theta_0 \sum_{j=1, j\neq i}^{N} w_{ij} \text{ofdi}_{jt} + WX\theta + \mu_i + v_t + \varepsilon_{it}$$

$$\varepsilon = \lambda \sum_{j=1, j\neq i}^{N} w_{ij} \varepsilon_{jt} + \xi_{it} \tag{7-18}$$

在 GNS 的基础上，可以得到空间自回归模型（SAR）、空间误差模型（SEM）、空间杜宾模型（SDM）、空间滞后解释变量模型（SLX）等，具体如表 7-1 所示，根据艾尔赫斯特（Elhost）提出的检验办法可以判断具体使用何种空间计量模型。

表 7-1　空间计量模型

条件	模型
ρ≠0　θ=0　λ=0	空间自回归模型（SAR）
ρ=0　θ=0　λ≠0	空间误差模型（SEM）
ρ≠0　θ≠0　λ=0	空间杜宾模型（SDM）
ρ=0　θ≠0　λ=0	空间滞后解释变量模型（SLX）

此外，考虑到对外直接投资的价值链效应及其空间外溢效应具有一定的路径依赖特征，即中国与东道国的价值链关联指数与价值链分工位置指数不仅受到本期对外直接投资影响，而且还会受到上一年对外直接投资影响，且中国上一年在东道国邻近国家的对外直接投资也会对当年东道国与

中国的价值链关系产生影响，因此我们在 SDM 的基础上纳入被解释变量的时间滞后项与被解释变量空间滞后项的时间滞后项，得到动态空间杜宾模型（DSDM），如式（7–19）所示：

$$y_{it}=\tau y_{i,t-1}+\rho\sum_{j=1 j\neq i}^{N}w_{ij}y_{jt}+\eta\sum_{j=1 j\neq i}^{N}w_{ij}y_{j,t-i}+\text{ofdi}_{it}\times\beta_0+X\beta+\theta_0\sum_{j=1,j\neq i}^{N}w_{ij}\text{ofdi}_{jt}+WX\theta+\mu_i+v_t+\varepsilon_{it} \tag{7-19}$$

由于空间自相关项（*Wy*）的引进，空间计量模型的系数解释变得复杂。勒萨热等（Lesage et al.）指出，当存在空间自相关项时，变量的参数估计值不能代表解释变量对被解释变量的全部影响，只能代表作用的方向与结果。需要在估计的基础上进行分解，从而得到东道国的解释变量对被解释变量的影响（直接效应），以及邻近国家解释变量对被解释变量的空间影响（间接效应）。

（二）空间权重矩阵设定及说明

在分析对外直接投资的价值链效应及其空间外溢之前，必须先量化东道国的区位因素，即空间权重矩阵，其反映各国之间的“距离”。本章采取地理距离矩阵（记为 *Wd*）与引力模型空间矩阵（记为 *Wy*）两种矩阵以保证结果的稳健性。

关于地理距离矩阵（*Wd*），本章采用距离倒数为地理权重矩阵的元素，其中距离数据来自法国 CEPII 数据库中的 dist 数据，即按照各国最重要城市或城市群（人口最多）的经纬度计算的地理直线距离。具体公式见式（7–20）：

$$Wd_{ij}=\frac{1}{\text{dist}_{ij}}\qquad i\neq j,W_{ij}=0,i=j \tag{7-20}$$

在此基础上，对上述矩阵进行标准化处理，矩阵元素为所有国家与国家距离的权，权越大，两国距离越近。

关于引力模型空间矩阵（*Wy*），自引力模型应用于国际贸易流量分析以来，引力模型一直都是研究国际贸易的重要方法。其中一个重要的共识是引力模型能很好地解释两国之间的贸易流量，即人均 GDP 反映一国的供给与需求能力，距离反映贸易成本，两国的贸易流量与两国的供需能力成正比，与贸易成本成反比。本章研究的价值链关联与贸易关联紧密相关，因此引力模型空间矩阵能很好反映两国之间的贸易距离，具体公式如下，其中分子为两国人均 GDP 均值的乘积，分母为距离的平方：

$$Wy_{ij} = \frac{(\overline{\mathrm{GDP}_i} \times \overline{\mathrm{GDP}_j})}{\mathrm{dist}_{ij}{}^2}, i \neq j; W_{ij} = 0, i = j \tag{7-21}$$

同样，在此基础上对上述矩阵进行标准化处理。

二、变量选取及说明

由前文分析以及基于本章研究需要，我们选取价值链关联系数（gvc_pa）与价值链相对位置指数（gvc_po）作为被解释变量。库普曼等（Koopman et al.，2012）基于增加值视角提出了全球价值链位置指数与全球价值链参与度两个指标，衡量一国在全球价值链中的融入程度与分工地位。一国在全球价值链中的参与程度与分工地位，是以该国与各国的价值链关联程度与相对分工地位为微观基础的，因此，本章借鉴库普曼等的测算方法，将其细分至国与国之间，构建了双边价值链关联指数与价值链相对位置指数两个指标，分别衡量两国之间的价值链关联程度与价值链分工地位高低关系，具体测算公式分别见式（7-22）和式（7-23）。

$$\mathrm{gvc\_pa}_{ij} = \left(\frac{IV_{ij}}{E_j} + \frac{FV_{ij}}{E_j} \right) \times 100 \tag{7-22}$$

式（7-22）为价值链关联指数，其中，i 与 j 分别表示 i 国与 j 国，E_j 表示 j 国的出口总额。IV_{ij} 表示 j 国出口到 i 国并被 i 国再次出口的增加值，其占 j 国总出口的比值反映了 j 国对 i 国的下游影响度。FV_{ij} 表示 j 国出口中所含的来自 i 国的增加值，其占 j 国总出口的比值反映了 j 国对 i 国的中间产品的依赖度。两者之和可以表示两国之间价值链关联程度。该指数值越大说明两国在价值链上的关联程度越高。

$$\mathrm{gvc\_po}_{ij} = \left[\ln(1 + \frac{IV_{ij}}{E_j}) - \ln(1 + \frac{FV_{ij}}{E_j}) \right] \times 100 \tag{7-23}$$

式（7-23）为价值链相对分工位置指数，即为他国对本国中间品依赖度指数对数值，减去本国对他国中间品依赖度指数对数值，$\mathrm{gvc\_po}_{ij}$ 越大，表示 j 国相对于 i 国的价值链分工地位高。在本章研究中，j 国表示中国，即研究中国与各国的价值链相对分工位置指数与价值链关联指数。

三、数据来源及说明

上述两个指标都依赖于贸易增加值的核算，贸易增加值基于投入产出表的增加值核算方法已经日渐成熟，由于数据库众多且研究侧重点不同，之前很多学者研究所采用的数据库来源及标准也不尽相同。相比较而言，对外经贸大学全球价值链研究院构建的对外经济贸易大学全球价值链指标体系（以下简称 UIBE GVC）核算最为全面统一，其利用库普曼等（Koopman et al.，2012）的核算方法对较为主要的投入产出表进行了详细全面的增加值贸易核算。本章选用对外经济贸易大学全球价值链指标体系中的多区域投入产出数据，其主要是基于 WIOD 数据库进行的贸易增加值核算，其中包括了 2010 年至 2017 年 63 个国家的 35 个行业之间的贸易增加值分解核算。利用该数据提供的基础数据，本章进一步核算得到 2010 年至 2017 年 59 个国家与中国的价值链关联指数和价值链相对位置指数。

关于作为核心解释变量的对外直接投资。该数据采用对外直接投资存量占 GDP 比重表示，记为 $ofdi_{ij}$，其中 j 为中国，i 指东道国。对外直接投资数据主要分为存量与流量两种，本章采用的是《对外直接投资公报 2017》中的对外直接投资存量数据。因为对外直接投资要改变两国之间的价值链关联并非在流量发生当期就能显现，相对而言，长期积累的对外直接投资更有助于形成价值链分工关系。此外，实现价值链升级的目的也难以在流量当期得到解释，新流入的对外直接投资难以实现技术合作，即逆向技术溢出效应的发挥需要跨国公司的长线投资战略。此外，在“一带一路”倡议下，基础设施建设是中国对外直接投资的重要流向，基础设施的建设本身是一个长期的过程，因此基础设施要充分发挥其促进价值链合作的作用是具有滞后效应的，并且新的对外直接投资流量发挥的价值链效应在很大程度上得益于基础设施建设的正外部性。综上，无论是研究对外直接投资对价值链关联系数还是对价值链相对位置指数的影响，采用对外直接投资的存量数据都更为适合。

关于其他控制变量。除了对外直接投资这一影响中国与东道国之间价值链关系的因素，本章还加入了东道国的一些经济特征作为控制变量，主要包括：（1）经济规模（记为 lngdp）。因为不同规模的国家融入全球价值链分工的程度往往有所不同。经济规模用东道国 GDP 的对数来表示，该对数值越高表示经济发展规模越大。GDP 数据来自世界银行（WDI）数据库，单位为亿美元。（2）贸易开放程度（记为 trade）。该变量用东道国当期货服进出口总额占 GDP 的比重表示，货服进出口数据来自世界贸易组织数据库。（3）基础设施水平（记为 phone）。该指标用 WDI 数据库中的当年人均拥有的移动手机数量来反映一国的基础设施水平。（4）市场需求水平和层次（记为 gniper）。该指标用人均国民收入来衡量，人均国民收入越高，人们的购买力越强，市场需求层次相应就会越高。相关数据表来自WDI数据库，单位为万美元。

本章采用的数据时间跨度为2010年至2017年，鉴于数据可得性，在多区域投入产出数据的基础上剔除了不丹以及“其他国家”，对剩余58个国家进行分析。将这58个国家分为“一带一路”沿线国家与非“一带一路”沿线国家，具体分类情况如表7-2所示。

表7-2 “一带一路”沿线国家与非“一带一路”沿线国家的区域划分

类别	成员国
非“一带一路”国家（NBR）	1.加拿大；2.墨西哥；3.美国；4.奥地利；5.比利时；6.瑞士；7.塞浦路斯；8.德国；9.丹麦；10.西班牙；11.芬兰；12.法国；13.英国；14.希腊；15.爱尔兰；16.意大利；17.卢森堡；18.马耳他；19.荷兰；20.挪威；21.葡萄牙；22.瑞典
“一带一路”国家（BR）	23.韩国 24.日本；25.俄罗斯；26.澳大利亚；27.印尼；28.马来西亚；29.菲律宾；30.泰国；31.越南；32.老挝；33.文莱；34.柬埔寨；35.新加坡；36.保加利亚；37.捷克；38.爱沙尼亚；39.克罗地亚；40.匈牙利；41.立陶宛；42.拉脱维亚；43.波兰；44.罗马尼亚；45.斯洛伐克；46.斯洛文尼亚；47.土耳其；48.印度；49.孟加拉国；50.斯里兰卡；51.巴基斯坦；52.马尔代夫；53.尼泊尔；54.哈萨克斯坦；55.吉尔吉斯斯坦；56.蒙古国；57.斐济；58.巴西

资料来源：笔者整理。

第四节 计量检验结果

一、对外直接投资对价值链关联指数的影响及其外溢效应

（一）空间计量模型的识别与选取

在做空间计量之前，需要对中国与各东道国之间的价值链关联指数做空间相关性分析。在全局莫那（moran）检验下，地理距离矩阵下 gvc_pa的moran值为0.08，引力模型矩阵下gvc_pa的moran值为0.28，两者都以0.0000的伴随概率显著通过检验。说明中国与各国的价值链关联指数呈现相似性集聚分布，即位于某一区域的国家与中国价值链关联都较为紧密，或位于某一区域的国家与中国价值链关联同时都呈现较为疏松的现象。出现这一结果其实与全球价值链的区域特征也是相一致的。毋庸置疑，全球

价值链中包含多个区域价值链，在大的区分上比如包括北美价值链、欧洲价值链、亚太价值链。中国不仅与各国实现点对点的价值链关联，同时也是以区域价值链内部的密切关联实现以点带面的扩散趋势。

考虑到价值链关联指数具有一定的路径依赖特征，即当期的价值链关联程度将受到上一期价值链关联程度的影响，同样当期价值链关联程度将受到上一期邻近国家的价值链关联程度的影响，因此我们纳入价值链关联指数的时间滞后项与时空滞后项，采用动态空间模型进行估计。在估计之前，需要进行一系列检验，判断采取何种动态空间计量模型。在引力模型经济矩阵下，首先，利用似然比（LR_TEST）方法进一步检验计量模型是否存在空间固定效应或时间固定效应。似然比方法检验显示，使用空间固定效应（522.5233，0）、时间固定效应（95.8127，0）、时空双重固定效应（557.2974，0）都通过检验，因此选择时空双重固定效应。其次，进行豪斯曼（Hausman）检验，以判断面板空间杜宾计量模型是采用固定效应还是随机效应估计方法。Hasman 检验拒绝采用随机效应（-726.5858，0），因此最终选择双重固定效应的动态空间杜宾模型。在地理距离矩阵下，首先，利用似然比方法检验计量模型是否存在空间固定效应或时间固定效应。似然比方法检验显示，使用空间固定效应（519.8394，0）、时间固定效应（105.9362，0）、时空双重固定效应（559.6373，0）都通过检验，因此选择时空双重固定效应。其次，进行 Hausman 检验，以判断面板空间杜宾计量模型是采用固定效应还是随机效应估计方法。Hasman 检验拒绝采用随机效应（-665.7168，0），因此最终选择双重固定效应的动态空间杜宾模型。综上，在引力模型经济矩阵与地理距离矩阵下，都采用时空双重固定效应的动态空间杜宾模型（DSDM）。

此外，考虑到估计参数的稳健性，我们还估计了静态的空间计量模型。在估计之前同样对采取何种空间计量模型进行了以下检验。（1）在引力模型矩阵下。第一，估计非空间效应模型并利用拉格朗日乘数法（LM）来检验是否使用 SAR 或者 SEM 模型。结果是 SAR 的 LM 稳健性检验通过（46.0584，0），SEM 的 LM 稳健性检验通过（2.7459，0.098）。第二，需要估计空间杜宾模型，利用似然比方法进一步检验计量模型是否存在空间固定效应或时间固定效应。似然比检验显示，使用空间固定效应（1692.3232，0）、时间固定效应（167.9570，0）、时空双重固定效应（1741.6933，0）都通过检验，因此选择时空双重固定效应。第三，对随机效应进行似然比方法检验，判断随机效应是否优于混合效应，LR_TEST 结果为（65.9508，0），表明随机效应优于混合效应。第四，进行 Hausman

检验，以判断面板空间杜宾计量模型是采用固定效应还是随机效应估计方法。Hausman 检验显示应选择随机效应（-12.2751，0.3433）。第五，通过 Wald 检验法来判断动态空间杜宾模型是否会简化为空间自回归或空间误差模型。Wald 方法显示无法简化为 SAR（16.4958，0.00556），也无法简化为 SEM（16.1393，0.00645），结果与 LM 检验一致，因此最终选择随机效应的空间杜宾模型。（2）在地理距离矩阵下。第一，估计非空间效应模型并利用拉格朗日乘数法（LM）来检验是否使用 SAR 或者 SEM 模型。结果是 SAR 的 LM 稳健性检验不通过（0.5813，0.446），SEM 的 LM 稳健性检验（10.0744，0.002）通过。第二，需要估计空间杜宾模型，利用似然比方法进一步检验计量模型是否存在空间固定效应或时间固定效应。似然比方法检验显示，使用空间固定效应（1738.4598，0）、时间固定效应（188.2612，0）、时空双重固定效应（1778.8772，0）都通过检验，因此选择时空双重固定效应。第三，对随机效应进行似然比方法检验，判断随机效应是否优于混合效应，LR_TEST 结果为（2649.3234，0），表明随机效应是混合效应。第四，进行 Hausman 检验，以判断面板空间杜宾计量模型是采用固定效应还是随机效应估计方法。Hausman 检验显示选择随机效应（-4.0460，0.9686）。第五，通过 Wald 检验法来判断动态空间杜宾模型是否会简化为空间自回归或空间误差模型。Wald 检验结果表明可以简化为 SAR（9.0297，0.1078），但不能简化为 SEM（9.3938，0.0943），与 LM 检验不一致，因此最终选择随机效应的 SDM 模型。

（二）估计结果

综上，本章在引力模型矩阵和地理距离矩阵下分别进行了时空双重固定效应的 DSDM 估计，并估计了随机效应下的 SDM 模型以支持参数的稳健性。空间计量模型的估计结果如表 7-3 所示。首先，从对外直接投资的影响方向和作用看，表 7-3 各列的回归结果均表明，对外直接投资的系数估计值显著为正，说明中国开展对外直接投资确实对于构建和密切与东道国价值链关联度有着积极的推动作用。其次，从空间效应来看，两种矩阵模型中的空间滞后项（W×dep.var.）系数在 5%的显著性水平下为正，说明中国与各国的价值链关联指数的确在空间上存在相似性集聚。再次，在两种矩阵的滞后空间杜宾模型中，时间滞后项（Timelag gvc_pa）在 1%的显著性水平下为正，说明价值链关联指数的确存在路径依赖特征，即促进上一期价值链关联程度，对当期价值链关联程度有显著正向作用。最后，在两种矩阵的 DSDM 中，时空间滞后项（Space Timelag gvc_pa）的系数在 1%的显著水平下为负，这表明上一期邻近国家与中国价值链关联情况，对当期中国与东道国的价值链关联具有负向作用，即邻近国家与中国的价值链关联，对东道国与中国的价值链关联程度提升具有一定的抑制作用，这一结果可能意味着价值链关联程度越是紧密，价值链布局从一个地区调整到另一地区可能越发困难。

表 7-3　对外直接投资对价值链相关指数的空间模型

变量	地理距离矩阵		引力模型经济矩阵	
	空间杜宾模型	滞后空间杜宾模型	空间杜宾模型	滞后空间杜宾模型
Timelag gvc_pa		0.196*** （2.905）		0.237*** （3.946）
Space Timelag gvc_pa		−1.487*** （−4.793）		−0.437*** （−5.179）
ofdi	0.024* （1.933）	0.025** （2.480）	0.020** （2.624）	0.024** 2.489
lnGDP	0.356*** （8.693）	0.529*** （9.026）	0.323*** （7.837）	0.436*** （7.651）
trade	0.049*** （2.608）	0.081*** （4.476）	0.045** （2.394）	0.079*** （4.413）
phone	−0.080*** （−2.835）	−0.001*** （−3.161）	−0.087*** （−3.177）	−0.001*** （−3.177）
gniper	0.007 （0.651）	0.000*** （−2.828）	0.004 （0.390）	0.000** （−2.547）
W×ofdi	0.414*** （3.439）	0.067 （0.963）	0.079*** （3.480）	0.014 （1.172）
W×lngdp	−0.201 （−0.756）	−0.123 （−0.575）	0.019 （0.169）	0.218 （0.775）
W×trade	−0.001 （−0.011）	0.063 （0.581）	0.013 （0.454）	0.022 （0.942）
W×phone	−0.301** （−1.965）	−0.005*** （−3.223）	−0.056 （−0.808）	−0.002** （−2.463）
W×gniper	−0.022 （−0.339）	0.000** （2.486）	−0.019 （−0.811）	0.000** （2.228）
W×dep.var.	0.214 （1.583）	0.424** （2.481）	0.201*** （2.886）	0.328*** （4.143）

续表

变量	地理距离矩阵		引力模型经济矩阵	
	空间杜宾模型	滞后空间杜宾模型	空间杜宾模型	滞后空间杜宾模型
teta	0.069*** （7.694）	—	0.069 （7.695）	—
R^2	0.9825	0.9919	0.9827	0.9920
log-likelihod	-1430.88	764.51	-97.10	764.23

注：*、**、***分别表示回归结果在 10%、5%、1%置信水平下通过显著性检验，本章以下所有表格都适用此表示方式。

由于被解释变量的空间滞后项、时间滞后项及其时空间滞后项的存在，各变量的参数不代表边际效应，而只能表明影响的基本作用方向。因此，本章根据莱斯格等（Lesage et al.，2009）[①]提出的方法，对计量结果进一步分解为直接效应与间接效应。此外，滞后空间杜宾模型中的直接效应与间接效应都分别具有长短期之分，分解结果如表 7-4 所示。从直接效应来看，在两种矩阵下，无论是空间杜宾模型中的直接效应，还是滞后空间杜宾模型中的长短期直接效应，都显著为正，且长期直接效应略高于短期直接效应。上述回归结果表明，中国开展对外直接投资对价值链关联指数产生正向的直接效应，即对外直接投资促进东道国与中国的价值链关联提升，并且这种促进作用不仅具有即时性，而且还具有较强的时间滞后性，即随着时间的累积价值链关系会越来越密切。这一点与前文的判断也是一致的。这一结果基本证实了前文的理论假说 1。从间接效应来看，无论是空间杜宾模型中的间接效应还是滞后空间杜宾模型中的长短期间接效应，都显著为正。这表明中国开展对外直接投资对价值链关联指数产生了正的空间外溢效应，即对东道国的对外直接投资将通过空间外溢提升中国与东道国邻近国家的价值链关联度，但是这种促进作用将随着时间推移而逐渐减弱。可能原因在于，在没有实质性技术进步条件下，既有价值链分工演进或者说生产布局的调整，可能就是一个从深化走向相对稳定的过程。随着时间推移，东道国邻近国家与中国建立起来的价值链关系也会逐步稳定，所谓的空间外溢效应会呈现逐步减弱迹象。总之，上述结果表明中国的对外直接投资对价值链关联指数具有很强的空间外溢效应，说明借助对“点”的对外直接投资实现与“面”的价值链关联程度加强的投资战略，存在着较大的发展空间。上述结果初步验证了理论假说 2。

① Lesage, P., and R. Pace, “Introduction to Spatial Econometrics”, *Florida*: *CRC Press, Taylor and Francis Group*, 2009.

表 7-4　对外直接投资对价值链关联指数影响的直接与间接效应估计

模型	权重矩阵	效应	ofdi	lngdp	trade	phone	gniper
SDM	地理权重矩阵	直接效应	0.029**	0.354***	0.049**	−0.083***	0.007
			(2.225)	(8.287)	(2.531)	(−2.828)	(0.630)
		间接效应	0.550***	−0.175	0.016	−0.417**	−0.020
			(3.207)	(−0.494)	(0.123)	(−2.001)	(−0.224)
	引力模型经济矩阵	直接效应	0.022**	0.324***	0.044**	−0.089***	0.004
			(1.824)	(7.830)	(2.288)	(−3.197)	(0.361)
		间接效应	0.101***	0.113	0.028	−0.088	−0.023
			(3.560)	(0.792)	(0.761)	(−1.054)	(−0.792)
DSDM	地理权重矩阵	短期直接效应	0.028**	0.537***	0.083***	0.001	−0.007
			(2.430)	(7.812)	(4.233)	(0.212)	(−0.340)
		短期间接效应	0.173**	0.528	0.077	0.131	−0.385
			(2.159)	(0.69)	(0.87)	(0.49)	(−0.326)
		长期直接效应	0.030**	0.697***	0.108***	−0.004	0.005
			(2.059)	(7.616)	(4.056)	(−0.647)	(0.262)
		长期间接效应	0.031**	−0.395***	−0.061***	0.043	−0.110
			(1.747)	(−3.774)	(−2.849)	(0.578)	(−0.441)
	引力模型经济矩阵	短期直接效应	0.029**	0.445***	0.081***	0.000	0.012
			(2.499)	(7.068)	(3.924)	(0.053)	(0.992)
		短期间接效应	0.127***	0.215***	0.039**	0.019	0.319
			(3.612)	(2.651)	(2.331)	(0.607)	(1.057)
		长期直接效应	0.029**	0.577***	0.105***	−0.001	−0.008
			(2.033)	(6.841)	(3.834)	(−1.207)	(−0.681)
		长期间接效应	0.091***	−0.066	−0.012	0.017	0.261
			(3.416)	(−0.935)	(−0.893)	(0.630)	(1.052)

注：*、**、***分别表示回归结果在 10%、5%、1%置信水平下通过显著性检验。

（三）GMM 稳健性检验

实际上，不仅对外直接投资会影响中国与东道国价值链关联，而且价值链关联的紧密也会对对外直接投资产生影响，即本来价值链关联关系较为紧密的国家间，可能对投资更具有吸引力。因此，对外直接投资与 gvc_po 可能存在互为因果的内生性问题。空间杜宾模式与滞后空间杜宾模型都不能解决对外直接投资与 gvc_pa 的可能存在的内生性问题。为此，本章进一步采用 GMM 方法对模型进行估计，即分别在地理距离矩阵与引力模型矩阵下，取对外直接投资的一阶滞后项作为工具变量，进行了差分 GMM（DGMM）与系统 GMM（SGMM）的估计，并且进一步将样本区分为“一带一路”沿线国家和非“一带一路”沿线国家，所得结果如表 7-5 所示，并且在表 7-5 后两列一并给出了模型有效性检验结果。从表 7-5 的结果可以看出，第一，在“一带一路”样本中，在地理距离矩阵下，DGMM 与 SGMM 都通过了不存在二阶序列相关的假设，并且 sargan 检验也显著拒绝了工具变量无效的假设，因此 DGMM 与 SGMM 的估计都是合理有效的；同样，在引力模型矩阵下，DGMM 和 SGMM 都通过了不存在二阶序列相关的假设，并且 sargan 检验也显著拒绝了工具变量无效的假设，说明 DGMM 和 SGMM 的估计是合理有效的。第二，无论是主要解释变量的直接或间接效应，还是控制变量的效应，都与上述空间计量模型结果一致，因此，在控制可能的内生性条件下，前文所得结果仍然成立。第三，在非“一带一路”样本中，在地理距离矩阵与引力模型矩阵下，DGMM 与 SGMM 都通过了不存在二阶序列的假设检验，并通过了 sargan 检验，说明工具变量的选择和模型估计是合理有效的。第四，和“一带一路”的样本估计结果类似，主要解释变量和其他控制变量的估计结果，与前述表 7-4 的结果基本一致。由此可以认为，前述估计结果是较为稳健和可靠的。

表 7-5　稳健性检验

样本	“一带一路”				非“一带一路”			
矩阵	Wy		Wd		Wy		Wd	
	(1)	(2)	(3)	(4)	(5)	(6)	(7)	(8)
模型	DGMM	SGMM	DGMM	SGMM	DGMM	SGMM	DGMM	SGMM
Lgvc_pa	−0.178** (−2.44)	0.100 (0.85)	−0.236*** (−3.01)	0.389** (2.34)	−0.334 (−0.57)	0.122 (0.49)	−0.347*** (−3.17)	0.0686 (0.28)
wgvc_pa	0.435*** (2.74)	0.657** (2.04)	−0.984 (−1.13)	3.282*** (4.80)	0.110 (0.14)	−0.233 (−0.31)	−0.529 (−0.38)	−2.468 (−0.66)
Lwgvc_pa	0.112** (2.13)	−0.009 (−0.06)	−0.177 (−0.87)	0.0361 (0.11)	0.160 (0.27)	−0.310 (−0.96)	0.183 (0.34)	−0.698 (−0.43)
ofdi	0.027*** (3.38)	0.023 (1.32)	0.046*** (3.06)	0.036* (1.85)	−0.293 (−0.57)	−0.426 (−1.43)	−0.296** (−2.06)	−0.368 (−0.85)
gvc_po	−0.723*** (−8.06)	−0.684*** (−3.74)	−0.721*** (−8.92)	−0.491*** (−3.17)	0.230 (0.22)	0.137 (0.38)	0.204 (1.12)	0.228 (0.78)
lngdp	0.180** (2.24)	0.159 (0.93)	0.346** (2.45)	0.148 (1.25)	−0.133 (−0.84)	0.618*** (3.05)	−0.103 (−0.53)	0.536** (2.56)
trade	−0.008 (−0.19)	−0.041 (−0.52)	0.049 (0.69)	0.063 (0.64)	0.0279 (0.78)	0.0203 (0.46)	0.0260 (0.64)	−0.0259 (−0.70)
wofdi	0.143** (2.44)	0.068 (1.27)	0.615** (2.13)	0.601* (1.79)	0.147 (1.42)	−0.0623 (−0.10)	0.518 (0.89)	−0.673 (−0.33)
wgvc_po	−0.454** (−1.99)	−0.643* (−1.88)	−1.682** (−1.99)	−1.402 (−0.98)	−0.375 (−0.49)	−0.159 (−0.26)	−0.914 (−1.49)	0.797 (0.30)
wlngdp	−0.165 (−1.19)	0.488** (2.04)	−0.545* (−1.70)	0.087 (0.32)	0.335 (1.05)	0.151 (0.81)	0.716 (1.63)	0.838 (0.89)

续表

样本	"一带一路"				非"一带一路"			
矩阵	Wy		Wd		Wy		Wd	
	(1)	(2)	(3)	(4)	(5)	(6)	(7)	(8)
模型	DGMM	SGMM	DGMM	SGMM	DGMM	SGMM	DGMM	SGMM
wtrade	0.119**	−0.103	0.350*	−0.337	−0.168	−0.0820	−0.524***	−0.621
	(2.35)	(−0.86)	(1.89)	(−1.32)	(−0.81)	(−0.37)	(−3.56)	(−0.96)
_cons	−0.297	−1.106	0.0765	−0.806	−0.0731	−2.211***	−0.217	−2.260**
	(−1.25)	(−1.60)	(0.28)	(−1.21)	(−0.26)	(−3.08)	(−0.66)	(−2.22)
AR^2	[0.74]	[0.85]	[0.71]	[0.41]	[0.63]	[0.50]	[0.22]	[0.86]
sargan	17.44*	22.68**	24.42***	28.15**	22.53**	19.86*	19.52*	18.74*
N	222	259	222	259	132	154	132	154

注：*、**、*** 分别表示回归结果在 10%、5%、1%置信水平下通过显著性检验。

二、对外直接投资对价值链相对位置指数的影响及其外溢效应

（一）空间计量模型的识别与回归结果

与前述分析类似，在做对外直接投资对价值链相对位置指数空间计量分析之前，同样需要先对价值链相对位置指数做空间自相关分析。在地理距离矩阵下，全局莫那（moran）指数为 0.001，且不显著；在引力模型矩阵下，moran 指数为-0.06，在 5%的置信水平下显著。由上可知，价值链相对位置指数在空间上不存在显著集聚状态，在引力模型下存在较弱负集聚状态。由于价值链相对位置指数不存在显著的空间自相关性，本章使用不带空间自相关项的 SLX 模型进行空间分析，并用空间杜宾模型做稳健性分析（经检验，此处使用时空双重固定效应）。此外，由于 SLX 模型不包含空间自相关项，因此变量的系数就是边际效应，变量空间滞后项的系数即为间接效应（空间外溢效应）。具体回归结果如表 7-6。由表 7-6 的估计结果可知，在地理距离矩阵或引力模型经济矩阵下，空间杜宾模型与空间滞后解释变量模型的估计结果均显示，对外直接投资对价值链相对地位指数存在显著的正直接效应和间接效应，这表明中国对东道国的对外直接投资，对提升中国价值链相对地位具有正向促进作用，而且会促进中国相对于东道国邻近国的价值链地位上升，即存在显著的空间外溢效应。由此，前文的理论假说 3 和理论假说 4 得到了较好的逻辑一致性计量检验。

表 7-6　全样本的对外直接投资对价值链相对地位指数影响的效应估计

模型	矩阵	效应	ofdi	lngdp	trade	phone	gniper
SDM	地理权重矩阵	直接效应	0.031** （2.44）	−0.465*** （−6.77）	0.042** （2.03）	0.047* （1.82）	0.024** （1.89）
		间接效应	0.565*** （3.13）	0.243* （0.46）	−0.087 （−0.59）	0.130 （0.60）	−0.076 （−0.59）
	引力模型经济矩阵	直接效应	0.025** （2.15）	−0.468*** （−6.95）	0.024 （1.21）	0.065** （2.50）	0.027** （2.20）
		间接效应	0.105*** （3.94）	0.283 （1.13）	−0.012 （−0.34）	0.026 （0.31）	0.009 （0.28）
SLX	地理权重矩阵	直接效应	0.029** （2.54）	−0.466*** （−7.28）	0.041** （2.15）	0.050* （1.95）	0.024** （2.14）
		间接效应	0.470*** （4.04）	0.232 （0.61）	−0.077 （−0.74）	0.110 （0.71）	−0.058 （−0.64）
	引力模型经济矩阵	直接效应	0.023** （2.11）	−0.476*** （−7.56）	0.023 （1.20）	0.068** （2.78）	0.028** （2.51）
		间接效应	0.092*** （4.32）	0.260 （1.28）	−0.013 （−0.43）	0.036 （0.54）	0.012 （0.44）

注：*、**、***分别表示回归结果在 10%、5%、1%置信水平下通过显著性检验。

（二）基于两阶段最小二乘法（2SLS）稳健性检验

价值链相对位置指数与对外直接投资同样可能存在互为因果的内生性问题，如前所述，空间滞后解释变量模型不能排除可能存在的内生性给估计带来的不良影响，因此本章采取工具变量法，利用两阶段最小二乘法（2SLS）对模型做稳健性检验，工具变量仍然选择对外直接投资的滞后一期，具体结果如表 7-7 所示。在地理距离矩阵下，由于模型存在异方差（xttest3 的伴随概率为 0.0000），我们采用过度识别检验来代替 Hausman 检验，以判断采取随机效应还是固定效应（P＝0.2627），结果接受原假设，采取随机效应更加有效。据此采用随机效应的 2SLS 方法进行估计，且模型有效性检验结果表明引入的工具变量是有效的。在引力模型矩阵下，经过以上一系列检验发现，采用固定效应模型（P＝0.0432）的 2SLS 方法进行估计更为有效，模型有效性检验结果同样表明工具变量的选择是合适有效的。比较表 7-7 的结果与表 7-6 的结果，我们发现 2SLS 估计结果与上文的 SLX 估计结果基本一致，说明前述估计结果的稳健性。进一步证实了中国开展对外直接投资对价值链相对位置指数具有正向促进作用，并且具有正向空间外溢作用。

表 7-7　对外直接投资对价值链相对地位指数影响的稳健性检验

	地理距离矩阵			引力模型矩阵		
序号	（1）	（2）	（3）	（4）	（5）	（6）
模型	FE	RE	REIV	FE	RE	FEIV
ofdi	0.0310*** （2.67）	0.0370*** （2.98）	0.0339*** （2.99）	0.0320*** （2.71）	0.0333** （2.54）	0.0309** （2.46）
lngdp	−0.478*** （−7.06）	−0.0618 （−1.35）	−0.0441* （−1.68）	−0.480*** （−6.97）	−0.0582 （−1.26）	−0.473*** （−6.42）
tradegdp	0.0417** （2.04）	0.0381 （1.49）	0.0462*** （3.02）	0.0201 （0.96）	0.0339* （1.66）	0.0249 （1.07）
phone	0.0517* （1.95）	0.0265 （0.57）	0.0363 （1.31）	0.106*** （4.11）	0.0715 （1.42）	0.110*** （3.90）
gniper	0.0267** （2.24）	−0.00833 （−0.63）	−0.0131 （−1.61）	0.0247** （2.02）	−0.00543 （−0.42）	0.0162 （1.27）
wofdi	0.580*** （6.72）	0.557*** （2.77）	0.528*** （5.89）	0.159*** （8.30）	0.111*** （2.98）	0.155*** （7.94）
wtrade	0.0536 （1.03）	0.111* （1.94）	0.122** （2.14）	0.0679*** （2.80）	0.0511** （2.49）	0.0537* （1.90）
wlngdp	0.232 （1.38）	0.00704 （0.07）	0.00991 （0.09）	0.254* （1.79）	0.0908 （1.37）	0.187 （1.27）
wphone	0.103 （1.02）	−0.0182 （−0.18）	−0.0389 （−0.31）	0.0857 （1.34）	0.0109 （0.17）	−0.00848 （−0.12）
wgniper	−0.00117 （−0.04）	0.0480 （1.00）	0.0395 （1.42）	−0.0142 （−0.81）	0.00128 （0.06）	−0.0174 （−1.00）
_cons	0.417 （1.02）	−0.177 （−0.62）	−0.219 （−0.64）	0.303 （0.77）	−0.361 （−1.62）	0.690 （1.55）
N	472	472	413	472	472	413
不足识别检验	28.593 （0.0000）	29.612 （0.0000）	30.215 （0.0000）	31.531 （0.0000）	29.366 （0.0001）	28.985 （0.0001）
弱识别检验	19.331 （0.05）	19.378（0.05）	21.335 （0.05）	21.591 （0.05）	25.628 （0.01）	26.337 （0.01）
过度识别检验	2.192 （0.17）	1.823 （0.36）	2.038 （0.28）	3.128 （0.59）	1.524 （0.51）	1.369 （0.37）

注：*、**、***分别表示回归结果在 10%、5%、1%置信水平下通过显著性检验。

三、空间外溢的区域交叉分析

中国对“一带一路”沿线国家与非“一带一路”沿线国家的对外投资动机存在差异，由于经济发展水平、要素禀赋结构、技术水平等均存在较大差异，因此，对“一带一路”沿线国家与非“一带一路”沿线国家的对外直接投资，影响价值链相对位置的空间外溢效应存在差异，并可能产生区域交叉效应。为明晰空间外溢的区域交叉效应是否存在，我们在空间滞后解释变量模型基础上增加对外直接投资的区域空间滞后项 wofdi_br 与 wofdi_nbr。其中，wofdi_br 是空间权重矩阵乘以 ofdi_br（中国对非“一带一路”沿线国家的对外直接投资取零，对“一带一路”沿线国家的对外直接投资保留），即东道国邻近的“一带一路”沿线国家所接受的中国 ofdi 加权平均值；wofdi_nbr 是空间权重矩阵乘以 ofdi_nbr（中国对“一带一路”沿线国家的对外直接投资取零，对非“一带一路”沿线国家的对外直接投资保留），即东道国邻近的非“一带一路”沿线国家所接受的中国 ofdi 加权平均值。此外，由回归结果表 7-5、表 7-6 可知，其他控制变量对价值链相对位置的间接效应都不显著，因此，我们在这一部分的分析去掉其他解释变量的空间滞后项。我们将样本分为“一带一路”区域与非“一带一路”区域，从而得到空间外溢的交叉效应，所对应的模型如式（7-24）和式（7-25）：

$$\begin{aligned}\mathrm{GVC\_PO}_{BR} = {} & \beta_1 \mathrm{ofdi} + \beta_2 \ln \mathrm{gdp} + \beta_3 \mathrm{trade} + \beta_4 \mathrm{phone} + \beta_5 \mathrm{gniper} + \\ & \theta_1 \mathrm{wofdi}\_br + \theta_2 \mathrm{wofd}i\_nbr + \mu_i + \nu_t + \varepsilon_{it}\end{aligned} \tag{7-24}$$

$$\begin{aligned}\mathrm{GVC\_PO}_{NBR} = {} & \alpha_1 \mathrm{ofdi} + \alpha_2 \ln \mathrm{gdp} + \alpha_3 \mathrm{trade} + \alpha_4 \mathrm{phone} + \alpha_5 \mathrm{gniper} + \\ & \lambda_1 \mathrm{wofdi}\_br + \lambda_2 \mathrm{wofdi}\_nbr + \mu_i + \nu_t + \varepsilon_{it}\end{aligned} \tag{7-25}$$

其中，β_1 和 α_1 分别代表“一带一路”区域与非“一带一路”区域的对外直接投资对价值链相对位置指数的直接效应，θ_1 和 λ_2 分别代表“一带一路”区域与非“一带一路”区域的区域内的对外直接投资对价值链相对位置指数的空间外溢效应（区域内间接效应），θ_2 与 λ_1 代表“一带一路”区域与非“一带一路”区域之间跨区域的对外直接投资，对价值链相对位置指数的空间外溢效应（区域外间接效应）。由于引力模型经济矩阵更能反映国家之间的价值链关系，我们主要分析引力模型经济矩阵的估计结果，地理距离矩阵作为稳健性检验。经过检验，我们采用固定效应（Hausman 检验伴随概率为 0.0000）估计了 SLX。与此同时，考虑到模型可能存在的内生性问题，在 SLX 估计的基础上，我们以一阶滞后项为工具变量进一步进行了 2SLS 估计。具体估计结果如表 7-8 所示。

表 7-8　对外直接投资在“一带一路”沿线国家与非“一带一路”沿线国家的价值链效应及其外溢的交互效应

矩阵	地理距离矩阵				引力模型经济矩阵			
样本	“一带一路”		非“一带一路”		“一带一路”		非“一带一路”	
序号	(1)	(2)	(3)	(4)	(5)	(6)	(7)	(8)
模型	FE	TSLS	FE	TSLS	FE	TSLS	FE	TSLS
ofdi	0.0367*** (2.69)	0.0360** (2.47)	0.657*** (10.34)	0.760*** (8.39)	0.0265* (1.96)	0.0234* (1.65)	0.747*** (12.62)	0.861*** (10.56)
wofdi_br	0.554*** (6.55)	0.442*** (5.24)	1.150*** (3.27)	1.006*** (2.65)	0.134*** (7.37)	0.114*** (6.50)	2.434*** (4.30)	2.140*** (3.57)
wofdi_nbr	3.521*** (3.71)	3.705*** (3.17)	0.424** (2.13)	0.316** (2.81)	3.518*** (5.40)	4.000*** (5.96)	0.237*** (3.33)	0.204** (2.51)
lngdp	−0.398*** (−5.45)	−0.399*** (−5.00)	−0.0621 (−0.72)	−0.117 (−1.23)	−0.426*** (−5.80)	−0.447*** (−5.71)	−0.0540 (−0.64)	−0.120 (−1.27)
trade	0.0918*** (2.63)	0.0944** (2.45)	0.00886 (0.62)	0.00144 (0.09)	0.0426 (1.25)	0.0359 (0.96)	0.0158 (1.16)	0.00519 (0.33)
phone	0.0453 (1.55)	0.0324 (1.01)	0.0921** (2.12)	0.0551 (1.14)	0.0730** (2.56)	0.0494 (1.61)	0.0738* (1.71)	0.0257 (0.53)
gniper	0.0101 (0.52)	−0.00994 (−0.47)	0.00116 (0.12)	0.00373 (0.38)	0.0115 (0.59)	−0.00781 (−0.38)	−0.00539 (−0.57)	−0.00122 (−0.13)
_cons	0.953*** (4.70)	1.007*** (4.34)	0.0946 (0.32)	0.348 (1.02)	1.074*** (5.19)	1.208*** (5.23)	0.118 (0.41)	0.418 (1.25)
N	296	259	176	154	296	259	176	154
不足识别检验	29.32 (0.000)	28.74 (0.000)	29.56 (0.000)	30.88 (0.000)	28.59 (0.001)	29.64 (0.001)	29.58 (0.001)	28.76 (0.001)
弱识别检验	18.98 (0.05)	20.15 (0.05)	21.32 (0.05)	22.17 (0.05)	23.84 (0.01)	22.59 (0.01)	21.67 (0.01)	22.33 (0.01)
过度识别检验	2.35 (0.28)	1.68 (0.59)	2.13 (0.37)	3.59 (0.62)	1.62 (0.58)	1.77 (0.49)	1.64 (0.43)	1.58 (0.52)

注：*、**、***分别表示回归结果在 10%、5%、1%置信水平下通过显著性检验。

我们以引力模型经济矩阵下的 2SLS 估计结果为例，根据表 7-8 的结果可以看出，第一，直接效应、区域外间接效应与区域内间接效应都显著为正，表明对外直接投资对促进中国的价值链攀升存在显著促进作用。第二，就区域外与区域内外溢效应而言，无论“一带一路”沿线国家还是非“一带一路”沿线国家，区域外的外溢效应都要显著强于区域内的外溢效应。出现这种结果的可能原因在于，区域内的产业水平更多存在替代关系，而区域间的产业存在互补关系，从而在价值链构建方面，区域之间的外溢效应会更强。第三，就直接效应与区域内外溢效应而言，“一带一路”沿线国家的区域内外溢效应强于直接效应，而非“一带一路”沿线国家的直接效应强于区域内外溢效应。出现这种差异性的可能原因在于，非“一带一路”沿线国家大多为发达经济体，其产业直接存在的竞争关系强于互补关系，所以区域外溢效应相对较弱。然而，“一带一路”沿线国家呈现少数发达国家与多数发展中国家共同存在的特点，除了发展中国家之间的竞争关系之外，还存在发达国家与发展中国家之间在产业结构和要素禀赋结构等方面的互补效应。此外，中国在发展中国家的投资有利于基础设施改善，这对区域价值链的构建具有较强的正外部性。第四，就直接效应与区域外效应而言，根据回归结果可以发现，无论在“一带一路”沿线国家还是非“一带一路”国家，区域外的外溢效应都是促进中国价值链相对地位提升的最重要因素。总之，尽管各种效应的大小存在差异性，但结果基本证实了空间外溢具有区域交叉性，理论假说 5 得到了较好的逻辑一致性计量检验。

综合以上的理论和实证研究，我们发现：第一，从中国开展对外直接投资对价值链关联指数的影响来看，基于总样本的分析结果表明，具有显著的正向作用。也就是说，中国对东道国进行对外直接投资后，会显著提升中国与该国的价值链关联程度。第二，从分样本的估计结果来看，中国开展对外直接投资对价值链关联的影响，在“一带一路”区域内的效应要显著高于非“一带一路”区域。第三，对外直接投资产生的价值链构建效应，不仅局限于中国与东道国之间，而且还会产生空间外溢效应，从而提升中国与第三国之间的价值链关联程度。第四，从中国开展对外直接投资对价值链相对分工位置指数的影响来看，计量检验的结果同样表明，中国对东道国进行对外直接投资后，会显著提升中国相对于该东道国的价值链分工地位。而且这种提升效应在“一带一路”沿线国家和非“一带一路”沿线国家之间也存在显著差异，具体而言，前者的提升效应更为明显，而后者的提升效应相对较弱。第五，对外直接投资产生的价值链分工位置改善效应，也存在着空间外溢效应，即中国对东道国开展的对外直接投资，不仅有助于提升中国相对于该国的价值链分工地位，同时也会提升相对于第三国的价值链分工地位。这种正向的空间外溢效应，在“一带一路”沿线国家要显著强于在非“一带一路”沿线国家。第六，无论是价值链关联效应，还是价值链分工位置改善效应，中国开展的对外直接投资，在“一带一路”沿线国家和非“一带一路”沿线国家，还会产生显著的区域交叉效应。这一效应在一定程度上表明，依托构建区域价值链能够实现全球价值链的构建和攀升。

本章研究所得结论，不仅有助于深化理解价值链构建和攀升的影响因素，而且对于评判和看待中国开展对外直接投资的经济绩效，也提供了一个独特的视角，对于中国加快实施“走出去”战略有一定的政策含义。尤其是伴随“一带一路”建设的推进，中国对外直接投资也呈现出快速发展之势。在中国亟待攀升全球价值链中高端的现实需求下，依托“一带一路”建设构建区域价值链，进而实现全球价值链分工地位的提升，被许多学者看作是突破发达国家跨国公司“低端锁定”的重要途径（刘志彪、吴福象，2018），因而也被寄予厚望。本章的研究为这一突破“途径”和“厚望”提供了初步的经验证据，也说明了中国倡导“一带一路”建设是正确且有效的开放发展路径。目前，以“人类命运共同体”为先进理念引领，以“共商、共建、共享”为规则导向的“一带一路”倡议，正在得到越来越多国家的响应。中国应抓住这一重要战略机遇，进一步积极推进和引领“一带一路”建设。尤其是通过加快企业“走出去”方式，充分利用对外直接投资的价值链效应及其空间外溢效应，实现以点带面，主动参与全球价值链的构建，改变被动融入的传统发展模式和路径。当然，依托“一带一路”建设在“做好向西开放文章”的同时，也要注重继续“放大向东开放优势”，因为促使有条件的企业“走出去”向发达国家开展逆向直接投资，同样有助于产生正向积极的价值链构建效应。如此，可以在实现“东西并济”中，实现推动构建更加密切的全球价值链关系，即为其他国家尤其是发展中国家提供更多参与全球价值链分工的机会，实现参与全球价值链分工的机会均等；另外，还可加快促进我国产业“迈向全球价值链中高端”，即实现以中国为代表的发展中国家的全球价值链分工地位的改善。机会更加均等和地位更加平等必然有助于全球价值链的优化，从而夯实全球增长共赢链的分工基础。

第八章　构建全球增长共赢链：基于中国“一带一路”倡议作用的实证分析

第七章分析了中国开展对外直接投资对价值链关联程度，以及对中国自身在全球价值链分工中地位改善的实际影响效应。价值链关联程度的提升，说明了中国开展对外直接投资为其他国家尤其是发展中国家（表现为“一带一路”沿线国家）提供更多参与全球价值链分工的机会，即推动价值链分工朝着机会均等方向发展，而中国开展对外直接投资所带来的自身分工地位改善，则从中国作为发展中国家代表的角度看，一定程度上说明对发展中国家价值链分工地位改善有着促进作用，即推动价值链分工朝着地位更加平等的方向发展。但是这种分工地位的相对改变，实际上也包括中国相对于其他发展中国家，特别是“一带一路”沿线发展中国家分工地位的相对提升。从这一意义上说，还不能完全说明中国开展对外直接投资有助于发展中国家改善全球价值链分工地位。为了进一步明晰在中国力图构建和优化全球价值链过程中，对其他发展中国家尤其是“一带一路”沿线国家的价值链分工地位是否具有改善效应，本章通过构建能够反映全球价值链分工地位的新指标，以当前在全球价值链分工中处于绝对主导和控制地位的美国作为参照，利用双重和三重差分法，实证分析“一带一路”倡议提升“一带一路”沿线国家价值链分工地位的现实效应。计量检验结果表明：第一，“一带一路”倡议对提升“一带一路”沿线国家价值链相对地位方面的确存在显著正向作用，说明中国以“人类命运共同体”为先进理念，以“共商、共建、共享”为基本遵循而倡议的“一带一路”建设，在推动构建和优化全球价值链方面取得初步成效；第二，在排除其他政策干扰等稳健性测试下，上述结论依然成立；第三，“一带一路”倡议对“一带一路”沿线国家价值链分工地位的提升效应在价值链分工具体形式上表现不尽相同，并且呈现出行业异质性特征。本章研究发现为“一带一路”倡议的理论预期提供了部分经验证据支撑，对于如何继续发挥“一带一路”

倡议在促进“一带一路”沿线国家攀升全球价值链中的积极作用，进而促进全球价值链分工朝着地位更加均等的方向发展，夯实全球增长共赢链的现实分工基础，也有较强政策意涵。

第一节　问题提出及现有观点述评

一、问题提出

改革开放以来，中国依托人口红利以及政策红利等形成的低成本竞争优势，在快速而全面地融入发达国家跨国公司主导的全球价值链分工过程中，获得了长足发展并成为全球制造业第一大国。“低端嵌入”的发展方式虽然成就了制造业大国地位，然而面临着国内外环境的深刻变化，特别是全球竞争日趋激烈和中国传统低成本优势逐步丧失等剧烈和深刻的变化，中国产业发展“体量之大而筋骨不强”的成长中烦恼日益凸显（金碚，2016[①]）。2008 年全球金融危机冲击之后，发达国家“重振制造业”以及单边主义、霸凌主义、逆全球化思潮等不断有新的表现，尤其是 2017 年美国特朗普政府频频挥动贸易保护主义大棒，挑起了针对中国的贸易摩擦并不断升级为产业链、价值链和技术链的排挤战，昭示着中国传统“向东”开放的发展模式，在价值链升级中的确可能遭遇来自发达国家的“封锁”和“堵截”，面临着巨大的升级障碍和困难。因此，探寻加快攀升全球价值链中高端的可行路径，成为摆在理论和实践部门面前的重要课题。对于发展中国家而言，中国应该算是融入全球价值链分工相对比较成功的，因为其他大部分发展中国家在全球价值链分工中实际上面临着更大的地位不平等问题，比如俄罗斯和巴西等国家，在全球价值链分工中甚至退化为初级产品和能源出口国，面临着分工地位不断恶化的问题，非洲很多欠发达和最不发达国家更是如此。可见，优化和重构全球价值链，实现价值链分工地位的改善，并非中国一国之愿望，是广大发展中国家的普遍诉求，也是夯实全球增长共赢链的现实需求。

2008 年金融危机爆发之后，全球经济进入深度调整期，中国开放发展

---

① 金碚. 论经济全球化 3.0 时代——兼论“一带一路”的互通观念[J]. 中国工业经济，2016（1）：5-20.

也进入新阶段。正是基于对经济全球化发展新形势的科学和精准判断，习近平主席在2013年提出了“一带一路”倡议，力图以“人类命运共同体”的先进理念引领新时代经济全球化发展，以有效应对主要兴起于发达国家的逆全球化思潮（戴翔、张二震，2018①），在进一步提升中国开放型经济发展的水平和层次的同时，本着“共商、共建、共享”的基本原则来促进“一带一路”沿线国家经济共同发展，提升“一带一路”沿线国家在全球价值链分工中的地位。从拓展对外开放发展空间和格局的角度来看，“一带一路”倡议有助于打破传统向东开放为主的单一发展模式，通过不断拓展和做好向西开放文章，优化开放发展外部空间布局，在构建区域价值链中实现共同发展，实现价值链分工地位的共同改善。从全球价值链分工的角度来看，外部空间格局的调整和优化，同时也意味着可能有助于中国实现东西互济的双向开放新格局，即依托“一带一路”沿线构建起以中国为核心的价值链分工体系，培养中国企业构建和经营全球价值链能力，进而提升突破发达国家“围堵”的能力，逐步摆脱被动融入发达国家主导的全球价值链所面临的低端锁定困境，在原有全球价值链基础上实现分工地位的改善。更为重要的是，由于中国以“人类命运共同体”的先进理念引领新时代经济全球化发展，本着“共商、共建、共享”的基本原则来建设“一带一路”，并不存在以往发达国家布局全球价值链对发展中国家进行技术封锁等问题，中国对“一带一路”沿线国家并不会进行技术封锁，而是要与沿线国家共同建设、共同发展。因此，中国自身开放型经济水平的提高，必然会“溢出”到“一带一路”沿线国家，从而促进沿线国家价值链分工的改善。这也是让世界搭乘中国经济发展快车的必然逻辑和结果。

尽管依托“一带一路”建设可能是实现中国尤其是“一带一路”沿线国家价值链攀升的重要途径，并且国内部分学者在理论上探讨了“一带一路”倡议的经济可行性（魏龙等，2016②；韩永辉等，2015③），包括对“一带一路”倡议促进中国实现价值链攀升的理论分析（黄先海等，2017④；

---

① 戴翔，张二震．“人类命运共同体”理念引领下的新时代经济全球化[J]．江苏行政学院学报，2018（1）：51-57.

② 魏龙，王磊．从嵌入全球价值链到主导区域价值链——“一带一路”倡议的经济可行性分析[J]．国际贸易问题，2016（5）：104-115.

③ 韩永辉，罗晓斐，邹建华．中国与西亚地区贸易合作的竞争性和互补性研究——以“一带一路”倡议为背景[J]．世界经济研究，2015（3）：89-98.

④ 黄先海，余骁．“一带一路”建设如何提升中国全球价值链分工地位？——基于GTAP模型的实证检验[J]．社会科学战线，2017（7）：58-69.

刘志彪等，2018①；孙军等，2018②），从而意蕴着“一带一路”倡议是中国突破价值链低端嵌入和低端锁定困境，实现价值链攀升的重要抓手。遗憾的是，针对上述重要命题假说，现有研究仍缺乏有说服力的经验证据。

“一带一路”倡议正得到越来越多的国家和地区的认可并参与其中，“朋友圈”不断扩大。“一带一路”倡议提出至今已有六年多实践经验，其在促进中国攀升价值链方面的现实效应到底如何呢？或者说更为现实的问题是，依托“一带一路”倡议构建以中国为核心的价值链分工体系是否已初见成效，是否改善了“一带一路”沿线国家的价值链分工地位？从经验层面回答上述问题，不仅有助于我们从价值链攀升角度对“一带一路”倡议的实施效果进行初步评估，而且对于如何进一步依托“一带一路”倡议实现价值链攀升的目标，在促进价值链分工朝着地位更加平等的方向发展也有重要政策意涵。

二、现有观点评述

针对“一带一路”倡议的研究已经取得了丰硕成果，但尚缺乏直接考察“一带一路”倡议促进中国攀升价值链现实效应的文献。虽然缺乏直接研究，但以“一带一路”倡议为临界点从特定视角比较分析产业分工地位差异的文献、以“一带一路”为研究对象而考察某些特定因素对价值链分工影响的文献，以及探讨可能意涵价值链分工的“一带一路”倡议经济效益三个方面的文献，与本章具有较高的相关性，能够为本章提供有益的借鉴和启发意义。

就第一个方面的文献研究而言，较为一致的观点认为，在“一带一路”倡议提出前后，中国产业的价值链分工地位出现了显著改善。如李惠茹等（2018）③研究发现，以“一带一路”倡议为临界点，通过比较中国以及“一带一路”沿线国家的高端产业在2011年与2016年的价值链分工地位指数、价值链参与度指数，伴随“一带一路”建设的推进，中国以及“一带一路”沿线国家在高端产业上实现了价值链分工地位的提升，从而在一定程度上表明区域价值链构建效应显现。同样，王恕立等学者也是以“一

① 刘志彪，吴福象．“一带一路”倡议下全球价值链的双重嵌入[J]．中国社会科学，2018（8）：17-32.

② 孙军，高彦彦．“一带一路”倡议下“三环流”价值链体系构建与推进路径[J]．中共南京市委党校学报，2018（5）：82-88.

③ 李惠茹，陈兆伟．一带一路”倡议对高端产业区域价值链构建的影响[J]．河北经贸大学学报，2018（4）：36-44.

带一路”倡议为临界点，借鉴安特拉斯的测算方法，使用 WIOD 数据库 2016 年发布的全球投入产出数据，测算了中国与“一带一路”沿线国家的非等间距产业出口上游度指数，比较其在 2011—2014 年期间的变化，进而得出结论认为，中国与绝大多数的“一带一路”沿线国家在 2013 年之后均实现了一定程度上的价值链攀升。这种简单对比分析的研究虽然有助于我们初步识别价值链分工地位的前后变化，但难以揭示这种变化效应的确是源于“一带一路”倡议。

与以“一带一路”倡议为临界点的对比分析不同，第二类文献着重考虑某些特定因素，即选取“一带一路”倡议中某些连续性代理变量对价值链分工地位的影响。代表性的研究如姚战琪等（2018）①着重分析了中国对“一带一路”沿线国家的对外直接投资，是否对沿线国家攀升全球价值链产生了实质性影响。类似的研究如彭澎等（2018）②、纪祥裕（2019）③等均从实证层面分析了中国对外直接投资对沿线国家的影响，并且认为制度质量等因素也是影响对外直接投资作用于价值链分工地位变化的重要因素。除了对外直接投资这一因素外，刘敏等（2018）④则从产品跨境流动的角度，通过构建面板数据模型实证研究了中国与“一带一路”沿线国家，通过贸易的形式开展产能合作，对价值链攀升具有的积极影响。毋庸置疑，此类研究文献对我们从具体因素角度，或者说识别影响价值链分工地位变化的影响因素，提供了有益的启发意义。但如同前述第一类文献，考察具体因素的作用和影响的文献，对“一带一路”倡议的实际作用关注不够，或者说诸如产品跨境流动、制度质量、对外直接投资等因素，对价值链分工地位的影响效应，是否确实由“一带一路”倡议所致，仍需进一步深入探讨。何况，对于一些特定的因素诸如制度质量等，与“一带一路”倡议本身其实并无太大关联，至少从短期来看是如此，因此，诸如此类的研究还没有专门针对“一带一路”倡议而开展。

与前述两类文献研究不同的是，还有一类文献虽然没有直接涉及价值链分工问题，但是在探讨相关经济效应时，则主要侧重于对“一带一路”

① 姚战琪，夏杰长. 中国对外直接投资对“一带一路”沿线国家攀升全球价值链的影响[J]. 南京大学学报，2018（4）：35-46.

② 彭澎，李佳熠. OFDI 与双边国家价值链地位的提升——基于“一带一路”沿线国家的实证研究[J]. 农业经济研究，2018（6）：75-88.

③ 纪祥裕. OFDI、制度质量与“一带一路”沿线国家产业结构升级[J]. 湖南科技大学学报（社会科学版），2019（2）：52-59.

④ 刘敏，赵璟，薛伟贤. “一带一路”产能合作与发展中国家全球价值链地位提升[J]. 国际经贸探索，2018（8）：49-62.

倡议作用的分析。比如李苍祺等（2019）①利用我国30个省（自治区、直辖市）的面板数据，运用PSM-DID方法研究了“一带一路”是否促进了我国固定资产的增加；王桂军等（2019）②利用微观层面的企业数据，采用双重差分模型研究了“一带一路”对企业全要素生产率的影响，证实了“一带一路”政策确实对开展对外直接投资的企业生产率提升产生了促进作用；孙楚仁等（2017）③同样从企业微观层面出发，利用1996—2014年中国海关数据库并结合世界发展指标数据库，构建双重差分模型，实证考察了“一带一路”倡议对中国出口到“一带一路”沿线国家的贸易额的影响，结论发现上述影响是存在的并且是积极的，等等。可见，诸如此类的研究文献虽然探讨的是“一带一路”倡议背景下其他相关经济效应，而没有针对全球价值链分工问题开展直接研究，但其研究方法或者说对聚焦“一带一路”倡议本身效应的研究方法，具有重要的借鉴意义。此外，值得一提并且也是与本章密切相关的文献就是黄先海等（2017）④的研究，其运用GTAP模型模拟存在“一带一路”政策与不存在“一带一路”政策两种情形下的数据，分别从出口国内附加值率、间接附加值率、价值链分工位置指数以及价值链参与指数等不同指标维度，进行比较分析，并得出“一带一路”政策确实有助于提升中国全球价值链分工地位的结论。这一研究虽然聚焦于“一带一路”倡议本身且从价值链分工视角进行分析，所得结论也不乏启发意义，但模拟分析所得结论并非代表经济事实，而且所得结论与实际情况是否存在偏差仍有待进一步采用可靠的经验数据进行验证。

综上可见，现有研究虽然基于不同方法以及从不同侧面涉及“一带一路”倡议经济效应问题，但仍然缺乏对中国及“一带一路”沿线国家攀升全球价值链的专门研究。即便有部分研究文献涉及价值链分工问题，包括中国和沿线国家价值链分工地位提升问题，但此类研究文献既没有真正聚焦“一带一路”倡议的实际效应，也无法真正揭示依托“一带一路”沿线构建以中国为核心的价值链分工体系实际绩效，因为仅从中国与“一带一路”沿线国家价值链分工地位变化角度分析，而缺乏对不同国家分工地位相对变化的探讨，并不能说明中国构建了以我为主的区域乃至全球价值链，

---

① 李苍祺，谢识予. “一带一路”倡议对我国固定资产增加的影响——基于PSM－DID方法的研究[J]. 国际经济合作，2019（2）：101-107.

② 王桂军，卢潇潇. “一带一路”倡议与中国企业升级[J]. 中国工业经济，2019（3）：43-61.

③ 孙楚仁，张楠，刘雅莹. “一带一路”倡议与中国对沿线国家的贸易增长[J]. 国际贸易问题，2017（2）：83-96.

④ 黄先海，余骁. 以“一带一路”建设重塑全球价值链[J]. 经济学家，2017（3）：32-39.

在促进价值链分工朝着地位更加平等方向发展的实际绩效。鉴于此，本章将基于双重差分法、三重差分法，利用 2011—2017 年的双边部门贸易增加值分解数据，构建能够反映双边相对价值链地位的指数，实证分析“一带一路”倡议促进中国和“一带一路”沿线国家相对美国的价值链分工地位变化的现实效应，据此为明晰“一带一路”倡议能否托起发展中国家价值链分工地位改善，进而促进价值链分工朝着地位更加平等的方向发展提供初步的经验证据。与现有文献相比，本章的边际贡献可能在于：第一，基于经济事实构建反事实实验，实证分析“一带一路”倡议在促进中国和“一带一路”沿线国家相对美国价值链分工地位变化的现实效应；第二，从产业后向关联角度，剔除初级产业对各行业出口的贡献，解决贸易增加值核算中初级产品带来的分工地位与分工位置的混淆问题，构建更为科学的价值链分工地位衡量指标；第三，从双边贸易角度，分析“一带一路”倡议对双边价值链相对地位的影响，更为精准地刻画中国和“一带一路”沿线国家相对美国的价值链分工地位变化，据此粗略表征依托中国倡议的“一带一路”优化全球价值链构建的实际绩效；第四，进一步从行业异质性角度考察了“一带一路”倡议促进中国价值链分工地位相对变化的实际效应。

第二节　“一带一路”倡议作用的检验设计

一、关键变量测度

依托“一带一路”倡议实现价值链低端嵌入和低端锁定的突围与突破，不仅仅是要改变中国在全球价值链分工中的不利地位，实际上是要在“一带一路”沿线构建起中国主导的价值链分工体系，以区域价值链的构建共同提升沿线国家的全球价值链分工地位。虽然实现全球价值链升级应该是一个长期过程，但“一带一路”倡议提出至今已有六年多时间，以此支撑中国突破发达国家对中国在攀升全球价值链中高端过程中的围堵，提升中国包括“一带一路”沿线国家价值链分工的相对地位，应该已经初现成效。基于这一考虑，本章首先考察“一带一路”倡议初期可能产生的实际效应，即从中国和“一带一路”参与国相对于美国的价值链分工地位变化这一特定维度，实证分析“一带一路”倡议促进中国和“一带一路”参与国价值链攀升的现实效应。为此，本章需要构建既能从双边又能从行业层面衡量中国和“一带一路”参与国价值链攀升的指标，据此研究“一带一路”倡议对中国价值链攀升的前期效应。

衡量全球价值链分工地位一直是学术界研究的重要课题，对此，现有文献虽未达成共识，但已做出的广泛探讨和取得的丰硕成果能够为本章研究提供可借鉴的方法。囿于全球价值链数据的可得性，早期对全球价值链分工地位的衡量主要从出口技术复杂度层面进行，例如豪斯曼等（Hausmann et al.，2007）①曾提出出口产品技术复杂度并据此作为衡量全球价值链地位的重要测度指标，出口产品技术复杂度越高表明全球价值链分工地位越高。姚洋等（2008）②则在此基础上剔除进口中间品的贡献，从纯粹国内技术含量的角度提出了更加切合实际的测度指标。伴随全球价值链数据库的构建和取得的巨大进步，学术界在测度全球价值链分工方面也取得了巨大进展。基于投入产出表的出口附加值分解，代表性的研究如库普曼等（Koopman et al.，2012）提出价值链分工位置指数，以此衡量一国（某部门）在全球价值链中的嵌入位置，以及安特拉斯（Antras et al.，2012）提出的产业上游度概念，即以某一产业距离最终消费阶段来刻画价值链分工位置。无论是产业上游度还是价值链分工位置指数，刻画的都是在全球价值链中的上下游位置，即嵌入位置，但是全球价值链分工地位不仅仅与生产过程中具体的生产环节和位置的“物理属性”有关，同时也与不同环节和阶段的附加值创造能力的“经济属性”有关。而刻画价值链分工位置实际上与刻画价值链分工地位是不能等同的，因为从增值能力的“经济属性”看，既存在上游低端嵌入也存在下游高端嵌入（王岚等，2015③）。实际上，使用价值链分工位置指数表征价值链分工地位指数存在的主要缺陷和不足就是对出口产品属性的忽视，因为同样是出口国内附加值，初级产品与高技术产品代表的分工地位是不同的（苏庆义，2016④）。

为此，本章借鉴库普曼等（Koopman et al.，2012）提出的对一国总出口的分解方法，以及王直等（2015）⑤构建的不仅从前向关联分析各部门

① Hausmann, R., Jason H. and D. Rodrik, “What You Export Matters”, *Journal of Economic Growth*, 2007, Vol.25, No.12.

② 姚洋，张晔. 中国出口品国内技术含量升级的动态研究——来自全国及江苏省、广东省的证据[J]. 中国社会科学，2008（2）：67-82.

③ 王岚，李宏艳. 中国制造业融入全球价值链路径研究——嵌入位置和增值能力的视角[J]. 中国工业经济，2015（2）：76-88.

④ 苏庆义. 中国国际分工地位的再评估——基于出口技术复杂度与国内增加值双重视角的分析[J]. 财经研究，2016（6）：40-51.

⑤ 王直，魏尚进，祝坤福. 总贸易核算法：官方贸易统计与全球价值链的度量[J]. 中国社会科学，2015（9）：108-206.

出口价值的流向以及最终吸收地，还从后向关联分析各部门出口价值来源的双边多部门分解方法，剔除初级产业影响从而构建更能反映价值链分工地位的测度指标。借鉴库普曼和王直等学者的测度方法，式（8-1）给出了基于前向关联而对一国某行业向另一国出口总值的分解：

$$E_{cijt}=\mathrm{DVA\_FIN}_{cijt}+\mathrm{DVA\_INT}_{cijt}+\mathrm{DVA\_INT}rex_{cijt}+\mathrm{RDV}_{cijt}+\mathrm{DDC}_{cijt}+\mathrm{FVA\_FIN}_{cijt}+\mathrm{FVA\_INT}_{cijt}+\mathrm{FDC}_{cijt} \quad (8\text{-}1)$$

其中，下标 c 表示出口国（政策实施国），i 表示出口行业，j 表示进口国（政策参与国），t 表示出口年份。E_{cijt} 表示 c 国 i 行业在 t 年向 j 国出口的总出口额，具体由 8 个部分组成：$\mathrm{DVA\_FIN}_{cijt}$ 表示 c 国 i 行业在 t 年以最终产品出口到 j 国的国内增加值；$\mathrm{DVA\_INT}_{cijt}$ 表示 c 国 i 行业在 t 年以中间产品出口到 j 国且被 j 国吸收的国内增加值；$\mathrm{DVA\_INT}rex_{cijt}$ 表示 c 国 i 行业在 t 年以中间产品出口到 j 国且被 j 国再次出口到第三国并被吸收的国内增加值；RDV_{cijt} 表示 c 国 i 行业在 t 年以中间产品出口到 j 国而最终返回到 c 国的国内增加值；DDC_{cijt} 表示 c 国 i 行业在 t 年出口中重复计算的国内增加值；$\mathrm{FVA\_FIN}_{cijt}$ 表示 c 国 i 行业在 t 年以最终产品出口到 j 国的国外增加值；$\mathrm{FVA\_INT}_{cijt}$ 表示 c 国 i 行业在 t 年以中间产品出口到 j 国的国外增加值；FDC_{cijt} 表示 c 国 i 行业在 t 年出口到 j 国中重复计算的国外增加值。

上述分解是从前向关联的角度对部门层面双边出口进行分解，在此基础上，进一步从后向关联的角度厘清由各行业出口的各部分增加值来自出口国的哪一部门，具体如式（8-2）所示：

$$E_{cijt}=\sum_{k=1}^{36}\mathrm{DVA\_FIN}_{cijt,k}+\sum_{k=1}^{36}\mathrm{DVA\_INT}_{cijt,k}+\sum_{k=1}^{36}\mathrm{DVA\_INT}rex_{cijt,k}+\sum_{k=1}^{36}\mathrm{RDV}_{cijt,k}+\sum_{k=1}^{36}\mathrm{DDC}_{cijt,k}+\mathrm{FVA\_FIN}_{cijt}+\mathrm{FVA\_INT}_{cijt}+\mathrm{FDC}_{cijt} \quad (8\text{-}2)$$

由于产业间存在着投入产出关系，c 国 i 行业在 t 年出口到 j 国的总值显然不完全由 i 行业独自创造，而是由所有作为中间品投入的其他行业共同创造。因此，我们加入 k 这个维度以表示增加值来源行业，从而将各行业出口国内增加值后向分解为各个行业创造的增加值组成部分。也就是说，i 行业出口国内增加值是包括各 k 行业创造，而 k 行业创造的增加值作为中间投入进入 i 行业而被间接出口。需要指出的是，某一行业创造的被间接出口的增加值总和只能反映这个行业的生产能力，并不能反映其出口能力，或者说直接参与全球价值链分工的能力，因为其生产从某种意义上说是被外向型行业出口需求拉动的，而直接出口的行业显然更能反映该行业的价值链分工地位（张定胜等，2015①）。因此，本章在计算各行业的下游影响度时，是从行业 i 出口角度而非行业 k 的生产角度为划分标准的。但是，如前文分析指出，处于上游的既包括附加值较高的中间产品等能表征较高分工地位的，也包括那些不能代表较高分工地位的初级产品。因此，本章对出口行业的后向分解将由初级产品行业创造的增加值予以剔除，因为一国出口产品内含的初级原材料可能来自国内，也可能来自国外。由此创造的附加值增值部分只是反映了一国在初级产品行业的生产能力，而初级产品行业虽然通常处于行业和价值链分工环节的上游，但其不能真正反映价值链嵌入地位之高，在测度过程中保留这一部分反而会混淆价值链嵌入位置与地位两个概念。在出口增加值中剔除初级产品行业的后向贡献的具体测算公式见式（8-3），其中 X 表示前述公式（8-2）中各部分国内增加值，行业 1 与行业 2 为后文测算使用到的数据中的初级产品行业：

$$\mathrm{X\_delpri}_{cijt} = X_{cijt,k} - \sum_{k=1}^{2} X_{cijt,k} \tag{8-3}$$

基于对出口前向分解与后向分解，本章将进一步提出衡量一国对于另一国价值链分工地位的相对指标。如前所述，本章主要考察中国对“一带一路”沿线国家相对价值链分工地位的改变，因此，我们以中国各行业以中间产品形式出口到沿线国家的国内附加值在出口中的占比（即下游影响度）为基础，剔除初级产业后向关联对中间产品形式的国内附加值贡献，从价值链位置上游化角度构建更能反映价值链分工地位的指标。为方便起见，本章仍然将此称为下游影响度（DI_1）。在式（8-1）分解中，DVA_INT、DVA_INT*rex*、RDV 均是以中间产品形式出口的国内增加值部分，所不同的是最后吸收地存在差异。在库普曼等提出的价值链分工位置指标中，反映下游影响度的 IV 部分只包含 DVA_INT*rex*，即被进口国再次出口到第三国并被吸收的中间产品形式的附加值。康淑娟在 IV 中加入了以中间品直接出口的国内增加值（DVA_INT），指出这一部分也能反映价值链分工地位的提升。陈雯指出复进口的以中间产品出口的国内增加值（RDV），同样可以通过一国出口至他国用于生产的中间产品贸易反映价值链分工地位。综上，无论最终吸收地如何，以中间产品形式出口的国内增加值占比越高，说明出口国（某行业）对进口国下游影响度越高，即价值链分工相对地位得以提升。因此，本章的下游影响度（DI_1）采用的是 DVA_INT、

① 张定胜，刘洪愧，杨志远. 中国出口在全球价值链中的位置演变——基于增加值核算的分析[J]. 财贸经济，2015（11）：114-130.

DVA_INT*rex*、RDV 三者之和在出口中占比，具体见式（8-4）。当然，为综合对比分析并从不同维度分别考察下游影响度的变化情况，我们将同时使用三部分各自占比（DI_2、DI_3、DI_4）作为价值链分工地位的替代变量，如式（8-4）至式（8-7）所示。需要说明的是，在式（8-4）至式（8-7）中，c 国 i 行业在 t 年向 j 国的出口（E_net），是从总贸易额中剔除了重复计算后的部分，具体的测算如式（8-4）所示，且各部分以中间产品形式出口的国内附加值都剔除了初级产品行业的后向贡献。

$$\mathrm{DI\_1}_{cijt}=\frac{\mathrm{DVA\_INT\_delpri}_{cijt}+\mathrm{DVA\_INTrex\_delpri}_{cijt}+\mathrm{RDV\_delpri}_{cijt}}{E\_net_{cijt}} \tag{8-4}$$

$$\mathrm{DI\_2}_{cijt}=\frac{\mathrm{DVA\_INT\_delpri}_{cijt}}{E\_net_{cijt}} \tag{8-5}$$

$$\mathrm{DI\_3}_{cijt}=\frac{\mathrm{DVA\_INTrex\_delpri}_{cijt}}{E\_net_{cijt}} \tag{8-6}$$

$$\mathrm{DI\_4}_{cijt}=\frac{\mathrm{RDV\_delpri}_{cijt}}{E\_net_{cijt}} \tag{8-7}$$

$$E\_net_{cijt}=E_{cijt}-\mathrm{DDC}_{cijt}-\mathrm{FDC}_{cijt} \tag{8-8}$$

式（8-4）中 $\mathrm{DI\_1}_{cijt}$ 表示在 c 国 i 行业向 j 国出口的总值中，以中间产品形式出口的国内增加值（剔除初级产品后向贡献）的占比。该比值越高说明下游影响度越大，从而表征 c 国 i 行业在 t 年相对于 j 国的价值链分工地位越高。式（8-5）一式（8-7）则是根据最终吸收地不同，分别度量的各部分以中间产品形式出口的国内增加值占比情况：式（8-5）中 $\mathrm{DI\_2}_{cijt}$ 表示在 c 国 i 行业向 j 国出口的总值中，以中间产品形式出口并被吸收的国内增加值的占比；式（8-6）中 $\mathrm{DI\_3}_{cijt}$ 表示在 c 国 i 行业向 j 国出口的总值中，以中间产品形式出口并被再次出口的国内增加值的占比；式（8-7）中 $\mathrm{DI\_4}_{cijt}$ 表示在 c 国 i 行业向 j 国出口的总值中，以中间产品形式出口的最终返还本国的国内增加值的占比。

二、模型设计

近年来，在政策评估的实证研究中，双重差分模型可以很好地排除政策之外的其他影响因素而得到广泛的运用。双重差分模型构建实验组与对照组控制有无、控制前后，以“有无”“前后”双重差排除其他影响因素，再增加一些其他控制变量，对政策效果进行较为有效的估计。基于本章的研究需要，我们将采用双重差分模型对中国“一带一路”倡议的价值链分工地位提升效应进行评估。

（一）面板双重差分模型

构建双重差分模型需要解决以下问题：实验组与对照组的随机分组、政策时间的确定，以及协变量的选取。根据本章研究需要，我们构建了式（8-9）的截面双重差分模型。

$$\begin{aligned} \mathrm{DI}_{cijt} = {} & \alpha_0 + \alpha_1 \mathrm{Treat}_{cj} \times \mathrm{Time}_{cjt} + \alpha_2 \mathrm{Treat}_{cijt} + \alpha_3 \mathrm{Time}_{cijt} + \\ & \beta X_{jt} + \gamma \ln e_{cijt} + \eta_{it} + \lambda_t + \mu_{cij} + \upsilon_{cijt} \end{aligned} \tag{8-9}$$

其中，DI_{cijt}为 t 年 c 国 i 行业相对于 j 国的下游影响度（包括上文的 $\mathrm{DI\_1}_{cijt}$、$\mathrm{DI\_2}_{cijt}$、$\mathrm{DI\_3}_{cijt}$、$\mathrm{DI\_4}_{cijt}$），Treat_{cij}为政策处理变量，以区分实验组与对照组，$Time_{cijt}$为政策时间变量，以区分政策实施前与政策实施后两个阶段。本章的研究目的是评估“一带一路”倡议是否促进了中国和“一带一路”沿线国家价值链分工地位的相对提升，显然，政策处理为“一带一路”倡议，而“一带一路”倡议具有对象广泛与时间模糊两个特点。首先，就对象广泛而言，“一带一路”是 2013 年提出的针对“一带一路”沿线国家的合作倡议，因此“一带一路”沿线国家只是倡议对象，而非实际的政策作用对象，即处于中国“一带一路”倡议沿线的国家并不一定已经响应了该倡议，因此不能将“一带一路”倡议沿线国家完全纳入“一带一路”倡议实验组；其次，就时间模糊性而言，“一带一路”倡议的正式提出是 2013 年，但是倡议得到响应显然具有时滞性，且不同国家的响应时间也不尽相同，不能一刀切地将政策实施时间定为 2013 年。因此，为了更好地研究“一带一路”的政策效应，我们需要对“一带一路”倡议实施进行明确的界定。本章选取正式与中国签署“一带一路”合作文件作为界定一国正式响应“一带一路”倡议的标准，其中包括与中国签署共建“一带一路”政府间谅解备忘录和与中国签署“一带一路”合作文件两种方式，参与国与参与时间的依据来源于中国“一带一路”网公布的统计结果。

基于前述介绍的测度方法，本章依据 UIBE GVC 数据库中的 ADBM-RIO2018 数据核算下游影响度，样本为 ADBM-RIO2018 中包含的 61 个国家，因此本章统计了 ADBM-RIO2018 中的 61 个国家响应“一带一路”倡议的情况。统计结果显示，2014—2018 年期间每年都有新的国家参与到“一带一路”倡议中，截止到 2018 年年底，尚有 24 国未加入“一带一路”倡议，而这 24 国大多数不属于“一带一路”倡议的沿线国家，因此如果选用这 24 国为对照组，可能会引起样本选择偏差，即这 24 个国家本身并不是中国“一带一路”倡议对象，将违背双重差分的反事实实验构建的政策随机性原则。于是本章将截至 2018 年年底未参与“一带一路”建设的国家从样本中予以删除。2014 年至 2018 年每年都有新的国家参与“一带一路”建设，在经济层面可以将参与时间先后看作随机结果。因此，本章将实证期间定为 2011—2017 年，而 2018 年参与国可以看作随机选择的对照组。此外，考虑到政策效果短期显现较不明显，我们选取早期参与“一带一路”的国家为实验组，即选择于 2014 年、2015 年参与“一带一路”的国家为实验组，以 2014—2015 年为观测期，借鉴陈林的剔除“观测期”法进行双重差分。综上，本章以 2014 年、2015 年参与“一带一路”的国家为实验组，以 2018 年参与“一带一路”的国家为对照组，以 2011—2013 年为政策实施前，以 2016—2017 年为实验实施后，进行双重差分以分析“一带一路”的政策效果（系数 α_1），具体变量定义如下：

$$\text{Treat}_{cj}=\begin{cases}1,2014\text{年、}2015\text{年}c\text{国与}j\text{国签署“一带一路”谅解备忘录或合作文件}\\0,2018\text{年}c\text{国与}j\text{国签署“一带一路”谅解备忘录或合作文件}\end{cases}\tag{8-10}$$

$$\text{Time}_{cijt}=\begin{cases}1,\ year>2015\\0,\ year<2014\end{cases}\tag{8-11}$$

由于影响下游影响度的因素复杂，包括政策实施国特征因素、政策参与国特征因素、行业因素、时间因素等多种，而这些因素通常很难被完全观测到，因此，本章采取固定效应面板模型进行估计。固定效应模型可以解决各层面不随时间变化的不可观测因素所带来的内生性问题，运用固定效应模型将消除这种内生性对估计结果无偏性的影响，本章纳入时间固定效应（λ_t）与个体固定效应（μ_{cij}）。由于多重共线性，Treat_{cj} 与个体固定效应、Time_{cijt} 与时间固定效应一般不同时纳入模型中，因此在双重固定效应模型中，省略了 Treat_{cj} 与 Time_{cijt}。为了控制其他可能影响下游影响度（DI）

的随时间变化因素，本章在模型中纳入 4 个参与国特征变量（X_{jt}）以控制参与国国家层面的时间趋势项效应，加入行业虚拟变量与年份虚拟变量的交互项（η_{it}）以控制行业时间趋势效应，加入年份虚拟变量以控制时间趋势项（λ_t），加入 t 年 c 国 i 行业对 j 国的出口项 $\ln e_{cijt}$ 以反映随时间变化的个体因素，v_{cijt} 表示随时间变化的不可观测的个体因素。综上，本章最终构建的双重固定效应面板双重差分模型如式（8-12）所示：

$$DI_{cijt}=\alpha_0+\alpha_1 Treat_{cj}\times Time_{cjt}+\beta X_{jt}+\gamma lne_{cijt}+\eta_{it}+\lambda_t+\mu_{cij}+\upsilon_{cijt} \tag{8-12}$$

（二）三重差分面板模型

实际上，在上述双重差分模型中，双重差分中的政策效果既有可能是中国“一带一路”倡议的政策影响结果，也有可能是参与国与非参与国自身因素所导致的。为了排除后一种可能情况，本章引入政策实施国这一维度，在双重差分的基础上进行三重差分，以作稳健性检验。中国倡议的“一带一路”将促进中国相对于沿线国家价值链分工地位的相对变化，而没有实施类似“一带一路”政策的国家，在参与“一带一路”沿线国家与未参与“一带一路”沿线国家之间，其下游影响度将不会有政策实施前后的差异变化。相对而言，2014—2015 年期间美国在“一带一路”区域尚未有相关针对性政策，且美国也没有加入中国“一带一路”的倡议之中，因此本章选取美国作为中国的对照组，引入 china 这一变量，具体定义如式（8-13）所示，以进一步剔除前文所述的不可观测因素的影响，为“一带一路”倡议与中国价值链分工的相对地位（下游影响度）提升的因果关系提供稳健性检验。

$$china_c=\begin{cases}1,\text{出口国为中国}\\0,\text{出口国为美国}\end{cases} \tag{8-13}$$

基于上述思路，本章构建的三重差分模型如式（8-14）所示：

$$\begin{aligned}DI_{cijt}=&\alpha_0+\alpha_1 Treat_{cj}\times Time_{cjt}\times china_c+\alpha_2 Treat_{cj}\times Time_{cjt}+\alpha_3 china_c\times Time_{cjt}\\&+\alpha_4 Treat_{cj}\times china_c+\beta X_{jt}+\gamma\ln e_{cijt}+\eta_{it}+\lambda_t+\mu_{cij}+\upsilon_{cijt}\end{aligned} \tag{8-14}$$

其中，$Treat_{cj}\times Time_{cjt}\times china_c$ 为三重差分项，其系数 α_1 为政策效果变量，此外加入两两交互项，但是由于本章采用固定效应，不随时间变化的项无法衡量，因此在模型中不纳入 $Treat_{cj}\times china_c$ 交互项。模型（8-14）中的其他控制项与双重差分模型（8-12）一致，此处不再赘述。

三、其他控制变量选取及数据说明

（一）其他控制变量选取

本章选取了以下 4 个控制变量以控制进口国（政策实施国）的国家时间趋势影响：（1）劳动力结构——行业就业人数占比，其中包括农业从业人员占比（*emp_agr*）、制造业从业人员占比（*emp_ind*）、服务业从业人员占比（*emp_ser*），数据来源于世界发展指数 WDI。（2）劳动力成本——人均国民收入（ln*cniper*），数据来源于世界发展指数 WDI。（3）劳动生产力——劳动力人均国内生产总值（ln*gdpperemp*），数据来源于世界发展指数 WDI。（4）经济规模——国内生产总值（ln*gdp*），数据来源于世界发展指数 WDI。此外，本章选取了一个随时间变化的个体效应变量：贸易值（ln*e*），是根据世界投入产出表剔除重复计算部分的出口值。

（二）数据说明

本章利用 UIBE GVC 的 ABDM-RIO 数据库中 2011—2017 年 61 国 35 个行业的出口附加值分解结果构建相对价值链地位指标——下游影响度（DI_1）及其各子项（DI_2、DI_3、DI_4），并根据研究目的对国家、行业、时间进行以下处理：第一，国家层面值保留 2014 年、2015 年、2018 年与中国签署“一带一路”合作文件的国家，以中国“一带一路”网公布的统计结果为标准。此外，为了扩充样本容量，使实证结果更稳健，本章将几个于 2017 年年底签署“一带一路”相关合作协议的国家纳入对照组。此外，为了后续稳健性检验特别是排除其他类似政策因素干扰，我们统计并保留了参与“东欧 16＋1”的样本国（见表 8-1）。第二，由于本章主要关注“一带一路”倡议对中国价值链分工地位提升的影响，而初级产品行业下游影响度更多表示价值链上游位置而不是价值链分工地位高低问题，为此，在行业层面上剔除行业 1（农林牧渔业）与行业 2（采矿业）两个初级产品行业。此外，由于中国在行业 35（私人家庭雇佣服务业）的出口几乎为零，因此也予以剔除，最终保留的行业为第 3—34 个行业。为了进一步分析可能存在的行业异质性，我们将上述 32 个行业中的制造业与服务业按照要素密集度特征进行细分，具体分类信息如表 8-2 所示。第三，考虑到“一带一路”倡议效果的时滞性以及尽可能弱化 2008 年全球金融危机的影响，我们剔除 2010 年、2014 年、2015 年三年观测期，最终以 2011 年、2012 年、2013 年、2016 年、2017 年共 5 年的数据进行分析。

表 8-1　政策时间与政策处理分组表

实验组				对照组			
国家/地区	加入时间	分组时间	东欧16+1	国家/地区	加入时间	分组时间	东欧16+1
斯里兰卡	2014 年 12 月	2014 年	否	奥地利	2018 年 4 月	2018 年	否
哈萨克斯坦	2014 年 12 月	2014 年	否	希腊	2018 年 8 月	2018 年	否
韩国	2015 年 11 月	2015 年	否	马耳他	2018 年 11 月	2018 年	是
俄罗斯	2015 年 5 月	2015 年	否	葡萄牙	2018 年 12 月	2018 年	是
保加利亚	2015 年 11 月	2015 年	是	印尼	2018 年 11 月	2018 年	否
捷克	2015 年 11 月	2015 年	是	菲律宾	2018 年 11 月	2018 年	否
匈牙利	2015 年 6 月	2015 年	是	越南	2017 年 11 月	2018 年	否
波兰	2015 年 11 月	2015 年	是	爱沙尼亚	2017 年 11 月	2018 年	是
斯洛伐克	2015 年 11 月	2015 年	是	斯洛文尼亚	2017 年 11 月	2018 年	是
土耳其	2015 年 11 月	2015 年	否	马尔代夫	2017 年 12 月	2018 年	否
—	—	—	—	吉尔吉斯斯坦	2018 年 6 月	2018 年	否
—	—	—	—	斐济	2018 年 11 月	2018 年	否

资料来源：中国“一带一路”网，https://www.yidaiyilu.gov.cn/gbjg/gbgk/77073.htm.

表 8-2　行业分类表

产业层次		产业名称
初级产业		（1）农林牧渔业；（2）采矿业
制造业	低技术水平制造业	（3）食品、饮料制造和烟草业；（4）纺织品制造业；（5）皮革、鞋类制造业；（6）木材、软木制品业；（7）造纸、印刷业；（8）石油加工、炼焦及核燃料加工业；（10）橡胶、塑料制品业；（11）非金属矿物制品业；（16）其他制造业
	中高技术水平制造业	（9）化学原料及化学制品制造业；（12）金属制品业；（13）机械制造业；（14）电气和电子机械器材制造业；（15）交通运输设备制造业
服务业	生产型服务业	（23）内陆运输；（24）水路运输；（25）航空运输业的其他配套与辅助业务；（27）邮政与通信业；（28）金融业；（30）租赁与商务服务业
	传统服务业	（17）电力、煤气和水的生产与供应业；（18）建筑业，汽车、摩托车的销售、保养和修理；（19）零售销售的燃料；（20）批发贸易及佣金贸易，除汽车及摩托车外；（21）零售业（不含汽车和摩托车）；（22）住宿与餐饮业；（26）旅行社服务；（29）房地产业；（31）公共管理和国防，及社会保障业；（32）教育；（33）卫生和社会工作；（34）其他社区、社会和个人服务

资料来源：作者整理。

第三节 “一带一路”倡议作用的检验结果

一、双重差分实证结果

表 8-3 中列（1）至列（4）报告的结果，分别是以 DI_1、DI_2、DI_3、DI_4 作为解释变量基于总样本的双重差分模型估计结果。观察表 8-3 的结果可以发现，列（1）中政策处理变量 DID 的系数估计值显著为正，说明“一带一路”倡议在促进中国及“一带一路”沿线国家价值链分工地位提升方面，的确发挥了积极作用，换言之，伴随中国“一带一路”倡议的实施，中国及沿线响应“倡议”的国家对美国以中间产品形式出口的国内增加值占比会因此提升，从而强化了中国及“一带一路”沿线国家对美国的下游影响度。进一步地，观察表 8-3 中列（2）至列（4）的估计结果同样可以发现，政策处理变量 DID 系数估计值同样显著为正，说明当我们从出口增加值最终流入和使用地维度构建不同的价值链分工地位表征指标时，所得估计结果依然是稳健的，也就是说，“一带一路”倡议的确提升了中国及“一带一路”沿线国家对美国以中间产品形式出口的各种流向的国内增加值占比，增强了中国及“一带一路”沿线国家对美国的下游影响力。当然，以出口增加值最终流入和使用地不同所表征的不同价值链分工地位替代变量，其系数估计结果仍然具有一定差异，比较列（2）至列（4）的估计结果可见，“一带一路”倡议对中国及“一带一路”沿线国家出口到美国被直接吸收的中间品（DVA__INT）占比提升的促进作用最大，其次是出口被进口国再次出口到第三国的中间品占比（DVA__INT*rex*），而影响最小的则是复进口的中间品出口占比（RDV）。这种差异性可能意味着中国倡议“一带一路”而构建的价值链分工体系，目前的效应主要表现为中国及沿线国家与美国之间，而据此向区域内和区域外更广范围的拓展效应还不是特别显著。

表 8-3 全样本的双重差分模型：基本估计结果

	（1） DID_DI_1_t	（2） DID_DI_2_t	（3） DID_DI_3_t	（4） DID_DI_4_t
DID	0.0298*** （2.88）	0.0184** （2.26）	0.0106*** （3.75）	0.000785*** （3.76）
emp_agr	−0.00418* （−1.72）	−0.00508*** （−2.65）	0.000599 （0.90）	0.000306*** （6.26）

续表

	（1） DID_DI_1_t	（2） DID_DI_2_t	（3） DID_DI_3_t	（4） DID_DI_4_t
lncniper	0.0634 （0.89）	0.135^{**} （2.41）	-0.0686^{***} （−3.54）	-0.00272^{*} （−1.91）
lngdpperemp	-0.289^{***} （−3.06）	-0.176^{**} （−2.36）	-0.0984^{***} （−3.81）	-0.0154^{***} （−8.09）
lngdp	−0.0400 （−0.67）	-0.124^{***} （−2.63）	0.0754^{***} （4.61）	0.00857^{***} （7.11）
lne	-0.0227^{*} （−1.82）	-0.0281^{***} （−2.86）	0.00527 （1.55）	0.000174 （0.69）
个体固定效应	Y	Y	Y	Y
时间固定效应	Y	Y	Y	Y
行业时间趋势	Y	Y	Y	Y
_cons	3.275^{***} （3.65）	1.884^{***} （2.67）	1.260^{***} （5.15）	0.131^{***} （7.24）
N	3520	3520	3520	3520

注：DID 为 $Treat_{cj} \times Time_{cjt}$，其系数为政策估计效果。*、**、***分别表示回归结果在 10%、5%、1%置信水平下通过显著性检验。

二、稳健性检验

（一）共同趋势检验

双重差分模型的一个重要假定是实验组与对照组在政策实施前的时间趋势一致，为此，本章加入政策实施前的年份虚拟变量与政策处理变量的交互项来检验共同趋势假定，具体结果如表 8-4 所示。表 8-4 第（1）列估计结果显示，政策实施前的年份虚拟变量与政策处理变量的交互项不显著，说明在政策实施前的实验组与对照组发展趋势相同；与此同时，政策处理变量 DID 的估计结果仍然显著为正，表明“一带一路”倡议促进中国及“一带一路”沿线国家相对美国价值链分工地位提升这一结论是成立的。同样，表 8-4 列（2）和列（3）的估计结果显示通过共同趋势检验，政策处理变量 DID 的估计结果也显著为正。唯独列（4）的 2013 年交互项系数显著为正，表明复进口的中间产品附加值占比在政策前不满足严格的共同趋势假定。一方面，考虑到复进口的中间产品附加值占比本身就比较低，或者说在中国及“一带一路”沿线国家的价值链分工中并非主导；另一方面，在估计结果上也只表现为仅 2013 年一年的交互项系数显著为正，因此这一结果总体而言并不影响研究结论。总之，基于上述回归结果我们可以得出的基本判断是，“一带一路”倡议有助于中国及“一带一路”沿线国家实现相对于美国的价值链升级，依托“一带一路”倡议构建以中国为核心的区域价值链分工体系进而实现全球价值链攀升，已经初现成效，而目前的价值链分工体系构建从中国及“一带一路”沿线国家对美国下游影响度的提升角度看，主要表现为出口被直接吸收的中间品国内增加值（DVA_INT）与出口后被进口国再次出口到第三国而被吸收的中间品国内增加值（DVA_INT*rex*）占比的提升。

表 8-4　全样本双重差分模型的共同趋势检验

	（1） DID_DI_1_t_c	（2） DID_DI_2_t_c	（3） DID_DI_3_t_c	（4） DID_DI_4_t_c
DID	0.0334** （2.45）	0.0200* （1.86）	0.0123*** （3.30）	0.00116*** （4.22）
Yr2013×treated	0.00925 （0.62）	0.00461 （0.39）	0.00401 （0.98）	0.000628** （2.09）
Yr2012×treated	0.00135 （0.09）	−0.0000636 （−0.01）	0.000950 （0.23）	0.000466 （1.55）
emp_agr	−0.00408* （−1.67）	−0.00503*** （−2.62）	0.000639 （0.96）	0.000311*** （6.34）
lncniper	0.0585 （0.82）	0.133** （2.35）	−0.0709*** （−3.62）	−0.00319** （−2.21）
lngdpperemp	−0.284*** （−2.98）	−0.173** （−2.30）	−0.0959*** （−3.70）	−0.0151*** （−7.91）
lngdp	−0.0369 （−0.61）	−0.123** （−2.57）	0.0769*** （4.65）	0.00892*** （7.33）
lne	−0.0227* （−1.82）	−0.0281*** （−2.86）	0.00524 （1.54）	0.000159 （0.63）
个体固定效应	Y	Y	Y	Y
时间固定效应	Y	Y	Y	Y
行业时间趋势	Y	Y	Y	Y
_cons	3.233*** （3.59）	1.861*** （2.63）	1.243*** （5.06）	0.129*** （7.16）
N	3520	3520	3520	3520

注：*、**、***分别表示回归结果在 10%、5%、1%置信水平下通过显著性检验。

（二）三重差分检验

为了进一步排除由于参与国与非参与国未观测因素对估计结果带来的不良影响，我们根据前述设定的计量模型进行三重差分模型估计，以进行进一步的稳健性检验，具体结果如表 8-5 所示。比较表 8-5 与前述表 8-3 和表 8-4 各列的结果可以发现，采用三重差分模型所得估计结果与双重差分估计结果并无实质性差异。具体而言，“一带一路”倡议对以 DI_1、DI_2、DI_3 为表征的价值链分工地位提升具有显著作用。不同的是，以 DI_4 为因变量的三重差分模型系数显著为负，而双重差分模型中的系数虽然为正，但未通过共同趋势检验，因此不能得出“一带一路”会促进中国及“一带一路”沿线国家向美国出口的复进口中间产品国内增加值占比上升的结论。当然，导致这一结果的可能原因，如前文分析指出，这种形式的分工在中国与美国之间，以及“一带一路”沿线国家与美国之间所占比重较小，并不处于主导地位，从而尚未表现出确定性影响。

表 8-5　三重差分模型：基本估计结果

	(1) DDD_DI_usa_1_t	(2) DDD_DI_usa_2_t	(3) DDD_DI_usa_3_t	(4) DDD_DI_usa_4_t
DDD	0.0262** (2.47)	0.0207** (2.49)	0.00623* (1.81)	−0.000711* (−1.87)
DID1	0.00655 (0.83)	−0.000486 (−0.08)	0.00530** (2.07)	0.00173*** (6.13)
DID3	−0.0172** (−2.39)	−0.00743 (−1.32)	−0.00759*** (−3.27)	−0.00214*** (−8.33)
emp_agr	−0.00173 (−1.29)	−0.00367*** (−3.48)	0.00180*** (4.13)	0.000136*** (2.82)
lncniper	0.0476 (1.21)	0.137*** (4.44)	−0.0845*** (−6.62)	−0.00498*** (−3.53)
lngdpperemp	−0.193*** (−3.67)	−0.0722* (−1.75)	−0.0971*** (−5.70)	−0.0236*** (−12.53)
lngdp	−0.00486 (−0.15)	−0.120*** (−4.64)	0.103*** (9.58)	0.0125*** (10.49)
lne	−0.0421*** (−6.57)	−0.0392*** (−7.83)	−0.00253 (−1.22)	−0.000339 (−1.48)
个体固定效应	Y	Y	Y	Y
时间固定效应	Y	Y	Y	Y
行业时间趋势	Y	Y	Y	Y
_cons	2.216*** (4.45)	0.776** (1.99)	1.222*** (7.57)	0.218*** (12.20)
N	7039	7039	7039	7039

注：DDD 为 $Treat_{cj}×Time_{cjt}×china_c$，其系数为政策效果；DID1 为 $Treat_{cj}×Time_{cjt}$，DID2 为 $Treat_{cj}×china_c$，DID3 为 $Time_{cjt}×china_c$；*、**、***分别表示回归结果在 10%、5%、1%置信水平下通过显著性检验。

（三）排除其他政策干扰

2012 年，中国与中东欧 16 国构建中国—中东欧“16＋1”合作体系，在基础建设、贸易联通、投资等方面展开紧密合作，并且成为“一带一路”合作最为密切的区域之一。由于中国—中东欧“16＋1”合作体系与“一带一路”倡议之间有极大的重复性和交叉性，因此同样会影响中国及“一带一路”沿线国家相对于美国价值链分工地位。况且，由于中东欧 16 国在实验组与对照组内的分布不同，不能用双重差分方法予以排除其对“一带一路”政策效果考察时造成的不良影响。因此，我们将属于中东欧“16＋1”的国家剔除，以研究排除中东欧 16 国后的“一带一路”倡议对中国及“一带一路”沿线国家价值链分工地位提升的真实效果，具体估计结果如表 8-6 所示。表 8-6 列（1）至列（4）分别是以 DI_1、DI_2、DI_3、DI_4 为因变量的双重差分结果，列（5）至列（8）依次是对应模型的共同趋势检验。由表 8-6 的回归结果可见，在基础的双重差分模型下，列（1）至列（4）中的政策效果变量显著为正；列（5）至列（8）的共同趋势检验模型中，交互项不显著，而政策效果变量仍然显著为正。据此基本可以认为，在排除了中国—中东欧“16＋1”合作区域可能产生的影响外，“一带一路”倡议对中国及“一带一路”沿线国家实现价值链分工地位的提升，仍然具有显著的促进作用。从影响的差别性来看，“一带一路”倡议对以出口被直接吸收的中间品占比提升，表征的价值链分工地位提升的促进作用最为明显；对以复进口的中间产品国内附加值占比提升为表现的价值链分工地位提升，促进作用最微弱，这一点与前述分析所得结论是高度一致的。

此外，考虑到估计结果的稳健性和可靠性，以及保持与前文分析逻辑的一致性，我们对剔除中东欧 16 国后的样本再进行三重差分模型估计，所得估计结果如表 8-7 所示。由表 8-7 估计的结果可知，其与双重差分模型回归结果基本一致，从而进一步支撑了以上分析所得结论。

（四）政策时间唯一性

为了进一步考察估计结果的稳健性，我们将政策时间节点从签订备忘录之后的 2016 年提前到签订备忘录之前的 2013 年。此外，正如前述分析指出，中东欧“16＋1”合作在 2012 年正式提出，这将对 2013 年的中国及东欧 16 国对美国的下游影响度产生影响。

表 8-6　双重差分模型：剔除“东欧 16+1”国家

	(1) DID_DI_DEL 16_1_t	(2) DID_DI_DEL 16_2_t	(3) DID_DI_DEL 16_3_t	(4) DID_DI_DEL 16_4_t	(5) DID_DI_DEL 16_1_t_c	(6) DID_DI_DEL 16_2_t_c	(7) DID_DI_DEL 16_3_t_c	(8) DID_DI_DEL 16_4_t_c
DID	0.0334* (1.84)	0.0315** (2.20)	0.00121 (0.26)	0.000714** (2.01)	0.0431* (1.84)	0.0396** (2.15)	0.00248 (0.41)	0.000930** (2.03)
yr_treated3					0.0148 (0.57)	0.0135 (0.66)	0.000960 (0.14)	0.000342 (0.68)
yr_treated2					0.0143 (0.56)	0.0112 (0.56)	0.00279 (0.42)	0.000307 (0.61)
emp_agr	−0.0101** (−2.27)	−0.00887** (−2.54)	−0.00160 (−1.40)	0.000400*** (4.61)	−0.00998** (−2.24)	−0.00876** (−2.50)	−0.00162 (−1.41)	0.000403*** (4.62)
lncniper	0.0617 (0.61)	0.127 (1.59)	−0.0652** (−2.49)	−0.000332 (−0.17)	0.0515 (0.50)	0.118 (1.46)	−0.0663** (−2.50)	−0.000564 (−0.28)
lngdpperemp	−0.430*** (−2.64)	−0.360*** (−2.81)	−0.0569 (−1.36)	−0.0127*** (−4.00)	−0.427*** (−2.61)	−0.357*** (−2.77)	−0.0577 (−1.37)	−0.0126*** (−3.95)
lngdp	−0.0352 (−0.43)	−0.110* (−1.70)	0.0671*** (3.17)	0.00757*** (4.70)	−0.0284 (−0.34)	−0.104 (−1.60)	0.0680*** (3.18)	0.00772*** (4.76)
lne	−0.0208 (−1.06)	−0.0176 (−1.14)	−0.00279 (−0.55)	−0.000457 (−1.19)	−0.0209 (−1.06)	−0.0176 (−1.14)	−0.00287 (−0.57)	−0.000458 (−1.19)
个体固定效应	Y	Y	Y	Y	Y	Y	Y	Y
时间固定效应	Y	Y	Y	Y	Y	Y	Y	Y
行业时间趋势	Y	Y	Y	Y	Y	Y	Y	Y
_cons	4.786*** (3.05)	3.880*** (3.14)	0.826** (2.04)	0.0805*** (2.62)	4.797*** (3.04)	3.879*** (3.12)	0.837** (2.06)	0.0806*** (2.61)
N	2080	2080	2080	2080	2080	2080	2080	2080

注：yr_treated3 为 year2013 与 treated 的交互项，yr_treated2 为 year2012 与 treated 的交互项，yr_treated1 为 year2011 与 treated 交互项；*、**、***分别表示回归结果在 10%、5%、1%置信水平下通过显著性检验。

表 8-7 三重差分模型：剔除“东欧 16+1”国家

	（1） DDD_DI_DEL 16_usa_1_t	（2） DDD_DI_DEL 16_usa_2_t	（3） DDD_DI_DEL 16_usa_3_t	（4） DDD_DI_DEL 16_usa_4_t
DDD	0.0478*** （2.68）	0.0268* （1.90）	0.0197*** （3.82）	0.00127** （2.12）
DID1	-0.0142 （-1.06）	0.00345 （0.33）	-0.0170*** （-4.41）	-0.000636 （-1.41）
DID3	-0.0301*** （-2.72）	-0.0159* （-1.83）	-0.0117*** （-3.69）	-0.00239*** （-6.42）
emp_agr	-0.00498** （-2.11）	-0.00541*** （-2.90）	0.000197 （0.29）	0.000237*** （2.97）
lncniper	0.0420 （0.76）	0.125*** （2.87）	-0.0787*** （-4.95）	-0.00406** （-2.19）
lngdpperemp	-0.213** （-2.45）	-0.190*** （-2.77）	-0.0156 （-0.62）	-0.00737** （-2.52）
lngdp	-0.00676 （-0.15）	-0.104*** （-2.96）	0.0872*** （6.78）	0.0102*** （6.76）
lne	-0.0551*** （-5.61）	-0.0428*** （-5.52）	-0.0110*** （-3.89）	-0.00127*** （-3.83）
个体固定效应	Y	Y	Y	Y
时间固定效应	Y	Y	Y	Y
行业时间趋势	Y	Y	Y	Y
_cons	2.527*** （3.03）	2.116*** （3.21）	0.363 （1.51）	0.0483* （1.72）
N	4159	4159	4159	4159

注：*、**、***分别表示回归结果在 10%、5%、1%置信水平下通过显著性检验。

据此，我们在回归估计时仍然分为两个部分，一部分是基于总样本进行双重差分模型回归估计，另一部分是在剔除东欧 16 国基础之上再进行双重差分模型回归估计，所得结果如表 8-8 所示。由表 8-8 呈列的回归结果可见，无论是基于总样本的分析结果还是剔除了东欧 16 国后样本分析结果，政策时间唯一性的稳健性检验结果均表明，“一带一路”倡议的政策效果仍然显著。总之，考虑政策时间干预性之后，“一带一路”倡议促进了中国及“一带一路”沿线国家价值链分工地位提升这一结论仍然成立。

表 8-8　政策时间唯一性的稳健性检验结果

未剔除中东欧 16 国	（1） DI_1_china	（2） DI_2_china	（3） DI_3_china	（4） DI_4_china	（5） DI_1_china	（6） DI_2_china	（7） DI_3_china	（8） DI_4_china
DID	0.0233** （2.35）	0.0140* （1.79）	0.00858*** （3.16）	0.000712*** （3.56）	0.0245 （1.43）	0.0235* （1.75）	0.000459 （0.10）	0.000540 （1.61）
emp_agr	−0.00342 （−1.42）	−0.00461** （−2.43）	0.000863 （1.31）	0.000325*** （6.70）	−0.00975** （−2.19）	−0.00856** （−2.44）	−0.00160 （−1.39）	0.000408*** （4.68）
lncniper	0.0641 （0.90）	0.136** （2.42）	−0.0687*** （−3.53）	−0.00280* （−1.96）	0.0544 （0.53）	0.120 （1.50）	−0.0652** （−2.48）	−0.000498 （−0.25）
lngdpperemp	−0.268*** （−2.83）	−0.163** （−2.18）	−0.0907*** （−3.51）	−0.0148*** （−7.77）	−0.396** （−2.45）	−0.328** （−2.58）	−0.0556 （−1.33）	−0.0120*** （−3.79）
lngdp	−0.0546 （−0.92）	−0.133*** （−2.86）	0.0706*** （4.36）	0.00831*** （6.97）	−0.0487 （−0.60）	−0.122* （−1.91）	0.0662*** （3.16）	0.00729*** （4.58）
lne	−0.0219* （−1.75）	−0.0276*** （−2.81）	0.00554 （1.63）	0.000191 （0.76）	−0.0209 （−1.06）	−0.0176 （−1.14）	−0.00282 （−0.56）	−0.000457 （−1.19）
个体固定效应	Y	Y	Y	Y	Y	Y	Y	Y
时间固定效应	Y	Y	Y	Y	Y	Y	Y	Y
行业时间趋势	Y	Y	Y	Y	Y	Y	Y	Y
N	2080	2080	2080	2080	3520	3520	3520	3520

注：*、**、***分别表示回归结果在 10%、5%、1%置信水平下通过显著性检验。

（五）替换价值链地位指标的再估计

为了进一步证实前述回归估计结果的稳健性和可靠性，尤其是本章将剔除初级行业贡献后的下游影响度作为价值链分工地位替代变量的合理性，我们再使用未剔除初级产业后向贡献的下游影响度作为价值链分工地位的表征变量，并与剔除后的表征变量进行比较分析。基于前文的分析可知，未剔除初级产业后向贡献所测算的下游影响度，内含了并不能代表价值链分工地位的初级产业，因而我们预期以此为被解释变量所得的回归估计结果，可能会出现高估现象。我们的预期判断在表 8-9 所示的回归结果中得到了证实。表 8-9 中列（1）、列（3）、列（5）、列（7）是基于剔除初级产业后向贡献的下游影响度的回归结果，列（2）、列（4）、列（6）、列（8）是基于未剔除初级产业后向贡献的下游影响度的回归结果，通过比较分析可见，各列中政策效果变量均显著为正，这一点与前述分析的结果也是高度一致的。但区别之处在于，未剔除初级产业影响下的估计结果与剔除后的估计结果相比，政策效果变量的系数值都偏大，说明以基于未剔除初级产品后向贡献所测算的下游影响度作为价值链分工地位替代变量，回归结果的确会高估"一带一路"倡议对中国及"一带一路"沿线国家价值链分工地位提升的促进作用。

三、行业异质性分析

依托"一带一路"倡议之所以能托起以中国为中心的价值链分工体系，进而促进中国及"一带一路"沿线国家全球价值链分工相对地位提升，根本在于相对于"一带一路"沿线国家而言，中国具有一定的技术优势等，在"人类命运共同体"先进理念引领下，以及本着"共商、共建、共享"的原则，所构建起的区域价值链分工体系更能产生技术溢出等效应，让沿线国家搭乘中国经济发展的列车。从这一意义上说，"一带一路"倡议提升中国及"一带一路"沿线国家对美国下游影响度的促进作用，会在不同技术水平的行业中表现出差异性特征。为了进一步考察上述行业异质性影响是否存在，我们将样本分为制造业与服务业两部分，并在制造业行业中进一步划分为低技术水平制造业和中高技术水平制造业，在服务业中进一步划分为生产型服务业与传统服务业，具体划分标准如表 8-2 所示。本章对每一个模型都进行了共同趋势检验，表 8-10 列出的共同趋势检验下的双重差分项的系数，即估计的模型是加入政策实施前时间虚拟变量与政策处理变量交互项之后的双重差分模型，根据检验，显著项都通过了共同趋势检验，不显著项有少部分未通过共同趋势检验，但是不影响本章的分析。

表 8-9　置换价值链地位指标

	（1） DID_DI_1_t	（2） DID_DI_11_t	（3） DID_DI_2_t	（4） DID_DI_21_t	（5） DID_DI_3_t	（6） DID_DI_31_t	（7） DID_DI_4_t	（8） DID_DI_41_t
DID	0.0298*** （2.88）	0.0320*** （2.91）	0.0184** （2.26）	0.0193** （2.24）	0.0106*** （3.75）	0.0119*** （3.85）	0.000785*** （3.76）	0.000780*** （3.36）
emp_agr	−0.00418* （−1.72）	−0.00491* （−1.90）	−0.00508*** （−2.65）	−0.00577*** （−2.84）	0.000599 （0.90）	0.000496 （0.68）	0.000306*** （6.26）	0.000362*** （6.64）
lncniper	0.0634 （0.89）	0.0687 （0.91）	0.135** （2.41）	0.156*** （2.63）	−0.0686*** （−3.54）	−0.0833*** （−3.93）	−0.00272* （−1.91）	−0.00365** （−2.30）
lngdpperemp	−0.289*** （−3.06）	−0.311*** （−3.10）	−0.176** （−2.36）	−0.192** （−2.43）	−0.0984*** （−3.81）	−0.103*** （−3.64）	−0.0154*** （−8.09）	−0.0167*** （−7.90）
lngdp	−0.0400 （−0.67）	−0.0447 （−0.70）	−0.124*** （−2.63）	−0.144*** （−2.88）	0.0754*** （4.61）	0.0889*** （4.98）	0.00857*** （7.11）	0.0101*** （7.52）
lne	−0.0227* （−1.82）	−0.0264** （−2.00）	−0.0281*** （−2.86）	−0.0317*** （−3.05）	0.00527 （1.55）	0.00518 （1.39）	0.000174 （0.69）	0.0000992 （0.36）
个体固定效应	Y	Y	Y	Y	Y	Y	Y	Y
时间固定效应	Y	Y	Y	Y	Y	Y	Y	Y
行业时间趋势	Y	Y	Y	Y	Y	Y	Y	Y
_cons	3.275*** （3.65）	3.573*** （3.76）	1.884*** （2.67）	2.061*** （2.75）	1.260*** （5.15）	1.369*** （5.12）	0.131*** （7.24）	0.143*** （7.13）
N	3520	3520	3520	3520	3520	3520	3520	3520

注：*、**、***分别表示回归结果在 10%、5%、1%置信水平下通过显著性检验。

表 8-10　双重差分模型：行业异质性

	（1） DID_DI_1	（2） DID_DI _2	（3） DID_DI _3	（4） DID_DI _4
制造业	0.0195*** （2.86）	0.00389 （0.80）	0.0143*** （3.51）	0.00128*** （3.81）
yr_treated3	0.00707 （0.94）	0.00135 （0.25）	0.00518 （1.15）	0.000536 （1.44）
yr_treated2	−0.00527 （−0.70）	−0.00570 （−1.07）	−0.0000916 （−0.02）	0.000515 （1.39）
低技术制造业	0.00895 （1.09）	0.00146 （0.24）	0.00949* （1.86）	0.000911*** （2.78）
yr_treated3	0.00896 （0.99）	0.00408 （0.62）	0.00439 （0.78）	0.000490 （1.35）
yr_treated2	−0.00455 （−0.50）	−0.00460 （−0.70）	−0.000571 （−0.10）	0.000615* （1.70）
中高技术制造业	0.0276** （2.47）	0.00443* （1.97）	0.0213*** （3.57）	0.00185*** （2.95）
yr_treated3	−0.000783 （−0.06）	−0.00761 （−0.89）	0.00615 （0.93）	0.000676 （0.97）
yr_treated2	−0.0118 （−0.95）	−0.0118 （−1.38）	−0.000244 （−0.04）	0.000271 （0.39）
服务业	0.0479** （1.99）	0.0373* （1.95）	0.00978* （1.66）	0.000839** （2.02）
yr_treated3	0.0117 （0.45）	0.0102 （0.50）	0.00110 （0.17）	0.000361 （0.81）
yr_treated2	0.00852 （0.33）	0.00790 （0.38）	0.000449 （0.07）	0.000172 （0.38）
生产型服务业	0.0244** （2.17）	0.0260** （2.57）	−0.00103 （−0.19）	−0.000547 （−0.82）
yr_treated3	0.0148 （1.22）	0.0136 （1.25）	0.000892 （0.15）	0.000264 （0.37）
yr_treated2	0.0175 （1.44）	0.0151 （1.38）	0.00224 （0.38）	0.000205 （0.29）
传统服务业	0.0548* （1.66）	0.0403 （1.55）	0.0132* （1.68）	0.00130** （2.48）
yr_treated3	0.00939 （0.26）	0.00780 （0.28）	0.00105 （0.12）	0.000535 （0.94）
yr_treated2	0.00410 （0.12）	0.00340 （0.12）	0.000459 （0.05）	0.000242 （0.43）
国家时间趋势	Y	Y	Y	Y
个体时间趋势	Y	Y	Y	Y
个体固定效应	Y	Y	Y	Y
时间固定效应	Y	Y	Y	Y
行业时间趋势	Y	Y	Y	Y

注：*、**、***分别表示回归结果在 10%、5%、1%置信水平下通过显著性检验。

根据表8-10的估计结果，我们基本上可以得出如下几个方面的结论：第一，将总样本分为制造业和服务业后，分样本的估计结果显示，无论是在制造业层面还是在服务业层面，就下游影响度（DI_1）而言，其系数估计值都为正且通过了显著性统计检验，说明“一带一路”倡议不仅提升了中国及“一带一路”沿线国家相对于美国在制造业领域的价值链分工地位，同时也有助于提升在服务业领域的价值链分工地位。第二，从制造业行业的内部划分来看，下游影响度（DI_1）的系数估计值在中高技术水平制造业行业，要显著高于在低技术水平制造业行业中的估计值。这一结果证实了前文的理论预期，即中国依托相对于沿线国家而言的技术优势，的确是构建区域价值链的核心所在，对区域内价值链分工地位的改善整体效应较为显著，突出表现为中高技术制造业行业下游影响度的显著提升。第三，在服务业的行业划分中，与制造业细分行业的估计结果不同，“一带一路”倡议对价值链分工地位提升的促进作用，在传统服务业领域的表现要强于在现代生产性服务业领域。出现这一结果的原因在于，目前中国及“一带一路”沿线国家服务业，尤其是现代生产性服务业的发展确实滞后于制造业，因而依托服务业尤其是生产性服务业优势还难以支撑起构建区域价值链的需要。服务业价值链的构建在很大程度上可能还是依托制造业价值链分工的发展，或者说前者的发展主要还是受到后者的带动，比如制造业价值链的拓展和延伸，提升了对运输和保险等传统服务业的需求从而带动其发展，进而表现为“一带一路”倡议在传统服务业领域的作用力更强。在“一带一路”沿线国家构建以中国为中心的区域价值链分工体系过程中，进而在向区域外拓展过程中，目前服务业可能仍然停留在作为制造业价值链“黏合剂”的传统功能阶段，尚未发展到成为价值链核心和重要附加值创造环节的新阶段。显然，这正是由于受中国及“一带一路”沿线国家现代服务业发展滞后的束缚。第四，从价值链分工地位的不同表征指标上看，或者说从价值链分工地位的不同表现形式上看，比较估计结果的差异性似乎进一步印证了前述分析判断。因为在低技术制造业、中高技术制造业以及传统服务业中，“一带一路”倡议对价值链分工地位的提升作用，在出口并被进口国再次出口到第三国（DVA_INT*rex*）或复进口回本国（RDV）的价值链分工形式中表现的作用更为显著；但在生产性服务业，“一带一路”倡议对价值链分工地位的提升作用，则主要表现在出口并被直接吸收（DVA_INT）的价值链分工形式中。前者的变化意味着价值链分工的深化、细化和复杂化，从而更能体现中国依托“一带一路”倡议构建价值链分工体系的初步成效；而后者反映的可能是生产性服务业不够发达，从而制约了价值链分工的深化、细化和复杂化，据此构建价值链的成效还不是很明显。

基于以上分析可见，我们以下游影响度为价值链分工地位的表征变量，利用双边部门层面的贸易增加值分解，剔除初级产业在后向关联上对中间产品出口国国内增加值的贡献，改进了现有文献关于下游影响度的测度方法，据此构建了能够更为科学地反映相对价值链地位的测度指标。在此基础上，进一步运用双重差分法与三重差分法进行反事实检验，对"一带一路"倡议促进中国及"一带一路"沿线国家相对美国价值链地位提升的现实效应进行实证分析。实证研究结果表明：第一，"一带一路"倡议的确促进了中国及"一带一路"沿线国家相对于美国的价值链分工地位提升，突出表现为中国及"一带一路"沿线国家对美国出口中间产品的国内增加值占比上升。第二，在共同趋势检验、三重差分法、排除其他政策干扰、考察政策时间唯一性等稳健性检验下，上述结论依然成立。第三，"一带一路"倡议对中国及"一带一路"沿线国家价值分工地位提升的促进作用，从价值链分工不同的具体表现形式看，其影响的作用力和程度具有一定差异性。具体而言，以中间品出口被进口国再次出口到第三国以及中间品出口被进口国直接吸收为表现的价值链分工，"一带一路"倡议的作用效果最为明显，而以中间产品出口又再次进口为表现的价值链分工，"一带一路"倡议的作用效果相对较弱。第四，比较分析基于两种不同测算方法所得下游影响度的计量检验结果（即剔除与未剔除初级产业后向贡献）表明，在未剔除初级产业后向贡献时，采用下游影响度作为价值链分工地位的表征变量，会高估"一带一路"倡议的实际作用效果，进而说明了剔除初级产业而构建的下游影响度作为价值链分工地位表征变量更为科学和合适。第五，从产业细分角度看，"一带一路"倡议对中国及"一带一路"沿线国家提升价值链分工地位的促进作用，具有行业异质性特征。其中，在制造业分行业领域，对中高端技术制造业行业促进作用要甚于对低端技术制造业行业；而在服务业领域，对传统服务业的促进作用则要甚于对现代生产性服务业。

本章研究实质上从价值链攀升角度，对"一带一路"倡议实施的实践效果做出了初步评估。上述研究结论和发现在一定程度上为中国依托"一带一路"倡议，实现中国及"一带一路"沿线国家全球价值链分工地位攀升的理论预期，提供了初步的经验证据支撑。说明以"一带一路"倡议为抓手，有望构建起以中国为核心和主导的全球价值链，并有助于中国及"一带一路"沿线国家，突破以往被动融入发达国家控制和主导的全球价值链分工体系的传统发展路径和格局。因此，无论是从优化对外开放的区域布局方面看，还是基于价值链攀升的需求方面看，中国都应该坚定不移地秉承“共商、共建、共享”的基本原则，大力倡导和推进“一带一路”建设。从“一带一路”倡议呈现的现实影响看，在构建中国主导的区域价值链中培养内生竞争力，最终实现传统价值链低端嵌入和低端锁定的突破，还需要在推进“一带一路”建设过程中，积极培养自主创新与自主研发能力，加快从要素驱动转向创新驱动，增强自身在中高端技术制造业行业的实力，尤其是通过发展现代生产性服务业，充分发挥服务业在区域价值链构建中的作用，即不仅要发挥传统服务业在制造业全球价值链中的传统“黏合剂”功能，更要将服务环节升级为价值链中的关键环节和核心附加值创造环节，如此才能更好地引领“一带一路”区域价值链构建，进而促进中国并带动“一带一路”沿线国家向全球价值链中高端攀升。当然，囿于“一带一路”倡议这一“自然实验”时间还不够长，本章研究发现的现实效应也只是初步的，依托“一带一路”倡议最终能否支撑起中国及“一带一路”沿线国家攀升全球价值链的需要，还有待伴随实践发展做出持续跟踪和进一步深化研究。

第九章　人类命运共同体：引领构建全球增长共赢链的先进理念

全球价值链分工的深度演进以及全球生产要素跨境流动不断增强，一方面，为推动构建“全球增长共赢链”提供了必要的分工基础；另一方面，由于当前的全球价值链分工存在着诸如机会不均等和地位不平等问题，又使得全球价值链分工体系存在脆弱性，从而使得“全球增长共赢链”的构建基础并不牢固。因此，如何引导好经济全球化的发展，尤其是优化和重构全球价值链分工体系，关系到经济全球化能否持续健康发展，关系到“全球增长共赢链”能否顺利构建的重大命题。然而，遗憾的是，伴随全球经济进入深度调整期，对于经济全球化而言，世界经济尤其是部分发达经济体经济复苏缓慢、经济增长不尽如人意、就业形势严峻甚至是陷入困境，加之全球经济治理失序带来的负面影响愈发凸显等，影响了部分国家对经济全球化的认识和政策抉择，走到了究竟是继续促进经济全球化还是转向“逆全球化”的十字路口。在此背景下，对中国开放型经济而言，受内外复杂环境的影响，一些专家学者对中国开放发展的传统道路提出了质疑，同样面临着是不是要进一步深入对外开放，继续走开放型经济发展道路的抉择问题。道路选择之困惑和发展方向之不明，实质上是缺乏清晰而正确理念的引领。一方面，理念是行动的先导，一定的发展实践是由一定的发展理念来引领的；另一方面，发展理念和思想也是伴随实践的发展而不断发展的。在经济全球化处于十字路口和中国开放型经济进入新阶段的关键期，习近平总书记倡导的“人类命运共同体”开放发展理念，不仅为中国开放型经济进一步发展指明了方向和发展道路，同时为经济全球化进一步发展贡献了中国智慧和方案，必将成为引领新一轮经济全球化发展的先进理念，更是据此构建“全球增长共赢链”所必须秉持的先进理念。

习近平总书记“人类命运共同体”开放发展新理念和新思想的提出，具有特定的背景和实践基础，是根据变化的经济全球化新形势和中国开放型经济发展进入新阶段判断提出的，是构建“全球增长共赢链”所需的时代产物。因此，这一智慧结晶和理论成果，是中国特色社会主义开放型经济发展实践的理论总结和未来发展道路的理论指导，是马克思主义中国化的理论成果，不仅对中国特色社会主义政治经济学具有重要贡献，而且对经济全球化理论也有所发展。要深刻理解和准确把握解习近平总书记“人类命运共同体”这一先进理念的主要内容和丰富内涵，需要将经济全球化演进的宏观视野和中国开放型经济发展的特定视角结合起来进行探讨。为此，需要明晰以下一些基本问题：经济全球化是如何演进的，以及在不同发展阶段引领其发展的基本理念是什么？当前经济全球化遇到怎样的问题及其原因是什么，是不是缺乏正确的科学理念引领？面对经济全球化新形势、新问题和新挑战，基于新阶段中国开放发展与外部世界的关系及未来需求，中国应采取怎样的新对策、贡献怎样的新方案？从马克思主义经济学角度看，中国方案的理论依据、意义和价值何在？对上述问题的回答，是理解习近平总书记提出的“人类命运共同体”先进理念的基本理论逻辑，也是明晰其为何能够成为引领构建“全球增长共赢链”的根本所在。

第一节 经济全球化发展的三个阶段及其特征

虽然经济全球化的萌芽，早在 15 世纪末的地理大发现和资本主义原始积累时期就从欧洲开始了，但真正意义上的经济全球化实际上始于 18 世纪后半期开始的自由竞争资本主义快速发展阶段。以第二次世界大战为界，我们可以将 18 世纪后半期至 20 世纪中叶之前，看作第一轮经济全球化；20 世纪中叶直到 2008 年全球金融危机的爆发，可以看作第二轮经济全球化发展阶段；2008 年全球金融危机后经济全球化进入新的发展阶段，可以看作第三轮经济全球化。经济全球化的每个发展阶段都有其固有特征，并且具有不同的主导理念。

一、殖民扩张时期的经济全球化及特征

在 18 世纪后半期到 19 世纪中叶的自由竞争资本主义阶段，商业资本在资本国际运动中占有主导地位。“在资本的本性——追求利益最大化的驱使下，资产阶级开始把触角伸向了世界各地，以寻求更多更廉价的原材料、劳动力和开拓更广阔的世界市场。于是，在资本主义国家瓜分世界的过程中，孤立的民族隔离生产的状态被打破，世界市场日益将各民族各地区连

为一体，世界经济踏上了全球化运动的轨迹”（李国英，2004）①。“不断扩大产品销路的需要，驱使资产阶级奔走于全球各地。它必须到处落户，到处开发，到处建立联系。”②可以看出，在这一时期，资本商品输出是国际经济关系的主要内容和基本特征；资本主义的贸易全球化，成为经济全球化发展的起点。19 世纪末 20 世纪初，随着资本主义进入垄断阶段，在商品输出迅速增长的同时，资本输出也快速增长。在这一阶段，资本输出的主要部分是借贷资本的输出，它导致金融资本对全球的统治，更多的国家卷入了帝国主义主导的世界市场，统一的世界市场最终得以形成。

这个阶段经济全球化的主要特征是“西方国家靠巧取豪夺、强权占领、殖民扩张，到第一次世界大战前基本完成了对世界的瓜分，世界各地区各民族都被卷入资本主义世界体系之中”③。在这一阶段的经济全球化过程中，西方国家居于主导地位，通过殖民扩张的方式对落后地区进行征服和掠夺。其结果是，老牌资本主义国家通过这种方式确立了世界经济中的强势地位，资产阶级和资本主义经济获得空前发展，正如马克思在《共产党宣言》中指出的：“资产阶级在它不到一百年的阶级统治中所创造的生产力，比过去一切时代创造的全部生产力还要多，还要大……，资产阶级，由于一切的生产工具的迅速改进，由于交通的极其便利，把一切民族甚至最野蛮民族都卷到文明中来了。它的商品的低廉价格，是它用来摧毁一切万里长城、征服野蛮人最顽强的仇外心理的重炮。它迫使一切民族——如果它们不想灭亡的话——采用资产阶级的生活方式；它迫使它们在自己那里推行所谓的文明，即变成资产者。一句话，它按照自己的面貌为自己创造一个世界。”④这一阶段的经济全球化，虽然宗主国和殖民地之间形成的工业和农业国际分工格局，基本符合产业优势的决定原理，但其中的推动因素和作用力却主要源于强权占领，这一时期的引领经济全球化的理念可以概括为“占地为王”。

总之，第一轮经济全球化发展的突出特征，就是欧洲工业革命极大地促进了生产力发展，为了突破工业发展受到的市场空间和资源供给方面的约束，各主要工业国之间便展开了拓展更多殖民地、占据更大范围的领土、拥有更大“势力范围”为主要目的的国家之间的争夺乃至战争。因此，第

① 李国英. 经济全球化：历史变迁的催化剂[J]. 世界经济与政治论坛，2004（1）：14-17.

② 马克思恩格斯选集：第 1 卷[M]. 人民出版社，1995：186.

③ 习近平. 在省部级主要领导干部学习贯彻党的十八届五中全会精神专题研讨班上的讲话[N]. 人民日报，2016-05-10（002）.

④ 马克思恩格斯选集：第 1 卷[M]. 人民出版社，1995：192.

一轮经济全球化是在殖民主义时代以战争和侵略为主要特征的工业和市场的全球化，具有典型的“列强吞食”和“占地为王”的特征。在国际分工体系上表现为宗主国和殖民地之间的分工。这一阶段的经济全球化，本质上是资本主义的发展以其无限的扩张力把商品经济关系推向全世界的开始，它打破了一切民族和国家的界限，使剩余价值规律向国际化发展。正如马克思曾经指出，“创造世界市场的趋势已经直接包含在资本的概念本身中”①。资本主义商品经济的发展，使“过去那种地方和民族的自给自足和闭关自守状态，被各民族的各方面的互相往来和各方面的互相依赖所代替了”②，从而“使一切国家的生产和消费都成为世界性的了”③。然而，任何分工形式都不可能脱离生产关系，国际分工的发展同样不可能脱离“国际生产关系”。国际分工的性质不能不受处于支配地位的国际生产关系的制约。经济全球化的发展虽然有其进步性，但由于处支配地位的是资本主义生产关系，因此同时也决定了国际分工又具有剥削、掠夺和不平等的性质，反映了国际经济秩序的不公正性。宗主国和殖民地之间严重不对等的分工关系，尤其是帝国列强之间无节制的争夺乃至爆发战争，最终决定了第一轮经济全球化的发展模式是不可持续的，这正是导致第一次和第二次世界大战爆发的重要原因之一。

2008 年全球金融危机之后，开启了第三轮经济全球化发展的新阶段。与第二轮经济全球化相比，新一轮经济全球化发展具有三个方面的显著特征：一是分工的形态发生了深刻变化；二是由此改变了分工和贸易利益关系与格局；三是由上述所决定的全球经济规则亟待做出相应调整。实际上，前两个方面的显著特征自 20 世纪 80 年代以来就开始显现，但由于全球治理等第三个方面的特征未能适应全球新格局的变化，致使一些全球性问题不断积累，从而在 2008 年全球金融危机爆发之后，全球经济进入深度调整期。换言之，这一重要标志性事件之后，全球经济规则等全球治理新体系问题将会因为全球经济格局变化而发生相应改变，因此，可以看作第三轮经济全球化的真正开启。如前所述，自 20 世纪 80 年代以来，国际生产分割和要素流动就已经成为经济全球化的重要特征，从而影响着经济全球化的运行机制（张幼文，2013）④，主导着国际分工形态发生着深刻变革，

①中共中央马克思恩格斯列宁斯大林著作编译局. 马克思恩格斯全集：第 23 卷[M]. 人民出版社，1975：188.

②马克思恩格斯文集：第 2 卷[M]. 人民出版社，2009：183.

③马克思恩格斯选集：第 1 卷[M]. 人民出版社，1995：190.

④ 张幼文. 生产要素的国际流动与全球化经济的运行机制[J]. 国际经济评论，2013（5）：30-39.

即学术界所津津乐道的全球价值链日益成为国际分工的主导形式。与传统以最终产品为界限的分工模式相比，全球价值链的分工边界不仅体现为由最终产品向生产环节和阶段移动，与此同时，由于生产要素的跨国流动，使得即便是某一生产环节和阶段也成为多国要素共同参与和合作的结果，因此各国实质上是以各自的优势要素参与全球生产，分工的边界由此转向为"要素"。正因如此，有些学者将当前的国际分工称为"要素合作型国际专业化"（张幼文等，2016）①或"要素分工"（张二震，2005）②。虽然称谓各有所不同，但都说明了当前国际分工形态发生了本质变化。

二、两个平行世界市场的经济全球化及其特征

"强权占领"所形成的宗主国和殖民地之间严重不对等的分工关系，尤其是帝国列强之间无节制的争夺乃至战争，必然决定"占地为王"理念引领下的经济全球化是不可持续的。这一发展模式随着第一次和第二次世界大战的爆发而"寿终正寝"。第二次世界大战结束以后，工业化和市场化对经济全球化内生需求的逻辑并没有变，资本在利润驱动下需要在世界市场游走的本性没有变，变化的是各国之间进行分工、合作和竞争的模式。换言之，先进工业化处于主导地位的美国等发达国家，此时必须在尊重各国主权、主张民族国家独立和国家主权利益的前提下，推进经济全球化以攫取更多的资本收益。众所周知，经济全球化的本质就是各国不断提高开放程度，不断提升贸易和投资自由化和便利化程度（华民，1999）③。因此，为了实现上述利益目标，在无法继续采用掠夺、侵略、战争等手段的情况下，美国等发达国家一方面需要找到要求各国"打开国门"的理论依据，另一方面需要为其主张和推行的经济规则与制度提供必要的保障。就前者而言，以亚当·斯密的绝对优势理论、大卫·李嘉图的比较优势理论以及赫克歇尔—俄林的要素禀赋理论等为代表的自由贸易理论，能够迎合美国等发达国家推行经济全球化的需要，成为要求和说服各国实行开放政策的重要理论依据。就后者而言，为了能够使得这一理论在实践中顺利推行进而"开花结果"，以美国等发达国家为首建立的联合国、国际货币基金组织、世界贸易组织等国际性组织和机构，就是旨在维护和推行贸易与投资自由化制度，为经济全球化的顺利推进提供制度保障。由此奠定了第二轮经济全球化快速发展的黄金期。在第二次世界大战结束到冷战结束这段

① 张幼文，等. 要素收益与贸易强国道路[M]. 人民出版社，2016：65.

② 张二震. 全球化、要素分工与中国的战略[J]. 经济界，2005（5）：18-19.

③ 华民. 经济全球化——中国准备好了吗？[J]. 国际经济评论，1999（5）：34-38.

时间内，"世界形成社会主义和资本主义两大阵营，在经济上则形成了两个平行的世界市场"[①]。相比较而言，在所谓的"两个平行世界市场"中，资本主义国家在世界经济中占绝对主导地位。这就是所谓两个平行世界市场的经济全球化及其特征。

三、冷战结束后的经济全球化及其特征

20 世纪 80 年代中期以来，世界格局发生了转折性变化，和平和发展成为当代世界的主题，各国都把发展经济作为首要任务，纷纷奉行对外开放政策，经济全球化进入了快速发展的新阶段。"随着冷战结束，两大阵营对立局面不复存在，两个平行的市场随之不复存在，各国相互依存大幅加强，经济全球化快速发展演化"[②]。由此形成了第二次世界大战之后至 2008 年全球金融危机爆发之前这段时期的第三轮经济全球化快速发展。

这一时期的经济全球化发展，显然不能再依托掠夺、侵略、战争等传统手段，因此，为了满足资本在世界市场游走进而实现利润最大化的内在需求，在世界经济中具有绝对主导优势的美国等发达国家，一方面需要找到要求各国"打开国门"的理论依据，另一方面需要为其主张和推行的经济规则和制度提供必要的保障。前者就是不断向全球推行以自由主义经济思想为主要表现的市场经济制度，后者就是通过建立国际货币基金组织（IMF）、世界银行（WB）以及世界贸易组织（WTO）的前身关税及贸易总协定（GATT）三大国际组织和机构，构建全球经济秩序。从开放发展角度看，上述两者的合理性，在已经被剥离了国际经济关系实质而仅停留在"纯理论"分析层面的国际经济理论框架下，得到了完美的论证。亚当·斯密的绝对优势论、大卫·李嘉图的比较优势论、赫克歇尔—俄林的要素禀赋理论以及以克鲁格曼等为代表的规模经济理论等，从不同角度和层面论证了全球范围内商品和要素的自由流动，能够实现资源的优化配置，从而对所有的分工和贸易参与国来说都是有利的。主要服务于先进资本主义国家打开国际市场的自由贸易理论，由此不断地征服着世界，并使得越来越多的国家主动或被动地融入经济全球化。

因此，从总体来看，这一轮经济全球化基本上是以"比较优势"为核心原理的市场经济全球化。在此进程中，如何塑造和维持更具获利能力的

---

① 习近平. 在省部级主要领导干部学习贯彻党的十八届五中全会精神专题研讨班上的讲话[N]. 人民日报，2016-05-10（002）.

② 习近平. 在省部级主要领导干部学习贯彻党的十八届五中全会精神专题研讨班上的讲话[N]. 人民日报，2016-05-10（002）.

"比较优势"从而占据和掌控全球经济竞争的制高点，成为全球各国争夺的焦点。"夺市为强"是推动这一阶段经济全球化的基本理念和引领力。然而，在这一理念和基本逻辑下，崇尚经济自由化的市场经济由于并非绝对公平也并非完全竞争的，经济理论所描绘的"经济全球化有助于全人类福利增进并实现利益最大化"的美妙景象，并没有如期转变为现实情况。凭借技术、知识、信息等优势而处于全球经济竞争中更加有利地位的诸如美国等发达国家，不仅因为所处竞争地位不同而能够攫取更多的经济全球化红利，同时由经济实力所决定的国际话语权即国际经济规则和秩序的构建，也必将更加倾向于发达国家的利益诉求。正因如此，第二轮经济全球化发展进程中，与总体层面上一片繁荣景象相伴随的是贫困和不发达愈发凸显、贫富差距日益拉大、南北失衡越来越严重等现象。这也正是反全球化声音一直存在的重要依据所在。当问题"积累"到一定程度后，建立在比较优势等国际分工理论基础上的"夺市为强"发展理念，对经济全球化形成的引领力就会逐步衰弱，尤其是伴随经济全球化实践的发展和格局的演变，第二轮经济全球化的传统发展模式同样遭遇到了可持续性难题。目前，愈演愈烈的逆全球化思潮，正是对上述可持续难题的真实写照，同时也昭示着第三轮经济全球化的到来及其呼唤与之相适应的新理念的诞生。

第二节　逆全球化思潮：新形势缺乏正确理念引领必然逻辑

当前逆全球化思潮的兴起，的确表明经济全球化发展已经处于究竟要不要继续促进经济全球化的十字路口。实际上，自经济全球化进程开始，反对经济全球化的声音一直存在，而且并非完全没有道理。对此，传统国际经济理论也进行过探讨，包括幼稚产业保护论、要素价格均等化论、中心—外围论以及依附理论等。因此，当前逆全球化思潮的兴起显然有传统影响因素的作用。但是，仅从传统国际经济理论角度理解当前的逆全球化思潮是远远不够的，否则我们就很难理解为什么一直高歌猛进的第二轮经济全球化，会突然遭遇影响力如此之大的逆全球化思潮的冲击，以及这种思潮为什么主要来自原本竭力推动第二轮经济全球化发展的发达国家。马克思主义政治经济学指出，生产力决定生产关系，而生产关系又反作用于生产力。生产力总是在一定的生产关系下发展的，国际分工的发展不可能脱离国际生产关系。经济全球化之所以走到了当前的“十字路口”，本质上是生产力和生产关系二者矛盾运动的表现和结果，表明的是当前生产关系已经不适应生产力发展的客观需要，到了亟待调整的关键阶段，但“过时”理念的束缚和新理念的缺失却未能支撑起这种调整。

一、技术进步、制度变迁及分工演进

在第二轮经济全球化发展过程中，尤其是20世纪90年代以来，经济全球化进程中生产力的变化突出表现在两个方面：一是伴随国际生产分割技术等突飞猛进，国际分工的形式发生了深刻变化；二是全球各主要国家的经济实力发生了相对变化。上述两个变化尤其是进一步深度演变趋势，受到了第二次世界大战后以美国等发达国家所主导的国际经济规则和秩序的制约。换言之，传统国际经济规则和秩序所力图维持的国际生产关系，已经越来越难以适应全球分工深度演进的现实需要以及国与国之间经济实力变化的现实情况。但新规则和新体制机制的构建，必须建立在新认识和新理念的基础之上。在传统发展理念难以破除以及缺乏新的发展理念引领下，逆全球化思潮自然就会兴起。

从科学技术革命推动的国际分工形式变迁角度看，国际分工是社会生产力发展到一定阶段的产物，而推动国际分工演进的两个最为基本的因素就是技术进步和制度变革。伴随科学技术进步和发展，国际分工的形态也处于不断演进之中。概括而言，国际分工主要经历了三种基本形式的发展变化：产业间分工、产业内分工和要素分工。所谓产业间分工，是指不同产业部门之间生产的国际专业化，促使不同要素密集型的产业在不同区域集聚，国际分工的基础是国家间要素禀赋的差异，通过国际分工实现全球生产要素的优化配置。它是第二次世界大战以前，即第一轮经济全球化国际分工的基本形态和主导形式，突出表现在亚、非、拉等国家专门生产农业原料、矿物原料及某些食品，而欧美等国家则专门生产工业制成品。所谓产业内分工，是指相同生产部门内部各分部门之间生产的国际专业化，主要是指同类产品的差异化分工。这类国际分工的基础是规模经济和不完全竞争的市场结构，通过产业内分工能够实现诸如规模经济的收益。第二次世界大战发生的第三次科学技术革命推动了产业内国际分工的快速发展，并成为第二次世界大战以来至20世纪70年代间“两个平行世界市场”阶段，即第二轮经济全球化前半段国际分工的主导形式。这突出表现为发展水平、要素禀赋结构以及消费结构等相似的工业国之间所进行的差异化产品的产业内贸易，在全球贸易量中所具有的压倒性优势，并且其贸易品主要以制造业行业内的制成品为主。

无论是传统的产业间分工还是产业内分工，都是以产品为界限的国际分工。而20世纪80年代尤其是90年代以来，伴随科学技术的发展、国际范围内市场经济体制的基本建立和贸易投资壁垒的逐渐降低，国际分工形式发生了巨大变化。一方面，产品的价值链被分解了，不同生产环节和阶段按照不同的要素密集度特征，被配置到具有不同要素禀赋优势的国家和地区，出现了被学术界所津津乐道的所谓全球价值链；另一方面，生产要素的跨国流动性日益增强，跨国公司以资本为纽带在全球范围内整合和利用资源，以及全球化生产，出现了所谓的贸易投资一体化。在这种新型国际分工形态下，不仅最终产品的生产内含了多国生产要素，由于生产要素的跨国流动，使得即便是产品生产的某一阶段和环节都“国际化”了，即一个特定的价值增值环节是由多国生产要素共同创造的结果，生产从一开始便具有了“全球化”特质。与以往以“产品”为界限的传统国际分工模式相比，这种新的国际分工模式显然是以“要素”为界限，即各国以“优势要素”参与国际分工而不是以要素禀赋结构决定的产品生产能力参与国际分工，因此，这种新的国际分工形式可称之为“要素分工”。需要特别指出的是，不同生产要素的跨国流动性存在显著差异性，一些生产要素跨国流动性较强，比如资本和技术等；而另外一些生产要素跨国流动性较弱甚至根本不具备流动性，诸如土地和劳动力尤其是低技能劳动力等。前者往往是发达国家的优势要素，而后者往往是发展中国家的优势要素。这正是全球价值链分工和要素跨国流动条件下发达国家跨国公司以自身的资本和技术优势，追逐发展中国家低成本劳动力等优势要素，从而推动产业和产品生产国际梯度转移的根本动力。

二、分工演进新形势对全球化红利分配格局的影响

全球价值链分工的快速发展尤其是伴随着要素跨境流动的快速发展，对经济全球化红利分配产生了三个方面的重要影响：一是在国家间出现了似乎更加有利于发展中国家的新变化；二是宏观层面的国家红利和微观层面的企业红利出现逐步分离现象；三是在国家内部尤其是发达国家内部加剧了资本和劳动要素收入分配差距。就第一个方面而言，由于全球价值链分工的实质是国际分工的细化和资源配置的进一步优化，是比较优势从产品层面向要素层面的拓展和深化，从而对发展中国家提供了更多参与国际分工的机遇。比如，产品价值链的分割能够为原先在“整件”产品生产上不具有比较优势的国家，在价值链某特定环节和阶段获得了比较优势，进

而具有了参与国际分工的能力；而生产要素的跨国流动尤其是发达国家跨国公司的资本和技术，与发展中国家的劳动力相结合，进一步从改变发展中国家要素禀赋结构层面上创造了比较优势。总之，全球价值链分工和要素跨国流动条件下发展中国家获得了比较优势激发效应和创造效应的重要机遇，从而大大提升了参与国际分工的几率和能力，为参与经济全球化红利创造和分配奠定了必要的基础。对此，现有文献已经进行了较为详尽的探讨（金京等，2013）[①]。更为重要的是，全球价值链分工和要素跨国流动条件下跨国公司主导的产业和产品增值环节国际梯度转移，加速了发展中国家产业起步和发展速度，缩短了发展中国家追赶发达国家的时间差。这一系列变化意味着，尽管发达国家在经济全球化中凭借多种优势占据着制高点，从而成为全球化红利分配的最大受益者，但与之前的经济全球化发展模式相比，发展中国家面临着比以往更多的发展机遇，在红利分配中的地位和状况也在不断趋于改善。

就第二个方面而言，由于全球价值链分工和要素跨国流动的本质是跨国公司通过资本流动，实现全球范围内的资源配置和整合，从事着全球化生产和经营。因此，与传统国际分工模式下参与国际分工的企业有着相对明确的“国籍”相比，全球价值链分工条件下由于企业的边界不断突破国家边界而越来越具有全球化特征，其“国籍”特征随之日益模糊化。在传统国际分工条件下，由于企业具有相对明确的“国籍”，因而在经济全球化中的红利收益具有相对一致性，企业的获利反映在国家宏观层面上的红利所得。然而在全球价值链分工条件下，由于企业边界概念扩大而国家边界保持相对不变情况下，经济全球化红利获取的不一致性就会日益凸显。需要指出的是，虽然跨国公司获取的经济全球化利益通常代表着母公司所在国的国家利益，但是由于资本贪婪和不断扩张的本性，全球市场游走过程中所获利益并非完全和及时地汇回母国，更多地可能是在全球各地进行再投资和扩大生产经营活动。因此，从统计层面看，作为微观经济活动主体的跨国公司利益所得，并不完全反映宏观层面上的国家利益，经济全球化红利获取在企业微观层面和国家宏观层面便出现了“分离”现象。这种分离在某种程度上也促使了发达国家误认为经济全球化似乎朝着更加有利于发展中国家的方向演变。

就第三个方面而言，由马克思主义经济学可知，经济全球化的本质是

① 金京，戴翔，张二震. 全球要素分工背景下的中国产业转型升级[J]. 中国工业经济，2013（11）：57-69.

资本逐利的全球化，因而经济全球化一直是资本的盛宴。以全球价值链分工和要素跨国流动为主要内容的经济全球化也不例外。传统国际经济理论分析也表明，虽然经济全球化能够创造红利，但是并非每个利益集团都能成为红利受益者。在全球价值链分工和要素跨国流动条件下，资本在全球配置获得极大利润的同时，也将财富和收入的不平等增长以及贫富差距的扩大推向了极致。跨国公司资本、技术进步、新自由主义的政治精英三者“铁三角”式结合，无论是对发达国家还是对发展中国家的中低阶层，均构成了范围更大、程度更强、形式更多样的盘剥和压榨，从而使得全球中低阶层日益被边缘化，全球化红利分配的极化效应日益显著。尤为重要的是，这种新型国际分工模式对发达经济体的影响可能要甚于对发展中经济体的影响。这是因为除了资本所具有的盘剥和压榨这一固有天性外，全球价值链分工和要素跨国流动的本质特征对内部利益分配失衡产生了内生性影响。由于制造业生产技术容易标准化而且扩散能力比较强，一直是产业和产品生产环节国际梯度转移的主要内容。因此，在全球价值链分工和要素跨国流动背景下，除了发达国家技术进步导致对一般劳动者的需求不断下降外，一方面，伴随产业和产品生产环节的国际梯度转移，由于首先转移的大多是劳动密集型环节，然后依次推进，从而对就业带来了巨大冲击；另一方面，产业和产品生产环节的国际梯度转移很大一部分是通过对外直接投资形式开展的，资本的流出意味着劳动的相对过剩，因此劳动边际收益会随之下降。这是全球价值链分工和要素跨国流动演进对红利分配在发达经济体内部产生失衡影响的重要作用机制。

三、传统理念的局限及其逆全球化思潮兴起

前述两个方面的发展变化，对发达国家长期在经济全球化红利分配中形成的惯性思维产生了巨大冲击，即红利分配中的绝对优势主导地位和控制力如何能够容忍被他人撼动？而第三个方面的发展变化，即由内部治理能力不足导致的问题，在上述两个方面变化的影响冲击下，更是被发达国家生硬地归咎于经济全球化发展之过。更为重要的是，经济全球化红利分配方式不仅在实践中悄然地发生着变化，而且伴随着新型经济体和发展中国家经济实力的不断提升，经济全球化红利分配规则也需要重新调整和完善，国际合作关系格局需要重塑。这便是前文所述的经济全球化进程中所产生的两个重要变化的后者：全球各主要国家的经济实力发生了相对变化。客观而论，现有的全球经济规则和治理体制机制安排以及国际合作关系格局，实质上是在美国等发达国家主导下形成的，是“霸权思维”下的产物，

更多代表的是发达国家经济利益需要，对发展中国家利益诉求考虑不够。新一轮全球经济规则的完善和治理体系的调整，需要有代表发展中国家利益的声音和话语权；国际合作关系格局的重塑，需要更多关切发展中国家的发展。实践变化强烈地要求做这种调整，但这无疑又对长期以来发达国家形成的惯性思维带来了冲击和挑战。总之，简单的经济自由主义“夺市为强”的发展理念，在推动第二轮经济全球化快速发展的同时，实践特征的演变似乎也超出了发达国家的预期和控制力。在缺乏新理念的引领下，既难以接受经济全球化化红利分配格局的重新调整和国际合作关系的重塑，又无法找到扭转对自己似乎不利的各种变化的有效对策，于是主要源自发达国家的各种保护主义和逆全球化想法与念头便由此萌生。实际上，“夺市为强”的发展理念以及在此基础上形成的全球经济规则和国际合作关系格局，在经济全球化进入到全球价值链分工阶段后，既无法继续满足和实现发达经济体的利益需要，也无法被发展中国家和新兴经济体所继续接受。这是当前经济全球化走到十字路口和逆全球化思潮兴起的根本逻辑。同时也说明了，第三轮经济全球化的持续推进和健康发展，尤其是构建“全球增长共赢链”，需要有新的理念加以引领并据此对国际经济生产关系做出相应调整。

第三节　人类命运共同体：新时代经济全球化的先进理念

经济全球化走到十字路口，说明其可持续问题成为焦点，构建“全球增长共赢链”的基础发生了动摇。传统国际经济理论“完美地”论证了开展国际分工和贸易的互利性原理，但是对利益分配问题却是语焉不详，包括贸易条件的分析也只是探讨利益分配状况的变化。从利益分配角度考察开放发展的可持续问题，传统理论主要停留在受益或受损导致的自愿或非自愿行为选择的简单论述层面。简单地说，自由贸易理论认为，一国自愿参与国际分工，是因为能够从中受益，如果不能受益甚至招致损失，那么就不会自愿参与而退出国际分工。实际上，在开放型经济条件下，即便是受损一方也未必会选择退出国际分工，比如“贫困化增长”现象就是典型例证。因此，为实现国家利益最大化甚至不惜采取“以邻为壑”的政策措施，都有可能成为传统国际分工条件下的正常和理性选择。实践中，政策措施之所以不至于“太过”，甚至还存在着一定程度上的政策协调，并非基于对其他参与方利益的考虑，而是基于可能遭到的报复性措施的考虑。总之，如何依托以及不断强化自身在全球经济中的竞争优势地位，尽可能在既定的经济全球化红利蛋糕中切取更大的一块，成为各参与国尤其是发达国家的主要目标。换言之，只要全球化的利益分配还不至于导致部分国家逐步退出国际分工体系，那么就可以竭尽所能地攫取经济全球化红利而根本无须顾及他国利益。这正是“夺市为强”理念大行其道的基本理论逻辑。那么这一基本的理论逻辑为什么在经济全球化演化到全球价值链分工和要素跨国流动阶段后不再成立了呢？

一、全球价值链分工发展推动经济全球化呈现“人类命运共同体”特征

在传统以“最终产品”为界限的国际分工条件下，由于不考虑生产要素的跨国流动性，因此资源的优化配置主要表现在生产要素在国内不同生产部门之间的调整和重新配置，并不改变一国要素禀赋结构状况，因此生产能力和产出的变化主要是因为生产从某一部门向另一部门的转换，各国产出之间也并不存在相互依赖的关系。换言之，一国产出能力并不取决于另一国的产出能力，而是主要决定于本国的要素禀赋结构状况。各国依据比较优势开展专业化分工后，相比分工前世界总产出增长的部分，即可视为经济全球化的总利益，而且其总量一般是既定的。这在传统国际经济理论模型中已得到证明。在既定的经济全球化红利总量中，夺取、占领和控制更多市场以获取更多红利，并不会显性地从根本上影响到之后的分工和贸易。但是在全球价值链分工和要素跨国流动条件下，经济全球化红利创造了两个方面的深刻变化：一是经济全球化红利蛋糕不再是一个既定的总量增量，而是一个变化的增量，换言之，经济全球化红利从传统国际分工条件下的“正和”博弈，演化为全球价值链分工和要素跨国流动条件下的“变和”博弈；二是经济全球化红利创造情况不仅依赖于产出能力，同时还依赖于红利蛋糕的分配情况。正是由于存在上述两个方面的深刻变化，在全球价值链分工和要素跨国流动条件下，简单的“夺市为强”开放发展理念的逻辑就难以成立了。

从要素流动角度看，与传统以“最终产品”为界限的国际分工不同，资源优化配置在全球价值链分工和要素跨国流动条件下不再局限于一国国内，而是发生在全球范围内。显然，生产要素跨国流动引发的资源优化配置，会改变一国的要素禀赋结构状况。因此，一国生产能力的变化不仅来源于产出在不同生产部门之间的转换关系，更决定于一国生产要素与他国生产要素之间的合作关系。适宜的数量匹配和质量匹配会更加有利于产出

增长，从而创造出更多的经济全球化红利；反之，则会弱化红利创造效应。一国自身要素数量的多寡以及要素质量的高低，从动态变化角度看，显然会与一国在经济全球化进程中所面临的发展机会有关，与能否获取足够的利益以支撑其发展状况有关。

从生产环节和阶段的全球化配置角度看，由于全球价值链分工和要素跨国流动的本质是跨国公司在全球范围内整合和利用资源，以进行全球化生产和经营，因此任何一个国家的某一个或几个特定生产环节和阶段，只不过是整个生产过程的一个组成部分。最终产品的生产和完成需要分布在不同国家和地区的不同生产环节和阶段之间，实现无缝对接。在整个产品的生产过程中，任何一个阶段和环节出现问题，不仅影响着下一阶段的生产，最终会波及整条生产链并影响着最终产出。比如，某个生产环节和阶段的数量短缺，必定会影响到下一阶段进而最终产品的产出数量；同样，某个生产环节和阶段的质量不济，也会决定着最终产品的质量，甚至会产生“木桶原理”的作用机制。总之，无论是从要素跨国流动看还是从生产国际分割看，各国产出之间具有了相互依赖、共生发展的特征，共同决定和改变着全球产出增长能力，即经济全球化红利创造能力，全球价值链分工和要素跨国流动条件下经济全球化红利创造由此具有了“变和”博弈的特征，各国产出增长之间具有了联动和共振特征，“增长共赢链”成为新时代经济全球化发展的主要特征和模式选择。

二、新时代经济全球化发展需要秉持人类命运共同体先进理念

正是因为全球价值链分工和要素跨国流动条件下国与国之间具有了上述新型合作关系或者说合作才能共赢的“全球增长共赢链”关系，因此，利益分配状况会影响产出能力，进而影响经济全球化红利创造能力和红利获取情况。诸如“贫困化增长”虽然从其他参与方角度看均能够增加一时之开放发展利益，但从动态发展角度看，终会因为前者参与国际分工能力的弱化，导致全球产出能力下降乃至其可持续发展能力衰退，红利总量受损反过来必然殃及各参与国对开放发展红利的获取。即便从当期考察，由于生产的全球化使各国之间具有了投入产出关系，那么基于全球投入产出表也不难理解，一国产出的变化显然有赖于他国产出的变化，各国产出之间具有了相互依赖的共生性特征。适宜的利益分配有助于一国产出能力的增加，而产出能力的增加显然会通过投入产出的需求关系拉动他国产出增加，并由此形成往复循环的正反馈作用机制，最终有利于经济全球化红利蛋糕的做大以及各参与国利益增长；反之，不适宜的利益分配关系将弱化

部分国家的产出增长能力，那么同样的作用机制就会发生反方向的变化，最终导致经济全球化红利蛋糕越做越小，各参与国利益增长就会受限甚至坍塌。总之，全球价值链分工和要素跨国流动的本质是生产经营活动的全球化，生产的无国界性和全球性将所有参与国“网络”成为一个整体，在整个生产网络中，各国之间形成了“你中有我，我中有你，你我中有他，他中有你我”的混血、交织、转基因复杂状态和生态系统，因而具有相互依赖和共生共存的典型特征。在这种新型国际分工和生产体系下，处于生产网络中不同节点的各国之间的关系，如同一个人身体不同器官之间的关系一样，每一部分都是健康的并且各部分之间必须实现协调才能保证身体的健康；反之，如果不同器官之间一旦出现“过旺”或者“过虚”，都有引发衰竭的危险并波及和连带其他器官衰竭，最终危及生命健康和安全。同处同构一体必然意味着命运的一体，这就是所谓的命运共同体。从上述意义看，当经济全球化发展进入到全球价值链分工和要素跨国流动阶段后，当经济全球化发展模式表现出“全球增长共赢链”的典型特征后，“人类命运共同体”的特征也便随之出现。

既然经济全球化发展模式进入到“全球增长共赢链”阶段从而具有了“人类命运共同体”特征，简单的“夺市为强”的发展理念显然也就不再适应实践发展的客观需要了。因为“夺市为强”本质上并不要求考虑和关切他人利益，而只注重于自身利益最大化。以此理念为基础所构建的国际经济规则，对全球化红利分配也是有偏的。世界各国处于不同的发展阶段，在经济、文化、科技等方面存在巨大差异。“夺市为强”的所谓经济自由主义思想，在没有充分关注各国发展差距事实特征的条件下，各国本就不在同一竞争水平线上，经济竞争中的“弱肉强食”和“丛林法则”，必然导致强国对弱国的盘剥与压榨，是本质上的不公平竞争。如同美国特朗普政府的所谓“公平贸易观”一样，一味地要求向美国看齐的绝对标准和要求，实质上是一种不公平。发达国家和发展中国家经济与科技等实力的悬殊差距，再辅以由此决定的更有利于发达国家的国际经济规则和秩序，必然意味着发展中国家在经济全球化中，面临着被边缘化的风险。反映在第二轮经济全球化实践之中，就表现为全球经济繁荣增长的同时南北发展差距却在不断扩大。由前述分析可知，“夺市为强”理念下的发展模式在经济全球化进入到全球价值链分工和要素跨国流动阶段，就会面临可持续性难题。人为地干预或者说阻碍全球价值链分工和要素跨国流动对各国之间更加协调发展的内生要求以及由此产生的自发促进机制，不仅有碍经济全球化的顺利推进，而且会使得经济全球化“开倒车”。这就是当前所兴起的逆全球化思潮。换一个角度而言，新一轮经济全球化的发展需要新理念引领并据此构建新的全球经济规则和构建新型国际合作关系，如此才能推动以“全球增长共赢链”为主要特征和模式的经济全球化健康持续发展。

综上可见，全球价值链分工和要素跨国流动深刻改变着开放型经济条件下各国之间的利益分配关系，更确切地说，全球价值链分工和要素跨国流动内生要求各国之间以更加相对公平的方式共享经济全球化利益，如此才能实现开放发展利益的不断增长及其可持续发展。正是对这一实践变化特征的深刻洞见和准确把握，习近平总书记在不同场合多次提出和阐述“命运共同体”的概念，并力图以此引领全球经济新秩序的构建。习近平总书记最早提出“命运共同体”的概念是于2013年4月6—8日出席博鳌亚洲论坛年会时，在发表《共同创造亚洲和世界的美好未来》主旨演讲中首次提出，“共同发展是持续发展的重要基础，符合各国人民长远利益和根本利益。我们生活在同一个地球村，应该牢固树立命运共同体意识，顺应时代潮流，把握正确方向，坚持同舟共济，推动亚洲和世界发展不断迈上新台阶”。此后，习近平总书记在2013年10月出访印度尼西亚时提出“中国—东盟命运共同体”；2014年11月28日至29日召开的中央外事工作会议，习近平总书记提出“周边命运共同体”；2015年3月28日，习近平总书记出席博鳌亚洲论坛在发表题为《迈向命运共同体　开创亚洲新未来》的主旨演讲中提出“亚洲命运共同体”；而“人类命运共同体”的概念也在纪念万隆会议召开六十周年讲话和联合国成立七十周年演讲等场合被提出。“命运共同体”概念的本质是“合作共赢”，正如习近平总书记在博鳌亚洲论坛2013年年会上的主旨演讲中阐述道：“世界各国联系紧密、利益交融，要互通有无、优势互补，在追求本国利益时兼顾他国合理关切，在谋求自身发展中促进各国共同发展，不断扩大共同利益汇合点。要加强南南合作和南北对话，推动发展中国家和发达国家平衡发展，夯实世界经济长期稳定发展基础。要积极创造更多合作机遇，提高合作水平，让发展成果更好惠及各国人民，为促进世界经济增长多做贡献”①。从习近平总书记关于“命运共同体”的一系列阐述中可以看出，“命运共同体”本质上要求“互利共赢”。这是符合经济全球化发展的实践需要的，是顺应经济全球化发展大势而进行的理念创新。开展国际分工和合作，目的显然不在于“输”，而在于“赢”。全球价值链分工和要素跨国流动条件下“一荣俱荣，一损俱损”的互利共赢甚至共生共赢的分工合作关系，意味着在新一轮经济全球化发展

① 习近平谈治国理政：第一卷[M]. 外文出版社，2014：331.

中，不能输而只能赢的唯一出路就在于“共赢”，即在关注自身利益增长的同时，必须关切他人利益增长，如此才能更好地实现自身利益增长和共同利益增长。因为既然是“命运共同体”，那么在发展过程中就必然处于同一利益链条，从全球经济增长角度看，正是习近平总书记提出的所谓“全球增长共赢链”。

第四节　全球增长共赢链：人类命运共同体下经济全球化必由之路

基于前文对经济全球化发展阶段的粗略划分，我们同样可以将中国同世界的关系大致划分为三个阶段。在第一轮经济全球化过程中，中国先是在鸦片战争之前隔绝于世界市场和世界工业化大潮，接着在鸦片战争及以后的数次列强战争中屡战屡败，成为积贫积弱的国家。可以说，中国在第一轮经济全球化浪潮中丧失机遇，国运衰落。在第二轮经济全球化进程中，在走完了“两个平行世界市场”时期和相对封闭的环境中艰辛探索中国特色社会主义建设道路之后，中国进入了全方位对外开放阶段。改革开放以来，中国抓住了第二轮经济全球化发展带来的战略机遇，在不断扩大对外开放中，实现了中国同世界关系的历史性变化①，也正是顺应了经济全球化发展大势，由此推动了中国开放型经济大发展。在经济全球化处于十字路口的关键期，习近平总书记不仅提出了“命运共同体”作为其引领发展的新理念，而且明确指出了践行这一理念的实现路径——全球增长共赢链。正如习近平主席在二十国集团（杭州）峰会开幕式上的主旨演讲中指出：“我们应该增进利益共赢的联动，推动构建和优化全球价值链，扩大各方参与，打造全球增长共赢链。”②据此可以预期的是，在第三轮经济全球化发展时代，中国必将秉持“命运共同体”的开放发展理念，走出一条具有榜样作用的“全球增长共赢链”之路。因此，中国在第三轮经济全球化进程中必将占据重要国际地位，贡献中国智慧和方案，发挥引领经济全球化发展的大国作用。

构建全球增长共赢链，是第三轮经济全球化进程中践行“命运共同体”

① 习近平. 在省部级主要领导干部学习贯彻党的十八届五中全会精神专题研讨班上的讲话[N]. 人民日报，2016-05-10（002）.

② 习近平. 中国发展新起点　全球增长新蓝图——在二十国集团工商峰会开幕式上的主旨演讲[N]. 人民日报，2016-09-04（002）.

发展理念推动新一轮经济全球化发展的不二选择。这不仅是处于十字路口的世界经济未来发展方向的唯一道路，也是中国开放型经济发展进入新阶段后的路径选择。理解习近平总书记基于“人类命运共同体”而提出的构建全球增长共赢链，主要内容包括以下几个方面：努力走主动开放发展之路、努力走包容性开放发展之路、努力走共享开放发展之路、努力走联动型开放发展之路、努力走更加公平合理的规则构建之路。

一、先进理念引领下的全球增长共赢链构建需要主动开放

全球各国经济增长之间实现联动和共振，打造“增长共赢链”，其前提必须是开放，或者说只有在更加开放的条件下才能谈得上构建“全球增长共赢链”。所谓努力走主动开放发展之路，主要是指除了要竭力维护全球贸易和投资自由化的多边体制与制度外，世界各国还需要进一步扩大开放领域和范围，进一步主动提高制造业和服务业开放水平，为全球贸易和投资自由化、便利化的进一步提升贡献各自所能。实现全球增长共赢链的发展路径，一个必要的前提就是要坚持主动开放，不仅要在经济繁荣时期能够选择主动开放，在经济不景气时期同样需要能够做到主动开放，而不是“开倒车”。经济全球化过程中确实会出现很多困扰世界的问题，尤其是在全球经济不景气时期，这些问题愈发凸显。但这并不是经济全球化造成的。有意或者无意地将本不是经济全球化造成的问题简单地归咎于经济全球化，进而掀起逆全球化浪潮，既不符合事实，也无助于问题解决。这是“既缺乏分析问题的智慧，又没有采取行动的勇气”的表现。经济全球化进入第三轮发展期，发展理念的缺失以及路径选择的疑惑，或正是源于此。然而，经济全球化是社会生产力发展的客观要求和科技进步的必然结果，人为因素或能暂时使其放缓步伐，但终究不能抵挡。正如习近平总书记指出：“世界经济的大海，你要还是不要，都在那儿，是回避不了的。想人为切断各国经济的资金流、技术流、产品流、产业流、人员流，让世界经济的大海退回到一个一个孤立的小湖泊、小河流，是不可能的，也是不符合历史潮流的。”①何况世界经济发展史证明，开放带来进步，封闭导致落后。即便在危机冲击期间也不宜重回以邻为壑的老路，因为这不仅不是治愈“危机和衰退”的良药，反而会压缩全球经济增长空间，导致“双输”局面。顺应历史潮流，唯有努力走主动开放发展道路，才有实现增长共赢的可能。向世界表明“中国开放的大门不会关上……中国将在更大范围、更宽领域、

① 习近平谈治国理政：第二卷[M]. 外文出版社，2017：478.

更深层次上提高开放型经济水平”①的立场，说明中国定将继续践行主动开放并为世界做出表率。

二、先进理念引领下的全球增长共赢链构建需要包容性开放

如前所述，经济全球化发展到“全球增长共赢链”的主导模式和特征阶段之后，一国经济增长的利益实现程度，需要建立在更加关切他人增长利益基础之上。因此，走开放包容的经济全球化发展之路，是以“人类命运共同体”先进理念为引领，构建“全球增长共赢链”的必要条件。努力走包容性开放发展道路，主要是指参与全球合作与竞争，在关注自身利益的同时，也应关注他国的利益。与“夺市为强”的发展理念不同，“命运共同体”的发展理念内生地要求进一步地开放发展，切忌“攻城略地、赶尽杀绝”。世界各国需要在经济全球化视野下秉持包容性发展理念，从而营造和谐共赢的国际环境，以实际行动树立起“全球增长共赢链”的榜样和模范。这也是各国为自己开放发展铺垫一条科学、和谐、可持续道路的必要选择。目前，全球各国之间的发展差距还很大，尤其是南北发展差距问题尤为凸显和严峻。巨大发展差距的存在，不仅导致了困扰世界的贫困和饥饿等问题久而未决，而且世界基尼系数的不断提高也带来更大的风险。尤其是在开放条件下，不平等的竞争地位会带来若干冲击，即便是正常竞争，全球产业结构的调整也会给不同产业和群体带来冲击。上述问题的存在，无疑是全球经济增长的包容性不够所致，必须予以高度关注。缩小发展差距，实现各国各地区协调发展，推动包容和可持续发展，不仅是一种道义责任，也是第三轮经济全球化持续发展的必要条件，唯有更加包容，才能真正实现增长共赢。因此，选择“全球增长共赢链”的开放发展道路，就必须正视和妥善处理经济全球化进程中包容性不够的问题，努力让经济全球化更具包容性，更加可持续。

三、先进理念引领下的全球增长共赢链构建需要共享开放

“全球增长共赢链”对利益分配的公平和公正有着内生性需求，而共享在一定程度上就是利益公平公正分配的体现和结果。因此，以“人类命运共同体”先进理念为引领，构建“全球增长共赢链”需要走共享开放的发展之路。所谓努力走共享开放发展道路，主要是指实现更加公平的全球化红利分配机制，让开放发展的成果惠及全球各国人民。经济发展的目的

① 杜尚泽．习近平同出席博鳌亚洲论坛年会的中外企业家代表座谈[N]．人民日报，2015-03-30.

是要让发展成果惠及和造福世界各国人民，这就是“大道之行也，天下为公”所揭示的朴素道理。如前文分析指出，尽管主流国际贸易理论表明国际分工能够使得参与国从自由贸易中获益，即自由贸易本身就应该是双赢的，但是，经济全球化的历史现实并不总是如此。这不仅是在经济全球化的早期伴随着西方列强对于落后国家的殖民掠夺，即便在第二次世界大战以后，经济全球化进程中，发达国家和发展中国家之间的国际分工也充满着事实上的不平等。发达国家凭借在国际经济治理中的优势以及产业竞争优势，获取了国际分工的主要收益，使得发展中国家经济发展的追赶效应难以体现或者难以突破中等收入陷阱。走“全球增长共赢链”的开放发展道路，这一方面是由第三轮经济全球化背景下，处理国与国之间关系的基本要求决定的；另一方面也是各国实现开放型经济发展必须进行战略调整的现实需求，尤其是实现可持续发展和保证开放发展利益的现实需求。在各国发展环环相扣以及“一荣俱荣，一损俱损”的新时代，各国经济繁荣稳定不仅是世界经济繁荣稳定的决定因素，同时也是国家之间互相构成发展机遇的决定因素，即一国经济的繁荣稳定既依赖于外部经济的繁荣稳定，同时也为他国发展带来了机遇。经济全球化的顺利推进，需要各国在良性互动、互利共赢中开拓前进，共享才是真正的共赢。“互利共赢”是中国发展开放型经济中的一贯主张，而“中国坚持对外开放基本国策，奉行互利共赢的开放战略，不断提升发展的内外联动性，在实现自身发展的同时更多惠及其他国家和人民”①的声明和主张，展示的正是中国将继续走“全球增长共赢链”开放发展之路的抉择和决心。

四、先进理念引领下的全球增长共赢链构建需要联动型开放

“全球增长共赢链”本身就内含各国经济增长具有联动和共振的典型特征，由于在经济层面上已经具备了这种特征或者内生性需求，那么在开放道路和政策选择上，各国也应该同样要做到“联动型”开放。所谓努力走联动型开放发展道路，主要是指发挥各国产业结构和资源禀赋互补优势，形成联动发展格局。无论是包容性增长还是共享式增长，都必须在联动发展格局中实现。经济全球化演进到全球价值链分工和要素跨国流动的第三轮发展阶段后，人类已经成为“你中有我、我中有你”的命运共同体，彼此之间的利益高度融合，相互依存，由此决定了各国一定会在世界经济中发生共振，在共振中实现发展就是联动发展。在联动发展格局中，每个国

① 习近平谈治国理政：第二卷[M]. 外文出版社，2017：483.

家都有发展的权利，但是对自身利益的关切必须置于更加广阔的层面进行考虑，不能以损害其他国家利益为代价，以邻为壑的老路不仅走不通，反而会损害自身利益，协调合作才是正确选择。通过有效的协调合作实现联动发展，不仅要实现硬件层面的联通和互动，也要实现软件层面的联通和互动、人文交流层面的联通和互动，因为这些是实现优势互补的前提，也是更好发挥联动效应的关键。具体而言，首先，联动发展需要在政策规则层面实现联动，即一方面要通过加强宏观经济政策的协调，尽可能地减少政策效应的负外部性，放大正外部性；另一方面要通过沟通、交流、借鉴等，尽可能地实现政策、标准和制度的无缝对接与一致性。其次，需要夯实基础设施的联动，因为基础设施的联动是其他联动的基础，是国与国之间深化合作和实现优势互补的关键制约因素。最后，需要增进民间友好互信和文化交流的人文联动。人文联动是其他层面联动的社会根基，是增进彼此间了解与理解的重要渠道。上述三个层面上的联动，与我国“一带一路”倡议中提出的“三位一体”立体式互联互通观念和要求基本一致。唯有如此，才能有助于增进利益共赢联动，最终打造出“全球增长共赢链”。

五、先进理念引领下的全球增长共赢链构建需要平衡开放

传统国际分工条件下利益分配的失衡，虽然是由各种因素共同所致，但其中不合理的全球经济规则和利益分配保障机制，是重要影响因素。以“人类命运共同体”先进理念为引领，由于构建“全球增长共赢链”需要更加平衡的利益分配，这就需要打造能够保障实现更加公平公正的利益分配的经济规则和制度体系。换言之，先进理念引领下的全球增长共赢链构建需要更加平衡的开放。所谓努力走更加公平合理的开放发展道路，主要是指构建公平公正和完善的全球经济规则和全球治理体系。国与国之间发展差距和不公平，不仅在于经济实力差距所决定的竞争能力有别，竞争地位明显不同，而且还表现为不公平不合理的全球经济规则约束下，国际经济合作中权利不平等、发展机会不平等。伴随经济全球化实践的演变和发展，全球经济规则和治理体系也必须与时俱进、因时而变。这不仅是因为伴随部分发展中国家和新型经济体的发展，在全球经济中的影响力逐步增强需要有与之相适应的话语权，尤其是争取代表发展中国家利益的话语权，而且还是第三轮经济全球化对更加公平合理的利益分配机制的内生需求。目前的全球经济治理已经难以适应经济全球化发展的需要，必须做出相应调整。未来的全球经济规则调整和全球经济治理体系的完善，应该秉持“人类命运共同体”的新理念，以开放为导向，鼓励各方积极参与和融入，为

全球经济规则和治理体系的调整和完善献言献计，通过“广纳良言和兼容并包”防止治理机制封闭化和规则碎片化。不能继续走一家独大或者几家独霸、赢者通吃的老路，而是要加强各国之间的沟通和协调，尤其关切发展中国家的代表性和发言权，本着寻求利益共享和实现共赢为根本目标，进行规则共商、机制共建和治理共参，确保权利平等、机会平等、规则平等。党的十八届五中全会公报提出“积极参与全球经济治理和公共产品供给，提高我国在全球经济治理中的制度性话语权，构建广泛的利益共同体”①，既表明了提升以中国为代表的发展中国家在全球经济治理中制度性话语权需求，也说明了我们秉持的是共赢目标。唯有如此，才能为实现“全球增长共赢链”目标提供必要的制度保障。

深入研究经济运行过程，了解经济活动的特点，揭示和把握社会经济活动的规律，以便更好地指导经济发展实践，正是马克思主义政治经济学的主要任务之一。改革开放以来，中国在开放中求发展，取得了一系列巨大的成就，如世界第二大经济体、全球制造业第一大国、全球货物贸易第二大国等。可以说，这一系列成就的取得，正是因为中国顺应了经济全球化发展趋势，正确把握了世界经济发展的规律，充分运用了经济全球化带来的机遇。而中国的对外开放如同市场化改革一样，也是在不断探索中前进的，是在不断扩大对外开放中，逐步形成了有中国特色的社会主义政治经济学的开放发展理论，并指导着中国开放发展实践的进一步发展。对此，裴长洪教授（2016）②进行了较为系统和详尽的梳理和总结。

2008 年全球金融危机后，经济全球化和中国开放型经济均进入到一个新的发展阶段。前者遭遇了逆全球化思潮的冲击，走到了是否要继续促进经济全球化的十字路口；而中国开放型经济发展，则在规模已经达到较高阶段后随之产生了开放型经济转型压力。在国内外形势发生深刻变化的背景下，一系列问题摆在了眼前：中国是不是要进一步深入对外开放，继续坚持走开放型经济发展道路？在中国经济实力和国际影响力逐步提升的时候，如何处理与其他经济体的关系？如何为中国和平发展创造良好的国际环境？如何在完善全球治理中贡献中国智慧和方案？习近平总书记提出的“人类命运共同体”的开放发展理念，以及基于此理念的“全球增长共赢链”的开放发展道路，事实上就是对经济全球化之困的解答，以及对中国开放发展遭遇上述问题的方向性回答。

---

① 中共中央宣传部. 习近平总书记系列重要讲话读本（2016 年版）[M]. 学习出版社，人民出版社，2016：129。

② 裴长洪. 中国特色开放型经济理论研究纲要[J]. 经济研究，2016，51（4）：14-29.

从全球化层面看，处于十字路口的经济全球化发展困惑，本质上是发展理念之惑，体现的是引领经济全球化原有理念的“过时”和新理念的缺失。社会生产力发展和科技进步，必然推动经济全球化深度发展，之所以在当前阶段受阻，显然是因为国际生产关系已经不适应进一步发展的需要了，亟待构建新型国际生产关系。这种调整需要有新的理念加以引领。从中国角度看，经过 40 多年的开放发展，中国已经深度融入全球经济之中，可以说，中国的命运与世界的命运息息相关。经济全球化发展方向“迷失”乃至逆全球化思潮的兴起，必然构成中国进一步开放发展的重要外部环境约束甚至带来严峻挑战。此外，中国经过多年发展已经成为“巨型”开放经济体，在为全球经济增长做出重要贡献的同时，也对世界经济产生了越来越大的影响力。这一变化既在国际上产生了对中国竞争压力的强烈反响，也使得中国有资格、有能力成为全球经济新规则和新秩序制定的重要参与者乃至引领者，昭示着中国开放发展进入新阶段后面临着巨大转型压力，包括开放发展路径和模式转型以及同外部世界关系转型。正是基于对经济全球化发展大势的深刻认知和客观判断，对当代全球化运动规律的深刻把握，对当前中国开放型经济发展所处阶段的正确认识，以及对中国开放发展与世界关系的准确把握，习近平总书记创新性地提出了“人类命运共同体”的开放发展理念，以及以此理念为基础的“全球增长共赢链”的开放发展道路。

据此可见，习近平总书记的开放发展新理念，是对中国开放型经济发展实践的理论总结和未来开放发展实践的理论指导，构成了中国特色社会主义政治经济学理论成果重要组成部分，同时也是适应和引领第三轮经济全球化发展的理念创新。这一新理念的提出，集中反映了中国共产党人对经济社会发展规律认识的深化，是我国发展理论的又一次重大创新，是马克思主义中国化的又一辉煌理论成果。善学者尽其理，善行者究其难。秉持“人类命运共同体”开放发展新理念，坚定地走出一条“全球增长共赢链”之路，虽然任重而道远，但美好的目标并非不可企及。第三轮经济全球化，需要中国这样的“有志之国”引领，也必然意味着中国在推进“人类命运共同体”的伟大进程中，将占据重要国际地位并发挥影响全球的大国作用。

第十章　国际经济新体系：构建全球增长共赢链的制度

通常而言，国际经济体系的形成或者说国际经济体系的结构和性质，是在经济全球化发展的特定历史时期由世界经济力量格局对比形成和决定的，因此，国际经济体系的结构和性质也必然随着经济全球化的演进和世界经济力量格局对比的变化而变动。当前，全球经济格局发生的巨大变化，是亟待构建开放型国际经济新体系，尤其是经济全球化应朝着“全球增长共赢链”的方向发展，相应地要求全球经济规则和制度体系随之做出调整。从国际层面看，这既是“生产关系适应生产力”而做出调整的必然趋势，也是为了能够更好地促进“全球增长共赢链”构建的必然要求。那么，从经济全球化发展进入到“全球增长共赢链”的阶段看，构建开放型国际经济新体系的时代背景和价值意义体现在哪里？构建开放型国际经济新体系的战略定位和目标是什么？构建开放型国际经济新体系需要有怎样的引领理念及基本遵循是什么？构建开放型国际经济新体系的具体实现路径和中国实践表现在哪些方面？这是值得我们深入思考和探讨的大课题，也是据此为构建“全球增长共赢链”提供全球制度保障体系所要明晰的问题。

第一节　构建开放型国际经济新体系的时代背景和价值

虽然经济全球化的萌芽，早在 15 世纪末的地理大发现和资本主义原始积累时期就从欧洲开始了，但真正意义上的经济全球化始于 18 世纪后半期开始的自由竞争资本主义快速发展阶段。以第二次世界大战为界，我们可以将 18 世纪后半期至 20 世纪中叶之前，看作第一轮经济全球化；20 世纪中叶到 2008 年全球金融危机的爆发，可以看作第二轮经济全球化发展阶段；2008 年全球金融危机后经济全球化进入到新的发展阶段，可以看作第三轮经济全球化。经济全球化的每个发展阶段都有其固有特征，并对应着不同的国际经济体系。

一、现行国际经济体系的形成背景

在 18 世纪后半期到 19 世纪中叶的自由竞争资本主义阶段，商业资本在资本国际运动中占有主导地位。“在资本的本性——追求利益最大化的驱使下，资产阶级开始把触角伸向了世界各地，以寻求更多更廉价的原材料、劳动力和开拓更广阔的世界市场。于是，在资本主义国家瓜分世界的过程中，孤立的民族隔离生产的状态被打破，世界市场日益将各民族各地区连为一体，世界经济踏上了全球化运动的轨迹”（李国英，2004）①。马克思在《共产党宣言》中指出，“不断扩大产品销路的需要，驱使资产阶级奔走于全球各地。它必须到处落户，到处开发，到处建立联系”。可以看出，在这一时期，资本主义的贸易全球化，成为经济全球化发展的起点，资本商品输出是国际经济关系的主要内容和基本特征。19 世纪末 20 世纪初，随着资本主义进入垄断阶段，在商品输出迅速增长的同时，资本输出也大大增长。在这一阶段，资本输出的主要部分是借贷资本的输出，它导致金融资本对全球的统治，更多的国家卷入了帝国主义主导的世界市场，统一的世界市场最终得以形成。

这个阶段经济全球化的主要特征是，正如 2016 年习近平总书记《在省部级主要领导干部学习贯彻党的十八届五中全会精神专题研讨班上的讲话》中概括指出：“西方国家靠巧取豪夺、强权占领、殖民扩张，到第一次世界大战前基本完成了对世界的瓜分，世界各地区各民族都被卷入资本主义世界体系之中。”②在这一阶段的经济全球化发展过程中，西方国家居于主导地位，生产方式是通过殖民扩张对落后地区进行征服和掠夺。老牌资本主义国家通过这种方式确立了世界经济中的强势地位，资本阶级和资本主义经济获得空前发展，正如马克思在《共产党宣言》中指出的“资产阶级在它不到一百年的阶级统治中所创造的生产力，比过去一切时代创造的全部生产力还要多，还要大……，资产阶级，由于一切的生产工具的迅速改进，由于交通的极其便利，把一切民族甚至最野蛮民族都卷到文明中来

① 李国英. 经济全球化：历史变迁的催化剂[J]. 世界经济与政治论坛，2004（1）：14-17.

② 习近平谈治国理政：第二卷[M]. 外文出版社，2017：211.

了。它的商品的低廉价格，是它用来摧毁一切万里长城、征服野蛮人最顽强的仇外心理的重炮。它迫使一切民族——如果它们不想灭亡的话——采用资产阶级的生活方式；它迫使它们在自己那里推行所谓的文明，即变成资产者。一句话，它按照自己的面貌为自己创造一个世界”。[①]这一阶段的经济全球化，虽然宗主国和殖民地之间形成的工业和农业国际分工格局，基本符合产业优势的决定原理，但其中的推动因素和作用力却主要源于强权占领，并由此形成了宗主国和殖民地之间严重不对等的分工关系。这就是该时期国际经济体系的基本结构和特征。

“强权占领”所形成的宗主国和殖民地之间严重不对等的分工关系，尤其是帝国列强之间无节制的争夺乃至战争，必然决定“占地为王”的经济全球化发展模式是不可持续的。这一发展模式随着第一次和第二次世界大战的爆发而“寿终正寝”。第二次世界大战后，随着殖民地和半殖民地国家的纷纷独立，“世界形成社会主义和资本主义两大阵营，在经济上则形成了两个平行的市场”[②]。相比较而言，在所谓的“两个平行世界市场”中，资本主义国家在世界经济中占绝对主导地位。20 世纪 80 年代中期以来，世界格局发生了转折性变化，和平和发展成为当代世界的主题，各国都把发展经济作为首要任务，纷纷奉行对外开放政策，经济全球化进入了快速发展的新阶段。“随着冷战结束，两大阵营对立局面不复存在，两个平行的市场随之不复存在，各国相互依存大幅加强，经济全球化快速发展演化”[③]。由此形成了第二次世界大战之后至 2008 年全球金融危机爆发之前这段时期的第二轮经济全球化快速发展。

这一时期的经济全球化发展，显然不能再依托掠夺、侵略、战争等传统手段，因此，为了满足资本在世界市场游走进而实现利润最大化的内在需求，在世界经济中具有绝对主导优势的美国等发达国家，一方面需要找到要求各国“打开国门”的理论依据，另一方面需要为其主张和推行的经济规则和制度提供必要的保障。前者就是不断向全球推行以自由主义经济思想为主要表现的市场经济制度，后者就是通过建立国际货币基金组织（IMF）、世界银行（WB）以及世界贸易组织（WTO）的前身关税及贸易总协定（GATT）三大国际组织和机构，构建全球经济秩序。从开放发展角度看，上述两者的合理性，在已经被剥离了国际经济关系实质而仅停留在“纯理论”分析层面的国际经济理论框架下，得到了完美的论证。在“经

① 马克思恩格斯选集：第 1 卷[M]．人民出版社，2012：405.

② 习近平谈治国理政：第二卷[M]．外文出版社，2017：211.

③ 习近平谈治国理政：第二卷[M]．外文出版社，2017：211.

济人”的基本假定条件下，亚当·斯密的绝对优势论、大卫·李嘉图的比较优势论、赫克歇尔—俄林的要素禀赋理论，以及以克鲁格曼等为代表的规模经济理论等，均从不同角度和层面论证了全球范围内商品和要素的自由流动，能够实现资源的优化配置，从而对所有的分工和贸易参与国来说都是有利的。主要服务于先进资本主义国家打开国际市场的自由贸易理论，由此不断地征服着世界，并使得越来越多的国家主动或被动地融入经济全球化。

二、经济全球化新形势及现行国际经济体系的局限性

如前述各章分析指出，第三轮经济全球化基本上是以“比较优势”为核心原理的市场经济全球化。在此进程中，如何塑造和维持更具获利能力的“比较优势”从而占据和掌控全球经济竞争的制高点，成为各国争夺的焦点。“夺市为强”是推动这一阶段经济全球化发展的基本模式和动力机制。然而，崇尚经济自由化的市场经济由于并非绝对公平也并非完全竞争的，从而经济理论所描绘的“经济全球化有助于全人类福利增进并实现利益最大化”的美妙景象，并没有如期转变为现实情况。凭借技术、知识、信息等优势而处于全球经济竞争中更加有利地位的诸如美国等发达国家，不仅因为所处竞争地位不同而能够攫取更多的经济全球化红利，同时由经济实力所决定的国际话语权即国际经济规则和秩序的构建，也更加倾向于发达国家的利益诉求。这就是第三轮经济全球化期间国际经济体系的基本特征。这种有失公允的不合理国际经济关系，导致第三轮经济全球化发展进程中，与总体层面上一片繁荣景象相伴随的是贫困和不发达愈发凸显、贫富差距日益拉大、南北失衡越来越严重等现象。这也正是反全球化声音一直存在的重要依据所在。当问题“积累”到一定程度后，建立在比较优势等国际分工理论基础上的“夺市为强”发展模式和全球经济治理体系，对经济全球化形成的引领力就会逐步衰弱，尤其是伴随经济全球化实践的发展和格局的演变，包括世界各国之间的经济增长具有了联动和共振的“增长共赢链”特征新阶段后，第三轮经济全球化的传统发展模式同样遭遇到了可持续性难题。目前，愈演愈烈的逆全球化思潮，正是对上述可持续难题的真实写照。

应该说，作为世界资本主义制度诞生和形成世界市场后的产物——现行国际经济体系，尤其是由其所决定的全球治理模式，由于不能伴随经济全球化发展和国际经济格局演变而与时俱进，导致经济全球化中的各种问题日益突出并被不断放大。习近平总书记在世界经济论坛 2017 年年会开幕

式的主旨演讲中指出：当前“世界经济的长期低迷、贫富差距、南北差距问题更加突出”，正是因为“全球经济治理滞后，难以适应世界经济新变化”等所致，并呼吁要“打造开放共赢、公正合理治理模式”国际经济新体系①。概括起来，相对于经济全球化发展而言，当前的国际经济新体系已经出现了三个方面的不适应：一是不适应全球经济格局调整的变化，即以美欧等发达经济体为主导的现行国际经济体系，未能反映世界经济格局新变化，不仅不能进一步引领经济全球化发展，甚至出现了有悖于经济全球化发展规律的情形；二是不适应国际分工发展的新特点，即现行国际经济体系中的贸易和投资规则未能跟上新形势，多边贸易体制面临严峻挑战；三是不适应全球经济包容性发展需要，即现行国际经济体系不利于解决发展不平衡、不协调、利益分配不均衡等突出问题。概括而言，现行国际经济体系实际上已经难以适应构建“全球增长共赢链”的经济全球化发展现实需求。这正是构建国际经济新体系的时代背景。或者说，新时代经济全球化即第三轮经济全球化发展进入到“全球增长供应链”的阶段后，需要有与之相适应的国际经济新体系。构建国际经济新体系，正是在国际经济格局出现新变化的背景下，应时代需要而对现有国际体系的调整和完善，必将在引领新时代经济全球化发展中发挥重要的时代价值和意义，必将为构建“全球增长供应链”提供更加切实可行的全球治理保障体系。

第二节　构建开放型国际经济新体系的战略定位和目标

生产力决定生产关系，而生产关系又反作用于生产力。生产力总是在一定的生产关系下发展的，国际分工的发展不可能脱离国际生产关系。经济全球化之所以走到了当前的“十字路口”，本质上是生产力和生产关系二者矛盾运动的表现和结果，表明的是当前生产关系已经不适应生产力发展的客观需要，到了亟待调整的关键阶段。因此，构建开放型国际经济新体系内容和目标的本质，旨在解决上文所述的三个方面的不适应问题，从而能够顺应、适应乃至引领经济全球化新发展的现实需要。

① 习近平谈治国理政：第二卷[M]. 外文出版社，2017：479.

一、开放型国际经济新体系：全球经济格局调整变化的需要

构建开放型国际经济新体系要能适应全球经济格局调整的变化。习近平总书记指出："过去数十年，国际经济力量对比深刻演变，而全球治理体系未能反映新格局，代表性和包容性很不够。"①伴随新兴市场国家和发展中国家尤其是中国和印度等国经济快速发展，全球经济重心正在发生"东升西降"的重要变化，国际经济力量对比发生深刻演变。联合国贸发会议统计数据库的统计数据显示，1976 年美国、英国、德国、法国、日本、意大利和加拿大七国集团（G7）成立时，其经济总量约占世界经济总量的 80%。伴随发展中国家和新兴经济体的快速发展，七国集团在全球经济中的比重不断下降。尤其是 2008 年全球金融危机的爆发，虽然全球各主要国家都未能"独善其身"，但主要发达国家成为危机冲击中的"重灾区"，经济实力在危机中也是遭受重创。相比较而言，中国、俄罗斯、印度、巴西等新兴市场国家则在危机冲击后，成为世界经济复苏的重要引擎。习近平总书记在出席金砖国家工商论坛开幕式并发表主旨演讲时指出："10 年间，五国经济总量增长 179%，贸易总额增长 94%，城镇化人口增长 28%，为世界经济企稳复苏做出突出贡献，也让 30 多亿人民有了实实在在的获得感。"②新兴市场国家在世界经济中的份额迅速壮大，七国集团在世界经济中的份额则迅速下降，2016 年后者在世界经济中的比重已不足 50%。而从对全球经济增长的贡献角度看，目前新兴市场国家和发展中国家对全球经济增长的贡献率已经达到 80%。全球经济格局的变化和调整，必然要求有与之相适应的国际经济体系的变革和转型。"只有适应国际经济格局新要求，才能为全球经济提供有力保障""要赋予新兴市场国家和发展中国家更多代表性和发言权"。③

二、开放型国际经济新体系：国际分工发展新特点的需要

构建开放型国际经济新体系要能适应国际分工发展新特点的需要。经济全球化的深度演进导致国际分工形式发生了深刻变化，由此推动着全球产业布局不断调整以及全球生产网络的形成。世界各国在资金流、技术流、产品流、产业流、人员流中融为一体，贸易和投资日益一体化，生产国际化深入发展。国际分工出现的上述变化，使得国与国之间生产和消费有着

---

① 习近平谈治国理政：第二卷[M]. 外文出版社，2017：479.

② 习近平在出席金砖国家领导人厦门会晤时的讲话[M]. 人民出版社，2017：3.

③ 习近平谈治国理政：第二卷[M]. 外文出版社，2017：481.

明确以国界为边界的传统分工关系，演变为全球生产网络的复杂交织关系。更为重要的是，从微观层面上看，国际分工形式发生的上述深刻变化，实际伴随的是企业边界的全球拓展，因为组织全球化生产的微观主体最终落实到企业。对于从事全球化生产经营的企业而言，生产经营活动是没有以国界划分边界概念的。这是因为全球生产经营活动的顺利进行，内生地要求分布在不同国家和地区之间的不同生产环节和阶段，实现无缝对接，实现标准和规则的兼容。因此在这种新的国际分工形态下，一国内部的经济政策、规则及其治理体系，都不再完全是独立的，而必须要在某种程度上实现与国际接轨。或者说原有贸易、投资和金融监管需要与国内经济政策规则实现协同和统一，原有的边境开放措施需要不断地向境内开放措施拓展深化。然而，国际经济体系中贸易和投资规则以及金融监管等未能跟上新形势，多边贸易体制面临严峻挑战。针对这种瓶颈，各种双边、多边自贸区协定蓬勃兴起，区域化、一体化发展迅速。这固然弥补了多边贸易体制的一些不足，但也带来了一些诸如"贸易和投资规则未能跟上新形势，机制封闭化、规则碎片化十分突出。全球金融市场需要增强抗风险能力，而全球金融治理机制未能适应新需求，难以有效化解国际金融市场频繁动荡、资产泡沫积聚"等问题（习近平，2016）①。

三、开放型国际经济新体系：全球经济包容性发展需要

构建开放型国际经济新体系要能适应全球经济包容性发展需要。习近平总书记指出："据有关统计，现在世界基尼系数已经达到0.7左右，超过了公认的0.6'危险线'，必须引起我们的高度关注。同时，全球产业结构调整给不同产业和群体带来了冲击。我们要正视和妥善处理这一问题，努力让经济全球化更具包容性"（习近平，2016）②。一语道破了当前经济全球化发展包容性不够的事实本质，并且指出了包容性不够的两个层面，即同时存在于国家间层面和国家内层面。从国家间看，虽然经典的国际分工理论早已论证了贸易的互利性原理，但对利益分配问题却一直语焉不详，或者说，贸易利益能否在参与国之间实现公平分配，在学术界一直存在较大争论。而发展经济学家提出的经典理论，如贸易条件恶化论、依附理论、中心—外围论以及所谓的"贫困化增长"理论等，更是从不同角度和层面揭示了经济全球化红利分配在国家间的失衡而缺乏包容性的问题。从国家

① 习近平谈治国理政：第二卷[M]. 外文出版社，2017：479.

② 习近平. 中国发展新起点　全球增长新蓝图——在二十国集团工商峰会开幕式上的主旨演讲[N]. 人民日报，2016-09-04.

内部看，贸易保护的政治经济学等理论，同样证明了经济全球化并非能够使得一国内所有利益集团都受益。因此，第二次世界大战以后的经济全球化深入发展，虽然总体上促进了世界经济的繁荣，但现行国际经济体系中的固有缺陷，比如全球治理滞后以及国家内部治理能力未能适应经济全球化发展步伐，同时带来了经济全球化利益在国家间和国家内分配失衡的问题，这是包容性不够的必然表现和结果。正视和妥善处理这一问题，需要从调整和完善国际经济体系入手，构建国际经济新体系，促进经济全球化更加具有包容性，经济全球化才会有活力。正是基于这一现实背景和需要，习近平总书记呼吁并强调要“推动建设一个开放、包容、普惠、平衡、共赢的经济全球化，既要做大蛋糕，更要分好蛋糕，着力解决公平公正问题”（习近平，2017）①。

解决上述三个方面的不适应问题，概括起来，本质上就是要构建起能够与“全球增长共赢链”的经济全球化发展新阶段现实需要相一致的全球经济治理规则，从而为构建“全球增长共赢链”提供可靠的规则体系和制度保障体系。

第三节　构建开放型国际经济新体系的引领理念及基本遵循

理念是行动的先导，发展实践是由一定的发展理念来引领的，发展理念和思想也是伴随实践的发展而不断发展的。虽然现行的国际经济体系难以适应和进一步引领经济全球化发展的需要，亟待变革和转型，但由于来自发达国家传统和“过时”思维的束缚与新理念的缺失，未能支撑起这种调整和转型，在“不适应”的状态下反而兴起了逆全球化思潮。面对经济全球化发展形势的演变，习近平总书记站在人类社会发展潮流的前端，精准地判断和把握了经济全球化的客观规律和发展趋势，尤其是基于当前经济全球化发展呈现出的“全球增长共赢链”的特征模式，创新性地提出了一些新理念，从而构成了构建开放型国际经济新体系的理念及基本遵循。更确切地说，由于国际经济新体系的构建正是基于适应构建“全球增长共赢链”的现实需求并为之提供制度保障，而“人类命运共同体”又是引领以“全球增长共赢链”为主要特征的新一轮经济全球化发展的先进理念，

① 习近平谈治国理政：第二卷[M]. 外文出版社，2017：543.

因此，这一先进理念同样应该成为构建开放型国际经济新体系予以秉持的先进理念。概括起来，构建开放型国际经济新体系的引领理念及基本遵循，主要包括以下三个方面。

一、构建开放型国际经济新体系应以“人类命运共同体”为新的引领理念

“命运共同体”的概念在不同场合被习近平总书记多次提出和阐述，以此引领国际经济新体系的构建。“命运共同体”的概念是习近平主席于2013年4月6日至8日出席博鳌亚洲论坛年会，发表《共同创造亚洲和世界的美好未来》主旨演讲中首次提出，“共同发展是持续发展的重要基础，符合各国人民长远利益和根本利益。我们生活在同一个地球村，应该牢固树立命运共同体意识，顺应时代潮流，把握正确方向，坚持同舟共济，推动亚洲和世界发展不断迈上新台阶”①。此后，习近平主席在2013年10月出访印度尼西亚时提出“中国—东盟命运共同体”；2014年11月28日至29日召开的中央外事工作会议，习近平总书记提出“周边命运共同体”；2015年3月28日，习近平主席出席博鳌亚洲论坛在发表题为《迈向命运共同体　开创亚洲新未来》的主旨演讲中提出“亚洲命运共同体”；而“人类命运共同体”的概念也在纪念万隆会议召开六十周年讲话和联合国成立七十周年演讲等场合被提出。“人类命运共同体”概念的本质是“合作共赢”，“世界各国联系紧密、利益交融，要互通有无、优势互补，在追求本国利益时兼顾他国合理关切，在谋求自身发展中促进各国共同发展，不断扩大共同利益汇合点。要加强南南合作和南北对话，推动发展中国家和发达国家平衡发展，夯实世界经济长期稳定发展基础。要积极创造更多合作机遇，提高合作水平，让发展成果更好惠及各国人民，为促进世界经济增长多做贡献”②。“人类命运共同体”新理念在党的十九大报告中得到了进一步丰富和完善，出现频次达到6次。尤其是在阐述新时代中国特色社会主义新思想时，习近平总书记指出：“明确中国特色大国外交要推动构建新型国际关系，推动构建人类命运共同体”。可见，与传统的“经济人假设”不同，“人类命运共同体”的开放发展新理念所强调的“互利共赢”，倡导的是一种正确的义利观。这一新理念不仅是中国对外开放的重要指导思想，也是中国为构建国际经济新体系贡献的具有重要时代价值的新思想。

① 习近平谈治国理政：第一卷[M]. 外文出版社，2014：330.

② 习近平. 迈向命运共同体　开创亚洲新未来[N]. 人民日报，2015-03-29.

二、构建开放型国际经济新体系要以“开放”为基本导向

当今的世界经济是一个开放型世界经济，不存在完全意义上的封闭经济，各国各地区都在不同程度上融入全球经济，成为全球经济的一个有机组成部分。况且，世界经济发展的实践和历史早已证明，开放不一定能够带来进步，但封闭一定导致落后。针对当前世界经济处于下行期，部分国家兴起逆全球化和高举贸易保护主义大旗的现象，习近平总书记深刻地指出：“重回以邻为壑的老路，不仅无法摆脱自身危机和衰退，而且会收窄世界经济共同空间，导致‘双输’局面”“‘轻关易道，通商宽农’，这是建设开放型世界经济的应有之义”①。构建开放型国际经济新体系，必须以“共同维护和发展开放型世界经济”为前提、为条件②。更确切地说，推动建设开放型世界经济，是构建开放型国际经济新体系的基础，而构建开放型国际经济新体系则为推动建设开放型世界经济提供了制度性保障。关于构建开放型国际经济新体系要以“开放”为基本导向，习近平总书记曾指出“坚持理念、政策、机制开放，适应形势变化，广纳良言，充分听取社会各界建议和诉求，鼓励各方积极参与和融入，不搞排他性安排，防止治理机制封闭化和规则碎片化”③。这一论述深刻阐述了以“开放”为基本导向的内容和内涵，即“开放”不仅表现为在开放政策上要旗帜鲜明地反对贸易保护主义，反对以邻为壑的政策举措，在开放中支持和维护贸易与投资自由化；同时，各国特别是主要经济体要加强宏观政策协调，兼顾当前和长远，着力解决深层次问题。此外，在开放发展的理念上，也要能够做到与时俱进，不能因循守旧、故步自封，即“不能身体已进入21世纪，而脑袋还停留在过去，停留在殖民扩张的旧时代里，停留在冷战思维、零和博弈老框框内”。

三、构建开放型国际经济新体系要以“共商、共建、共享”为基本原则

构建开放型国际经济新体系的目标和目的，就是要适应国际经济新格局的要求，就是要为全球经济的顺利发展提供有力保障。现行国际经济体系由于代表性和包容性不够，其局限性越来越凸显，变革和转型的紧迫性越来越突出，国际社会呼声尤其是来自新兴市场国家和发展中国家的呼声

---

① 习近平主席G20峰会金句[N]. 人民日报，2018-11-30.

② 习近平谈治国理政：第一卷[M]. 外文出版社，2014：337.

③ 中国发展新起点　全球增长新蓝图——在二十国集团工商峰会开幕式上的主旨演讲[N]. 人民日报，2016-09-04.

越来越高。以“共商、共建、共享”为基本原则，构建开放型国际经济新体系，是一种非霸权主义的国际公共产品供给模式，能够有效解决“代表性和包容性不够”的问题，能够有效避免全球经济治理中的“一国独霸”或“几方共治”现象，以及消除全球经济治理中曾经出现以及可能继续出现的所谓“唱独角戏”“谋求势力范围”“营造后花园”等问题，从而打造出一个能够有利于各方共同参与、各国共同发展、各国共享成果的新局面。习近平总书记在各种场合的重要讲话中曾多次指出：“国家不分大小、强弱、贫富，主权和尊严必须得到尊重，内政不容干涉，都有权自主选择社会制度和发展道路”①“都是国际社会平等成员，都有平等参与国际事务的权利，各国应该尊重彼此核心利益和重大关切”②“都是国际社会平等成员，理应平等参与决策、享受权利、履行义务。要赋予新兴市场国家和发展中国家更多代表性和发言权”③。因此，需要“倡导共商、共建、共享的全球治理理念，建立反映世界多极化现实、更加强调以规则制度来协调的国际经济关系”④。“共商、共建、共享”强调的是各方一起协商、一起做事、一起受益，其背后彰显的正是“人类命运共同体”的合作共赢新理念。毋庸置疑，习近平总书记提出的构建国际经济新体系的“共商、共建、共享”基本原则，不仅是破解当今人类社会面临共同难题的新原则和新思路，更是构建人类命运共同体的新活力和新动力，具有深远的历史意义和极高的时代价值及现实意义。

第四节　构建开放型国际经济新体系：实现路径及中国实践

经济全球化发展进入“全球增长共赢链”的新阶段后，亟待构建开放型国际经济新体系，而构建开放型国际经济新体系的实现路径概括起来包括：世界各国需要走“和平稳定”的开放发展之路、需要走“合作共赢”的开放发展之路、需要走“共建共享”的开放发展之路、需要走“包容联动”的开放发展之路。在这一方面，中国表现出了大国担当和责任，已经走在了构建开放型国际经济新体系的实践道路上，并仍将继续不遗余力地

① 习近平谈治国理政：第二卷[M]. 外文出版社，2017：539.

② 习近平. 弘扬传统友好　共谱合作新篇——在巴西国会的演讲[M]. 人民出版社，2014：8-9.

③ 习近平. 共同开创金砖合作第二个“金色十年”[N]. 人民日报，2017-09-04.

④ 习近平. 共建伙伴关系　共创美好未来[N]. 人民日报，2015-07-10.

为构建开放型国际经济新体系贡献中国力量，为构建“全球增长共赢链”所需要的全球经济治理体系贡献中国智慧。

一、走“和平稳定”的开放发展之路

新时代经济全球化的发展，不能依靠对外军事扩张和殖民掠夺，也能不依靠战争的手段来试图获取或维持“霸权地位”，占据全球经济的制高点。历史发展的实践一再证明，和平稳定的国际环境是全球经济得以发展乃至繁荣的必要条件和基础，没有和平就谈不上发展，没有稳定也就谈不上繁荣。新时代的经济全球化格局所具有的一个典型特征就是“你中有我，我中有你”，各国关系比以往任何历史时期都更加紧密相关，没有哪一个国家能够在“动乱和战乱”的国际环境中独善其身，各国命运更加具有“共同体”特征，经济全球化更加具有“全球增长共赢链”特征。因此，开放型国际经济新体系的构建，必须建立在和平稳定的国际环境基础之上。虽然和平与发展是当前的时代潮流，但正如习近平总书记指出：“兵戎相见时有发生，冷战思维和强权政治阴魂不散，恐怖主义、难民危机、重大传染性疾病、气候变化等非传统安全威胁持续蔓延”[①]“数以千万的难民颠沛流离，无数民众包括无辜的孩子丧身炮火……，经济全球化遭遇更多不确定性，新兴市场国家和发展中国家发展的外部环境更趋复杂。世界和平与发展之路还很长，前行不会一路坦途”[②]。人类面临的上述挑战，中国一贯高举和平、发展、合作、共赢的旗帜，恪守维护世界和平、促进共同发展的宗旨，坚定不移地在和平共处五项原则基础上，发展同各国的友好合作，努力推动建设相互尊重、公平正义、合作共赢的国际关系，已然成为世界和平建设者和国际秩序维护者，正在为构建“全球增长共赢链”所需要的和平稳定、开放发展的环境做出自己的努力和贡献。

二、走“合作共赢”的开放发展之路

经济全球化是一把双刃剑，既为各国发展带来了一些在封闭条件下所不具备的重要机遇，同时也带来一些新问题和新挑战，尤其是全球性问题和挑战。但是有问题、有挑战并不可怕，关键是如何解决问题，而不是被问题牵着鼻子走。正如习近平总书记所说：“我们既要有分析问题的智慧，更要有采取行动的勇气”（习近平，2017）[③]。显然，在经济全球化深入发

① 习近平谈治国理政：第二卷[M]. 外文出版社，2017：538.

② 习近平在出席金砖国家领导人厦门会晤时的讲话[M]. 人民出版社，2017：6.

③ 习近平谈治国理政：第二卷[M]. 外文出版社，2017：480.

展的当代，在“你中有我、我中有你”的命运共同体大背景下，问题的解决，不能是成就一部分国家或者一部分人的利益而损害另外一部分国家或者另外一部分人的利益。这也是构建国际经济新体系的应有特征。在新的国际经济格局下，“合则强，孤则弱”。一味地只关注自身的发展是不够的，同时还要帮助其他国家发展好，因为只有大家都好，世界才会更美好。奉行“合作共赢”一直是中国发展开放型经济坚持的重要主张。中国既是经济全球化的受益者，同时也是经济全球化的贡献者，体现的就是“合作共赢”的精神内涵。目前，中国已经是全球最大的市场之一，商品进口占全球的十分之一左右，与此同时，中国正成为全球重要的对外投资国。未来，伴随中国经济进一步稳中有进、稳中向好的发展，将会带动进口持续快速增长，进一步扩大对外投资，从而为促进全球经济增长做出更大的贡献，为构建“全球增长共赢链”做出更大的贡献。

三、走“共建共享”的开放发展之路

前文分析指出，构建开放型国际经济新体系要以“开放”为导向，即“适应形势变化，广纳良言，充分听取社会各界建议和诉求，鼓励各方积极参与和融入，不搞排他性安排，防止治理机制封闭化和规则碎片化”[①]。可见，“开放”导向中的重要内涵之一就是要实现“共建”，而“共建”的内容不仅包括参与和融入经济全球化的经济行为，同时也包括“参与决策”的全球经济治理行为，即在全球经济规则的制定方面同样需要“商量着办”。虽然“共享”是促进经济全球化发展的目的，但只有“共建”，才能实现“共享”，“共建”是“共享”的前提。因此，构建开放型国际经济新体系，必须要走“共建、共享”的发展道路。对此，中国倡导的“一带一路”，实际上就是倡导各国共同参与，在“共建、共享”中实现合作共赢，搭建起新的平台。从战略对接和政策沟通方面看，目前，我国已与100多个国家和国际组织签署了共建“一带一路”合作文件。“一带一路”倡议及其核心理念被纳入联合国、二十国集团、亚太经合组织、上合组织等重要国际组织成果文件。从具体的实践效果方面看，我国与“一带一路”沿线国家基础设施互联互通建设加快推进，以及与沿线国家已建设80多个境外经贸合作区等，这充分说明中国依托“一带一路”平台走出的“共建、共享”开放发展之路，构建起“全球增长共赢链”的开放发展合作模式，正在凝聚国

① 习近平. 中国发展新起点　全球增长新蓝图——在二十国集团工商峰会开幕式上的主旨演讲[N]. 人民日报，2016-09-04.

际合作共识。

四、走“包容联动”的开放发展之路

“人类命运共同体”的发展理念内生地要求经济全球化的良性发展，切忌“攻城略地、赶尽杀绝”。世界各国均需要秉持包容性发展理念，在包容性发展中实现联动，在联动发展中秉承包容。这是构建开放型国际经济新体系的应有之义。目前，世界各国尤其是南北国家之间的发展差距还很大，发展失衡问题特别凸显和严峻。这是发展缺乏包容和联动的结果与表现。贫困和饥饿等问题久而未决、世界基尼系数的不断提高，长期着困扰世界并带来越来越大的风险。缩小发展差距实现世界各国协调发展，推动包容和可持续发展，不仅仅是一种道义责任，也是第三轮经济全球化持续发展的必要条件，唯有更加包容，才能实现真正的互利共赢，才能实现发展成果共享。关于这一点，中国实践为世界各国树立了榜样和模范。比如，1950 年至 2016 年，中国在自身长期发展水平和人民生活水平不高的情况下，累计对外提供援款 4000 多亿元人民币，实施各类援外项目 5000 多个，其中成套项目近 3000 个，举办 11000 多期培训班，为发展中国家在华培训各类人员 26 万多名。再比如，改革开放以来，中国累计吸引外资超过 1.7 万亿美元，累计对外直接投资超过 1.2 万亿美元，为世界经济发展做出了巨大贡献。尤其是国际金融危机爆发以来，中国经济增长对世界经济增长的贡献率年均在 30%以上。这些数字和实践说明，为构建开放型国际经济新体系，中国已经率先走上了“包容联动”的“全球增长共赢链”开放发展道路。

第十一章 开放型世界经济：全球增长共赢链的实现路径

第二次世界大战尤其是自冷战结束以后，以贸易和投资自由化为主要内容的经济全球化深入推进，世界经济获得了长达近二十年的繁荣发展。然而，这一进程却被2008年突如其来的金融危机打断。近年来，一直作为经济全球化推动者的美国等发达国家，“逆全球化”思潮涌动，单边主义、贸易保护主义、霸凌主义等不断抬头，而发展中新兴经济体特别是中国，成为全球化的推动者。习近平主席在许多重要的国际场合，多次强调和呼吁要“构建开放型世界经济”，得到国际社会的广泛响应和赞同。众所周知，世界经济的形成和发展是一个从封闭不断走向开放的过程，因此，世界经济本质上就是开放型经济，为什么现在还要特别强调“构建开放型世界经济”？其深刻的内涵是什么？如何发展“开放型世界经济”？对这些问题进行深层次理论探讨，对于正确认识当前世界经济发展新特点，对于坚持和发展马克思主义政治经济学的世界经济理论，尤其是对探寻构建“全球增长共赢链”的路径选择，具有重大的理论意义和实践意义。

第一节 世界经济演变及其新特征

一、世界经济的演变与发展

根据马克思主义政治经济学的观点，世界经济是人类社会生产力发展到一定阶段的必然产物。真正意义上的世界经济实际上是资本主义生产方式的产物。因为在资本主义生产方式形成之前，人类社会的生产力十分落后，分工相当不发达，自然经济占据着主导地位。在这样的生产力条件和经济形态下，即使有着一定程度上的国际经济交往，也只不过是发生在个别国家之间、有限的地域范围内的偶尔现象。18 世纪 60 年代到 19 世纪中期，英、法、美、德等国家相继发生并完成了以蒸汽机改进和大规模使用的第一次工业革命。第一次工业革命的爆发，促进了社会生产力的极大发展，催生了工业生产能力的大幅度提高，不仅如此，还引发了交通运输方式的深刻变革和效率提升，不仅使社会分工日益发达，也日益超越国家界限而延伸至国际范围内，促进了商品和资本的跨境流动，资本主义生产方式因此而拓展至世界范围。正如马克思在《共产党宣言》中指出："资产阶级，由于一切的生产工具的迅速改进，由于交通的极其便利，把一切民族甚至最野蛮民族都卷到文明中来了。它的商品的低廉价格，是它用来摧毁一切万里长城、征服野蛮人最顽强的仇外心理的重炮。它迫使一切民族——如果它们不想灭亡的话——采用资产阶级的生活方式；它迫使它们在自己那里推行所谓的文明，即变成资产者。一句话，它按照自己的面貌为自己创造一个世界。"①生产力的发展和科技进步，扩大了世界市场范围，把不同国家和地区都卷入资本主义国际分工体系之中，初步形成了世界各国之间相互依赖的经济格局。

到了 19 世纪后期，资本主义国家又掀起了一场以电力应用为标志的第二次工业革命。蒸汽机被内燃机和电动机替代后，社会生产力又获得了空前的提高，资本主义国家内部的工业结构发生了巨大变化，重工业比重急剧增加。与此同时，生产的日益集中加快了垄断格局的形成，资本主义生产关系从自由竞争阶段进入到垄断的发展新阶段。进入垄断资本主义后，工业垄断资本和银行垄断资本的融合，形成了金融资本并实现了对社会各经济部门的控制。因此，这一时期经济全球化的发展除了表现为商品输出持续扩大外，开始出现了大量的输出资本。发达资本主义国家的垄断资本为了追求高额利润，不仅试图在经济上瓜分世界，而且还力图通过占据领土的方式瓜分世界。依托商品流动、资本输出乃至领土占领实现金融资本对全球的统治，是这一时期国际经济关系的主要内容。更多的国家卷入了帝国主义主导的世界市场，世界经济得以最终形成。但是建立在强权占领和殖民扩张基础之上的世界经济最终是不可持续的，并由此导致了第一次和第二次世界大战的爆发。

第二次世界大战后伴随着殖民地和半殖民地国家的纷纷独立，"世界形成社会主义和资本主义两大阵营，在经济上则形成了两个平行的市场"②。20 世纪 90 年代初"冷战"结束之后，两大阵营对立的局面不复存在，两个平行的世界市场也随之消失。此后，和平与发展成为时代主题，经济体制改革

① 马克思恩格斯选集：第 1 卷[M]. 人民出版社，2012：404.

② 习近平. 在省部级主要领导干部学习贯彻党的十八届五中全会精神专题研讨班上的讲话[N]. 人民日报，2016-05-10.

和经济结构的调整成为世界经济发展的主流。各国按照比较优势融入国际分工发展开放型经济。尤其是第二次世界大战后，以美国为主导建立起来的国际货币基金组织（IMF）、国际复兴开发银行（即世界银行）、关税及贸易总协定（GATT，世界贸易组织的前身）三大国际经济组织，发挥了一定的国际经济协调作用，促进了国际贸易和国际投资的发展。在关税及贸易总协定（后来的世界贸易组织）的推动下，各国纷纷降低关税和非关税壁垒，促进了贸易自由化进程。跨国公司的兴起，使以它为载体的产业资本国际运动得以顺利发展。伴随科技革命向纵深发展，尤其是产品国际生产分割技术的进步，以及通信信息技术的突飞猛进，促使资本国际运动从流通领域扩展到生产领域，形成了以产业资本国际运动为主的资本国际化，使得世界经济发展到了一个新的高度，由此实现了世界经济近二十年的繁荣发展。

二、世界经济新趋势及其新特征

习近平总书记将经济全球化演进划分为三个阶段。第一阶段是指从 18 世纪中叶到第一次世界大战爆发前殖民扩张和世界市场形成阶段；第二阶段是指第二次世界大战结束到“冷战”结束前的两个平行世界市场阶段；第三阶段是“冷战”结束经济全球化快速发展演化阶段。[①]相比于第一阶段和第二阶段的世界经济，第三阶段的世界经济发展具有以下几个方面的突出特征。

第一，全球价值链成为国际分工的主导形态。大致来说，当代国际分工主要有三种基本形式：产业间分工、产业内分工和全球价值链分工。所谓产业间分工，是指不同产业部门之间生产的国际专业化，促使不同要素密集型的产业在不同区域集聚，国际分工的基础是国家间要素禀赋的差异，通过国际分工实现全球生产要素的优化配置。它是第二次世界大战以前，即第一阶段世界经济发展过程中国际分工的基本形态和主导形式，突出表现在亚、非、拉国家专门生产农业原料、矿物原料及某些食品，而欧、美等国家则专门生产工业制成品。所谓产业内分工，是指相同生产部门内部各分部门之间生产的国际专业化，主要是指同类产品的差异化分工。这类国际分工的基础是规模经济和不完全竞争的市场结构，通过产业内分工能够实现规模经济的收益。第三次科学技术革命推动了产业内国际分工的快速发展，并成为第二阶段世界经济发展期间国际分工的主导形式。这突出表现为发展水平、要素禀赋结构以及消费结构等相似的工业国之间所进行的差异化产品的产业内

① 习近平. 在省部级主要领导干部学习贯彻党的十八届五中全会精神专题研讨班上的讲话[N]. 人民日报，2016-05-10.

贸易。无论是传统的产业间分工还是产业内分工，都是以产品为界限的国际分工。

20 世纪 80 年代以来，尤其是 90 年代以来伴随科学技术的发展、国际范围内市场经济体制的基本建立和贸易投资壁垒的逐渐降低，国际分工和贸易的形式发生了巨大变化，突出表现为产品的价值链被分解了，从而导致国与国之间按同一产业或产品的生产环节或工序进行分工的现象，学术界把这种新的国际分工称之为价值链分工，也有学者将之称为产品内分工、地点分散化、价值链切片、中间品贸易、垂直专业化以及片段化生产等。在全球价值链分工体系下，要素禀赋结构所决定的比较优势仍然发挥着主要作用，但各国无须在整件的完整产品生产上具有比较优势，而只需要在价值链特定环节上具有比较优势即可参与国际分工，因而各国专业化生产产品价值链条上具有不同要素密集度特征的诸如劳动密集型、资本密集型、技术密集型等的环节和阶段。这正是第三阶段世界经济发展的突出特征之一。

第二，要素跨国流动性日益增强。在经济全球化的传统理论分析中，尤其是经典的国际贸易理论分析中，均假定生产要素不具备跨国流动性。虽然从实践角度看，在世界经济形成和发展的初期，也伴有生产要素的跨国流动，尤其是垄断资本的跨国流动，但是在资本主义垄断时期的资本跨国流动，主要还是一种巧取豪夺、强权占领的殖民主义行为，其经济层面的理论意义并不是十分突出，也无须做专门的探讨。这或许正是为什么传统国际经济理论分析鲜有提及要素流动的重要原因所在。当世界经济进入第三发展阶段后，不仅商品贸易得到了迅猛发展，而且以对外直接投资为重要特征的生产要素跨国流动性不断增强，成为经济全球化的重要特征和主要运行机制。尤其是 20 世纪 80 年代末以来，全球对外直接投资的增长速度超过了全球贸易的增长速度，成为经济全球化最重要的推动力量。在所有的生产要素中，产业资本的跨国流动最为活跃。从全球对外直接投资的发展规模来看，根据联合国贸发会议的统计资料[①]，20 世纪 80 年代初全球对外直接投资流量（Global FDI Outward）仅为 515 亿美元，而到了 2008 年全球金融危机爆发前的 2007 年，全球对外直接投资的流量已经上升至 2.26 万亿美元。27 年间全球对外直接投资流量增长了 43.89 倍，年均增速高达 115.03%。受到 2008 年全球金融危机的冲击，全球对外直接投资流量虽然有所下滑，但伴随世界经济的缓慢复苏，全球对外直接投资流量从 2010 年起开始呈恢复性增长。此外，全球劳动力的跨国流动（Global Migrant Workers）与跨国技术转移等，均呈现稳

① 资料来源于联合国贸发会议的《UNCTAD 统计手册 2010》（UNCTAD:Handbook of statistics 2010）. http:// www.unctad.org/ Templates/ WebFlyer.asp?intItemID= 5771&lang= 1.

步上升态势。总之，以资本为纽带的一揽子生产要素的跨国流动性日益增强，已经成为第三阶段世界经济发展的另一突出特征。

第三，新的生产力因素不断涌现。与第一次和第二次工业革命一样，20世纪后期以计算机和互联网为标志的第三次工业革命，推动了生产力的大发展。与第一次和第二次工业革命相比，互联网革命的意义不仅仅在于节约生产成本，更重要的是节约了交易成本。交易成本下降的意义不仅仅在于市场规模的扩大，促进了网络电商包括跨境电商的大发展，也使得生产领域的分工发生了根本性的变化。以互联网为基础的现代信息通信技术的发展，推动了机器人、电子技术以及人工智能所实现的跨越式进步，使得工业生产进入自动化与物联网及服务网络结合的时代，生产过程中的一切环节都可以实现变换，工厂完全变为信息物理融合系统（CPS）中的“智能空间”，是集成生产、仓储、营销、分销及服务于一体的数字信息链。21 世纪初酝酿的以人工智能和生命科学为标志的第四次工业革命，即所谓“工业 4.0 版”，可以说都是建立在互联网技术革命基础之上的。交易成本的下降使得企业可以通过企业间更加细化的分工合作实现最终产品的生产，而这种分工合作也可能是跨越国境的国际合作。目前，“互联网＋”逐步从消费领域转向生产领域，推动着生产技术不断进步，极有可能推动新一轮科技革命和产业变革。目前，生产力技术最重要的变化就是数字经济的出现，即以互联网、物联网、大数据和云计算为新技术基础的应用，广泛进入社会生产、分配、交换和消费领域，推动着人工智能、纳米技术、生物医药等新兴和前沿产业快速发展，不断催生出新产业、新业态和新模式。新的生产力因素集中而快速涌现是当前世界经济发展的突出特征之一。

第四，区域经济一体化方兴未艾。经济全球化和区域经济一体化是世界经济发展的两个显著趋势，这两个趋势既有区别又存在联系，从最直接的方面看，区域经济一体化是经济全球化的一个实现路径和表现形式。20 世纪 90 年代末期以来，世界范围内掀起了新一轮区域经济一体化浪潮，双边自由贸易协定和区域贸易协定大量涌现。按照世界贸易组织的统计，区域性贸易协定（RTA）的实施数量，最开始的时候发展很缓慢，但从 80 年代末、90 年代初开始进入了快速发展的时期，特别是进入 21 世纪以后，以平均每年 10 个以上的速度增加①。区域以经济一体化蓬勃发展之所以成为世界经济中另一突出特征，可能的原因在于：一方面，全球价值链分工的深度演进使得国家有动力形成更为紧密的经济合作关系，以促进相关国家区域生产网络构建，实现优势互补、互利共赢；另一方面，经济全球化发展所涉及的领域

① 全毅. 全球区域经济一体化发展趋势及中国的对策[J]. 经济学家，2015（1）：94-104.

逐步向投资自由化、竞争政策、知识产权保护、环境和劳工等方面拓展，不断超出关税及贸易总协定和世界贸易组织所覆盖的贸易自由化以及关税减让和非关税壁垒的消除等传统范围。不同的国家（集团）为了实现上述不同利益诉求，必然激励其通过区域经济一体化方式来实现。此外，由于世界贸易组织越来越不适应全球治理的新需求，全球经贸规则高标准化发展是必然趋势，而争取主导权成为获取未来竞争优势的关键。通过区域经济一体化提升博弈力量是规则制定主导权争夺的途径之一，对大的经济体更是如此。

第二节　开放型世界经济：全球增长共赢链下的理论内涵

基于前述分析可见，世界经济的形成和发展就是从封闭走向开放的过程，因此，世界经济本质上就是开放型经济。但是，由于世界经济发展的不同阶段具有不同特征，尤其是发展到第三阶段后呈现了显著有别于前两个发展阶段的突出特征，“全球增长共赢链”成为新时代经济全球化的典型特征，成为新时代经济全球化发展的主要模式，在此背景下，其中“开放”的理论内涵也出现了深刻变化。换言之，第三阶段的世界经济发展，无论是在广度还是在深度上都有了实质性变化，世界经济原有的“开放”内涵在广度和深度上被赋予了新内容、新元素。

一、主动开放：积极融入国际分工体系

如果在世界经济发展的第一阶段和第二阶段，其内含的“开放”，在一定程度上还含有被动性的话，那么，世界经济发展进入到第三阶段尤其是21世纪后，“开放”则更多体现为一种主动性选择，成为一国或地区实现经济发展的必由之路。由于在世界经济形成和发展的早期，尤其是在世界经济发展的第一阶段，“巧取豪夺、强权占领”反映的是发达工业国家对开放的强烈需求，并不代表落后国家的需求；后者的开放在很大程度上是一种被动开放，甚至是被“坚船利炮”打开的“门户开放”。虽然世界经济发展到第二阶段后，发达工业化国家之间的相互开放更多是一种自主性选择行为，但是由于世界经济是两个平行市场的发展格局，也就是说，社会主义阵营和广大发展中国家仍然不能接受西方发达国家的资本和技术在世界范围内的扩散，因此，这一阶段的主动开放仍然具有较大的局限性。当世界经济发展进

入到第三阶段后，越来越多的国家认识到“开放带来进步，封闭必然落后”的基本道理，尤其是越来越多的发展中国家选择了主动开放，积极承接和接受发达国家产业和技术的全球扩散，融入发达国家跨国公司主导的全球价值链分工体系中来。这一阶段世界经济的发展，不仅因为两个平行世界市场的终结而实现了世界市场的统一，而且在开放行为的选择上，也从以往主动开放与被动开放相并存的格局，逐步发展到主动开放的行为选择的统一。在开放行为选择上实现统一，显然与第三发展阶段世界经济的自有特征有关，即“开放门户”不仅成为发达资本主义国家开拓世界市场的需求，同时由于全球价值链分工与要素跨国流动给新兴经济体和发展中国家带来了发展机遇，从而“开放门户”也越来越成为后者的自主性需求和选择。从这一意义上看，新阶段世界经济发展中内含的“开放”之义，既可以理解为广度上的拓展，也可以理解为程度上的深化（蔡昉，2016）[①]。

二、领域开放：不断扩大开放范围

长期以来，世界经济的发展主要表现为国际商品交换的极大发展。即便资本主义从自由竞争阶段发展到垄断资本主义阶段后，也存在着大量的对外直接投资，但是一方面，垄断金融资本在世界市场上的游走，实际上是建立在国家实力基础上而强行打开落后国家的门户，这并非一种供给和需求相契合下的经济自然行为和规律使然；另一方面，垄断资本向其他国家的渗透，从分工角度看，也主要基于为其工业品打开市场的需要，以及为了确保其大规模工业生产所需要的初级产品和原材料的供应。从这一意义上看，垄断资本的输出实际上仍然是附属于商品生产和交换的需要。因此，从“开放”领域看，长期以来主要发生在经济领域并且侧重于初级产品和工业制成品领域。世界经济发展到第三阶段后，伴随价值链分工的日益发展、新的生产力因素不断涌现等因素作用，开放的领域不断得以扩展。在生产领域不仅表现为传统的制造业分工日益细化，开放的领域不断从传统部门向先进制造业部门拓展延伸，而且同时还表现为从传统制造业向服务业延伸。在全球价值链分工体系中，服务环节日益成为高附加值的主要来源，日益成为各国争夺和掌控全球价值链高端和制高点的“必争之地”。与此同时，经济领域“开放”的扩大，生产要素跨境流动性日益增强，其影响逐步渗透到各个领域，包括文化领域、社会领域，甚至思想和观念等无形领域。正如克鲁格曼在定义经

① 蔡昉. 全球化的政治经济学及中国策略[J]. 世界经济与政治，2016（11）：4-24.

济全球化时所指出：经济全球化不仅是一个关于日益增长的世界贸易和市场的连接，同时还表现为能够把这个世界变得更小的许多事物的包罗万象的表述（Krugman，1995）①。总之，从开放领域来看，伴随国与国之间的分工关系和经济交往日益密切，彼此之间的依赖程度日益加深，相互之间的开放领域或者说需要开放的领域，已经突破了传统意义上的经济领域。在这样一种特定的发展阶段和背景下，虽然我们习惯称之为“世界经济”，但是由经济而引致的开放领域向其他层面的延展，在前面冠以“开放型”，实际上更能反映实践发展和演进的本质特征。

三、开放程度：从边境开放到境内开放

以往世界经济发展中涉及的“开放”问题，主要是指边境开放，即打开边境让渡关税和降低非关税壁垒，使商品和生产要素尽可能地实现自由流动。众所周知，第二次世界大战结束后成立的旨在推进贸易和投资自由化发展的关税及贸易总协定，其所涉及的议题主要是关税和非关税壁垒的削减和消除问题，因而本质上是属于“边境开放”问题。世界贸易组织成立以后，推动“边境开放”仍然是其主要职能，即所强调的开放仍然聚焦于“边境”问题。但是，伴随新的生产力因素所推动的国际分工深化，开放与合作领域的日益延伸，尤其是全球价值链分工的深度演进，以及各种生产要素跨境流动性日益增强，生产过程的全球分散化和各国生产要素的共同参与，必然要求最终产品生产的完成，需要不同生产环节和阶段之间实现无缝对接，特定生产阶段和环节的完成是多国要素共同参与的结果，同样需要具有不同历史、文化、风俗、习惯、法律、制度等背景下的生产要素进行“磨合”。“无缝对接”和“磨合”的需求显然已经超越了传统的边境开放问题，必须要实现“境内开放”。换言之，一国国内的政策举措和制度设计，已经不再是本国自己的事，必须要在一定程度上与国际接轨，必须要能够适宜接受和容纳来自他国的生产要素，要能够为吸引他国生产要素集聚乃至扎根提供适合生存的土壤。特别地，与以往货物贸易跨境流动主要依赖于边境开放的程度有所不同，全球价值链分工演进拓展至服务业后，服务业的开放更多不是服务的跨境流动问题，而是一国国内对服务活动的管辖问题，因此本质上属于境内开放，即实现服务经济活动的管制政策和制度与国际经济规则的接轨。总之，如果说对世界经济的传统理解主要侧重于通过边境开放而实现国与国之

---

① Paul R. Krugman, “Globalization and the Inequality of Nations”, *The Quarterly Journal of Economics*, 1995, Vol.110, No.4.

间相互依存、相互联系的话，那么新阶段世界经济的发展已经促使国家间经济发展实现了一定程度的渗透和融合，进而在开放的要求上进一步升级到"境内开放"。世界经济的"开放"有了新内涵。

四、全球治理：国际经济秩序和规则的协调

从世界经济形成开始，经济全球化的主要推动者均是发达经济体，或者说是发达国家的跨国公司及其政治精英和智囊们。因此，经济全球化怎么发展，世界经济在怎样的规则体系下运转，基本是由发达国家主导和制定的规则。第二次世界大战后由美国等发达国家主导建立起来的国际货币基金组织、国际复兴开发银行、关税与贸易总协定，虽然在推动贸易和投资自由化发展、协调国际经济关系等方面发挥了重要作用，但这些国际经济组织显然是以发达资本主义为核心，其制定和主导的全球经济治理体系和规则，更多反映了发达资本主义的利益诉求。因此，世界经济在发展过程中，所谓的"开放"只不过是以发达国家制定的既有规则体系为主导的开放。然而，规则体系本身并不具有开放性，或者说，即便具有开放性也只不过是局部范围的有限开放，是发达资本主义经济体内部的自我开放。然而，伴随国际分工的深度演进，世界经济越来越具有一体化特征，其"开放"内容不仅体现在经济实践方面，同时还体现在全球经济治理的规则体系方面。一方面，国际经济格局正在发生深刻变化，全球经济重心正在呈现"东升西降"的转移；另一方面，经济全球化深入推进，在密切各国联系、带动世界经济繁荣发展的同时，也带来了一些"全球性"问题，比如生态环境问题、资源能源安全问题、恐怖主义问题、网络安全问题、金融安全问题等，这些都是一个国家不能解决的问题。无论是发展问题还是解决发展中的问题，都应该是大家商量着办。正如习近平总书记在二十国集团领导人杭州峰会上的开幕词中指出，"国家不论大小、强弱、贫富，都应该平等相待"①。因此，强调"开放型世界经济"，意味着经济全球化发展绝不是仅仅是经济领域的开放，同时也应该是全球经济治理体系和规则制定的开放与协调。

五、开放功能：生产力发展和科技进步与全球化相互促进

学术界的共识是：经济全球化是生产力发展和科技进步的客观规律与必然结果。这一认识无疑是正确的。但这也意味着，生产力发展和科技进步对全球化只具有单向促进作用。然而，伴随着经济全球化的深入发展，以及

① 习近平. 中国发展新起点　全球增长新蓝图——在二十国集团工商峰会开幕式上的主旨演讲[N]. 人民日报，2016-09-04.

各国通过价值链分工和要素流动更加紧密地联系在一起，世界经济中的开放功能也逐步超越了传统意义，并形成了对生产力发展和技术进步的强大反馈作用。目前，伴随着科学技术日新月异的发展，很多创新性活动和项目日趋复杂化，对人力、财力、物力乃至创新要素如知识信息等的要求超乎想象，已经成为单个企业乃至单个国家的“不能承受之重”，需要不同国家的企业乃至多国共同举国家之力进行通力合作，如基因测序工程以及建立在此基础上的新型医疗技术等。应该说，随着经济全球化日益深入和知识经济不断发展，国际科技合作越来越普遍，全球范围内的科技创新合作已经成为世界科技发展的重要推手。世界经济发展进入到这一阶段后，开放显然不仅仅是生产力发展和科技进步推动的结果，前者也越来越成为后者的需要，二者之间已经形成了互为因果和相互作用的新型内在逻辑关系。现有研究虽然已经注意到了开放对生产力和技术进步的积极作用（谢建国等，2009[①]；傅元海等，2010[②]），但是对“开放”功能的实质性转变的认识和关注仍然不够。因此，强调“开放型”世界经济，其实强调的就是对世界经济中“开放”功能升级的准确认知和判断。

六、开放利益：包容、互惠、共赢

自由贸易理论虽然论证了分工和合作的互利共赢基本原理，但是并没有给出一个能够让所有分工和贸易参与国都能获益的利益分配机制。从世界经济发展的实践情况看，利益分配从来就是不均衡的，更确切地说，发达资本主义经济体往往是经济全球化最大的受益者，发展中经济体和最不发达经济体不仅获益有限，甚至成为经济全球化中的受损者。在殖民扩张时期由于主要是“巧取豪夺、强权占领”，所谓国际分工和贸易的利益分配严重失衡是必然结果，也是不言而喻的。即便在自由贸易时期，利益分配失衡也是普遍现象，诸如贸易条件恶化论、贫困化增长理论、中心—外围理论等无不揭示了这种情况。虽然第二次世界大战后成立的关税及贸易总协定后来变身为世界贸易组织，其开篇宗旨指出，“在提高生活水平和保证充分就业的前提下，扩大货物和服务的生产与贸易，按照可持续发展的原则实现全球资源的最佳配置”，但南北发展差距不断扩大的事实说明，世界经济的实践演进与世界贸易组织提出的美好愿景和目标还相距甚远。由于发达国家内部治理能

---

① 谢建国，周露昭. 进口贸易、吸收能力与国际 R&D 技术溢出：中国省区面板数据的研究[J]. 世界经济，2009（9）：68-81.

② 傅元海，唐未兵，王展祥. FDI 溢出机制、技术进步路径与经济增长绩效[J]. 经济研究，2010（6）：92-104.

力未能跟上世界经济发展的步伐，致使其成为经济全球化最大受益者的同时，也造就了国内利益分配严重失衡的局面。应该说，当前经济全球化进程受阻，逆全球化不断有新的表现，正是世界经济发展过程中内外利益分配双重失衡所带来的必然结果。发展世界经济，开放的目标不是让部分国家或者部分利益集团受益，而是要让经济发展的成果能够惠及世界人民，这也是世界经济可持续发展的必要条件。因此，从世界经济实践的"开放"目标升级意义上理解，更加强调世界经济的"开放"，就是要凸显其意义不只是针对少部分国家或者少部分利益集团，就是要凸显经济发展的成果和利益更加具有"世界"意义，就是要让"开放"更加具有包容性，开放的成果更加具有普惠性，如此才能实现不同国家之间真正的互利共赢，实现国家内部不同利益集团之间的互利共赢；否则，世界经济就会失去"世界"的本真意义。

综上可见，所谓"开放型世界经济"，主要是指伴随新的生产力因素不断涌现推动经济全球化向纵深方向发展，促使世界各国经济发展相互渗透、融合发展的趋势越来越明显，彼此之间的交织性和依赖性越来越强，进而在广度和深度上改变世界经济中原有的"开放"内涵，或者说新阶段需要世界各国进一步在广度和深度上实施更加主动的开放行为，推动世界经济朝着更加公平、公正、包容、普惠、共赢的可持续方向发展，真正凸显"相互依存、相互联系的全球经济有机整体"的世界经济本真意义。总之，采用"开放型世界经济"的表述，是对世界经济中传统"开放"认知理论的重大突破，是对世界经济发展实践更为深刻的理论总结和理论创新。

第三节　开放型世界经济：引领理念与全球增长共赢链的契合

理念是行动的先导，一定的发展实践都是由一定的发展理念引领的。发展理念是否对头，从根本上决定着发展成效乃至成败①。引领经济全球化发展同样如此。西方有许多学者的研究甚至认为，推动经济全球化发展的关键力量就是理念。在经济全球化发展进入到"全球增长共赢链"发展新阶段后，推动构建更加开放的世界经济的引领理念，其实就是构建"全球增长共赢链"的先进引领理念。继前面初步阐述了"全球增长共赢链"的引领理念，即"人类命运共同体"的先进理念，本节再从构建开放型世界经济角度，进

① 中共中央宣传部. 习近平总书记系列重要讲话读本（2016 年版）[M]. 学习出版社，人民出版社，2016：143.

一步阐释传统理念的局限性以及新时代“人类命运共同体”理念的先进性，据此进一步明晰以“人类命运共同体”先进理念引领构建开放型世界经济，实际上就是通往“全球增长共赢链”的路径选择。

一、传统理念的局限性

西方推崇的“华盛顿共识”理念，由于只考虑资本利益而对全球劳动者正当利益重视不够，过分强调发达国家利益诉求而忽视发展中国家正当权益，从而在世界经济发展进入到新阶段后，其局限性则难以成为引领新时代构建开放型世界经济的理念。

第一，传统零和博弈的二元对立思维的局限性。有关经济全球化的早期理论中，以重商主义为代表的观点认为，国际分工和贸易本质上是一种零和博弈，分工和贸易参与国的利益在本质上是对立的。重商主义受到了古典政治经济学的批判，创立了自由贸易理论，论证了分工和贸易的互利性原理。但是，一方面，从理论层面看，自由贸易理论主要是在推演分工和贸易具有互利共赢基础方面给出了完美的理论逻辑，却没有揭示出能够保证互利共赢实现的基本机制。换言之，从封闭走向开放后，虽然以世界总产出增长为表征的利益总额构成了互利共赢的基础，但是在利益分配方面实际上仍然存在冲突，因为利益总额大小一旦既定，一方所得更多就必然意味着给另一方留下的部分就越少，从而在本质上看仍然会陷入“你输我赢”零和博弈的二元对立思维困境。另一方面，从实践层面看，真正的、公平公正的互利共赢也从来没有实现过，广大发展中国家和最不发达国家，在国际分工体系中长期处于不利地位的格局并没有改变，部分国家不断被边缘化，能够获得的经济全球化红利十分有限，甚至成为经济全球化的输家，而发达经济体则是经济全球化的主要受益者。即便是在经济全球化深入发展的今天，仍有很多国家秉持着“重商主义”的思维模式，错误地将贸易逆差简单地等同利益损失，比如美国特朗普政府对中美贸易失衡问题的指责。应该说，长期以来，经济全球化利益分配严重失衡的局面，正是传统零和博弈和二元对立思维主导下的必然结果。如果说这种思维模式在世界经济特定发展阶段具有一定的合理性和必然性的话，那么当分工演进使得世界各国之间已经形成“你中有我，我中有你”的真正意义上相互依赖、彼此交融的关系后，世界经济发展显然也就具备了“一荣俱荣，一损俱损”的本质特征。国家间利益和风险的共振、共生、共存必然要求要摒弃传统的零和博弈的二元对立思维，否则传统思维模式不仅难以进一步推动和引领世界经济发展，反而会成为束缚和制约经济全球化进程的障碍。

第二，传统赢者通吃的丛林法则思维的局限性。赢者通吃的丛林法则体现的是生物学方面的物竞天择、适者生存、优胜劣汰的规律。这种规律法则在促进生物进化方面具有极大的积极意义。从这一意义上看，市场经济中的自由竞争理念无可厚非，因为这一竞争法则在促进效率提升方面具有关键意义。因此，其中的积极意义是值得肯定的，而且在人类社会发展的特定阶段，也是具有必然性和合理性的。但是，人类社会毕竟不同于生物界，除了具有正常的自然属性外，还具有社会属性。如果一味强调自然属性而忽略了社会属性，不仅不符合道义需求，到了特定发展阶段甚至会带来灾难。最典型的案例就是国家间利益之争走到了极端状态，引发的第一次世界大战和第二次世界大战，对于人类社会发展而言无疑是一种浩劫和灾难。可以想象，在许多国家已经具备和掌握了足以毁灭地球的武器条件下，丛林法则下的利益之争如果再次走向极端，对于人类来说可能会带来毁灭性的结果。因此，从社会属性角度看，人类不仅需要竞争，还需要合作，世界经济的发展更是如此。何况，以新自由主义为理论基础的“华盛顿共识”虽然崇尚和强调市场经济中的自由竞争，但西方经济学理论同时也承认完全竞争市场只是一种理想状态，在现实中并不存在。因此，如果一味地秉持简单的赢者通吃的丛林法则，“不完全竞争”必然导致强者愈强、弱者愈弱。从某种意义上说，正是在上述思维观念主导下，市场经济的全球蔓延导致国家间发展差距日益扩大，许多国家内部尤其是发达资本主义国家内部收入分配差距也在日益扩大。如果说，赢者通吃的丛林法则在世界经济发展还不具备利益彼此相依的阶段时，尚不至于构成障碍和约束的话，那么，当国际分工演进已经进入到全球产业链、全球价值链乃至全球生产要素都已出现合作共生的条件下，必须要摒弃“赢者通吃”的狭隘心理，每个国家和利益集团都应该努力成为产业“生物链”和“生态链”中的涵养者，如此才能推动世界经济良性发展。

第三，传统利己主义的以偏概全思维的局限性。虽然经济学鼻祖亚当·斯密指出人都有自利倾向，但与此同时也认为人的行为实际上是受到道德约束的。但是后来西方经济学中的主流经济学为分析问题之便且出于数理模型完美演绎的需要，“见木不见林”地将亚当·斯密关于人都有自利倾向的观点，抽象出所谓“理性经济人假设”，即所有人都是完全理性的、绝对自利的，并且总是试图实现自身利益的最大化（裴长洪、刘洪愧，2018）[①]。实际上，即便是在西方经济学流派中，也有许多理论研究并不完全赞同“理性经济人假设”，比如利他主义经济学就认为，不管是出于遗传因素还是出于道德情感等因素作用，利他主义的行为是一直存在的，这种行为不仅存在

① 裴长洪，刘洪愧．习近平新时代对外开放思想的经济学分析[J]．经济研究，2018，53（2）：4-19.

于人类社会，甚至存在于动物界。行为经济学认为对公平和正义的偏好同样是影响人类经济行为的重要因素。这一点正如亚当·斯密在其《道德情操论》中指出那样：如果社会财富只集聚在少数人手里，那是不公平的，而且注定是不得人心的，必将造成社会的不稳定①。然而在发达资本主义经济体主导的经济全球化扩张过程中，长期以来一直秉持着“利己主义”的思维模式，一直以自身利益最大化为诉求，而较少考虑弱势群体的利益需要，导致全球财富分配严重不均。如果说这种发展模式在世界经济处于较低发展水平时，还具有一定可行性的话，那么，当世界经济发展进入到较高水平和阶段后，无论是从不同国家经济之间的融合共生关系角度看，还是从不同利益集团之间的相互作用看，对互利共赢的要求、对公平正义的追求都将越来越强烈。在一个“混血、交织、转基因”的世界经济形态下，由于利益的创造更加依赖于合作关系本身，或者说能够产生多大的利益以及在此基础上各方能够获取多少利益分配，在很大程度上受制于影响合作关系的利益分配本身。完全的利己主义不仅使重复博弈难以持续，即便在有限次短期博弈中，由于伤及对方而影响合作能力，最终也会伤及自身的获益能力。

二、“人类命运共同体”理念的先进性

新时代开放型世界经济的发展，需要有新的理念加以引领。习近平总书记创新性地提出了建设“人类命运共同体”的理念，成为引领新一轮经济全球化发展的重要理念（戴翔、张二震，2018②；赵可金，2018③）。因为从理论内涵上看，“人类命运共同体”更加强调“合和共生”、更加强调“合作共赢”、更加强调“共商、共建、共享”，因而可以从本质上解决传统理念所面临的上述三个方面的局限性。

“合和共生”突破了传统二元对立的思维模式，更加符合新时代世界经济发展的现实需要。实际上，中国早在《国语》中就出现了“合和”一词，这体现了中国传统文化崇尚不同事物的共同发展。所谓“和”主要是指不同事物和不同观点之间的相互补充，这是新事物生成的必然规律；而所谓“合”则意味着不同事物之间能够在互通中实现相异相补、相反相成、协调统一、和谐共进。与传统的零和博弈和二元对立的思想不同，这一发展思想具有相当的哲理高度，遵循了唯物辩证法关于矛盾对立与统一的基本原理。尤其是

① 亚当·斯密著. 道德情操论[M]. 谢宗林，译. 中央编译出版社，2010：58.

② 戴翔，张二震. “人类命运共同体”理念引领下的新时代经济全球化[J]. 江苏行政学院学报，2018（1）：51-57.

③ 赵可金. 以人类命运共同体理念引领经济全球化发展[J]. 求是，2018（4）：38-40.

在世界经济发展日益具有一体化特征的新发展阶段，不同国家和民众生活在同一个地球村里，通过各种千丝万缕的关系网络成为一个整体，越来越成为“你中有我，我中有你”的命运共同体。任何一个国家和地区均是世界经济这一有机整体中的一分子。因此，在这种新型经济发展格局中，各国和地区之间绝不是传统意义上的对立关系，还具有统一关系。矛盾对立与统一的唯物辩证法基本原理意味着，“和合”不仅是世界经济发展到特定阶段对道义的彰显和需求，还是实现世界经济“共生”的需求，尤其是持续推动世界经济不断迈向高水平发展和高质量发展的需求。可见，“人类命运共同体”所内含的“合和共生”发展思想，必将成为引领新一轮经济全球化发展的重要理念。

“合作共赢”突破了赢者通吃和丛林法则的传统思维局限，更加契合世界经济发展新阶段“开放”的本质内涵。中国从古至今都非常明白“合则强，孤则弱”的基本道理。古有管子“夫轻重强弱之形，诸侯合则强，孤则弱”的箴言，今有费孝通老先生“各美其美，美人之美，美美与共，天下大同”的佳话，无不反映了中国传统文化思想所包含的“合作共赢”重要思想和理念。与赢者通吃和丛林法则的思维模式不同，合作共赢所强调的不仅仅是一种和谐共生的崇高境界，更是揭示了在寻求各方利益交汇点中将各方共同利益结合起来，通过相互补充、取长补短从而实现最终利益的最大化，实现最终的双赢、多赢和共赢。尤其是在当代“你中有我，我中有你，你我中有他，他中有你我”的命运共同体和世界经济新格局下，各国之间的利益关系错综复杂，相互交织，共同利益的基础越来越坚实，共同利益的交汇点也越来越多，甚至形成了共同利益的交汇面、交汇体，通过合作实现共赢就显得更加重要，不仅有助于整体利益的最大化，而且也有助于各参与国个体利益的最大化。正如前文分析指出，世界经济发展中的“开放”内涵正在向纵深维度上不断拓展和蔓延，其中不仅局限于经济领域，也在不断向文化、安全等领域拓展。这一背景下的合作共赢显然已经超出了经济领域的范畴，理应成为世界经济发展新阶段处理国际事务的基本政策取向，是“开放”新内涵的必然要求。

“共商、共建、共享”打破了利己主义的傲慢与偏见，更加适应世界经济新格局变化对完善全球经济治理的需要。利己主义的文化熏陶及其不断膨胀，必然会孳生出傲慢自大与偏见的心态和观念。这也是世界经济发展进程中长期以来为什么“霸凌主义”和“一言堂”一直是主导全球治理模式的根本原因所在。然而，伴随着世界经济的多极化发展，“霸凌主义”和“一言堂”的世界经济治理模式不仅因为缺乏道义基础的支撑，面临着不可持续的问题，而且还因为面临世界经济格局的调整，从而丧失了其执行力的现实能力。换言之，世界经济格局的“均势”化发展，正在不断侵蚀“霸凌主义”和“一言堂”赖以生存的基础。在“命运相连，休戚与共”的世界经济发展新阶段，世界经济发展何去何从，其命运应该由世界各国共同掌握，治理世界经济的规则体系应该由各国共同商讨书写，世界经济发展过程中面临的各种事务和问题，应该由各国共同参与治理，世界经济发展的成果也理应由各国共同分享（王义桅，2018）①。这也正是人类命运共同体的核心要旨。可见，“共商、共建、共享”不仅占据着道义制高点，代表和反映了更多国家对参与世界经济的利益诉求，同时也顺应和引领了世界经济格局变化发展的新趋势。也唯有本着“共商、共建、共享”的基本原则，才能切实推动国际政治经济秩序朝着更加公平、公正和合理的方向发展，为世界经济健康发展提供必要的制度保障。

第四节　打造开放型世界经济：全球增长共赢链的实现路径

构建开放型世界经济，不仅需要有新的理念加以引领，还需要有切实可行的推进路径。根据新阶段世界经济所具有的“开放”本质内涵，新一轮开放型世界经济的发展，应该坚持以开放为导向、坚持以创新为引领、坚持以包容为正确心态、坚持以互利共赢为目标、以多边主义为保障、以共商共建为原则，如此，才能在打造开放型世界经济中实现全球增长共赢链的构建。要知道，全球价值链分工和要素跨国流动的兴起及其深度演进对“全球增长共赢链”产生了内生需求，并为其提供了客观的生产力基础。但是，从历史演进的逻辑看，经济全球化发展并非一帆风顺，因此我们不能想当然地认为只要坚持经济全球化现有发展轨迹，世界经济就能很自然地进入“全球增长共赢链”的新型合作模式和关系。实际上，当前逆全球化思潮的兴起，尤其是美国单边主义和贸易保护主义的抬头，本质上就是对全球经贸规则和治理体系合理部分的践踏，以及对已经构建起来的全球价值链的破坏。如果不能恰当处理和应对，则“全球增长共赢链”的基础就会遭到破坏。因此，在经济全球化发展走到十字路口的关键阶段，如何才能构建起“全球增长共赢链”的新型合作模式，事关经济全球化发展能否顺利推进，甚至关系到经济全球化是否会开历史倒车的问题。

---

① 王义桅. 共谋发展　不断推动共建人类命运共同体[N]. 中国纪检监察报，2018-12-25.

一、秉持"人类命运共同体"新理念

理念是行动的先导，其引领作用必须随实践发展而"与时俱进"。当前，经济全球化发展进程受阻，究其主要原因是引领经济全球化发展的传统理念已经不适应新形势和新变化的现实需要，新阶段经济全球化发展亟需有新理念加以引领（戴翔、张二震，2018）[①]。概括而言，无论是殖民扩张时期第一轮经济全球化"占地为王"的发展模式，还是第二次世界大战后第二轮经济全球化发展以及第三轮经济全球化"夺市为强"的发展模式，其基本的引领理念大致可以归结为"丛林法则"。虽然自由市场经济制度是人类文明史上重大的制度创新，相较于"占地为王"的野蛮扩张方式推动的经济全球化，建立在绝对优势和比较优势基础上的"夺市为强"推动的经济全球化，似乎更加符合经济发展的规律，也表现得更加文明。然而，在西方经济学构建的以"经济人假设"和完全竞争为逻辑起点的自由市场经济框架下，"丛林法则"带来的弱肉强食现象以及国际分工和交换中的主权利益不平等现象十分普遍，国际经济关系于是面临着解决公平公正问题的巨大挑战（裴长洪、刘洪愧，2018）[②]。马克思主义政治经济学指出，生产力总是在一定生产关系下发展的，因此，国际分工的发展不可能脱离国际生产关系。然而，由于"过时"理念的束缚和新理念的缺失，未能支撑起国际经济关系的调整和变革，因此制约了经济全球化的进一步发展。

在此背景下，习近平总书记提出的"人类命运共同体"发展理念，是引领新阶段经济全球化发展的先进理念。因为在身处"你中有我，我中有你，你我中有他，他中有你我"的复杂经济生态系统中，处于生产网络中不同节点的各国之间的关系，如同一个人身体不同器官之间的关系一样，每一部分都是健康的，并且各部分之间必须实现协调才能保证身体的健康；反之，如果不同器官之间一旦出现"过旺"或者"过虚"，都有引发衰竭的危险并波及和连带其他器官的衰竭，最终危及生命健康和安全。同处同构一体必然意味着命运的一体，这就是所谓的命运共同体。从上述意义看，当经济全球化发展进入到全球价值链分工和要素跨国流动阶段后，"人类命运共同体"的特征也随之出现，因此，经济全球化的发展也必须以"人类命运共同体"的新理念加以引领。针对习近平总书记提出的"人类命运共同体"的新理念，英国剑桥大学马丁·雅克教授认为："中国提供了一种'新的可能'，这就是

① 戴翔，张二震．"人类命运共同体"理念引领下的新时代经济全球化[J]．江苏行政学院学报，2018（1）：51-57．

② 裴长洪，刘洪愧．习近平新时代对外开放思想的经济学分析[J]．经济研究，2018，53（2）：4-19．

摒弃丛林法则、不搞强权独霸、超越零和博弈，开辟一条合作共赢、共建共享的文明发展新道路。这是前无古人的伟大创举，也是改变世界的伟大创造。”[①]2017 年 2 月，“构建人类命运共同体”被首次写入联合国决议（闻言，2018）[②]，2017 年被再次载入“防止外空军备竞赛进一步切实措施”和“不首先在外空放置武器”两份安全决议，体现了这一理念已经得到广大会员国的普遍认同，必将成为引领新时代经济全球化的新理念。

二、坚持以“开放”为导向

构建开放型世界经济，首先必须坚持以“开放”为导向。世界经济发展的历史经验表明，开放带来进步，封闭必然落后。长期以来，经济全球化的发展主要表现为商品和投资等方面的跨境流动，其基本的动力和遵循的基本原理就是互通有无和实现优势互补。而要实现这一点，首先必须在各国不断扩大开放的基础之上，从以往的实践经验和取得的成就来看，突出表现为在世界贸易组织框架内实现关税壁垒和非关税壁垒的削减和消除。因为只有相互开放，世界经济体系的血脉才能打通和畅通，否则就会气血瘀滞，世界经济就不可能健康发展。这一基本道理在世界经济发展的今天以及未来，仍然是正确的。与之前相比，进一步的发展不仅要在贸易领域进一步扩大开放，还要在更为宽泛的经济领域不断扩大开放和实现畅通，更要在政策领域扩大开放和协调，在制度领域更加开放和兼容，在思维观念更加开放和相通。也就是说，未来以开放为导向的世界经济发展，必须紧扣开放内涵在广度和深度上的变化和拓展，不断扩大有形和无形领域的开放范围，不断提高开放的高度和深化开放的深度。这是新阶段构建开放型世界经济的首要前提和必备基础，既是各国顺应经济全球化新形势的必然选择，也是各国进一步融入经济全球化的必由之路。

毋庸置疑，第二次世界大战后，尤其是世界贸易组织框架下推动的贸易和投资两个“自由化”发展，促进了世界各国之间的“资金流、技术流、产品流、产业流、人员流”（习近平，2017）[③]的全球流动。也正是因为有了除了商品之外，各种生产要素大规模和频繁的跨国流动，从而推动了国际分工从传统以产品为界限的模式向以要素为边界的全球价值链分工和要素跨国流动发展。换言之，贸易和投资自由化发展是当代国际分工赖以深度演进

---

① 刘宏．“中国方案”为世界发展注入新内涵．人民论坛网，2017-12-12. http://www.rmlt. com.cn/2017/ 1212/ 505731.shtml。

② 闻言．坚持推动构建人类命运共同体 努力建设一个更加美好的世界[N]．人民日报，2018-10-31.

③ 习近平谈治国理政：第二卷[M]．外文出版社，2017：478.

和进一步发展的制度基础和基本保障，也是夯实“全球增长共赢链”分工基础的必要条件。虽然第二次世界大战以后以美国等发达国家为首构建起来的全球经贸规则，总体上更加有利于发达国家，反映的是发达国家的利益诉求，但与此同时我们也必须承认，世界银行、国际货币基金组织、世界贸易组织等国际组织和机构，提供了经济全球化所必需的规则、治理机制和体系，国际经济秩序相对合理（张二震，2018）①，尤其是其中的贸易自由化和投资自由化，符合了国际分工演进趋势的需要，顺应了经济全球化发展之大趋势，成为当代国际经济规则中合理的部分内容之一。然而，遗憾的是，原本发展势头良好的两个“自由化”，却遭到了当前贸易和投资保护主义抬头的挑战，国际分工和经济全球化发展所依赖的合理制度遭到破坏，如此发展下去，“全球增长共赢链”也就无从构建。

因此，坚定拥护和倡导两个“自由化”，在经济全球化处于十字路口尤其是在目前发达经济体“逆全球化”的认知和政策已经成为现实的关键阶段，不能随波逐流落入“逆全球化陷阱”，就显得更加重要和紧迫。也正是因为清醒地认识到这一点，中国在多种场合公开呼吁要坚定拥护和倡导贸易和投资自由化，表明了坚定维护多边主义、支持多边贸易体制的决心。并且再三申明：“中国改革开放的大门不会关闭，只会越开越大。”在这一方面，中国已经用自己的实践行动给予了有力证明。在当前“逆全球化”思潮涌动以及受到主要来自美国贸易保护主义的伤害下，中国并没有选择“以牙还牙”的对等报复，相反，而是通过采取不断深化改革和扩大开放的举措，积极应对“逆全球化”，努力成为新一轮经济全球化发展的推动者和贡献者。2018 年 11 月在上海举办的中国国际进口博览会，设立各种自由贸易试验区和打造自由贸易港，不断扩大市场准入尤其是服务业、金融、保险等行业的对外开放，努力构建开放型经济新体制等实践举措，显示的正是中国扩大开放、坚定拥护和倡导两个“自由化”的态度和决心，在贸易保护主义抬头、全球化受到一些挫折的情况下，中国不断扩大开放的各种举措和有力的实际行动，给世界树立了榜样，做出了示范。

三、坚持以“创新”为引领

构建开放型世界经济，需要坚持以创新为引领。科学技术是第一生产力，世界经济进入新的发展阶段后，如前文分析指出，科技进步既是推动经济全球化发展的根本动力，同时也越来越表现为经济全球化发展的重要结果。目前，世界经济发展在长周期规律作用下进入到一个相对缓慢的增长阶

① 张二震. 条件具备，战略正确，全球化对发展中国家更有利[J]. 世界经济研究，2018(3)：23-24.

段，在发展过程中遇到了瓶颈期，而突破世界经济发展瓶颈的唯一之道就在于敢于创新、敢于变革。在经济增长疲弱阶段，传统的思维模式容易孳生贸易保护主义，即错误地认为采取贸易保护有助于解决“内需外流”，从而能够促进和拉动本国经济增长。这种思维模式和政策举措不仅错误地将解决短期问题的“需求管理”，运用到解决经济增长的长期问题上，即便从短期来看，由于其有效性需建立在其他各方不采取贸易报复的不现实假定基础之上，因此，实践结果往往是实际成效与预期结果大相径庭乃至适得其反。尤其是在当前世界经济新格局下，解决经济发展动力不足的根本之道在于坚持创新引领，坚持以创新为第一动力。当然，如前所述，新阶段、新形势下的创新不是封闭创新，而是一种开放式的创新，因为在全球创新链不断深入发展的背景下，世界经济中的创新活动越来越具有链式特征且越来越依赖于链式发展模式时，各国只有以更加开放的姿态，积极融入全球创新链，实现与全球创新要素的分工与合作，才能打造出符合世界经济发展趋势和潮流的新技术、新产业、新业态、新模式。

四、坚持以“包容”为核心

构建开放型世界经济，需要坚持走包容发展之路。有研究指出，在世界经济发展已经进入以全球价值链分工和要素跨境流动为主要内含和特征的新阶段后，在某种程度上已经具有了包容性增长的自发作用机制（方勇等，2012）①。因为在生产、分配、交换和消费等经济领域产生的各种错综复杂和相互交织的关系，决定了唯有坚持走包容性增长的发展道路，才能确保全球生产网络的持续运作和健康发展；否则，任何一个环节的缺陷都会通过价值链而产生不断地扩散和放大效应，从而影响经济全球化最终利益的实现。任何一个国家的发展能力决定其参与国际分工的能力，及其与其他国家在全球生产过程中的协作能力。从这一意义上说，为了能够提高广大发展中国家和最不发达国家参与经济全球化能力，提升与发达国家的协作生产能力，提高世界经济运行过程中的各种参数匹配度，发达国家应该秉持包容性增长的心态和理念，给予发展中国家更多的帮助和扶持，切实走出一条包容性开放发展之路。然而，由于受到长期以来发达资本主义经济体“弱肉强食、赢者通吃”的丛林法则思维模式的影响，让更多发展中国家以及最不发达国家在经济全球化中，能与发达国家一样享受经济全球化发展的成果，实现各国共同发展，似乎还难以让发达国家所接受。由于缺乏包容性发展的心态，部分

① 方勇，戴翔，张二震. 论开放视角的包容性增长[J]. 南京大学学报（哲学·人文科学·社会科学版），2012，49（1）：24-31.

发展中国家的崛起更是让发达国家对“均势”化发展产生了深深的忧虑和焦躁，对发达国家的传统和惯性思维模式带来了冲击和挑战。这正是为什么当前发达国家兴起逆全球化思潮和贸易保护主义的重要原因之一。经济全球化发展遭遇严峻挑战的事实表明，世界经济必须走包容性增长之路才是可持续的。

如前所述，以往的经济全球化是在“丛林法则”理念下引领发展的，因此，发展的包容性不够。由于发展的包容性，必然导致在经济全球化发展过程中，部分国家和利益阶层被边缘化。从国与国之间的发展差距来看，就是部分发达国家在经济全球化进程中一直占据着制高点，并成为全球化的最大受益者；而另外一部分国家尤其是大部分发展中国家，则在经济全球化过程中被“锁定”在全球分工中的低端，被边缘化。从国家内部不同利益集团的发展差距看，部分利益集团尤其是发达国家的技术优势垄断者、金融资本和政治精英们，是经济全球化的最大受益者，而普通劳动者则可能成为经济全球化的受害者。上述两个方面的变化反映的都是经济不平等因素在世界范围内的扩大，与“全球增长共赢”的基本要求是背道而驰的。有研究指出，“当今世界上最贫穷的若干非洲国家，其人均国内生产总值为400—500美元，而最富裕的国家如美国等，其人均国内生产总值是最贫穷的100多倍。与此同时，在人均国内生产总值超过60000美元的美国，近年来内部的贫富差距也在日益扩大”（王缉思，2018）①。目前，世界基尼系数已经达到0.7左右，超过了公认的0.6“危险线”（刘灿，2018）②。这一系列数据和特征事实均表明，当前经济全球化发展的包容性还不够，努力让经济全球化更具包容性，才能构建起真正的“全球增长共赢链”。

相比较而言，中国走的是一条开放包容的发展道路。在融入经济全球化发展开放型经济过程中，中国始终把人民利益放在首位，注重改革开放的成果惠及大众。改革开放以来，中国解决了13亿多人口的温饱问题，让7亿多人口摆脱贫困的实践，就是走包容开放之路的有力阐释。当然，包容开放的发展道路不仅注重开放发展利益要在内部惠及大众，在关切自身利益的同时，还要注重关切他国的利益。对此，习近平总书记在世界经济论坛2017年年会开幕式上的主旨演讲中总结指出：“1950年至2016年，中国在自身长期发展水平和人民生活水平不高的情况下，累计对外提供援款4000多亿元人民币，实施各类援外项目5000多个，其中成套项目近3000个，举办

---

① 王缉思. 美国发动贸易战不是为了离开中国. FT中文网，2018-10-16. http://www.ftchinese.com/story/ 001079777?archive。

② 刘灿. 共享发展理念与中国特色社会主义的实践探索[J]. 政治经济学评论，2018（6）：57-63.

11000 多期培训班，为发展中国家在华培训各类人员 26 万多名。”展示的正是中国包容开放的姿态和发展道路。尤其值得一提的是，随着综合国力不断增强，中国比过去更加积极地开展对外援助，承担国际责任。目前，全球经济格局已经发生了深刻变化，新兴市场国家和发展中国家对全球经济增长的贡献率已经达到 80%以上，但是当前的国际经济关系和全球治理体系的改革与调整尚未跟上新形势，代表性和包容性还很不够。因此，努力让经济全球化走上“全球增长共赢链”的新模式，世界各国均应遵循包容开放的发展新道路。在这一方面，中国的实践已经为世界做出了表率。

五、坚持以“共赢”为目标

构建开放型世界经济，需要坚持走互利共赢之路。实际上，互利共赢是世界各国开展分工和贸易，并使之可持续发展的基础。排除殖民扩张和强权占领，在一个自由、自愿的世界经济中，任何一个国家参与和融入经济全球化的简单而直接的目的，就是能够从经济全球化中获利，否则就会退出国际分工和贸易，从而使得世界经济的发展不可持续。从上述意义看，世界经济发展本质上要求以互利共赢为基本目标。只不过，在世界经济的发展尚未进入利益创造具有交织、依赖、共生、共存的发展阶段时，一方面，发达经济体凭借着资本、技术和知识等方面的优势，对融入国际分工体系的发展中国家进行盘剥和压榨，其作为最大的获利者有着推动世界经济发展的强大动力；另一方面，发展中国家虽然获利甚少甚至遭到损失，但由于产生了锁定效应和路径依赖效应，或者仍然寄希望于能够通过融入经济全球化而实现发展，因此并没有轻易地退出经济全球化，使得经济全球化在特定发展阶段，虽然没有实现真正的互利共赢，但仍然可以持续推进。但是，当世界经济发展进入到前述分析指出的新阶段后，其可持续性已经不仅仅表现为是否因为能否获利而选择融入还是退出全球化的主观选择问题，更为重要的是由于世界经济发展更具“命运共同体”特征，从而是否实现互利共赢已经成为世界经济能否可持续发展的客观条件。因此，不论是从世界福利最大化角度看，还是基于自身利益最大化角度看，在世界经济发展新阶段和新形势下，继续走弱肉强食、赢者通吃的老路必然进入死胡同，而唯有坚持走普惠、共赢的包容开放发展之路才是人间正道。只有让经济全球化和世界经济增长的成果能够惠及世界各国人民，世界经济的发展才是可持续的，这一点实际上也是落实联合国 2030 年可持续发展议程的重要组成部分和内容。

六、坚持以“多边”为保障

构建开放型世界经济，需要坚持以多边主义为保障。良好和稳定的外部发展环境，是所有国家包括发达国家实施开放发展战略的重要前提，对于新兴市场国家和发展中国家来说，就更是如此了。客观而言，现行的国际经济秩序和全球经济治理体系并不完美，主要反映的是发达国家的利益诉求，对发展中国家的利益关注不够，也未能根据国际经济格局的变化而做到适时调整和完善，如有些研究指出，再糟糕的规则实际上也比没有规则好（张二震等，2008）[①]。必须肯定的是，现行体系也有许多合理的地方，尤其是其中的多边贸易体制、贸易和投资自由化等，在推动世界经济发展方面做出了积极贡献。然而遗憾的是，由于世界经济格局的变化，特别是发达国家自身内部治理能力的不足和滞后，未能跟上经济全球化新形势的变化，致使其内部矛盾不断积累和激化，进而将发展中的问题有意或无意地归咎于经济全球化，并采取了贸易保护主义措施，兴起了逆全球化思潮，悍然发动和挑起贸易摩擦，践踏和破坏着现行国际经济秩序中的合理成分，破坏多边贸易体制和规则，给世界经济发展带来了严峻挑战。创造良好的外部环境，为世界经济持续健康发展提供制度保障，必须要坚定地奉行多边主义，反对霸权主义和强权政治，进一步完善全球经济治理体系，而不是破坏现有规则中的合理部分。尤其是发展国家，在现行国际经济秩序仅有合理部分遭到践踏和破坏的背景下，更应坚定支持多边贸易体制，继续推进全球经济治理体系的改革。尤其是在开放维度向纵深方向拓展深化时，无论是传统的贸易和投资领域，还是知识产权领域，抑或是网络、文化等领域，应提高新兴市场国家和发展中国家代表性和发言权。不管是创新、贸易投资、知识产权保护等问题，还是网络、外太空等新领域，治理体系和治理规则都应坚持多边主义，能够充分反映发展中国家的利益诉求，体现发展中国家的话语权和发展空间。

客观而论，第二次世界大战后在美国等发达国家主导下建立起来的全球经济治理规则和体系，对战后促进国际贸易、国际投资和世界经济的繁荣发展，无疑起到了重要的推动作用。然而，伴随经济全球化深度演进尤其是国际分工质态的深刻变化、全球经济失衡问题加重、新兴经济体崛起、收入分配差距扩大等，现行全球经济治理的局限性日益显现，在维护全球经济秩序的功能方面表现出严重不足（桑百川等，2017）[②]。面对全球经济新形势，

① 张二震，方勇. 经济全球化与中国对外开放的基本经验[J]. 南京大学学报（哲学·人文科学·社会科学版），2008（4）：5-13.

② 桑百川，王伟. 全球经济治理体系变革与碎片化风险防范[J]. 国际贸易，2017（12）：4-8.

当前的全球经济治理体系已经出现三个方面的不适应：一是不适应全球经济格局调整的变化，即伴随部分新兴市场国家和发展中国家的经济快速发展而引发的全球经济重心“东升西降”的重要变化；二是不适应国际分工发展的新特点，即全球经济治理中的贸易和投资规则未能跟上全球价值链分工和要素跨国流动发展新形势，多边贸易体制面临严峻挑战；三是不适应全球经济包容性发展需要，即面临南北国家间发展日益失衡以及部分发达国家内部收入差距不断扩大，显得束手无策。无论是从提升新兴市场经济国家和发展中国家话语权的需求角度看，还是从适应全球价值链分工和要素跨国流动演进角度看，抑或从打造更加包容的开放发展角度看，本质上体现的都是“全球增长共赢链”的需要。换言之，当前全球经济治理规则和体系，还未能支撑起“全球增长共赢链”的需要，亟待调整和完善。

面对全球经济演变出现的新形势以及全球经济治理体系的滞后性，习近平总书记于2013年提出了“一带一路”倡议，并于2014年在二十国集团领导人第九次峰会上，深入阐述了“一带一路”倡议的意义及与完善全球经济治理规则体系的关系：“丝绸之路经济带和21世纪海上丝绸之路倡议顺应了时代要求和各国加快发展的愿望，提供了一个包容性巨大的发展平台，具有深厚历史渊源和人文基础，能够把快速发展的中国经济同沿线国家的利益结合起来”①。完善全球经济治理体系，就是要改变以往“一家独大”或者“赢者通吃”的不合理做法，或者说会导致上述结果的体制机制。经济全球化发展应该以共享为目标和宗旨，让所有的国家和地区都能够有机会在平等的规则下参与经济全球化，并能为所有人受益、寻求利益共享和实现共赢目标提供保障机制。中国提出的“一带一路”建设构想，就是本着上述根本目的和宗旨，探索与沿线国家共同打造“开放、包容、普惠、平衡、共赢”的开放型区域经济合作架构，为加强全球治理贡献中国的具体建议与方案。“一带一路”倡议的提出，作为一个开放、包容、普惠、平衡、共赢的发展新平台，将与沿线国家的“互联互通”和共同发展作为重要议程，体现了中国对完善全球经济治理体系和模式的积极探索，同时也顺应了广大发展中国家要求推动和完善全球经济治理的呼声。当然，需要指出的是，中国以“一带一路”为平台“倡导的新机制、新倡议，不是为了另起炉灶，更不是为了针对谁，而是对现有国际机制的有益补充和完善，目标是实现合作共赢、共同发展”（习近平，2016）②。

---

① 习近平．推动创新发展 实现联动增长[N]．人民日报，2014-11-06.

② 习近平．中国发展新起点 全球增长新蓝图——在二十国集团工商峰会开幕式上的主旨演讲[N]．人民日报，2016-09-04.

七、坚持以“共治”为原则

构建开放型世界经济，需要坚持以共商、共建的“共治”为基本原则。如果说维护多边主义本质上是为推动世界经济发展提供基本制度保障的话，那么共商、共建解决的就是如何完善全球经济治理问题，或者说如何构建这一制度保障问题。众所周知，长期以来世界经济发展进程中的全球治理观，基本上属于“霸权治理”观。虽然第二次世界大战之后成立的世界银行、国际货币基金组织和世界贸易组织也强调多边国际制度的“制度治理”范式，但考虑到这一制度设计本身就是在发达国家主导下进行的，并以权力为支撑，因此本质上仍然没有脱离“霸权治理”的观念和模式。由于这种治理模式具有不平衡和不公平的天生缺陷，因此，当世界经济发展到特定阶段后，其局限性和制约性越发突出，成为世界经济发展的羁绊，而不是助推器。从世界经济持续健康发展的实践需求角度看，亟待构建新型国际经济关系，以适应新的生产力发展和科技进步。而共商、共建的全球治理观，由于更加具有开放性、更加具有代表性、更加具有包容性、更加具有公正性，从而既符合构建人类命运共同体的需要，也契合了世界经济演进的发展大趋势。正如习近平总书记指出：“国家不分大小、强弱、贫富，平等参与决策，共同构成完善全球治理的重要力量……推动各国权利平等、机会平等、规则平等”①。总之，新时代经济全球化发展，必须有与之相适应、相协调的新型国际关系，而后者的构建需要以共商、共享为基本原则。

由于世界各国的国情、历史、政治、体制、文化等方面不尽相同，甚至存在巨大差异，因此在开展分工与合作过程中难免会遇到一些分歧，会出现利益上的冲突。但是在“丛林法则”引领的经济全球化发展阶段，对差异和分歧问题的解决往往不是通过“共商”的方式，更多是通过“弱肉强食”“赢者通吃”“霸权主义”“搞一言堂”等方式。这里的“共商”主要是指对全球经济治理体系和规则构建的话语权。如前文所述，现行国际经济治理规则和体系的构建，主要是发达国家主导的，新兴市场经济国家和发展中国家参与度不够，代表性不够，话语权比较薄弱，没有体现出规则“共商”的精神。当然，在经济全球化发展的特定历史阶段，这是可以理解的。当经济全球化发展进入“全球增长共赢链”新时代后，由于世界各国之间具有了“命运共同体”的基本特征，大家的事情就必须依靠大家“商量”着办，大家的事情必须依靠大家“共同参与、合作解决”的“共建”，如此才能保障各国在融入经济全球化过程中实现权利平等、机会平等、规则平等，最终实现成

① 习近平谈治国理政：第二卷[M]. 外文出版社，2017：539.

果“共享”。继续遵循“霸权主义和利己主义”的传统做法，只关切自身利益而无视他国利益的思维模式和做法，势必加剧经济全球化中的各种矛盾和积累更多问题，因而是不可持续的，更不符合构建“全球增长共赢链”的新需求。迎合和满足这一新需求，顺利推动经济全球化持续健康发展，必须本着“共商、共建、共享”的基本精神和原则。

中国顺应了经济全球化的发展趋势和潮流，对此，习近平总书记在联合国日内瓦总部的演讲中曾指出：“国家不分大小、强弱、贫富，都是国际社会平等成员，理应平等参与决策、享受权利、履行义务。要赋予新兴市场国家和发展中国家更多代表性和发言权。”①目前，中国倡导和奋力推进的“一带一路”建设，显示的正是中国本着“共商、共建、共享”基本原则的新开放观（陈伟光、王燕，2016②）。在“一带一路”的国际经济合作倡议中，中国明确提出了政策沟通、设施联通、贸易畅通、资金融通、民心相通的“互联互通”概念，无论是规划合作蓝图还是具体实施的项目，都能够做到公开透明，由“一带一路”沿线国家各参与方商量着办，充分考虑各方的合理关切，绝不将自己的发展模式和道路强加于人，不搞一家独大，而是要在优势互补和共同发展中实现成果共享。自 2013 年“一带一路”倡议提出以来，截至 2018 年年底，已有 100 多个国家、地区和国际组织与中国签署了共建“一带一路”合作协议，中国向世界提供的公共产品得到国际社会积极响应，一大批重要合作项目成功落地。以“一带一路”建设为平台，中国实际上正是在做寻求共同利益、构建以合作共赢为核心的新型国际关系的尝试。从“一带一路”本身并非封闭概念而是一个对所有国家开放平台的角度看，这一尝试本质上就是在为构建“全球增长共赢链”而努力。

倡导构建开放型世界经济，构建“全球增长共赢链”，中国不是仅仅停留在呼吁层面，而是走在了实践的道路上，正在用自己的行动，为世界各国树立“中国榜样”。这一点，无论是从中国不断采取的各种扩大开放的具体举措来看，还是从推动经济全球化发展贡献中国理念、中国智慧、中国方案等方面看，都是如此。在扩大门户开放方面，2018 年举办的中国国际进口博览会，体现的正是中国主动向世界开放市场的重大举措，并且如习近平总书记在开幕式的主旨演讲中再次强调的那样，“中国开放的大门不会关闭，只会越开越大”③。在走向世界方面，中国提出的人类命运共同体理念，已

① 习近平谈治国理政：第二卷[M]. 外文出版社，2017：481.

② 陈伟光，王燕. 共建“一带一路”：基于关系治理与规则治理的分析框架[J]. 世界经济与政治，2016（6）：96-112+158-159.

③ 习近平. 共建创新包容的开放型世界经济——在首届中国国际进口博览会开幕式上的主旨演讲. 新华网，http:/ / www.xinhuanet.com/ politics/ leaders/ 2018-11/ 05/ c_1123664692.htm.

经被写入联合国决议（闻言，2018）[①]；提出的共商、共建、共享的基本原则得到越来越多的国家和地区认可。建立在上述先进理念和基本原则基础之上而倡导的“一带一路”建设，正得到越来越多的国家和地区的响应。“一带一路”建设本身就是开放型的，体现的正是对自由、开放、非歧视的多边贸易体制的共同维护，体现的是不搞排他性贸易标准、规则、体系，体现的是对完善全球经济治理体系的探索，顺应了世界经济发展的大趋势。总之，“开放型世界经济”的创新性理论，正在指导着中国融入经济全球化发展的实践，也唯有以此先进理论为指导，才能让世界经济在商品流、资金流、产业流、人员流以及其他有形和无形领域的互通和畅通中高速转动起来，才能实现世界经济健康和可持续发展。

第五节　全球增长共赢链：未来趋势之展望

无论是在以“产品”为界限的传统国际分工模式下，还是在以“要素”为边界的国际分工模式下，各国参与国际分工和贸易依然遵循的是比较优势原理，这一点毋庸置疑。但不同的是，前者的基础是要素禀赋结构决定的生产力状况，而后者则取决于优势要素所决定的融入全球生产的潜在能力。上述差异性不仅改变着以分工和贸易为核心的经济全球化红利创造效应不同，同时也内生地要求经济全球化红利朝着更加“互利共赢”和“包容性”方向发展。但是，基于前述各章节分析可见，以“全球增长共赢链”为主要模式和特征的新时代经济全球化发展，不会一帆风顺，目前，过时理念的束缚、全球经济治理规则体系的滞后等，严重阻碍了上述进程。推动新时代经济全球化发展，构建“全球增长共赢链”，需要有“人类命运共同体”这一先进理念引领，需要有新国际经济体系提供保障制度，需要有切实可行的路径。虽然任重而道远，但是作为生产力和科技进步的必然规律与结果，“全球增长共赢链”是未来经济全球化发展的必然趋势。中国在顺应乃至引领这一发展趋势中已经走在了历史的前列，必将为推动新时代经济全球化发展，构建“全球增长共赢链”贡献中国力量。构建“全球增长共赢链”的曙光已经初现。

---

① 闻言．坚持推动构建人类命运共同体　努力建设一个更加美好的世界[N]．人民日报，2018-10-31.

一、全球增长共赢链：新时代经济全球化主导模式和特征

在传统国际分工模式下，虽然根据比较优势原理开展国际分工和贸易，具有“互利共赢”的本质特征，但实践中对利益分配关系和格局并不要求一定形成“互利共赢”，只要各国坚持开放，分工和贸易关系就可以持续，经济全球化进程仍可继续推进，哪怕是利益分配不均、不公乃至部分国家受损，比如传统国际经济理论分析中的“贫困化增长”现象。以普雷维什和辛格为代表的贸易条件恶化论以及以阿明为代表的依附理论等，无不揭示了传统分工模式下利益分配格局严重失衡问题，但并没有在本质上影响经济全球化进程。在新型国际分工模式下，基于要素优势参与国际分工和贸易，本质上就是融入全球生产体系，因而任何一个国家都是生产网络中的一个节点。此时，比较优势所带来的分工和贸易利益，在分配格局上更加需要真正“互利共赢”，如果长期利益分配不均导致某一参与方经济发展不可持续，必然致使其在全球生产网络中的生产能力丧失，包括数量和质量上都难以适应全球化生产的需要，从而影响到最终生产的顺利进行，如此，其他国家也就难以获取预期的分工利益，造成整体意义上的不可持续性。相反，如果能够通过适当的利益分配机制，实现分工和贸易利益的共赢、共享，那么国与国之间不仅在“体量”上能够实现更加协调的发展，进一步拓展合作的范围和规模，能够在合作层次和质量上实现更好的匹配，最终实现全球经济更好更快地发展。如果说，在传统国际分工模式下基于比较优势的分工和贸易利益，总体规模大体是既定的话，那么新型国际分工条件下，利益分配关系和格局在很大程度上能够改变利益规模。关于这一点，前述章节基于全球价值链的测算框架已经予以证明。总之，在新型国际分工体系下，国与国之间的分工和贸易利益更加具有“彼此相依”的共生性特征，经济全球化的可持续性，也就更加依赖于每一个国家经济可持续基础之上，互利共赢、包容性发展比以往任何历史时期都显得更为重要。一国经济增长利益不再完全取决于从既定的全球化红利蛋糕中划取更大的一块，还取决于如何让其他国家和地区从该国经济增长中获益，从而正向地反作用于该国进一步促进经济增长。这种作用与反作用正是通过全球生产网络和链条而发挥作用，从而形成了增长链、利益链和共赢链。这一理论逻辑，正是“全球增长共赢链”开放发展理念的坚实基础所在。

二、新理念和新秩序：构建全球增长共赢链的关键

新型国际分工形态对“共赢”的本质要求，内生地要求经济全球化红

利分配朝着更加公平合理的方向演进。像中国这样的政治稳定、基本经济制度合理、基础设施完备、人力资源充沛且市场容量大的发展中国家，能够在第三轮经济全球化中获取巨大的开放发展利益，一定程度上可以看作是上述逻辑的经验证据。遗憾的是，这种变化对那些凭借优势地位而长期“独占”经济全球化红利的发达经济体“惯性思维”形成了严重冲击，以至于部分发达经济体片面地认为目前的经济全球化给自己带来了不利影响，并试图阻碍这种转变。以所谓“全球失衡”为借口而践行贸易保护主义之实，包括当前兴起的逆全球化思潮，从根本上看，主要是因为经济全球化红利分配格局变化所致。对发达经济体“惯性思维”的冲击其实不仅停留在利益分配格局上的变化，与此同时还表现为对现有国际经济秩序提出了挑战。因为新国际分工对国家间更加协调发展的内生需求，推动了发达国家和发展中国家朝着更加“均势”的方向发展，目前“东升西降”的全球经济重心迁移就是明证。而经济实力的“均势”化发展，显然又会要求国际经济秩序做出与之更加相适应的调整。马克思主义政治经济学原理指出，生产力总是在一定的生产关系形式下发展的，生产关系要适应生产力的发展，当生产关系不适应生产力发展需要时，就必须做出相应变革。众所周知，现有国际经济规则是发达经济体主导的并主要代表发达经济体利益需要的旧秩序，已经很难适应新型国际分工发展的现实需要，应该说经济全球化进程中出现的各种问题，均与旧秩序中诸多不合理的因素有关。从这一意义上说，现有国际政治经济秩序已经成为经济全球化进一步深入发展的绊脚石和阻碍因素。基于“共赢链”的经济全球化持续发展，需要与之相适应的国际经济新秩序，更确切地说，国际经济新秩序的构建需要有诸如中国等发展中国家的贡献乃至引领。正如张晨等①在阐释习近平总书记讲话精神时所指出，经过四十年的高速发展及其在全球经济中的地位提升，中国不仅要做国际经济规则的参与者和建设者，而且还要做贡献者和引领者。从“人类命运共同体”的宏大视角构建国际经济新秩序，体现的正是“增长共赢链”经济全球化深入发展和可持续发展的制度需求，也说明了“增长共赢链”是经济全球化发展的客观要求和必然结果。目前逆全球化倾向，虽然是典型的霸凌主义表现，但更本质地看，实际上是发达经济体对经济全球化发展新趋势的理论认知不够所致，是理论发展滞后于实践的表现，当然更可能是“霸权衰落”和“均势发展”情境下的失落感，驱使其有意或无意地回避理论认知的深化，甚至对现有合理的理论体系进行扭曲。比如美国特朗普政府的所谓“公平贸易观”本质就是对“公平

① 张晨，卢江，周端明. 增强中国特色社会主义政治经济学对中国对外开放和参与全球治理的理论阐释力[J]. 政治经济学评论，2017，8（2）：50-72.

贸易”的有意曲解。

与之形成鲜明对比的是，习近平总书记提出的“全球增长共赢链”开放发展新模式，显然是在对经济全球化发展新趋势和新形势有着准确判断和把握，并形成深刻洞见基础上进行的理论总结和创新，这是马克思主义政治经济学关于经济全球化理论的重要发展。实际上，自改革开放以来，扎根于我国对外开放长期实践，中国特色开放型经济理论一直在不断形成之中，所取得的一系列理论成果已经成为中国特色社会主义政治经济学的重要组成部分，对此，国内学者裴长洪教授进行了较为系统和全面的梳理总结（裴长洪，2016①）。从理论地位和贡献角度看，“全球增长共赢链”概念的提出，不仅是中国开放型经济理论的重要总结和发展，也是基于经济全球化新形势、新实践而进行的理论创新，对国际经济理论的发展具有重要贡献，深刻地揭示了新形势下国际分工和贸易的基础不仅取决于比较优势，同时还取决于“共赢”的发展模式，这既是新时代经济全球化的重要特征，也是经济全球化得以可持续发展的根本条件。

但是，仅仅认识到“全球增长共赢链”是新时代经济全球化主要特征和模式，是远远不够的，因为距离真正构建起“全球增长共赢链”发展模式还有很长的路。尤其是从引领经济全球化理念，以及保障经济全球化可以正常运行的制度体系看，传统理念和现行国际经济体系均已难以适应和引领“全球增长共赢链”的现实需要。也正是基于这一现实背景和需求，习近平总书记提出了“人类命运共同体”的先进理念，并倡导要构建国际经济新体系，实际上就是要为新时代经济全球化发展，特别是“全球增长共赢链”的构建，提供能够产生引领作用的更为先进的理念，提供能够使之顺利推进的全球经济治理体系和保障制度。

三、构建全球增长共赢链：任重道远但已曙光初现

总之，经济全球化发展进入到第三阶段后，尤其是自 20 世纪 80 年代以来，以产品价值链的全球分解和生产要素跨境流动为主要内容和特征的经济全球化深入发展，改变了经济全球化红利的创造方式，也改变着经济全球化红利的内涵和外延，并对经济全球化红利分配关系提出了新的要求。然而，虽然经济全球化的演进一方面具备了“全球增长共赢链”初步的客观基础和条件，另一方面在全球化红利分配机制上也具有了一定的内生需求和作用机制，但是这种自发性的演进仍然面临着诸多挑战和障碍因素，尤其是全球经济治理规则和体系，由于未能适应经济全球化演变发展新形势的需要，不仅

① 裴长洪. 中国特色开放型经济理论研究纲要[J]. 经济研究，2016，51（4）：14-29.

不能解决经济全球化进程中出现的一些问题和矛盾，甚至使得问题和矛盾不断被放大，以至于部分发达国家将世界经济中的各种乱象归咎于经济全球化本身，兴起了“逆全球化”思潮，采取了贸易保护主义措施，践踏了全球经贸规则中的合理部分，破坏了已经构建起的多边贸易体系。经济全球化发展进程遭遇严峻挑战。虽然经济全球化是社会生产力发展和科技进步的必然规律和结果，但这并不意味着经济全球化发展总是一帆风顺的，因为历史发展的实践已经充分表明，各种反全球化因素总是如影相随。如果处理和应对不当，经济全球化在特定的发展阶段出现一定程度上的“倒退”并非不可能。从这一意义上说，当前“逆全球化”思潮的兴起和贸易保护主义的抬头，不仅阻碍着“全球增长共赢链”新型国际经济关系和经济全球化发展新模式的形成，而且还有可能破坏已有基础。

当前经济全球化发展之所以走到十字路口，之所以“全球增长共赢链”的新型合作关系和发展模式尚未顺利建立，究其根本，主要是因为缺乏引领经济全球化发展的新理念。西方学者早就认识到理念在推动经济全球化发展中的重要性。马孔姆·沃特（Malcolm Water，1995[①]）和罗兰·罗伯逊（Roland Robertson，1992[②]）等在他们的研究中就曾指出，归根结底，理念是推动经济全球化发展的关键力量。因此，在传统理念已经未能“与时俱进”从而不适应经济全球化发展新需要时，习近平总书记提出的“人类命运共同体”新理念，是应时代呼唤而生，必将能够引领经济全球化迈向“全球增长共赢链”的发展新阶段。也可以说，唯有在“人类命运共同体”这一新理念引领下，我们才能更好地拥护多边贸易体制中合理部分，才能更好地倡导贸易和投资自由化，才能秉持“开放、包容、普惠、平衡、共赢”的心态进一步完善全球经济治理体系，才能本着“共商、共建、共享”的基本原则，建设包容开放的世界经济，进一步夯实“全球增长共赢链”的客观条件基础和主观理念基础。

毋庸置疑，无论是从引领新时代经济全球化发展的理念创新角度看，还是从打造经济全球化新型合作方式和发展模式角度看，习近平总书记提出的“全球增长共赢链”，均是对世界经济学和经济全球化理论的重要创新，拓展了马克思主义关于世界经济学说的新境界，从而成为发展中的马克思主义政治经济学的重要和有机组成部分。尤为重要的是，中国已经在践行这一理论，走在了构建“全球增长共赢链”的道路上并已经取得了初步成就。在未来的“全球增长共赢链”构建道路上，中国必将贡献更多的智慧、方案和力量，以感召力带动和引领其他国家共同走向“全球增长共赢链”的开放发展道路，引领着新时代经济全球化的健康持续发展。

① Malcolm Water. Globalization. London: Roatledge, 1995.
② Roland Robertson. Globalization: Social Theory and Global Culture. Sage Publications Ltd, 1992.

参考文献

1. 白光裕，庄芮. 全球价值链与国际投资关系研究——中国的视角[J]. 国际贸易，2015（06）：16-20.

2. 包群，许和连，赖明勇. 贸易开放度与经济增长：理论及中国的经验研究[J]. 世界经济，2003（02）：10-18.

3. 蔡昉. 全球化的政治经济学及中国策略[J]. 世界经济与政治，2016（11）：4-24.

4. 蔡拓. 全球主义与国家主义[J]. 中国社会科学，2000（03）：16-27.

5. 陈昊，吴雯. 中国OFDI国别差异与母国技术进步[J]. 科学学研究，2016，34（01）：49-56.

6. 陈伟光，王燕. 共建“一带一路”：基于关系治理与规则治理的分析框架[J]. 世界经济与政治，2016（06）：93-112.

7. 储玉坤. 跨国公司与国际贸易关系进入新阶段[J]. 世界经济，1997（11）：38-41.

8. 代谦，何祚宇. 国际分工的代价：垂直专业化的再分解与国际风险传导[J]. 经济研究，2015，50（05）：20-34.

9. 戴翔，徐柳. “走出去”如何影响中国制造业攀升全球价值链？[J]. 西安交通大学学报（社会科学版），2018（03）：11-22.

10. 戴翔，张二震，王原雪. 习近平开放发展思想研究[J]. 中共中央党校学报，2018，22（02）：12-22.

11. 戴翔，张二震. “人类命运共同体”理念引领下的新时代经济全球化[J]. 江苏行政学院学报，2018（01）：51-57.

12. 戴翔，张雨. 开放条件下我国本土企业升级能力的影响因素研究——基于昆山制造业企业问卷的分析[J]. 经济学（季刊），2013，12（04）：1387-1412.

13. 杜尚泽. 习近平同出席博鳌亚洲论坛年会的中外企业家代表座谈[N]. 人民日报，2015-03-30（001）.

14．段玉婉，刘丹阳，倪红福．全球价值链视角下的关税有效保护率——兼评美国加征关税的影响[J]．中国工业经济，2018（07）：62-79.

15．方勇，戴翔，张二震．论开放视角的包容性增长[J]．南京大学学报（哲学·人文科学·社会科学版），2012，49（01）：24-31.

16．方勇，戴翔，张二震．要素分工论[J]．江海学刊，2012（04）：88-96.

17．方勇，戴翔，张二震．论开放视角的包容性增长[J]．南京大学学报（哲学·人文科学·社会科学版），2012，49（01）：24-31.

18．傅元海，唐未兵，王展祥．FDI 溢出机制、技术进步路径与经济增长绩效[J]．经济研究，2010，45（06）：92-104.

19．葛顺奇，罗伟．跨国公司进入与中国制造业产业结构——基于全球价值链视角的研究[J]．经济研究，2015，50（11）：34-48.

20．韩永辉，罗晓斐，邹建华．中国与西亚地区贸易合作的竞争性和互补性研究——以"一带一路"倡议为背景[J]．世界经济研究，2015（03）：89-98.

21．华民．经济全球化——中国准备好了吗?[J]．国际经济评论，1999（Z5）：34-38.

22．华民．新"里昂惕夫之谜"：贸易失衡的超边际分析——兼论中美贸易摩擦的理论根源与演变趋势[J]．探索与争鸣，2018（06）：4-12.

23．黄建忠，赵玲．全球化变局、全球治理与开放经济供给侧改革[J]．南开学报（哲学社会科学版），2017（05）：50-57.

24．黄先海，余骁．"一带一路"建设如何提升中国全球价值链分工地位?——基于 GTAP 模型的实证检验[J]．社会科学战线，2018（07）：58-69.

25．黄先海，余骁．以"一带一路"建设重塑全球价值链[J]．经济学家，2017（03）：32-39.

26．纪祥裕．OFDI、制度质量与"一带一路"沿线国家产业结构升级[J]．湖南科技大学学报（社会科学版），2019（02）：52-59.

27．贾妮莎，申晨．中国对外直接投资的制造业产业升级效应研究[J]．国际贸易问题，2016（08）：143-152.

28．贾中华，梁柱．贸易开放与经济增长——基于不同模型设定和工具变量策略的考察[J]．国际贸易问题，2014（4）：14-22.

29．蒋冠宏，蒋殿春．中国对外投资的区位选择基于投资引力模型的面板数据检验[J]．世界经济，2012（09）：21-40.

30．金碚．工业的使命和价值——中国产业转型升级的理论逻辑[J].

中国工业经济，2014（09）：51-64.

31．金碚．论经济全球化 3.0 时代——兼论“一带一路”的互通观念[J]．中国工业经济，2016（01）：5-20.

32．金京，戴翔，张二震．全球要素分工背景下的中国产业转型升级[J]．中国工业经济，2013，（11）：57-69.

33．鞠建东，余心玎．全球价值链研究及国际贸易格局分析[J]．经济学报，2014（02）：126-149.

34．李苍祺，谢识予．“一带一路”倡议对我国固定资产增加的影响——基于 PSM-DID 方法的研究[J]．国际经济合作，2019（02）：101-107.

35．李国英．经济全球化：历史变迁的催化剂[J]．世界经济与政治论坛，2004（01）：14-17.

36．李惠茹，陈兆伟．“一带一路”倡议对高端产业区域价值链构建的影响[J]．河北经贸大学学报，2018（04）：36-44.

37．李梅，柳士昌．对外直接投资逆向技术溢出的地区差异和门槛效应——基于中国省际面板数据的门槛回归分析[J]．管理世界，2012（01）：21-32.

38．林毅夫，李永军．出口与中国的经济增长：需求导向的分析[J]．经济学（季刊），2003（03）：779-794.

39．林毅夫．中国“一带一路”倡议对世界的影响[J]．探索与争鸣，2018（01）：30-33.

40．刘斌，王杰，魏倩．对外直接投资与价值链参与：分工地位与升级模式[J]．数量经济技术经济研究，2015，32（12）：39-56.

41．刘灿．共享发展理念与中国特色社会主义的实践探索[J]．政治经济学评论，2018（06）：57-63.

42．刘敏，赵璟，薛伟贤．“一带一路”产能合作与发展中国家全球价值链地位提升[J]．国际经贸探索，2018（08）：49-62.

43．刘伟全，张宏．FDI 行业间技术溢出效应的实证研究——基于全球价值链的视角[J]．世界经济研究，2008（10）：56-62.

44．刘志彪，吴福象．贸易一体化与生产非一体化——基于经济全球化两个重要假说的实证研究[J]．中国社会科学，2006（02）：80-92.

45．刘志彪，吴福象．“一带一路”倡议下全球价值链的双重嵌入[J]．中国社会科学，2018（08）：17-32.

46．卢进勇，陈静，王光．加快构建中国跨国公司主导的跨境产业链[J]．国际贸易，2015（04）：4-10.

47．罗长远，张军．附加值贸易：基于中国的实证分析[J]．经济研究，2014，49（06）：4-17.

48．马述忠，刘梦恒．中国在“一带一路”沿线国家 OFDI 的第三国效应研究：基于空间计量方法[J]．国际贸易问题，2016（07）：72-83.

49．门洪华．应对全球治理危机与变革的中国方略[J]．中国社会科学，2017（10）：36-46.

50．倪红福，龚六堂，陈湘杰．全球价值链中的关税成本效应分析——兼论中美贸易摩擦的价格效应和福利效应[J]．数量经济技术经济研究，2018，35（08）：74-90.

51．倪红福，龚六堂，夏杰长．生产分割的演进路径及其影响因素——基于生产阶段数的考察[J]．管理世界，2016（04）：10-23.

52．潘素昆，袁然．不同投资动机 OFDI 促进产业升级的理论与实证研究[J]．经济学家，2014（09）：69-76.

53．裴长洪，刘洪愧．习近平新时代对外开放思想的经济学分析[J]．经济研究，2018，53（02）：4-19.

54．裴长洪．中国特色开放型经济理论研究纲要[J]．经济研究，2016，51（04）：14-29.

55．彭澎，李佳熠．OFDI 与双边国家价值链地位的提升——基于“一带一路”沿线国家的实证研究[J]．农业经济研究，2018（06）：75-88.

56．全毅．全球区域经济一体化发展趋势及中国的对策[J]．经济学家，2015（01）：94-104.

57．任理轩．逆全球化违背时代潮流[N]．人民日报，2018-10-17（002）.

58．桑百川，王伟．全球经济治理体系变革与碎片化风险防范[J]．国际贸易，2017（12）：4-8.

59．沙文兵．对外直接投资、逆向技术溢出与国内创新能力——基于中国省际面板数据的实证研究[J]．世界经济研究，2012（03）：69-75.

60．沈程翔．中国出口导向型经济增长的实证分析：1977—1998[J]．世界经济，1999（12）：26-30.

61．盛斌，毛其淋．贸易开放、国内市场一体化与中国省际经济增长：1985—2008 年[J]．世界经济，2011（11）：44-66.

62．盛斌，高疆．中国与全球经济治理：从规则接受者到规则参与者[J]．南开学报（哲学社会科学版），2018（05）：18-27.

63．盛洪．分工与交易——一个一般理论及其对中国非专业化问题的应用分析[M]. 上海三联书店，上海人民出版社，1994.

64. 苏庆义. 中国国际分工地位的再评估——基于出口技术复杂度与国内增加值双重视角的分析[J]. 财经研究，2016（06）：40-51.

65. 孙楚仁，张楠，刘雅莹. “一带一路”倡议与中国对沿线国家的贸易增长[J]. 国际贸易问题，2017（02）：83-96.

66. 孙军，高彦彦. “一带一路”倡议下“三环流”价值链体系构建与推进路径[J]. 中共南京市委党校学报，2018（05）：82-88.

67. 孙焱林. 我国出口与经济增长的实证分析[J]. 国际贸易问题，2000（02）：38-42.

68. 唐宜红，姚曦. 本地市场效应与中国出口贸易结构转变——基于模型结构突变的实证检验[J]. 世界经济研究，2015（07）：53-62.

69. 佟家栋，刘程. 国际经济保护主义与经济全球化的调整期[J]. 南开学报（哲学社会科学版），2013（02）：131-138.

70. 佟家栋. “一带一路”倡议的理论超越[J]. 经济研究，2017，52（12）：22-25.

71. 王桂军，卢潇潇. “一带一路”倡议与中国企业升级[J]. 中国工业经济，2019（03）：43-61.

72. 王岚，李宏艳. 中国制造业融入全球价值链路径研究——嵌入位置和增值能力的视角[J]. 中国工业经济，2015（02）：76-88.

73. 王丽，张岩. 对外直接投资与母国产业结构升级之间的关系研究——基于1990—2014年OECD国家的样本数据考察[J]. 世界经济研究，2016（11）：60-69.

74. 王孝松，吕越，赵春明. 贸易壁垒与全球价值链嵌入——以中国遭遇反倾销为例[J]. 中国社会科学，2017（01）：108-124.

75. 王义桅. 立己达人 共谋发展 不断推动共建人类命运共同体[N]. 中国纪检监察报，2018-12-25（002）.

76. 王永钦，杜巨澜，王凯. 中国对外直接投资区位选择的决定因素：制度、税负和资源禀赋[J]. 经济研究，2014（12）：126-142.

77. 王直，魏尚进，祝坤福. 总贸易核算法：官方贸易统计与全球价值链的度量[J]. 中国社会科学，2015（09）：108-206.

78. 魏龙，王磊. 从嵌入全球价值链到主导区域价值链——“一带一路”倡议的经济可行性分析[J]. 国际贸易问题，2016（05）：104-115.

79. 闻言. 坚持推动构建人类命运共同体 努力建设一个更加美好的世界[N]. 人民日报，2018-10-31（006）.

80．西蒙·伊夫奈特. 中国出口近期面临的贸易扭曲措施研究[J]. 国际贸易，2018（09）：17-23.

81．向洪金，赖明勇. 全球视角下美国对华光伏产品“双反”案的经济效应研究[J]. 世界经济，2013，36（04）：111-137.

82．谢富胜，李安. 技术创新背后的技术[J]. 学海，2009（06）：64-68.

83．谢建国，周露昭. 进口贸易、吸收能力与国际 R&D 技术溢出：中国省区面板数据的研究[J]. 世界经济，2009，32（09）：68-81.

84．薛荣久. 世界贸易组织确立与发展的基础（要略）[J]. 国际贸易问题，2004（01）：18-21.

85．亚当·斯密. 国民财富的性质和原因的研究[M]. 郭大力，王亚南，译. 商务印书馆，2010.

86．亚当·斯密. 道德情操论[M]. 谢宗林，译. 中央编译出版社，2010.

87．杨连星，罗玉辉. 中国对外直接投资与全球价值链升级[J]. 数量经济技术经济研究，2017（06）：54-70.

88．杨全发. 中国地区出口贸易的产出效应分析[J]. 经济研究，1998（07）：23-27.

89．姚洋，张晔. 中国出口品国内技术含量升级的动态研究——来自全国及江苏省、广东省的证据[J]. 中国社会科学，2008（02）：67-82.

90．姚洋. 新发展理念引领发展迈上新台阶[N]. 人民日报，2016-08-03（007）.

91．姚战琪，夏杰长. 中国对外直接投资对“一带一路”沿线国家攀升全球价值链的影响[J]. 南京大学学报，2018（04）：35-46.

92．姚战琪. 中国对“一带一路”沿线各国 OFDI 逆向技术溢出效应分析[J]. 河北经贸大学学报，2017（09）：22-30.

93．易会文，钱学锋，刘建明. FDI 与中国产业关联分析[J]. 中南财经政法大学学报，2011（02）：61-67.

94．余淼杰，崔晓敏. 经济全球化下中国贸易和投资促进的措施[J]. 国际经济评论，2017（03）：28-44.

95．张晨，卢江，周端明. 增强中国特色社会主义政治经济学对中国对外开放和参与全球治理的理论阐释力[J]. 政治经济学评论，2017，8（02）：50-72.

96．张定胜，刘洪愧，杨志远. 中国出口在全球价值链中的位置演变——基于增加值核算的分析[J]. 财贸经济，2015（11）：114-130.

97．张二震，方勇．经济全球化与中国对外开放的基本经验[J]．南京大学学报（哲学·人文科学·社会科学版），2008（04）：5-13.

98．张二震．全球化、要素分工与中国的战略[J]．经济界，2005，(05)：18-19.

99．张二震．条件具备，战略正确，全球化对发展中国家更有利[J]．世界经济研究，2018（03）：23-24.

100．张二震．外贸对经济增长是“负贡献”吗[N]．人民日报，2013-01-29（007）.

101．张宏，王建．中国对外直接投资与全球价值链升级[M]．中国人民大学出版社，2013.

102．张小济，胡江云．在自由贸易的背后——进口贸易与国民经济发展[J]．国际贸易，1999（04）：4-7.

103．张幼文．生产要素的国际流动与全球化经济的运行机制[J]．国际经济评论，2013（05）：30-39.

104．张幼文．要素流动条件下国际分工演进新趋势：兼评《要素分工与国际贸易理论新发展》[J]．世界经济研究，2017（09）：132-134.

105．张幼文．新时代中国国际地位新特点和世界共同发展新动力[J]．世界经济研究，2017（12）：24-28.

106．张幼文等．要素收益与贸易强国道路[M]．人民出版社，2016.

107．张宇燕．全球治理的中国视角[J]．世界经济与政治，2016（9）：1-12.

108．赵可金．以人类命运共同体理念引领经济全球化发展[J]．求是，2018（04）：38-40.

109．赵陵，宋少华，宋泓明．中国出口导向型经济增长的经验分析[J]．世界经济，2001（08）：14-20.

110．Anderson, J.E., “The Theoretical Foundation for the Gravity Equation”, *American Economic Review*, 1979, Vol.69, No.1.

111．Antràs P., Chor D., Fally T., Hillberry R., “Measuring the Upstreamness of Production and Trade Flows”, *American Economic Review*, 2012, Vol.102, No.3.

112．Athukorala, P. “Manufactured Exports from Developing Countries and their Termsof Trade: A Re-examination of Sarkar-Singer Results”, *World Development*, 1993, Vol.21, No.10.

113．Bems R., Johnson R. C., Yi K. M., “Vertical Linkages and the

Collapse of Global Trade”, *American Economic Review*, 2011, Vol.101, No.3.

114. Elisa, G. and R. Lanz, and P., Roberta, 2010, “Timeliness and Contract Enforce-ability in Intermediate Goods Trade”, *World Bank Policy Research Working Paper*, No.5482.

115. Ellsworth, P. T., “The Terms of Trade between Primary Producing and Industrial Countries”, *Inter America Economics Affairs*, 1956, Vol.26, No.10.

116. Grilli, E.and M.C.Yang, “Primary Commodity Prices, Manufactured Goods Prices and the Terms of Trade of Developing Countries: What the long Run Shows”, *World Bank Economic Review*, 1988, Vol.21, No.2.

117. Harris, C. “The Market as a Factor in the Localization of Industry in the United States”, *Annals of the Association of American Geographers*, 1954, Vol.44, No.4.

118. Hausmann, R., Jason H. and D. Rodrik, “What You Export Matters”, *Journal of Economic Growth*, 2007, Vol.25, No.12.

119. Irwin, D.A., “The Rise of U.S.Anti-dumping Activity in Historical Perspective”, *TheWorld Economy*, 2005, Vol.28, No.3.

120. Johnson, R.C. “Five Facts about Value Added Exports and Implications for Macro-economics and Trade Research”, *Journal of Economic Perspectives*, 2004, Vol.28, No.2.

121. Kaplinsky, R., “Revisiting the Revisited Terms of Trade: Will China Make a Difference?”, *World Development*, 2006, Vol.34, No.6.

122. Kemp, “The Terms of Trade”, *International Encyclopedia of Social Sciences*, 1968, Vol.12, No.6.

123. Koopman, R., W. Powers, Z. Wang, S. J. Wei, 2012, “Tracing Value-added and Double Counting in Gross Exports”, Nber Working Paper, No.18579.

124. Lewis, W.A., “World Production, Prices and Trade, 1870-1960”, *Manchester School of Economic and Social Studies*, 1952, Vol.20, No.6.

125. Los, B., Timmer, M.P.& de Vries, G.J., “How Global are Global Value Chains? A New Approach to Measure International Fragmentation”, *Journal of Regional Science*, 2015, Vol.55, No1.

126. Michaely, M., “Exports and Growth: An Empirical Cal

Investigation”, *Journal of Development Economics*, 1977, Vol.12, No.4.

127. Nurkse R. “Some Aspects of Capital Accumulation in Underdevelopment Countries”, *Cairo National Bank of Egypt*, 1952, Vol.32, No.2.

128. Paul R. Krugman., “Globalization and the Inequality of Nations”, *The Quarterly Journal of Economics*, 1995, Vol.110, No.4.

129. Prebisch, R., “The Economic Development of Latin American and Its Principal Problems”, *Economic Bulletin in Latin America*, 1962, Vol.32, No.6.

130. R.Koopman, Z.Wang and S.J.Wei, “Tracing Value-Added and Double Counting in Gross Exports”, *American Economic Review*, 2014, Vol.104, No.2.

131. Ray, G. F., “The Real Price of Primary Products, National Institute Economic Review”, Journal of International Economics, 1997, Vol.81, No.3.

132. Singer, H.W., “The Distribution of Gains between Investing and Borrowing Coun-tries”, *American Economic Reviews*, 1950, Vol.40, No.1.

133. Singer, H. W., “Manufacture manufacture Terms of Trade Deterioration: A Re sponse”, World Development, 1993, Vol.21, No.10.

134. Spraos, J., “The statistical Debate on the Net Barter Terms of Trade between Primary Commodities and Manufactures”, *Economic Journal*, 1980, Vol.90, No.3.

135. Stokey, N.L., “Learning by Doing and the Introduction of New Goods”, *Journal of Political Economy*, 1988, Vol.96, No.4.

136. United Nations Conference on Trade and Development, “World Investment Report 2013: Global Value-Chains: Investment and Trade for Development”, UNCTAD, 2013.

137. Wang, Z., S. J. Wei, X. D. Yu and K. F., Zhu, 2017, “Measures of Participation in Global Value Chains and Global Business Cycles”, NBER Working Paper No.23222.

138. Young, A.M., “Learning by Doing and the Dynamic Effects of International Trade”, *The Quarterly Journal of Economics*, 1991, Vol.106, No.2.